Heinz Marzulla

# Ehrensache!

ARES
VERLAG

Heinz Marzulla

# Ehrensache!
## Das Pistolenduell
Geschichte, Regeln und Waffen

ARES VERLAG

**Titelgestaltung:** Thomas Hofer, Werbeagentur | Digitalstudio Rypka, 8020 Graz


**Bildnachweis:**
Umschlagfoto: „Um nichts" – Holzstich von Richard Brend'amour nach einem Gemälde
von Ernst Carl Friedrich te Peerdt, um 1880 (Bildarchiv Preussischer Kulturbesitz, Berlin);
Seiten 114, 116, 117, 118, 121: Verlagsarchiv.


**Bibliografische Information Der Deutschen Bibliothek**
Die Deutsche Bibliothek verzeichnet diese Publikation in der Deutschen Nationalbibliografie; detaillierte bibliografische Daten sind im Internet über http://dnb.ddb.de abrufbar.


**Hinweis:**
Dieses Buch wurde auf chlorfrei gebleichtem, unter den Richtlinien von ISO 9001
hergestelltem Papier gedruckt. Die zum Schutz vor Verschmutzung verwendete
Einschweißfolie ist aus Polyethylen chlor- und schwefelfrei hergestellt. Diese umweltfreundliche Folie verhält sich grundwasserneutral, ist voll recyclungsfähig und verbrennt
in Müllverbrennungsanlagen völlig ungiftig.


ISBN 3-902475-12-9
Gestaltung, Layout und Repro: Werbeagentur | Digitalstudio Rypka, 8020 Graz
Druck und Bindung: Druckerei Theiss GmbH, A-9431 St. Stefan
Printed in Austria

# Inhalt

*Für Christine, Daniela, Stefan,*
*Matthias, Christoph, Alexandra,*
*Klaus, Gianna und Fabio.*

*„Um die Menschen vergangener Jahrhunderte richtig zu beurteilen, muss man sich in die allgemeine Denk- und Empfindungsweise ihrer Zeit versetzen und ihren Wert danach bemessen, wobei es uns dann noch immer freisteht, jene Anschauungen selbst zu prüfen und sie von unserem Standpunkte aus zu billigen oder zu verwerfen."*

Ferdinand Lotheissen (1833 – 1887)

# Einleitung

Die geheimnisvolle Ausstrahlung eines geöffneten Duell-Pistolenkastens assoziiert unmittelbar die Begriffe von „Ehre" und „Tod", die wir auch in der Definition des Wortes „Duell" wiederfinden. Hier heißt es z. B.: „Das Duell ist ein verabredeter, nach bestimmten Regeln mit tödlichen Waffen ausgefochtener Ehrenzweikampf."

Aber die Zeit, in der Ehrenhändel mit der Waffe ausgetragen wurden, gehört längst der Vergangenheit an. Geblieben ist jedoch die besondere Faszination des Duellmilieus, dessen Zauber man sich beim Studium der entsprechenden Literatur nicht ganz entziehen kann.

Der zeitliche Horizont der klassischen Pistolenduelle lag zwischen dem letzten Viertel des 18. und dem Anfang des 20. Jahrhunderts. Daher befassen sich die folgenden Kapitel im Schwerpunkt mit jener Zeit und werden nur dort, wo es das Verständnis oder die historische Übersicht sinnvoll

erscheinen lassen, etwas weiter ausholen. Geographisch beschränkt sich der Inhalt auf den europäischen Raum, in dem das hier abgehandelte klassische Pistolenduell entstanden ist und lange Zeit intensiv gepflegt wurde.

Aber was veranlasste nun Männer und nicht selten sogar Familienväter, eine Forderung zum Duell auszusprechen bzw. anzunehmen? Warum riskierten hochgestellte Regierungsmitglieder ihre politische Karriere? Warum begab man sich zur Erhaltung der persönlichen Ehre absichtlich in die Nähe des Todes? Oder warum war man bereit, das Risiko einzugehen, von seinem Beleidiger möglicherweise auch noch getötet zu werden? Und schließlich: Weshalb waren die Rechtssysteme so ambivalent? Denn Duellieren war unter Strafandrohung verboten, aber die Obrigkeit behandelte Duellanten meistens relativ schonend, und Verurteilungen mit langen Haftstrafen gab es selten.

Im vorliegenden Buch sollen Antworten auf diese Fragen gegeben werden. Der heutige aufgeklärte und selbstbewusste Bürger wird in diesem Zusammenhang möglicherweise etwas befremdet die Stirn in Falten legen, wenn er erfährt, dass in gewissen Situationen der Beweis von Männlichkeit und Mut sowie ein sensibel gehütetes Ehrgefühl erforderlich waren, um eine drohende gesellschaftliche Verachtung oder den Verlust der Stellung zu verhindern. Diese waren so gut wie immer die Folge, wenn bei einer Ehrenangelegenheit nach Maßgabe der gesellschaftlichen Erwartung eine Forderung nicht ausgesprochen oder nicht angenommen wurde.

Zugegeben, das alles mag aus heutiger Sicht ein wenig seltsam erscheinen, aber wir sollten bedenken: Uns trennen nicht nur zeitliche, sondern auch soziale Distanzen von der Kultur und dem gesellschaftlichen Zusammenleben früherer Generationen. Jedes Zeitalter hat nun mal seine eigenen Ideale, was wir einfach akzeptieren müssen, denn vielleicht werden in zweihundert Jahren die nachfolgenden Generationen für unsere heutigen und vermeintlich erstrebenswerten Verhaltensweisen ebenfalls nur ein müdes Lächeln übrig haben. Eine Kulturerscheinung, wie das Duell der vergangenen Jahrhunderte, sollten wir nicht mit den Maßstäben der Gegenwart messen und die damaligen Zeitgenossen sowie ihr Verhalten auch nicht nach unseren heutigen Anschauungen beurteilen.

Es war eine Epoche, in der die Profitmaximierung nicht das letzte Ziel allen Strebens bedeutete; vielmehr standen in den gehobenen Gesellschaftskreisen andere Werte im Vordergrund, wie z. B. die unantastbare persönliche Ehre, die man höher einschätzte als das eigene Leben. Eine mittels staatlicher Gesetzgebung gegen den Beleidiger verhängte Strafe konnte bei einer Ehrverletzung das empfindsame Ehrgefühl dieser Herren keinesfalls zufrieden stellen. Dass diese andere Wertehaltung nicht zuletzt aus gesellschaftlichem und sozialem Druck resultierte, ist heute, nach dem vollzogenen gesellschaftlichen Wandel und dem geänderten Sozialverhalten, auf Anhieb wohl ebenfalls nicht mehr ganz einfach zu verstehen. Daher ist es umso wichtiger, bei der Beurteilung dieser vergangenen Epoche all die Vorurteile abzulegen, die uns im Rahmen unserer Erziehung und des modernen Lebens vermittelt wurden. Vielleicht fällt das etwas leichter, wenn man sich einmal ins Bewusstsein ruft, dass wir ja auch heute noch ein gewisses Maß von „äußerem Ehrgefühl", die Ehre forderndes oder verteidigendes, besitzen. Denken wir doch nur an das Berufsleben. Dort wird z. B. unser Streben nach verantwortlichen oder höheren Positionen auch nicht immer nur von ausschließlich wirtschaftlichen Interessen gesteuert, sondern vielfach durch das Bedürfnis nach mehr sozialer Geltung oder öffentlicher Anerkennung. Und wird dann die Anerkennung unserer Person und unseres Wirken durch die Mitmenschen nicht als Ehrung empfunden?

Obwohl die Geschichtsschreibung nur relativ spärlich über das kulturhistorische Phänomen „Duell" berichtet, hatte man sich doch in den vergangenen drei Jahrhunderten in zahlreicher Literatur und wissenschaftlichen Arbeiten ständig mit diesem Thema auseinander gesetzt. Wenn Egon Friedell in der Einführung zu seiner *Kulturgeschichte der Neuzeit* schreibt: „Alle Dinge haben ihre Philosophie, ja noch mehr: alle Dinge sind Philosophie", dann lässt sich dies auch auf das Duell übertragen. So sahen auch bekannte Philosophen, wie z. B. Immanuel Kant in seiner *Metaphysik der Sitten,* Jean-Jacques Rousseau, Arthur Schopenhauer und andere, die größtenteils dem Lager der Duell-Kritiker angehörten, sich wiederholt veranlasst, ihre diesbezügliche Meinung zu bekunden. Die Duellfrage stand immer wieder im öffentlichen Interesse, besaß hohe Aktualität und lieferte nicht nur für zahlreiche staats- und kirchenpolitische Debatten lebhaften Diskussionsstoff. Selbst namhafte Schriftsteller und Dichter hatten das Duell in ihren Werken zum Thema, allen voran die meisten der bedeutendsten russischen Autoren.

Wer sich mit der Geschichte des Duellwesens und seiner reichhaltigen Literatur beschäftigt, wird bemerken, wie die einzelnen Werke, aufgrund der Komplexität dieses Themas, meistens nur einen Teil davon behandeln. Diese Erkenntnis führte mich zu der Zielsetzung, auf der Basis von zeitgenössischen Autobiographien und themenbezogener, z. T. älterer Literatur sowie entsprechendem Archivmaterial, am Beispiel des Pistolenduells die gesamte Materie von der Frage des verletzten

Ehrgefühls bis zum Ende des Waffengangs einschließlich der verwendeten Waffen in einem Werk zusammenzuführen. Damit sollte ein umfassender Überblick zur geschichtlichen Entwicklung des Pistolenduells und seiner Regeln, die Bedeutung des Duells in der adligen und später ebenso in der bürgerlichen Gesellschaft sowie über die technische Entwicklung und Handhabung dieser Waffen vermittelt werden. Eine lebhafte und zugleich spannende Bereicherung bilden aber auch die Schilderungen von Pistolenduellen berühmter Persönlichkeiten. Diese sind nicht zuletzt deshalb interessant, weil heute kaum noch allgemein bekannt ist, dass sich z. B. ein so bedeutender Mann wie Otto von Bismarck, selbst noch im bereits fortgeschrittenen Lebensalter und als angesehener Politiker, duelliert hatte oder der große russische Lyriker Alexander Puschkin wiederholt im Duell stand und dabei letztendlich den Tod fand.

Bei den Ausführungen zur Technik der beim Pistolenduell angewandten Waffen wird deutlich erkennbar, welche Welten doch zwischen dem heutigen Laden einer Schusswaffe und dem damaligen Aufwand für die gleiche Tätigkeit liegen. Deshalb wurden diese Duellpistolen im technischen Teil etwas detaillierter behandelt, um einem weniger kundigen Leser doch gewisse Vorstellungen von deren Ausführung und Funktion zu geben. Gleichzeitig möchte ich aber auch den Versuch machen, die selbst bei einigen Sammlern alter Waffen bestehende Unsicherheit auszuräumen, wenn es darum geht, die Merkmale einer typischen Duellpistole zu benennen. Selbstverständlich sind nicht alle paarweise hergestellten bzw. in einem Kasten mit Zubehör befindlichen Waffen zwangsläufig Duellpistolen. Aber ebenso irrig ist die Annahme, letztere dürften grundsätzlich keine gezogenen Läufe, kein feststehendes Visier und keinen Stecherabzug aufweisen. Hier wird allzu oft übersehen, dass in den verschiedenen Ländern die Duell-regeln, insbesondere hinsichtlich der Beschaffenheit der Waffen, nicht immer einheitlich waren.

Der Inhalt dieses Buches spiegelt einen Teil der Kulturgeschichte vergangener Jahrhunderte wider und wendet sich somit nicht nur an die Sammler alter Waffen, sondern auch an jene, die an dem faszinierenden und manchmal auch geheimnis umwitterten Thema „Duell" interessiert sind.

# Die Geschichte des Duells und seine gesellschaftliche Bedeutung im 18. und 19. Jahrhundert

## Von der Fehde und dem richterlichen Zweikampf zum Duell

Auf der Suche nach den Wurzeln des Duells stößt man häufig auf Hinweise, die bis ins frühe Mittelalter oder gar noch weiter zurückreichen. Der moderne Begriff des „Duells", der seit dem 16. Jahrhundert für den Ehrenzweikampf steht, war bei den Römern, Griechen und Germanen noch nicht bekannt. Lediglich bei den nordgermanischen Völkern herrschte eine Sitte der Rache, bei der es trotz gewisser Regeln aber oftmals zu rohen Auseinandersetzungen kam. Im Mittelalter etablierten sich dann verschiedene Formen von reglementierten Zweikämpfen, die im Rahmen der Fehde und als gerichtlicher Zweikampf ausgetragen wurden. Jedoch waren diese, wie auch das etwas später aufkommende Ritter-Turnier, keinesfalls mit dem Duell der Neuzeit gleichzusetzen. Auch wenn sie häufig als eine frühe Form des letzteren betrachtet werden, sind doch einige wesentliche Unterschiede festzustellen.

Während es beim Duell ausschließlich um die Verteidigung der persönlichen Ehre ging, hatten die mittelalterlichen Zweikampf-Formen, insbesondere die gerichtlich angeordnete, nicht immer eine Ehrverletzung, sondern meistens andere Motive zum Anlass. Ein weiteres bedeutendes Unterscheidungsmerkmal bestand darin, dass ein neuzeitliches Duell außerhalb der Gesetzgebung stand und daher immer unter Ausschluss der Öffentlichkeit, in aller Stille, ausgetragen wurde. Ferner gab es im Gegensatz zu allen mittelalterlichen Zweikampf-Formen beim Duell nicht den Begriff des „Besiegten". Hier ging es nicht von vornherein darum, über jemanden zu triumphieren oder ihn gar zu töten, sondern vielmehr um die Bereitschaft, im Falle einer Ehrverletzung den Mut zu haben, Genugtuung zu fordern oder zu geben und sich dafür einem mit tödlichem Risiko behafteten Zweikampf zu stellen, wobei dessen Ausgang bzw. Ergebnis für die Sache selbst[1] ohne Bedeutung war.

Die Fehde war im Mittelalter eine dem Adel vorbehaltene gebräuchliche Form anerkannter Rechtsdurchsetzung. Ein Lexikon von 1939 z. B. definiert die Fehde als „kriegerische Selbsthilfe",[2] und in der Tat sollten, wie bei den nordgermanischen Vorfahren, aus Streit oder Beleidigung resultierende Konflikte nicht an die Obrigkeit herangetragen, sondern mittels einer „Privatrache" bereinigt werden. Allerdings gab es auch Fälle, in denen erst dann zur Fehde gegriffen wurde, nachdem man in einem zuvor angestrebten Prozess ohne befriedigendes Ergebnis blieb. Die formelle Ankündigung des Streits erfolgte durch Hinwerfen des Fehde-Handschuhs, unter der Voraussetzung, dass der Gegner kampffähig war und dem Adelsstand angehörte.

Jeder Rechtsfall beginnt als Streitfall, und somit ist ein Zustand der Gleichgewichtsstörung im gesellschaftlichen Zusammenleben eingetreten. Daher konnte man die Fehde als die Mutter des Rechts, mit ersten Fortschritten zur Sicherung des gesellschaftlichen Gleichgewichts, betrachten. Die Fehde galt als rechtlich anerkannter und ritterlich ausgetragener Privatkrieg, gehörte zum mittelalterlichen Staatsleben und unterschied sich deshalb deutlich von der weniger kultivierten Zweikampfart der frühen nordgermanischen Blutrache.

Neben der Fehde, die unter Kaiser Maximilian I. 1495 durch den Reichstag zu Worms mittels Verkündung des „Ewigen Landfriedens" abgeschafft wurde, bestand im Mittelalter noch eine andere Form der kämpferischen Rechtsdurchsetzung: der gerichtliche Zweikampf. Dieses Mittel zur Rechtsfindung, auch Gottesgericht, Gottesurteil oder Ordal genannt, war nur im christlichen Europa üblich und in der übrigen Welt unbekannt.

Konnte ein größerer Streit durch das Gericht nicht befriedigend gelöst werden, wurde beschlossen, sich dem göttlichen Gericht im Kampf auf Leben und Tod zu stellen. Die Legitimation dieser Art von Rechtsfindung gründete in der Auffassung, dass der Ausgang des Zweikampfes einem Gottesurteil entspräche und nicht von der Gewandtheit oder Kraft der Kämpfer entschieden werde.

Die Anlässe zum gerichtlichen Zweikampf waren nicht immer Ehrenhändel. So ging es auch um die Verfolgung von Mord, Notzucht, Ketzerei usw. Ferner waren sie im Gegensatz zur Fehde kein Privileg des Adels, d. h. Männer aus der Bürgerschaft konnten ebenfalls in die Situation geraten, eine Klage gegen sie auf dem Kampfplatz abwehren zu müssen. Davon ausgenommen waren allerdings Personen wie Geistliche, Greise und Frauen, da diese nicht das Recht hatten, Waffen zu führen; sie konnten aber jemanden aus dem Verwandtschafts- oder Freundeskreis, ja sogar einen bezahlten Berufsfechter, als Ersatzmann stellen. In einem solchen vom Gericht angeordneten Zweikampf fochten Kläger und Beklagte im Beisein des Richters und oft auch des Landesherrn sowie weiterer Zeugen mit der blanken Waffe um ihr Recht. Der Verleumdete oder seiner Meinung zu unrecht Angegriffene forderte den Kläger heraus und gab, wie dieser, seinen Handschuh dem Richter als Pfand dafür, dass er zum festgesetzten Kampftag erscheinen werde. Wer nicht kam, verfiel der Ächtung.

Der Ausgang eines solchen Kampfes war rechtsgültig. Schuld war der Unterlegene, d. h. dieses Schicksal konnte auch einen in der Tat Unschuldigen treffen. Zu den Regeln der Kampfaustragung gehörte insbesondere, dass die Gegner einander ebenbürtig waren und dass sie unter gleichen Bedingungen um ihr Recht kämpften.[3] Im *Sachsenspiegel* als ältestem deutschem Rechtsbuch (1220 – 1235) des Ritters Eike von Repgau aus Reppichau an der Elbe ist der gerichtliche Zweikampf beschrieben und in Regeln abgefasst.

Neben dem Zweikampf bestanden noch andere Formen des Gottesgerichtes, wie z. B. das Tragen glühender Bolzen mit bloßen Händen oder das Eintauchen der Hand in kochendes Wasser bzw. glühendes Blei. Wenn nach drei Tagen nur Brandblasen zu sehen waren, galt die Hand als gesund und unversehrt. Zeigte sich jedoch Eiter an den Wunden, war dies ein Schuldbeweis. Das Gottesgericht sollte den Beweis über Schuld oder Unschuld des Beklagten erbringen. Im Mittelalter war der Glaube an das Gottesurteil biblisch fundiert, denn wenn Gott, so

meinte man, die drei Jünglinge aus dem Feuerofen unversehrt hervorgehen habe lassen, werde er seine Macht auch dem Unschuldigen leihen.[4]

Aufkommende Zweifel an der Unfehlbarkeit des Gottesurteils aufgrund wiederholt nachträglich erkannter Fehlurteile sowie wachsender Widerstand der Kirche gegen diese Art der Rechtsfindung und speziell die durch italienische Rechtsgelehrte in Gang gesetzten Fortschritte im Rechtswesen führten dazu, dass die gerichtlichen Zweikämpfe im Verlauf des 15. Jahrhunderts verschwanden. Eine Ausnahme bildete jedoch England; dort wurden sie erst 1819 abgeschafft.

Eine weitere mittelalterliche Form des Zweikampfes war das ritterliche Turnier, dem ebenfalls der Charakter einer frühen Form des neuzeitlichen Duells zugeschrieben wird. Schon die Römer und Germanen pflegten turnierartige Reiterspiele als Veranstaltungen mit Nervenkitzel, wie wir heute die sportlichen Wettkämpfe beim Boxen, Fußball oder einem Autorennen etc. Während in Italia das Turnier nur als eine Veranstaltung auf niedrigem Niveau mit Sklaven und Komödianten betrachtet wurde, entwickelte sich im 12. Jahrhundert das Turnier in den deutsch- und französischsprachigen Gebieten zu einem bedeutenden Faktor der höfischen Kultur. Es waren ausschließlich Veranstaltungen des Adels, die mit großem Aufwand und höfischem Prunk durchgeführt wurden. Die Teilnehmer hatten ihre Zugehörigkeit zum Adelsstand sowie die entsprechende Qualifikation nachzuweisen und durften nicht unter ihrem

Stand verheiratet sein. Der kleine Mann musste seinen Mut, und das meist unfreiwillig, als Söldner beweisen.

Der Aufruf zu den Turnieren erfolgte durch den Fürsten oder die Ritterschaften. Zweck dieser ritterlichen Veranstaltungen war, den aristokratischen Gruppierungen und deren unversorgten Söhnen adliger Herkunft die Chance zu bieten, sich ehrenhaft im Dienste der Fürsten Beschäftigung und Lohn zu verschaffen. Außerdem waren die Turniere ein vorzügliches Training zur körperlichen Ertüchtigung und zum Umgang mit den Waffen, was sich gleichzeitig auf die Erhöhung der militärischen Funktionsfähigkeit zu Gunsten der Fürsten auswirkte. Es war ein Pakt auf Gegenseitigkeit, aus dem beide Seiten, Fürst und Adel, ihre Vorteile schöpfen konnten. Später, im Wandel der Kriegs- und Waffentechnik und besonders durch das Aufkommen der Feuerwaffen im 16. Jahrhundert, wurden aus den Kampfspielen allmählich sportliche Schauveranstaltungen.

Durch seine Verbreitung an großen und kleinen Fürstenhöfen gewann das Turnier einen hohen Stellenwert im gesellschaftlichen Leben bei Hof. Es entwickelte sich zur Selbstdarstellung des Rittertums, bei dem man seine tugendhaften Eigenschaften, wie z. B. Tapferkeit, zur Schau stellen und den dabei stets gegenwärtigen Nimbus der Ehre pflegen konnte.

Die Turniere wurden nach festen Regeln und vor den prüfenden Augen eines erlesenen Publikums ausgetragen. Durch Ritualisierung war die ro-

he Gewalt verbannt und hatte zu einer gewissen Kultivierung dieser Veranstaltungen geführt. Im Gegensatz zur Fehde und dem gerichtlichen Zweikampf ging es beim Turnier um Ruhm und Ehre. Letztere kumulierte sich für den Sieger, ohne dass der Unterlegene seine Ehre verlor. Ziel des Kampfes war hier nicht die ernsthafte Verletzung oder gar Tötung des Gegners, sondern der Triumph, diesen im ernsthaft geführten Zweikampf zu bezwingen. Da keinerlei feindschaftliches Verhältnis zwischen den Kämpfenden bestand, waren gegenseitige Achtung und Respekt eine Selbstverständlichkeit.

Im 17. Jahrhundert kam es schließlich zum Ende des ritterlichen Turniers. Die wirtschaftliche und gesellschaftliche Entwicklung beschleunigten den Untergang des Rittertums, aber nicht, wie oft zu vernehmen ist, durch die aufkommenden Feuerwaffen. Vielmehr waren es die Arroganz und das Unvermögen der Ritterschaft, dem Trend des Zeitgeistes zu folgen, den sich ändernden Verhältnissen anzupassen. Sie hatten es verabsäumt, sich neu zu gruppieren und stattdessen, in verbohrtem Standes-Konservatismus verharrend, das alte System immer einseitiger und starrer ausgebaut.[5] Aber auch die Wirren des Dreißigjährigen Krieges und seine verheerenden Folgen ließen an den Fürstenhöfen ganz andere Sorgen aufkommen, als prunkvolle und damit sehr kostspielige Schauveranstaltungen abzuhalten.

Dennoch strebte der Adel danach, Nachfolger des mittelalterlichen Rittertums und Bewahrer der ritterlichen Ehre zu sein. So hatte sich im 16. Jahrhundert bereits eine andere Form des Zweikampfs etabliert: das Duell. Seine Anfänge lagen im romanischen Sprachraum, d. h. in Spanien, Italien und Frankreich. Aufgrund der bestehenden Verbindung Kaiser Karls V. zu Spanien war es nur eine Frage der Zeit, bis diese Sitte auch in den deutschsprachigen Gebieten Einzug hielt.

Wie eingangs bereits erwähnt, ging es beim Duell ausschließlich um die Bereinigung privater Ehrenhändel, die in der Regel durch eine Beleidigung oder Kränkung der Ehre des Betroffenen ausgelöst worden waren. Der tatsächliche Ursprung dieser Sitte ist nicht genau nachzuweisen. Es wird vermutet, dass möglicherweise die Prinzipien des Fehderechts, in Verbindung mit den ritterlichen Förmlichkeiten des Turnierwesens, zum Duell als Zweikampf um die Ehre geführt haben.

Das Duell, als ritualisierter Zweikampf auf Leben und Tod, galt seit seiner Geburtsstunde dem Ehrenmann als einzige Möglichkeit, für eine empfangene Beleidigung Genugtuung zu erhalten. Heute betrachtet man es allgemein als Phänomen, dass dieser Ehrenzweikampf nahezu vierhundert Jahre, d. h. bis in die erste Hälfte des 20. Jahrhunderts hinein, einen relativ hohen Stellenwert innerhalb der Gesellschaft behaupten konnte. Im 19. Jahrhundert erlebte das Duell nochmals einen quantitativen Höhepunkt, als das aufsteigende Bürgertum seine empfindsame Ehre entdeckte.

Die zerstörerischen und blutigen Kriege im 16. und 17. Jahrhundert hatten zwangsläufig einen allgemeinen Sittenverfall zur Folge. Dies führte zu verstärkter Rauflust. In Adelskreisen schlug sich das, als Ausdruck besonderer Standesehre, in einer stetig ansteigenden Anzahl von Duellen nieder. Einen nicht geringen Anteil stellten hierbei der infolge der Kriege verarmte und verschuldete Landadel sowie die unter Karl VI. nach Deutschland und Österreich gekommenen Portugiesen und Spanier.

In jener Zeit artete die sog. „Ehrensache" zur Besessenheit aus, wobei anfänglich Italien und später Frankreich zu den Rekordhaltern zählten. Allein König Heinrich IV. von Frankreich soll während seiner Regierungszeit (1589 – 1610) etwa 14.000 Gnadengesuche bezüglich Duellangelegenheiten bewilligt haben.[6]

Die überwiegend mit Blankwaffen geführten Duelle jener Zeit nahmen häufig chaotische Züge an und waren von Raufereien kaum noch zu unterscheiden, weil die für einen echten Ehrenzweikampf bedeutenden Eigenschaften, wie Affektkontrolle und Triebzügelung, noch nicht in ausreichendem Maß verhaltenswirksam ausgeprägt waren. Oftmals wurden diese Duelle der frühen Neuzeit sogar, was später undenkbar war, ohne Sekundanten ausgetragen. Erst die später in Frankreich unter Ludwig XIV. und Ludwig XV. in der zweiten Hälfte des 17. und in der ersten Hälfte des 18. Jahrhunderts ausgebildeten Duellgebräuche, die auch von anderen europäischen Ländern übernommen wurden, brachten eine allmähliche Zivilisierung des Ehrenzweikampfes.

Aus den mittelalterlichen Zweikämpfen war zumindest bis zum Ende des 18. Jahrhunderts eine grundsätzliche Bedingung beim neuzeitlichen Duell erhalten geblieben: die soziale Gleichheit. Die Gegner mussten ebenbürtig sein und über dieselben Verhaltensmuster und Wertmaßstäbe verfügen. Dies war umso bedeutender, je ausschließlicher das Duell als Ehrenzweikampf definiert wurde.

Die Ehre in den adligen Kreisen war der Standesehre gleichzusetzen. Infolgedessen durften auch nur Männer gleichen Standes um ihre Ehre kämpfen, weil nur sie die gleichen Ehrbegriffe teilten. Undenkbar war daher, dass es zwischen einem Handwerker oder Bauern und einem Adligen jemals zum Duell gekommen wäre.[7]

Das Duell galt als Privileg der feudalen Elite und war daher auch ein Symbol für die Zugehörigkeit zur aristokratischen Gesellschaft, mit gleichzeitigem Signal für die sozialen Unterschichten, wie Bürger, Bauern etc., dass diese nicht duellfähig seien. Frei vom Makel niederer Herkunft und als gleichberechtigt galt nur derjenige, der sich im ritterlichen Zweikampf Genugtuung verschaffen durfte. Anderseits musste aber ein von Standes wegen Zugehöriger den Ausschluss aus der gehobenen Gesellschaft befürchten, sobald man ihn für nicht geeignet hielt, mit ihr zu verkehren. Das war stets der Fall, wenn er bei gegebenem Anlass keine Genugtuung forderte oder nicht bereit war, diese seinem Herausforderer zu geben. Eine besonders starke Ausprägung dieser kollektiven Erwartungshaltung zeigte sich vor allem in den Offizierskorps. Dabei mussten sich jene Männer der elitären Gesellschaft immer darüber im Klaren sein, dass ein Duell als sehr ernstzunehmender und gefährlicher Waffengang zu betrachten war, der schwere Verletzungen oder gar den Tod zur Folge haben konnte.

Ein weiteres Merkmal des Duells lag darin, dass es nicht – wie das Turnier – den Charakter einer offiziellen Veranstaltung hatte, sondern immer nur aus persönlichen Beweggründen ausgetragen wurde, ähnlich wie bei der Fehde.

Vergleicht man das Duell mit dem gerichtlichen Zweikampf des Mittelalters, so stellt man fest, dass zwar für beide festgeschriebene Regeln existierten, aber das Duell wurde nicht durch einen Richter angeordnet bzw. vor diesem ausgetragen, da es sich hierbei um eine ausschließlich private Konfliktbereinigung handelte. Keiner der beiden Gegner konnte aus dieser Angelegenheit irgendwelche Rechtsansprüche herleiten.

Ursprünglich war das Duell ein Nahkampf mit Schwertern. Gelegentlich kamen auch andere Waffen, wie Äxte, Dolche, Keulen oder eine Kombination aus diesen, zum Einsatz. Physische Kraft und Geschicklichkeit der Kämpfenden bestimmten den Ausgang des Duells. Sowohl der französische König Franz I. als auch Kaiser Karl V. brachten im 16. Jahrhundert aus Italien und Spanien eine leichte Duellwaffe mit, den Degen. Wegen seiner Handlichkeit verdrängte er sehr rasch das Schwert, und es entwickelte sich eine neue Kampftechnik mit sehr

*Abb. 1: Pistolen-Duell zu Pferd mit Radschlosspistolen. Zeitgenössisches Ölgemälde über das im Jahre 1659 in der Schweiz stattgefundene Duell zwischen zwei Schweizer Offizieren in französischen Diensten. (Schweizerisches Landesmuseum, Zürich)*

starker Ausprägung. Es war die Fechtkunst, die sich unter der Führung italienischer und spanischer Lehrmeister bald in ganz Europa verbreitete. Als weitere und in jener Zeit von den Offizieren bevorzugte Duellwaffe gesellte sich der Säbel hinzu. Dieser war orientalischen Ursprungs und hatte nach den Kreuzzügen in Westeuropa seine Verbreitung gefunden.

Obwohl das Duell mit Blankwaffen – Degen oder Säbel – bis weit in die erste Hälfte des 18. Jahrhunderts noch zahlenmäßig überwog, hielt bereits ab Ende des 16. Jahrhunderts eine neue Waffe Einzug in das Duellwesen: die Feuerwaffe. Eine genaue Datierung ist nicht bekannt, aber es war der Zeitpunkt, als die Handfeuerwaffe in Form der Radschlosspistole bei der Reiterei immer häufiger zum Einsatz kam. Die frühen Duelle mit Feuerwaffen waren noch eine relativ formlose Angelegenheit und ohne genauer spezifizierte Regeln, wie später beim „Code Duello". Man durfte noch jede Feuerwaffe verwenden, wobei sich die

Gegner nicht einmal der gleichen Waffen bedienen mussten. Daher kamen anfänglich gelegentlich auch Gewehre zur Anwendung, bis sich im Verlauf des 17. Jahrhunderts für Zweikämpfe mit Feuerwaffen die Pistolen durchsetzten.

Eine Besonderheit dieser ersten Duelle mit Feuerwaffen war, dass sie zu Pferd als sog. Reiterduelle ausgefochten wurden. Die Gegner mussten aufeinander zureiten und auf ein Kommando schießen (Abb. 1). Solche Pistolenduelle zu Pferd gab es, wenn auch zuletzt nur noch vereinzelt, bis in die Mitte des 18. Jahrhunderts. Zu den letzten dieser Art dürfte das Reiterduell 1759 in Irland gezählt haben; die Gegner waren Oberst Jonah Barrington und Mr. Gilbert.[8]

Als in der zweiten Hälfte des 17. Jahrhunderts die stehenden Heere der absolutistischen Staaten aufkamen, war dies auch gleichzeitig der Beginn der „Duelle zu Fuß" (Abb. 2). Duellanten jener Zeit stammten weiterhin aus der adligen Gesellschaft bzw. waren

London, Printed by J. Read, near Fleet-street, 1711.

An Account of the *Life* and *Character* of of Sir *Chomley Deering*, Bar. and Knight of the Shire for the County of *Kent* in the present Parliament; who was Unfortunately Shot in a Duel on *Wednesday* Morning the 9th of *May*, by his own Friend and Kinsman, Col· *Thornhill*. With the true Relation of their falling out, and the manner of their Fighting; as also the Expreſſions of Sorrow that paſs'd between them afterwards. Together with a new *ELEGY* on his Death.

*Abb. 2: Erster gedruckter und illustrierter Bericht von einem Pistolen-Duell zu Fuß. (Zeitgenössische Pressezeichnung, England)*

aus dem Adel rekrutierte Offiziere. Warum speziell letztere Gruppe in gewissen Situationen einem indirekten Duellzwang unterlag, obwohl duellieren verboten war, werden wir an anderer Stelle noch etwas näher betrachten. Selbst an den Universitäten hatte das Duell Einzug gefunden. Die adligen Söhne eiferten ihren Vätern nach, sodass auch unter den Studenten blutige Zweikämpfe zur Tagesordnung gehörten. An einigen deutschen Universitäten trieb das Duellwesen zeitweise sogar extreme Blüten. Diesbezüglich geordnetere Verhältnisse traten erst ein,

als zu Beginn des 19. Jahrhunderts das Studentenduell, die „Mensur", eingeführt wurde.

Die Monarchen der vorangegangenen Jahrhunderte missbilligten jedoch die Interessen Einzelner, die praktisch Selbstjustiz ausübten, und daher war die Austragung von Ehrenhändeln außerhalb der staatlichen Gerichtsbarkeit, in Form eines Duells, in den meisten europäischen Ländern verboten. Dennoch wurde fleißig weiter duelliert, denn der Adel wollte sich seiner letzten Oase persönlicher Entscheidungsfreiheit durch den Monarchen nicht berauben lassen. Die Duellanten gingen daher entweder über die Landesgrenzen, um sich einer Strafverfolgung im eigenen Land zu entziehen, oder sie ließen es, sofern die Geheimhaltung des Duells nicht gelang, auf eine Bestrafung ankommen. Schließlich wusste man doch, dass die oftmals sehr harten Strafen, die zeitweise in manchen Ländern auch die Todesstrafe nicht ausschlossen, selten in vollem Ausmaß zur Anwendung kamen und der Duellant in der Regel mit einer weitgehend milderen Strafe oder sogar mit Begnadigung rechnen konnte. Warum es diese Doppelmoral gab, werden wir später noch erfahren.

Zur Eindämmung eines überhandnehmenden Duellwesens wurden in einigen europäischen Staaten, darunter auch im Heiligen Römischen Reich Deutscher Nation, sog. Ehrengerichte eingesetzt. Ihre Aufgabe war, Duelle so weit wie möglich zu verhindern, aber auch darüber zu wachen, dass ein Offizier die Ehre seines Standes nicht befleckte, indem er bei einer schweren Ehrenkränkung einem Duell auswich.

In Italien verlief zumindest teilweise die Entwicklung etwas anders. Dort hatte sich inzwischen eine modernere Politik- und Gesellschaftsform etabliert als in anderen europäischen Ländern. Rittertum und Feudalismus waren früher abgeschafft worden. Der „point d'honneur" – und somit das Duell – war zwar in gewissen Kreisen noch existent, hatte aber sein ursprüngliches Ausmaß weitgehend verloren. Anstelle komplizierter Duelle bevorzugte man persönliche Ehrensachen im Raufhandel oder mittels gedungener Mörder, den sog. „Bravos", zu erledigen. Ebenso kam die raffinierte Technik des Vergiftens gelegentlich zur Anwendung.

Im Verlauf des 17. Jahrhunderts begann die Pistole als Duellwaffe in allen europäischen Ländern die mittlerweile so gut wie zum festen Bestandteil der Kleidung satisfaktionsfähiger Männer gehörenden Degen und Säbel allmählich zu verdrängen. Ab dem letzten Viertel des 18. Jahrhunderts galt die Pistole als die bei Duellen meist verwendete Waffe. Wegen der daraus resultierenden verstärkten Nachfrage dafür geeigneter Pistolen führte dies bei zahlreichen Büchsenmachern letztendlich zur Entwicklung und Herstellung eines speziellen Pistolentyps, der Duellpistole. Die gleichzeitig aufkommenden detaillierten Regeln sowie Ratgeber für Pistolenduelle unterstützten diesen Prozess. Duellpistolen wurden jetzt allgemein paarweise mit entsprechendem Zubehör im verschließbaren Edelholzkas-

ten oder Lederkoffer angeboten. In der Zeit davor bediente man sich beim Pistolenduell der langen Radschloss- und Steinschlosspistolen, die paarweise bei der Reiterei in den am Sattel befindlichen Pistolenholstern getragen wurden (Abb. 19 und 24a).

Seine größte Verbreitung zeitigte das Duellwesen im letzten Viertel des 18. und in der ersten Hälfte des 19. Jahrhunderts. Hierbei ist eine deutliche Ausstrahlung von Frankreich nicht zu verkennen. Wie schon im Altertum Athen und später Rom oder in der Epoche der Renaissance die italienischen Fürstenhöfe Vorbild waren, so galt dies im 17. und 18. Jahrhundert ebenso für Frankreich. Mehrere europäische Länder folgten gern der sich ausbreitenden modischen Begeisterung für französische Ideale, der „französisch höfischen Kultur". Allerdings herrschte in Frankreich bis weit in das 19. Jahrhundert hinein eine regelrechte Duellbesessenheit. Dort wurden damals Duelle sogar wegen nichtiger Gründe ausgetragen oder durch Abenteurer provoziert, wobei es gar nicht so selten vorkam, dass jemand regelrecht zum Duell gehetzt wurde. Sehr häufig ging es um verletzte Eitelkeit und nicht immer um die Ehre. Ausgenommen Ungarn, wo man gleichfalls wegen jeder Bagatelle zum Zweikampf schritt, wurden außerhalb Frankreichs die Duelle jedoch nur wegen Ehrensachen ausgetragen. Hier bemühte man sich, den „point d'honneur" zu kultivieren, und tatsächlich brachte dieser Prozess, auch durch den Einsatz der Ehrengerichte, eine andere Qualität in das Duellwesen.

Ebenso blieb die fortschreitende und verstärkte Einbindung des Adels in die Staatsführung sowie für Repräsentationsaufgaben nicht ohne Einfluss auf das Duellwesen, das sich nicht zuletzt deswegen zu einem hochgradig ritualisierten Ehrenzweikampf entwickelte. Dies führte auch dazu, dass die zügellosen und affektbetonten Duelle bald verschwanden. Begünstigt wurde diese Entwicklung insbesondere durch Verbreitung der Duelle mit Pistolen. Damit konnte jetzt – im Gegensatz zu den Duellen mit Blankwaffen – der körperliche Nahkampf vermieden und ein deutlich diszipliniertes Verhalten der Duellanten erreicht werden. Ferner unterstützten die Regeln für Duelle diesen Vorgang, indem sie den Sekundanten, als Auge des neutralen Beobachters, die Pflicht auferlegten, das gesamte Geschehen zu kontrollieren. Außerdem mussten diese dafür Sorge tragen, dass ein Duell chancengleich und geordnet, sowie gemäß dem im betreffenden Land geltenden Duell-Kodex, ausgetragen wurde.

Duellkritiker jener Zeit waren aber der Auffassung, eine diesbezügliche Chancengleichheit könne es gar nicht geben. Schon die Unterschiede in der physischen Statur oder der psychischen Verfassung der Gegner machten dies z. B. bei einem Zweikampf mit blanken Waffen unmöglich, wo es hier doch auf körperliche Kraft und Geschicklichkeit der Duellanten ankam.

Damit hatten sie wohl Recht, denn ein jüngerer Gegner von größerer Gestalt hatte beim Duell mit Degen oder Säbel schon beträchtliche Vorteile und

ein weniger geübter Fechter gegen einen gut trainierten keine Chance. Anhänger des Duells argumentierten eifrig, die Gleichheit der äußeren Bedingungen brächte ja das Duell mit Pistolen. Hier waren die Chancen gleichmäßiger verteilt, weil es nach ganz anderen Gesetzmäßigkeiten ablief. Ferner verwiesen sie darauf, dass selbst gute Pistolenschützen ihren Gegner verfehlten, weil plötzlich der auf sie gerichtete, möglicherweise todbringende Pistolenlauf des Gegners bei ihnen Furcht oder zumindest ein gehöriges Maß an Nervosität auslösen konnte. In einem solchen Moment der psychischen Instabilität seien sie oftmals nicht mehr in der Lage, die eigene Hand ruhig zu führen und den Abzug zu betätigen, ohne dabei die Waffe zu verreißen; man war ja schließlich nicht auf dem Schießstand zum Scheibenschießen. Man könnte nun meinen, die genannten Argumente der Duellanhänger seien überzeugend genug – aber nein, sie setzten noch eines darauf, um auch jenen zu begegnen, die weiterhin eine mögliche unterschiedliche Qualifikation der Gegner im Umgang mit Pistolen ins Feld der Argumente führten. Neben den bereits oben angeführten Gründen hinsichtlich des ausgleichenden Moments des Pistolenduells bei ungleichen Gegnern verwies man auf die potentielle Chance für den im Umgang mit Pistolen Ungeübten, mitels eines sog. Zufallstreffers seinen Gegner zu verletzen oder gar zu töten. Das traf besonders dann zu, wenn ein Duellablauf von den Sekundanten vereinbart war, bei dem der Ungeübte gemäß Reglement den ersten Schuss hatte. Auch wenn diese Argumentation ein wenig an den Haaren herbeigezogen erscheint, so sind doch solche Duellausgänge, die gar nicht so selten waren, tatsächlich nachgewiesen.

Es gab aber auch Zeitgenossen, die fanatische Anhänger des Duells mit Blankwaffen waren und ihrerseits das Duell mit Pistole ablehnten. Sie vertraten die Auffassung, beim Pistolenduell fehle der Charakter eines eigentlichen Kampfes. Ein Kampf zeichne sich schließlich durch das ständige Wechselspiel von Angriff und Verteidigung aus, gepaart mit körperlicher Kondition sowie blitzschnellem Reaktionsvermögen. Ferner führten sie an, beim Duell mit Degen oder Säbel hätten die Duellanten immer noch die Chance, Stöße oder Hiebe des Gegners zu parieren, wohingegen sie beim Pistolenduell der Kugel ihres Gegners wehrlos ausgeliefert wären. Die Duellanten würden sich hierbei in einer mehr oder weniger großen Distanz gegenüber stehen, und die einzige kämpferische Aktivität bestehe dann nur darin, einen Schuss auf den Gegner abzufeuern und anschließend, sofern dies nicht bereits schon geschehen bzw. der Gegner dazu noch in der Lage war, den Gegenschuss in völliger Wehrlosigkeit abzuwarten. Hingegen aber, so fügten sie noch hinzu, würde allein das Bewusstsein, sich beim Duell mit einem Degen oder Säbel aktiv verteidigen zu können, den Duellanten noch ein gewisses Gefühl relativer Sicherheit vermitteln.

Die Anhänger des Pistolenduells hielten ihrerseits wiederum dagegen, dass ein Duell mit Pistolen nicht nur aufgrund der bereits erwähnten Chancengleichheit bevorzugt werde. Vielmehr auch deshalb, weil es hierbei häufiger als bei Duellen mit Degen oder Säbel zu tödlichen Verletzungen kam, dieses somit allgemein als gefährlicher und wegen des deshalb aufzubringenden größeren Mutes nicht nur als ernsthafter, sondern auch ehrenhafter anzusehen sei.[9] Ebenso wurde dem geistigen Moment beim Pistolenduell ein höherer Stellenwert zugeschrieben, nämlich in der Unterdrückung der Furcht und zwar in zweierlei Hinsicht. Zum einen musste man gezielt auf sich schießen lassen, und zum anderen galt es gleichzeitig die vom Reglement erwartete Gelassenheit sowie Kaltblütigkeit nach außen zu zeigen, denn ein unehrenhafter Zwischenfall, wie die Nerven verlieren oder vor Angst in Ohnmacht fallen, bevor ein Schuss abgegeben worden war, musste von den Sekundanten im Duellprotokoll festgehalten werden. Man konnte davon ausgehen, dass ein solcher peinlicher Vorfall publik würde und die Furcht vor der Blamage größer war als die vor einer selbst schwereren Verletzung.

Bei der gesamten Diskussion, ob nun der Degen bzw. Säbel oder die Pistole als zweckmäßigere Duellwaffe zu betrachten sei, wurde von den Anhängern der ersteren vielleicht etwas Wesentliches verkannt. Ein Duell sollte ja nicht den Geschicktesten oder Stärksten, also den Leistungsfähigsten, ermitteln, das eigentliche Element des Zweikampfs um die Ehre war vielmehr, sich einer Gefahr zu stellen. Dazu bedurfte es aber keinesfalls, den mehr oder weniger geschickten Umgang mit Degen oder Säbel unter Beweis zu stellen.

Es blieb dabei: Das Pistolenduell gewann immer mehr Anhänger und war daher auch im 19. Jahrhundert dominierend. In gewissen Kreisen konnten sich sogar Duellanten bei Verwendung von Blankwaffen gelegentlich dem Verdacht nicht ganz entziehen, es damit auch wirklich ehrlich oder, besser gesagt, ernsthaft zu meinen. Es soll sogar besonders raubeinige Offiziere gegeben haben, die Degen oder Säbel als „lächerliche Duellwaffe" mit der Begründung ablehnten: „Sobald nach Meinung der Sekundanten genügend Blut geflossen ist, würden sie den Zweikampf abbrechen, bevor einer der Gegner auf der Strecke geblieben ist." Aber das war ja, wie wir bereits vernommen haben, nicht der eigentliche Zweck des Duells. Ungeachtet des „Für" und „Wider" bezüglich der Akzeptanz einer Duellwaffe hatte sich der Duellant bei der Waffenwahl auch den Gepflogenheiten des jeweiligen Landes zu beugen, in dem er sich gerade befand, denn der Übergang von der Blankwaffe zur Pistole erfolgte nicht in allen Ländern gleichzeitig.

Obwohl das Duell seinen Ursprung im Adelsstand hatte und ausschließlich ihm vorbehalten war, kam es doch zu einer Erweiterung der satisfaktionsfähigen Gesellschaft im Zuge der sich allmählich ändernden Geisteshaltung und des beginnenden Abbaus der Standesgrenzen. Das Recht auf Verteidigung der persönlichen Ehre hatten die nicht adligen Offiziere und

höhere Beamte schon in der zweiten Hälfte des 18. Jahrhunderts erworben. Nun gesellten sich gegen dessen Ende sukzessive die Akademiker und in der ersten Hälfte des 19. Jahrhunderts noch weitere Männer des gehobenen sowie mittleren Bürgertums hinzu.

Diese Ausweitung der duellfähigen Gesellschaft sowie die starke Neigung des Bürgertums, das ursprünglich dem Adel vorbehaltene Duell in seine eigene Lebensführung aufzunehmen, führten ab Ende des 18. bis Mitte des 19. Jahrhunderts zu einem bis dahin nicht gekannten Ausmaß des Duellwesens. In Frankreich eskalierte es nach dem Untergang des napoleonischen Kaiserreiches soweit, dass es sogar zu zahlreichen Duellen zwischen Redakteuren und Journalisten kam. Letztere nutzten gern die Gelegenheit, mit Hilfe spektakulärer Duelle mit bekannten Persönlichkeiten bewusst ins Rampenlicht der Öffentlichkeit zu geraten. Das Duell avancierte zum Symbol für soziale Stellung und wurde eine Angelegenheit des Prestiges. Im 19. Jahrhundert gehörte das Duell zum „guten Ton", und man hatte für den „Ehrenfall" einen Kasten mit den entsprechenden Pistolen im Haus.

Ein gewisses Phänomen stellte diesbezüglich England dar. Dort war das Duell, ursprünglich durch die Normannen eingeführt, im 18. und im ersten Viertel des 19. Jahrhunderts stark verbreitet. Hochrangige Politiker, Parlamentarier, Napoleon-Mitbezwinger Sir Arthur Wellington und zahlreiche andere Männer aus Englands Oberschicht griffen zum Degen oder zur Pistole, wann immer es galt, eine Ehrensache zu bereinigen. Die vielen englischen und besonders in London ansässigen Büchsenmacher konnten der anhaltend steigenden Nachfrage nach Duellpistolen kaum gerecht werden. Dennoch war in England das Duell bereits ab Mitte des 19. Jahrhunderts so gut wie verschwunden. Die Ursachen lagen in der nicht vorhandenen Präsenz des Militärs mit seinen Offizieren, weil jene damals weltweit in den Kolonien im Einsatz waren und weil sich die daheimgebliebene Elite dem Volk öffnete. Gleichzeitig entstand hier auch die erste europäische Anti-Duellvereinigung. Das Duell wurde gesellschaftlich verpönt, und es etablierte sich eine „Gentleman-Kultur". Es war kein Geringerer als Albert Prinz von Sachsen-Coburg, Prinzgemahl der Königin Viktoria von England, der dieses Projekt tatkräftig unterstützte. Er war es auch, der bei der englischen Regierung den diesbezüglichen Artikel 98 zu den Kriegsbestimmungen durchsetzte. Mehr dazu erfahren wir im Kapitel: „Strafverfolgung der am Duell Beteiligten".

In den anderen europäischen Ländern lebte das Duellwesen aber weiter, wenn auch in der zweiten Hälfte des 19. Jahrhunderts mit einer langsam beginnenden rückläufigen Tendenz. In Frankreich wurde durch die Revolution, neben anderen aristokratischen Bräuchen, das Duell kurzfristig beinahe verdrängt. Einen gewissen Beitrag dazu leistete u. a. der französische Gesellschaftskritiker Jean-Jacques Rousseau mit seiner Kritik am Duell. Aber schon unter Napoleon I. lebten neben der Monarchie auch der Adel

und das Duell wieder auf. Napoleon zeigte sich in Sachen Duell eher duldsam, vermutlich weil er bei seinen Offizieren die Lust zum Kampf unabhängig vom Krieg erhalten wollte.

Interessanterweise war das Duell in Russland bis zum 18. Jahrhundert unbekannt. Dort hatte man weder Rittertum noch Feudalismus erlebt, und so paradox es erscheinen mag, wurde das Duell dann erst durch ein Verbot von Zar Peter dem Großen eingeführt. In der russischen Literatur des 19. Jahrhunderts spielte es eine zentrale Rolle und war praktisch ein Dauerthema. Vielleicht auch deshalb, weil zwei ihrer größten und populärsten Dichter – Alexander Puschkin und Michail Lermontow – bei Duellen ums Leben kamen.

In Nordamerika war das Duell als kultivierter Zweikampf ebenfalls bis in die zweite Hälfte des 18. Jahrhunderts unbekannt. Erst zur Zeit des Unabhängigkeitskrieges wurde es durch die aus Europa angeworbenen Offiziere eingeführt, besonders durch die französischen. Die amerikanische Offizierselite und die bürgerliche Führungsschicht nahmen diese – für sie neue – Art des Zweikampfes schnell und gerne an. Immerhin bot er ihnen doch die Möglichkeit, ihre Differenzen in Ehrensachen mit Niveau und stilvoll auszutragen. Gemeint ist hiermit das „klassische Pistolenduell" gemäß dem europäischen Duell-Kodex und nicht das „rasche Ziehen des Colts", wie es in den zahlreichen Western bei ihren Zweikampfszenen dargestellt wird. Auch bei amerikanischen Politikern von hohem Rang galt in jener Zeit das

Pistolenduell häufig als die angemessene und unausweichliche Form, Ehrenhändel mit einem Kontrahenten zu bereinigen. Da auch in Amerika Duellieren verboten war, setzten diese hohen Herren, ebenso wie ihre europäischen Kollegen, damit ihre berufliche Karriere bzw. soziale Stellung aufs Spiel, sofern sie das Duell überlebten. Aufgrund verschärfter Anti-Duellgesetzgebung nach dem Sezessionskrieg (1861 – 1865) verschwanden in Nordamerika die Ehrenzweikämpfe wieder.

Gegen Ende des 19. Jahrhunderts begann sich überall in Europa die soziale Oberschicht der Gesellschaft allmählich vom Duell zu distanzieren. Der Grund dafür lag hauptsächlich im Verlust an seiner sozialen Exklusivität. Durch die Ausweitung des Duells bis in weite Kreise des Bürgertums hatte es seine frühere elitäre Attraktivität für viele Männer der gehobenen Gesellschaft verloren.

Dementsprechend fanden die inzwischen überall aktiven Anti-Duellbewegungen leichteren und vermehrten Zuspruch. Mit dem Beginn des 20. Jahrhunderts zählten sogar schon zahlreiche Aristokraten zu dieser Bewegung. Darunter befanden sich plötzlich auch namhafte Persönlichkeiten, die ehemals überzeugte Duellanhänger waren und den Ehrenzweikampf immer für die einzige Möglichkeit gehalten hatten, befriedigende Genugtuung für eine empfangene Ehrenkränkung zu erlangen. Zielsetzung der Anti-Duellbewegungen war, das Duellwesen auf psychologischem Weg zu bekämpfen und darüber hinaus solche Gesetze zu bewirken, die dem sub-

jektiven Ehrgefühl einer höheren, sich duellierenden Gesellschaftsklasse gerecht würden.

Dennoch behielt das Duell, für eine zwar ständig schrumpfende Zahl seiner Anhänger, eine gewisse Bedeutung. Dies war besonders in Ländern feststellbar, in denen ehemals herrschende Feudalschichten weiterhin starke Positionen im wirtschaftlichen und gesellschaftlichen Leben innehatten. Mit Ende des Ersten Weltkrieges verstärkte sich der Niedergang des Duells, besonders in Deutschland und Frankreich. Die Abrüstung der deutschen Armee sowie die Abschaffung der Wehrpflicht gemäß dem Versailler Friedensvertrag unterstützten die Anti-Duellbewegung zusätzlich. In der verbleibenden kleinen deutschen Berufsarmee war das Offizierskorps bis auf etwa zehn Prozent der ursprünglichen Stärke reduziert worden, womit gleichzeitig auch ein wesentlicher Faktor sozialer Ausstrahlung verlorenging.

Demokratisierung sowie die sich ändernden Wertvorstellungen der Gesellschaft bewirkten ein zunehmendes Schwinden des bisherigen Ehrgefühls. Die große Zahl der aus der ehemaligen Armee entlassenen Offiziere und die anderen Herren der gehobenen Gesellschaft strebten zwischenzeitlich den neuen Idealen zu, wie z. B. Anerkennung oder Ansehen aufgrund wirtschaftlichen Erfolges.

Der Zweikampf um die persönliche Ehre war zwar zum Sterben verurteilt, aber trotz des duellfeindlichen Umfeldes wurden auch nach dem Ersten Weltkrieg noch vereinzelt Pistolenduelle ausgetragen. Gerade in konservativen Kreisen machte man aus seiner Duellneigung kein Hehl und ließ es nötigenfalls schon einmal darauf ankommen. Ebenso wurden in Deutschland und in der Schweiz bis in die Jahre vor dem Zweiten Weltkrieg wiederholt neue oder überarbeitete diesbezügliche Vorschriften bzw. Pauk-Komments herausgegeben, die ein Pistolenduell in bestimmten Fällen nicht ausschlossen. Es waren nicht nur die älteren Offiziere aus der Zeit von Kaiser Wilhelm II., sondern auch die jüngere Offiziersgeneration unter Hitler sowie zahlreiche junge Herren aus den studentischen Verbindungen, die alle noch an dem überlieferten Brauch zur Verteidigung der persönlichen Ehre festhalten wollten. Interessant ist, dass Hitler nicht grundsätzlich gegen das Duell eingestellt war. Jedoch nach dem Verlust eines seiner wichtigsten Mitarbeiter durch ein Duell behielt er sich vor, Duelle unter seinen Offizieren zu genehmigen oder zu untersagen. Die Monarchen der vorangegangenen Jahrhunderte hatten sich darauf beschränkt, den Duellanten nachträglich die Strafe zu mildern oder sie gar zu begnadigen.

Mit dem Ende des Krieges kam aber 1945 in Sachen Duell das endgültige „Aus". Die heute noch in Deutschland, Österreich und in der Schweiz in den sog. „schlagenden Verbindungen" gepflogene studentische Mensur mit dem Schläger, einer gegen Ende des 19. Jahrhunderts in Göttingen entwickelten Hiebwaffe, ist kein Ehrenzweikampf, sondern ein harmloses Waffenspiel, bei dem ernsthafte Verletzungen praktisch ausgeschlossen sind.

Nun sollte man nicht glauben, Duelle seien ausschließlich eine Angelegenheit der Männerwelt gewesen, denn das wäre ein Irrtum. Unter den Damen der zurückliegenden Jahrhunderte gab es durchaus Vertreterinnen des „zarten Geschlechts", die es sehr wohl verstanden, mit Degen oder Pistole umzugehen und, wenn es sein musste, eine ihrer Geschlechtsgenossinnen zu fordern, um mit ihr ein Duell auszutragen. Wie einige solcher Damen-Duelle belegen, die in Frankreich, England, Polen und Russland bekannt wurden, ging es dabei durchaus nicht immer um Ehrenhändel im Sinne der Männerwelt; in der Regel war Eifersucht das Motiv. Da es bei reinen Damen-Duellen blieb, war die Welt aus der damaligen Sicht der Männer soweit in Ordnung. Hingegen hätte aber ein Duell zwischen einer Dame und einem Herrn keine Akzeptanz gefunden. Die Frauen galten nicht als ebenbürtige Gegner, vielmehr meinte man, sie bedürften des Schutzes der Männer. Außerdem war die Behandlung von Ehrenhändel zwischen ungleichen Geschlechtern im Duell-Kodex geregelt.

Das Duell als Zweikampf um die persönliche Ehre gehört nun schon geraume Zeit der Vergangenheit an. Es war aber nicht die Gesetzgebung der vergangenen Jahrhunderte, die dem Duellwesen das Ende brachte. Dazu bedurfte es erst des allgemeinen gesellschaftlichen Wandels und seiner neuen Wertvorstellungen, in denen ein alter überlieferter Ehrbegriff keinen Nährboden mehr fand.

> *„Die persönliche Ehre ist das Schönste des Menschen,*
> *dessen Sicherung ihm allein obliegt,*
> *und keine Macht der Erde kann jemanden über eine*
> *ihm widerfahrene Beleidigung hinwegsetzen."*[10]

Albrecht Graf von Roon (1803 – 1879)

# Die Ehre steht auf dem Spiel: Verpflichtung zum Duell

Unter Historikern und Soziologen gilt das Duell als kulturhistorisches Phänomen. Wie bei allen Kulturerscheinungen, stehen auch hier Mensch und Umfeld in wechselseitigen Beziehungen; sie befinden sich dabei in einem bestimmten Abhängigkeitsverhältnis und bilden somit ein Kulturgefüge. Aber erst der tiefere Blick in die funktionalen Zusammenhänge und in den inneren Aufbau einer Kulturerscheinung ermöglicht das richtige Verständnis ihres Wesens und wie sie entstanden ist. Deshalb sollen die Hintergründe der geistigen Haltung dieser mehrere Jahrhunderte andauernden Epoche, hinsichtlich des Ehrgefühls und sozialen Zwanges, hier nochmals etwas ausführlicher betrachtet werden.

Beim Studium der kulturgeschichtlichen Berichterstattung stellt man rasch fest, dass Männer aus gewissen gesellschaftlichen Schichten zwei Qualitäten höher schätzten als das eigene Leben: Mut und Ehre. Das altgermanische Ehrgefühl war nicht nur ein am Kodex einer Elite orientiertes Selbstwertgefühl, sondern beruhte auch sehr stark auf persönlicher Tüchtigkeit, Fähigkeit, Tapferkeit und Treue. Später, im Mittelalter wurde das Ehrgefühl dadurch an die christliche Ethik gebunden, dass die damaligen Bischöfe die gesamte abendländische Ritterschaft aufriefen, „um Gottes willen" die friedliche Kirche sowie alle Diener und Kinder Gottes zu beschützen. Daraus entwickelte sich derjenige Begriff der Ritterlichkeit, von dem wir bis in die heutige Zeit eine gewisse Vorstellung haben. Dass dabei die zur Zeit der Kreuzzüge aus dem niederen und mittleren Feudaladel entstandenen diversen geistlichen Ritterorden eine wesentliche Rolle spielten, sei hier nur nebenbei bemerkt.

Aber zurück zur Ehre, diesem schwer zu definierenden und manchmal als abstrakt bezeichneten Begriff. Schon in der griechischen Philosophie erkannte man vor über zweitausend Jahren: „Was dem Menschen von Natur zu eigen ist, nämlich seine Person, soll unverletzlich, unantastbar sein... und nur er selbst soll über sich verfügen dürfen."[11] Hierin steckt bereits inhaltlich alles das, was als Ehre definiert wurde. Wesentlich kürzer hingegen ist die Auslegung für „Ehre" im

Lexikon, dort heißt es nur ganz einfach: „höchster Lebenswert des Menschen". Diese Interpretationen reichen aber bei weitem nicht aus, um den heutigen Generationen verständlich zu machen, welche Inhalte und Werte mit dem Begriff „Ehre" in der Vergangenheit in Verbindung gebracht wurden. Daher ist es nicht nur zum besseren Verständnis für einige der folgenden Kapitel wichtig, sondern gewiss auch allgemein interessant, hierzu noch eine kleine Auswahl anderer Bemerkungen und Zitate kennenzulernen, die im Verlauf der Jahrhunderte von Männern unterschiedlichster Herkunft bzw. sozialer Stellung niedergeschrieben wurden. Dabei wird besonders deutlich erkennbar, welche Bedeutung die Ehre für jene Männer hatte und wie sie darüber dachten.

Der Ursprung des Ehrbegriffs, wie er vom 16. bis ins 19. Jahrhundert umschrieben wurde, lag im Italien des 15. und 16. Jahrhunderts. Damals äußerten sich beispielsweise zwei italienische Persönlichkeiten zu diesem Thema:

• Der Florentiner und zeitweilige Diplomat im Dienste der Medici und des Vatikan, Francesco Guicciardini (1483 – 1540): „Wer nach Gebühr die Ehre achtet, dem wird alles gelingen; denn er fragt weder nach Mühe noch Gefahren und Aufwand. Ich habe dies selbst in meinem Leben erfahren und darf dies daher aussprechen und niederschreiben: Leer und leblos sind die Taten der Menschen, die nicht von diesem glühenden Stachel getrieben werden."[12]

• Sein Landsmann, der Schriftsteller Baldassare Castiglione (1478 – 1529), erklärt in seinem 1528 erschienenen und an den europäischen Höfen als Bestseller geltenden Traktat *Il libro del Cortegiano* unter anderem: „Er gehe aber nicht leichtsinnig auf Zweikämpfe ein, es sei denn der Ehre wegen... und dann, wenn er die Waffenwahl hat, nicht wie andere Waffen wählen, die weder schneiden noch stechen."[13]

• Friedrich der Große hatte in den Briefen an seine Schwester Wilhelmine von Bayreuth wiederholt das Thema „Ehre" behandelt – sowohl auf seine Person bezogen als auch auf sein gesamtes Volk. Im September 1757, wenige Monate nach der verlorenen Schlacht bei Kolin und seinem Rückzug aus Böhmen, schreibt er: „Die Festigkeit besteht im Widerstand gegen das Unglück; nur Memmen beugen sich unter das Joch, schleppen ergeben ihre Ketten und ertragen ruhig die Unterdrückung. Nie wird es mir möglich sein, eine solche Schmach zu willigen. Hat mich die Ehre doch schon hundertmal im Kriege mein Leben der Gefahr aussetzen und aus geringerem Anlaß als hier dem Tode trotzen lassen. Das Leben ist es sicherlich nicht wert, sich so fest daran zu klammern, zumal, wenn man voraussehen muß, daß es fortan nur eine Kette von Leiden sein wird und daß man sein Brot wird mit Tränen essen müssen."

Einige Monate später, im November 1757 und wieder an Wilhelmine gerichtet, aber diesmal nach der gewonnenen Schlacht bei Roßbach, erklärt er: „Nach soviel Aufregung dank dem Himmel ein günstiges Ereignis! Es wird heißen, dass 20.000 Preußen 50.000 Franzosen und Deutsche geschlagen haben. In Frieden werde ich nun ins Grab steigen, seit der Ruhm und die Ehre meines Volkes gerettet sind. Wir können zwar unglücklich sein, aber nicht ehrlos."[14]

• Der Historiker Hans Delbrück (1848 – 1929) formulierte 1896: „... daß zur vollen männlichen Persönlichkeit auch der Mut gehört, sich selbst für seine Sache einzusetzen. Diesen Mut zu haben ist die Ehre des Mannes."[15]

• Vom Benediktiner P. Sebastian von Oer erhalten wir auf die Frage, was Ehre sei, in seinem Büchlein *Unsere Tugenden* u. a. folgende Antworten: „Ehre ist die Geltung oder öffentliche Anerkennung, die eine Person im gesellschaftlichen Leben hat", und ferner: „Ehre ist ein ideales Gut. Sie gründet sich aber auf reale Eigenschaften oder Vorzüge, die man wirklich oder vermeintlich besitzt; denn da die Ehre zumeist in der Meinung anderer liegt, kann diese wahr oder auch irrig sein. Man ehrt, die man für ehrenwert hält. Ist aber diese Meinung irrig und wird der Irrtum entdeckt, oder glaubt sich die Welt getäuscht, so geht die Ehre verloren."[16]

Analysiert man alle diese Zitate, zeigt sich ganz deutlich, dass der Begriff „Ehre" nicht nur als persönliches Gut eines Menschen zu betrachten ist. Er umfasst bedeutend mehr, so auch Selbstbewusstsein, soziale Position und soziales Ansehen, Achtung durch die Gemeinschaft, Freiheit, Besitz und Recht. Daher war „Ehre" ein Schlüsselbegriff, der die obere Klasse bzw. ihr

Verhalten regierte. Aber auch der aus dem Klassenstolz resultierende Kastengeist der Aristokratie blieb nicht ohne Einfluss auf die Verhaltensweisen. Jener wurde nicht zuletzt dadurch gefördert, dass Offiziere, Diplomaten und höhere Beamte ausschließlich aus den Reihen des Adels stammten.

Das Ehrgefühl des Menschen beruht auf seiner Selbstachtung, und diese wiederum basiert unverzichtbar auf der Erwartung, dass seine Mitmenschen ihm die gewünschte Achtung zuteil werden lassen. Ist dies nicht der Fall und wird die Ehre verletzt, dann zählt nur, dass man diese Ehrenkränkung selbst so erlebt hat, mag der andere sich auch noch sosehr entschuldigen. Oft betrifft das anerzogene Ehrgefühl nicht einmal den persönlichen Wert des Menschen an sich, sondern, viel äußerlicher, seine gesellschaftliche Stellung.[17] Bemerkenswert ist in diesem Zusammenhang noch, dass das Ehrgefühl vom 16. bis in das 19. Jahrhundert hinein überwiegend durch das individuell angestrebte Ansehen innerhalb der höfischen Gesellschaft bzw. durch deren gesetzte Maßstäbe geprägt war und sich nur teilweise auf die im Mittelalter übliche ritterliche Standesehre abstützte. Geblieben war jedoch, dass die Ehre als Garant für die Zugehörigkeit zur aristokratischen Gesellschaft galt, und letztere weiterhin vornehmlich auf dem Status fundierte, sich im Zweikampf behaupten zu dürfen. Deshalb blieben beim Adel Tapferkeit und Standhaftigkeit noch lange die bedeutenden Tugenden mit einem auffallend hohen Stellenwert.

Um den Inhalt des Begriffes „Ehrgefühl" kurz zu erläutern, bietet sich hier nochmals unser bereits zitierter P. Sebastian von Oer an; von ihm erfahren wir u. a.:[18]

• Ehrgefühl ist das Bewusstsein unserer Ehrenhaftigkeit, das Verständnis dafür und die Wachsamkeit darüber.
• Es ist eine leitende und stärkende Kraft für unser eigenes Verhalten, Tun und Reden. Und es ist eine abwehrende, schützende Regung gegen fremde Angriffe auf unsere Ehre.
• Das Ehrgefühl ist somit ein wahrhaft soziales Gefühl und gehört zu dem den Verkehr der Menschen untereinander regelnden Apparat.

Auch Friedrich der Große hatte sich 1757 in einem Brief an den Lordmarschall von Schottland zum Ehrgefühl geäußert. Dort heißt es: „Ehrgefühl spornt, ohne Eifersucht zu erwecken, die Seele an, entreißt sie der Untätigkeit und Gleichgültigkeit ... Es ist, mit einem Wort, der edelste Antrieb zu allen unseren Leistungen."[19]

Wie bereits erwähnt, hatte ursprünglich durchaus nicht jedermann das Recht, seine Ehre in einem Zweikampf zu verteidigen oder überhaupt eine Duellforderung auszusprechen. Das war zunächst ausschließlich der feudalen Elite vorbehalten, und erst im 18. und 19. Jahrhundert erlangten im Zuge des allgemeinen gesellschaftlichen Wandels allmählich auch weitere soziale Gruppierungen die „Satisfaktionsfähigkeit". Satisfaktion zu geben bedeutete: Genugtuung durch Ehrenerklärung oder Zweikampf zu gewähren.

Eine Ehrenerklärung war allerdings nicht in jedem Fall möglich, die Gründe dafür werden wir später sehen.

Die Satisfaktionsfähigkeit umschrieb einen besonderen Ehrenkodex, der außer der feudalen Oberschicht auch das Offizierskorps, die höheren Beamten und ab Ende des 18. Jahrhunderts das akademisch gebildete Bürgertum ständisch integrierte und nach außen, d. h. gegen die restlichen 95 % der männlichen Bevölkerung, abschloss. Obwohl der Ehrbegriff weder an berufliche Leistung noch an Besitz gebunden war, konnte diese letztere große Gruppe der Gesellschaft die Satisfaktionsfähigkeit nicht erreichen. Ihr fehlten die an den Universitäten und im Offizierskorps vermittelten Ehrbegriffe, oder sie wollten diese nicht akzeptieren. Aber gerade darauf kam es an: auf eine traditionelle und durch Erziehung gefestigte Gesinnung und Bildung. Die Duellanhänger erklärten, dass Ungebildete weder über die Fähigkeit noch Bereitschaft auf Triebverzicht und Selbstbeherrschung verfügten; ferner wären sie nicht in der Lage, das komplizierte Reglement zu befolgen.[20]

Bildung war somit ein maßgebliches Kriterium für den Zugang zur satisfaktionsfähigen Gesellschaft, wobei es allerdings nie möglich war, eine exakte und scharfe Grenze zu definieren. Andererseits konnte aber auch ein Mitglied dieser oberen Gesellschaftsgruppe aufgrund eines bestimmten Fehlverhaltens aus diesem Kreis ausgeschlossen werden. Dafür gab es vielfältige Gründe: so konnte dies bei nicht kodexkonformem Verhalten in Sachen

Duell sein oder aber auch wenn der Betreffende Schuldverbindlichkeiten gegenüber sozial tief unter ihm stehenden Personen einging. Ein solches Verhalten galt insbesondere im Offizierskorps als nicht standesgemäß.

Mögliche Gegner im Duell mussten über dieselben Wertmaßstäbe und Verhaltensmuster verfügen. Diese Grundbedingung galt bereits schon bei den mittelalterlichen Zweikämpfen und den neuzeitlichen Duellen des 16. Jahrhunderts. Nur unter solchen Männern konnte so etwas wie „ritterliche Gesinnung" und somit die Grundsätze der Gleichheit gepflegt werden. Eine derartige Haltung führte dann bei Pistolenduellen oftmals dazu, dass ein Beleidigter, der bei einer schweren Kränkung das Recht auf den ersten Schuss hatte, davon keinen Gebrauch machte. Stattdessen brachte er eine Duellart zum Vorschlag, bei der beide Gegner gleichzeitig oder nach Belieben aufeinander schießen konnten. Staunend stellt man dabei fest, dass so ein Verhalten sogar von jenen Männern gezeigt wurde, deren Ehefrau von ihrem Kontrahenten verführt worden war. Dies zählte – neben dem Schlag ins Gesicht – zu den schwersten Beleidigungen überhaupt. Was darüber hinaus noch verwundert, ist, dass eine solche „ritterliche Verhaltensweise", durch Gerichtsakten belegt, noch am Ende des 19. Jahrhunderts anzutreffen war – in einer Zeit, in der sich die gesellschaftlichen Wertvorstellungen zunehmend veränderten und das traditionelle Ehrgefühl allmählich verloren ging. Eine solch ausgeprägte ehrerbietende Haltung wurde, in der Zeit der

Pistolenduelle, von keinem Duellanten mehr erwartet. Wer von seinem Recht des ersten Schusses Gebrauch machte, hatte keine Beeinträchtigung seiner Ehrenhaftigkeit zu befürchten; man hatte sich von der alten Tradition schon ein gutes Stück weit entfernt. Wenn aber dennoch so gehandelt wurde, zeigt es uns doch in eindrucksvoller Weise, wie leidenschaftlich der Ehrbegriff von gewissen Männern gehütet wurde. Hierbei kam es gar nicht so selten vor, dass diese Männer ihre ritterliche Gesinnung, in Bezug auf die gewollte Gleichstellung der beiden Gegner, mit ihrem Leben bezahlten.

Nur innerhalb der satisfaktionsfähigen Gesellschaft konnte man beleidigt werden und eine Forderung zum Duell aussprechen oder eine solche annehmen. Somit waren Männer aus den sozial schwächeren Schichten, wie z. B. Handwerker, einfache Kaufleute und Bauern, nicht in der Lage, einen Offizier oder höheren Beamten zu beleidigen, weil man keinen Wert auf deren Achtung legte. Noch in der Mitte des 19. Jahrhunderts war die Trennung der gesellschaftlichen Ober- und Unterschicht so stark ausgeprägt, dass selbst ein tätlicher Angriff gegen ein Mitglied der Oberschicht in Bezug auf Ehrenkränkung nicht wahrgenommen wurde. Weil ein „solcher Mensch tief unter ihnen stand", wurde er als nicht ebenbürtig angesehen. Man fühlte sich nicht als Person beleidigt und ging gegen den Beleidiger mit einer ganz normalen gerichtlichen Klage vor.

Als Angehöriger der satisfaktionsfähigen Gesellschaft hatte man den Status der Duellfähigkeit und konnte damit seine soziale Qualität gegenüber niederen gesellschaftlichen Gruppen deutlich abheben. Wer noch nicht dieser privilegierten Gruppe angehörte, aber dennoch aus besonderen Gründen von einem jener Herren als Duellgegner akzeptiert wurde, hatte dadurch eine echte Chance, diesem auserwählten Kreis künftig anzugehören.

Ein sehr schönes Beispiel zur Thematik der Satisfaktionsfähigkeit gibt uns Giacomo Casanova, der im Jahre 1766 den königlichen Offizier und Großkämmerer der polnischen Krone, Graf Branicki, wegen einer Verbalinjurie zum Duell auf Pistolen gefordert hatte. Casanova war ein gebildeter, intelligenter und im gesellschaftlichen Umgang äußerst geschickter Mann. Er war außerdem ein Meister im standesgemäßen Auftreten und im Erfüllen von Ansprüchen gewisser Standesanschauungen. Auch wenn Casanova sehr häufig an mehreren europäischen Königs- und Fürstenhäusern zu Gast weilte oder sogar zeitweise in deren Diensten stand, so war er letztendlich doch bürgerlicher Herkunft. Streng genommen und gemäß dem im 18. Jahrhundert geltenden Ehrenkodex hätte er sich deshalb gar nicht mit Branicki duellieren können, denn der Standesunterschied war zu groß. Aber zwei Fakten halfen ihm, diese Distanz zu überbrücken. Das eine war die zu jener Zeit bereits vorhandene soziale Unübersichtlichkeit bezüglich der Standesabgrenzungen, und das andere war seine etwas zweifelhafte, von der Warschauer Gesellschaft nicht genau einzuschätzende soziale Stellung. Dort war allgemein

bekannt, dass Casanova an zahlreichen europäischen Höfen verkehrte. Außerdem war er vor kurzer Zeit mit einem Empfehlungsschreiben des polnischen Gesandten, der am Hof der Zarin Katharina II. weilte, von Petersburg nach Warschau gekommen. Casanova wusste auch nicht sicher, ob Branicki seine Forderung annehmen würde, und fühlte sich erleichtert, als dieser doch akzeptierte. In seiner Novelle *Il Duello* schreibt Casanova später über das Duell und seine Vorgeschichte. Hier ein Auszug seiner abwägenden Gedanken zum Zeitpunkt der Herausforderung:

„Der Podstoli[21] nimmt meine Herausforderung entweder an, oder er lehnt sie ab; nimmt er sie an, so ist mir schon Genugtuung zuteil geworden, wie auch immer das Duell ausgehen mag; lehnt er sie ab, so bin ich ebenfalls gerächt, denn durch meine Herausforderung habe ich ihm bewiesen, daß ich ihn nicht fürchte und daß ich in der Brust ein unerschrockenes Herz trage sowie einen Charakter, der das Leben verachtet, sobald es durch eine Beleidigung überschattet ist; außerdem zwinge ich ihn durch diesen Schritt, mich zu achten und zu bereuen, daß er in mir einen Mann beleidigt hat, von dem er nicht länger behaupten kann, daß er von niedriger Gesinnung sei; denn er sieht ihn nun bereit, sich der eigenen Ehre aufzuopfern."[22]

Mit diesen seinen Gedanken wird auch nochmals die ganze Sensibilität des Ehrgefühls jener Männer deutlich. Gleichzeitig vermitteln sie uns einen Eindruck über die in solchen Situationen angestellten Überlegungen. Für

Casanova ging es aber bei dieser Herausforderung zum Duell nicht allein darum, Genugtuung für seine gekränkte Ehre zu erlangen. Er sah hier außerdem eine günstige Gelegenheit, sich wieder einmal bestätigen zu lassen, dass er doch der sog. besseren Gesellschaft angehörte. Wesentlich war für ihn nach dem Duell, dass alle, die in Warschau Ansehen und Bedeutung hatten, der „ordnungsgemäß durchgeführten Angelegenheit" lebhaften Beifall zollten. Auf die Frage des polnischen Königs Stanislaus Augusts II. nach dem Duell an Casanova, ob er es auch in seiner Vaterstadt Venedig gewagt hätte, einen Patrizier anlässlich einer Beleidigung zum Duell zu fordern, bestätigte dieser: „Nein, Sire, denn sein Adelsstolz würde ihm nicht erlaubt haben, sich mir zu stellen, und meine Herausforderung wäre daher lächerlich gewesen."[23]

Wir haben bis jetzt einiges über die Sichtweisen des Beleidigten erfahren, also von dem, der für eine ihm widerfahrene Ehrenkränkung Genugtuung fordert. Die Anschauungen der Gegenseite, von der erwartet wurde, dass sie die gewünschte Genugtuung gibt, zeigt folgender Fall:

Der Polizeipräsident von Berlin, Karl Ludwig Friedrich von Hinckeldey, hatte 1856 den Leutnant Hans von Rochow zum Duell auf Pistolen gefordert. Rochow hatte den Polizeipräsidenten einer amtlichen Lüge bezichtigt, wollte aber die Forderung zunächst nicht annehmen, mit der Begründung, er könne seine Aussage beweisen. Dem wiederholten Drängen des fordernden Hinckeldey gab er schließlich doch nach. Hier ein Auszug aus Rochows vor dem Duell an Hinckeldey dazu abgegebenen schriftlichen Erklärung: „Wenn er, von Rochow, sich trotzdem zu einem Entschlusse bewegen ließe, welchen zu fassen er seinem besten Freunde abgeraten haben würde, so geschähe dies aus Rücksicht und aus Entgegenkommen gegen die Auffassung des Herrn von Hinckeldey über die standesgemäße Erledigung des bevorstehenden Konfliktes; er wolle daher lieber zu oft, als auch nur ein Mal zu wenig persönliche Genugtuung gewähren, wenn solche von ihm gefordert werde."[24] Tragischerweise endete das Duell mit dem Tod des Herausforderers von Hinckeldey.

Es ist schon bemerkenswert, wie viel Gewicht die „Ehrensache" auf die Waagschale der Interessen brachte. Alles andere blieb untergeordnet. Von der Aufopferung des eigenen Lebens haben wir schon gehört, aber was war mit der Verantwortung als Ehemann oder gar Familienvater? In vielen Fällen bekamen die Familienangehörigen von dem Duell erst Kenntnis, nachdem es bereits vollzogen war. Problematisch wurde die Angelegenheit besonders dann, wenn bei einem tödlichen Duellausgang die betroffenen Angehörigen nicht über hinreichende Vermögenswerte verfügten. Zur Tragik über den Verlust des Ehegatten bzw. Familienvaters kam dann möglicherweise noch der soziale Abstieg hinzu, der bis zur bitteren Armut führen konnte.

Die Ehre ist vom Ehrgefühl abhängig, und jede Person bestimmt für sich selbst, ob sie sich entehrt fühlt. Somit könnte man bei oberflächlicher Betrachtungsweise meinen, dass es doch eine relativ leichte Sache gewesen wäre, eine Duellforderung einfach nicht auszusprechen. Man musste sich nur, zumindest nach außen, nicht gekränkt oder entehrt fühlen. So ein Verhalten passt zwar in die heutige Zeit, aber für Männer, die in die satisfaktionsfähige Gesellschaft hineingeboren und in deren Sinn erzogen wurden, war das in der Regel unvorstellbar. Darüber hinaus erübrigt sich ein solches Gedankenspiel schon deshalb, weil die in jener Zeit vorherrschenden gesellschaftlichen Normen den entsprechenden sozialen Zwang auf die Betreffenden ausübten.

Der Ehrenkodex war es, der in den vergangenen Jahrhunderten der gesellschaftlichen Elite vorgab, nach welchen Gesetzen der Ehre sie zu handeln und wie sie sich zu verhalten hatte. Normalerweise hatte man es selbst in der Hand, nicht als Beleidiger aufzutreten, denn es war in jenen Kreisen durchaus jedem bekannt, welche Worte oder Handlungen als unschicklich galten und letztlich als beleidigend anzusehen waren. Ehrverletzungen mussten mit einer Duellforderung beantwortet werden, und eine Unterlassung hatte die soziale Ausgrenzung zur Folge. Das galt auch dann, wenn Beleidigungen aus oftmals kleinlichen Beweggründen hervorgingen, z. B. bei festlichen Anlässen und vielleicht unter Alkoholeinfluss. Ebenso genügten eine verächtliche Handbewegung oder Körperhaltung bzw. ein unverwandtes Anstarren („Fixieren"), um als Ehrenkränkung gewertet zu werden.

Wer also den oberen Gesellschaftskreisen angehörte, musste sich schon sehr sorgfältig an den dort geltenden Verhaltensnormen orientieren, um die Verachtung durch seine Standesgenossen und die meistens damit verbundene Vernichtung seiner gesellschaftlichen Existenz zu vermeiden. Es kam vor allem in Deutschland und Österreich, selbst noch zum Ende des 19. Jahrhunderts, wiederholt vor, dass ein Betroffener seinen Heimatort aus solchen Gründen verlassen und in einer anderen Stadt eine neue Existenz aufbauen musste.

Derjenige, der bei gegebenem Anlass eine Forderung nicht aussprach oder ablehnte, wurde als Feigling („Kneifer") betrachtet, und das bedeutete soviel wie ein soziales Todesurteil durch seine Standesgenossen. Schon die Römer und Germanen empfanden ein Leben ohne Ehre als Schande. Das war für sie schlimmer als der Tod, und genauso fühlten es die Männer der gehobenen Gesellschaftskreise zwischen dem 16. und 19. Jahrhundert. Für feige gehalten zu werden, galt für sie als eine der größten persönlichen Bedrohungen. Für die höfische Gesellschaft während der Zeit des Absolutismus, als von Ehre und Rang alles abhing, war außerhalb des Hofes ein Leben nicht vorstellbar. Das Verhalten der Männer wurde zur Existenzfrage. Daher waren sie ständig darauf bedacht, keinerlei Anlass zu schmachvoller Nachrede zu bieten und dadurch den Ausschluss aus der Gesellschaft zu riskieren. Wer in eine Ehrensache hineingeraten war, der musste eben auch bereit sein, die Angelegenheit mit der Waffe in der Hand zu bereinigen, selbst wenn es das eigene Leben kosten konnte.

Für das Offizierskorps und den sich später erweiternden Kreis der satisfaktionsfähigen Gesellschaft durch das allmähliche Hinzutreten des nach oben strebenden gebildeten Bürgertums galt natürlich das gleiche. Gerade die letztere Personengruppe zeigte gelegentlich ein sehr auffälliges Interesse, sich regelkonform zu verhalten. Ihr ging es nicht nur darum, in diesem bevorzugten Kreis anerkannt und wohlwollend akzeptiert zu sein, für sie war das Duell vielmehr auch ein willkommenes und geeignetes Demonstrationsmittel hinsichtlich ständischer Abgrenzung gegenüber den „unteren bürgerlichen Schichten". Bei der aufstrebenden gebildeten Bürgerschicht wurde es besonders deutlich, wie sozialer Geltungsdrang und Duell in unmittelbarer Beziehung zueinander standen. Egal, ob als Beleidigter oder Beleidiger – wichtig war nur, dass man im Duell stand. Wenn man schon keine adligen Vorfahren nachweisen konnte, so war es zumindest auf diese Art möglich, den „anderen" zu zeigen, welcher Gesellschaftsklasse man angehörte. Ein solches Verhalten wurde uns bereits am Beispiel Casanovas bestätigt.

Wie sensibel die elitäre Gesellschaft hinsichtlich ihres Ehrgefühls reagierte oder damit umging und bei welchen Anlässen diese Männer, von oftmals hohem Rang, eine persönliche Ehrenkränkung empfanden oder aufgrund gesellschaftlicher Erwartung eine solche empfinden mussten, soll hier noch etwas näher betrachtet werden. Dabei werden wir außerdem erfahren, mit welch interessanten Gedanken und Überlegungen sich nicht nur die Duellanten selbst, sondern auch bei den Offizierskorps die Vorgesetzten und Ehrengerichte beschäftigten. Und schließlich werden wir noch sehen, wie diese argumentierten, um den Offizieren bei gegebenem Anlass die Notwendigkeit eines Duells aufzuzeigen. Zur anschaulichen und eindrucksvollen Vermittlung dieser Thematik bieten sich einige – auf authentischen Ereignissen beruhende – Fallbeispiele an.

Eines der prominentesten Opfer, das sich dem gesellschaftlichen Verhaltenszwang nicht widersetzen konnte, war der russische Dichter und Lyriker Alexander Puschkin. Den Anlass dazu gab seine von ihm sehr geliebte, aber leider etwas leichtsinnige Gattin Natalija Nikolajewna. Der männliche Ehrenkodex enthielt sogar für Frauen genaue Verhaltensregeln, die ihnen aufzeigten, welche ihrer Handlungen ein Grund für eine Herausforderung sein konnten. Aber Natalijas offensichtlich leichtfertiges Verhalten führte zu übler Nachrede bezüglich ihrer ehelichen Treue. Als „gehörnter Ehemann" vor der St. Petersburger Gesellschaft lächerlich gemacht, blieb Puschkin keine andere Wahl, als dem Baron von Heeckeren, der seiner Frau Natalija den Hof machte und dies sogar noch öffentlich bekundete, zum Duell auf Pistolen zu fordern. Bedauerlicherweise wurde Puschkin dabei tödlich verletzt.

Im Fall Casanovas haben wir bereits vernommen, dass sein Duell mit

Branicki wegen der Standesunterschiede eigentlich gar nicht möglich gewesen wäre. Weil er sich nicht sicher war, ob Branicki seine Forderung annehmen würde, suchte er Rat bei Adam Fürst Czartoryski, mit dem er öfter eine Partie Karten spielte. Casanova wusste nicht, wie er sich in dieser Situation verhalten sollte. Der Fürst gab ihm jedoch zur Antwort: „In solchen Dingen gebe ich keinen Rat; da muß man entweder viel oder nichts tun."[25] Mit dieser Antwort wollte er Casanova zu verstehen geben, das zu tun oder zu lassen, was sein Ehrgefühl, dessen Beschaffenheit kein anderer als er selbst kennen könne, ihm vorschreibe. Casanova musste also selbst die Antwort finden. Er erinnerte sich, dass Platon ausdrücklich erklärt, „daß es weniger unehrenhaft sei, schweres Unrecht zu erleiden als es zu begehen". Weiter fiel ihm ein, dass dies ja auch der Grundsatz eines Christenmenschen sei. Aber als Casanova daran dachte, wie sich die höfischen Philosophen hierzu stellten, kam er zu dem Ergebnis, dass diese, ausdrücklich oder stillschweigend, der Ehre, gemäß dem militärischen Kodex, zum Sieg verhelfen wollten. Daraus ergab sich für ihn die Schlussfolgerung: würde er sich nach der Lehre Platons verhalten, wäre er zwar ein guter Christ und braver Philosoph, aber eben doch entehrt und gedemütigt. Weiter befürchtete er, vom königlichen Hof verstoßen oder, zu seiner noch größeren Schande, von der feinen Gesellschaft ausgeschlossen zu werden. Somit beendete er den Spaziergang seiner Gedanken mit den

Worten: „So ist unser Jahrhundert. Die Philosophie mag es beklagen, aber wer sich nach ihren Maximen richten will, mag sonst wo leben, nur nicht bei Hofe."[26] Wie Recht er damit hatte, bekommen wir in der kulturgeschichtlichen Literatur überall bestätigt.

Selbst bei einer unbewusst ausgesprochenen Beleidigung, d. h. wenn diese gar nicht beabsichtigt war, musste man sich einer Duellforderung stellen. Nicht die Absicht löste diesen Zwang aus, sondern allein die Tatsache, dass eine Beleidigung ausgesprochen worden war. Entscheidend war in einem solchen Fall, dass der Angesprochene darüber anders dachte und es als Beleidigung empfand. So kam es auch seitens Edwin Freiherr von Manteuffel, Chef des preußischen Militärkabinetts, im Jahre 1861 zu einer Duellforderung gegen den Stadtgerichtsrat Karl Twesten. Dieser hatte den Freiherrn von Manteuffel im Rahmen einer veröffentlichten Broschüre als „unheilvollen Mann" bezeichnet. Auf die empörte Nachfrage von Manteuffel erklärte Twesten jedoch, dass er keinesfalls die Absicht hatte, ihn persönlich zu verletzen oder gar zu beleidigen. Vielmehr war seine Meinung, die ebenso noch andere teilten, lediglich als Angriff gegen eine staatliche Einrichtung gerichtet, die unter dessen Leitung stand. Manteuffel aber dachte darüber anders, er fühlte sich in seiner persönlichen Ehre verletzt. Deshalb gab es für ihn keine Alternative zum Duell, auch wenn Twesten selbst auf dem Kampfplatz nochmals wiederholte, dass eine persönliche Beleidigung niemals seine Absicht gewesen war.

Nur durch das Duell konnte Manteuffel, wie es in einer Definition um 1830 über den Sinn des Duells hieß, „der öffentlichen Meinung und seinen Standesgenossen insbesondere" zeigen, „daß er nicht der Mann, der eine solche Beleidigung ertrage, und daher ihrer wert, sondern ein ehrenhafter Mann sei, der Leib und Leben daran setzt, um dies zu bestätigen."[27]

In einem anderen Konflikt wird nicht nur die keinesfalls beabsichtigte Beleidigung oder Kränkung, sondern auch die Geringfügigkeit des Anlasses sichtbar, der den zwingenden Mechanismus einer Duellforderung auslöste. Die Kontrahenten waren Wilhelm von Humboldt – der ältere Bruder des Naturforschers Alexander von Humboldt – und der preußische General und Kriegsminister Hermann von Boyen. Wilhelm von Humboldt befand sich 1815 anlässlich der Neuordnung Europas nach dem Sturz Napoleons als offizieller preußischer Gesandter beim Wiener Kongress. Während einer Konferenz wurde er vom russischen Außenminister Graf Nesselrode angesprochen, ob er den ebenfalls anwesenden Boyen aus dem Saal entfernen könne – Klemens Fürst von Metternich wolle bezüglich eines Napoleonbriefes eine streng geheime Mitteilung machen, diese sei aber nur für die Gesandten bestimmt. Humboldt übernahm etwas unüberlegt diesen Auftrag, obwohl es gar nicht seine Aufgabe gewesen wäre. Fatalerweise nannte er Boyen nicht den wahren Grund dafür. Dieser hatte freilich das von Humboldt offenbar nicht sehr geschickt eingefädelte Manöver sofort durchschaut. Er sah sich in seiner persönlichen Ehre verletzt und reagierte darauf äußerst erregt. Zwar beteuerte Humboldt, dass es ihm Leid täte und keinesfalls beleidigend gemeint gewesen sei, aber auch hier war das Entscheidende, dass Boyen es anders empfand. Schließlich erklärte sich Humboldt gegenüber Boyen bereit, sich mit ihm zu schlagen. Das streng geheim gehaltene Pistolenduell verlief glücklicherweise unblutig, weil beide Kugeln ihr Ziel verfehlten. Bei einem blutigen oder gar tödlichen Duellausgang wäre ein Skandal vorprogrammiert gewesen. Nicht nur deswegen, weil sich zwei hochkarätige preußische Staatsmänner einem verbotenen Zweikampf gestellt hatten, sondern weil zugleich der tatsächliche Anlass die Angelegenheit äußerst fragwürdig machte. Hätte Humboldt gleich zu Beginn seiner Aktivität Boyen ganz offen die wahre Situation erklärt, würde dieser das verstanden und mit Sicherheit akzeptiert haben. Es wäre dann nicht zum Duell gekommen, weil er Humboldt dann nur als Überbringer einer diskreten Mitteilung hätte betrachten müssen.

Der ehemalige Reichskanzler Otto von Bismarck gibt uns ebenfalls noch ein Beispiel dafür, was er im Alter von siebenundsiebzig Jahren – und bereits seit zwei Jahren im Ruhestand – als persönliche Beleidigung empfand. Er weilte 1892 anlässlich der Hochzeit seines Sohnes in Wien, und Kaiser Franz Joseph wollte ihm auf sein Ersuchen eine Audienz gewähren. Die deutsche Regierung unter der Führung von Bismarcks Nachfolger Leo

Graf von Caprivi erhob jedoch Einspruch. Bismarck fühlte sich hierdurch so beleidigt, dass er einen Augenblick daran dachte, Caprivi eine Forderung überbringen zu lassen.[28]

Bevor wir weitergehen, um zu erfahren, unter welchem Duellzwang die Offiziere standen, vorab dazu noch einige kurze Erläuterungen. Für sie war die Wahrung der Ehre in zweifacher Hinsicht von Bedeutung. Hier ging es neben der persönlichen Ehre auch um die Kollektivehre, d. h. um die des gesamten Offiziersstandes. Sie mussten somit ihr Verhalten nicht nur nach den persönlichen Interessen ausrichten, sondern ebenso auf die des Kollektivs, denn bei unehrenhaftem Verhalten eines Offiziers würde dieser seinen gesamten Berufsstand beflecken. Da aber dessen Ehre und Ehrenhaftigkeit zu den wichtigsten Bedingungen für die Existenz und Sicherheit eines Staates zählten, wurden Duelle, obwohl sie verboten waren, in den Reihen der Offiziere unter bestimmten Voraussetzungen geduldet bzw. diesbezügliche Verstöße nur mit relativ geringen Strafen geahndet.

Die Obrigkeit rechtfertigte diese Doppelmoral mit dem Hinweis, das Charakterbild eines Offiziers solle sich in Tapferkeit, Entschlusskraft, Geradlinigkeit und Mut auszeichnen und im Augenblick der Gefahr bis zur Lebensverachtung steigern können. Ein Offizier ohne diese Eigenschaften hätte seinen Beruf verfehlt und wäre seinen Untergebenen ein schlechtes Beispiel. Der preußische General von Müffling argumentierte 1839 anlässlich eines Gutachtens zu diesem Thema: Um der

Mannschaft im Krieg ein Vorbild an persönlicher Bravour und Konsequenz sein zu können, müsse er die ihm zugeschriebenen Charaktermerkmale auch im Frieden pflegen und zur Schau stellen.[29] Hatten sich hier die obersten Führungskräfte des Offizierskorps vielleicht an Aristoteles orientiert? Denn dieser erklärte zur Tapferkeit: „... und durch unser Verhalten in gefährlicher Lage, Gewöhnung an Angst oder Zuversicht, werden wir entweder tapfer oder feige. ... Mit einem Wort: aus gleichen Einzelhandlungen erwächst schließlich die gefestigte Haltung. ... Indem wir uns daran gewöhnen, Gefahren zu verachten und sie zu meistern, werden wir tapfer, und sobald wir es sind, können wir ihrer am sichersten Herr werden."[30]

Der Offiziersstand zählte zu den tragenden Säulen einer Monarchie, und die von der Obrigkeit geförderte Aufwertung brachten ihm Hoffähigkeit und ein hohes soziales Ansehen. Dafür war aber von den Herren Offizieren ein gewisser Preis zu zahlen. Dieser bestand in absoluter Treue zum Herrscher und in der uneingeschränkten Erfüllung militärischer Pflichten sowie in der Bereitschaft, jederzeit die Standesehre unter persönlichem Einsatz zu verteidigen, sogar dann, wenn dafür ein Blutzoll zu entrichten war.

Die Notwendigkeit, sich hierzu zu äußern, sah auch Friedrich der Große. In einem 1744 verfassten Schreiben an den General-Major von Saldern erteilt er u. a. folgende Order: „Wenn ein Offizier von seinem Cheff oder Staabsoffizier geschimpft oder gar mit dem Stock von selbigem gedroht würde, alß wolle Er ihn stoßen oder schlagen, so muß der beleydigte Offizier, so lange Er im Dienst ist, stille dabei seyn. Sobald aber der Dienst völlig vorbey ist, so Kan derselbe wegen des Schimpfs gehörige Satisfaktion darüber suchen."[31]

Im Jahre 1770 verfasste Friedrich der Große einen *Moralischen Katechismus zum Gebrauch für die adlige Jugend.* Hierin bezog er auch Stellung zum Thema „Duell". Nach einleitenden Worten, dass es grundsätzlich eine „Sache des Gesetzes" sei, „Privatbeleidigungen zu rächen", gab er den Kadetten den Rat: „Ich würde mir ein verständiges, maßvolles Benehmen zur Regel machen, um keinen Anlass zu Händeln zu geben. Wenn man mich aber ohne meine Schuld reizte, so wäre ich gezwungen, dem Brauche zu folgen, und ich würde mir wegen der Folgen die Hände in Unschuld waschen."[32]

In einem Erlass von 1888 der Admiralität an das Offizierskorps der Marine heißt es: „... Es muß nach wie vor von dem Offiziere verlangt werden, daß er den Anforderungen der Standessitte genügt, auch wenn die allgemeinen Gesetze ihn deshalb mit Strafe bedrohen. Wo die eigene Ehre und die des Offiziersstandes auf dem Spiele steht, kann die vom Gesetz verlangte Bestrafung nicht ins Gewicht fallen."[33]

Der preußische König Wilhelm I. entließ 1864 drei Offiziere adliger Herkunft ohne Angabe von Gründen aus dem Militärdienst. Die Ursache dafür war, dass einer dieser Offiziere beleidigt worden war und erklärt hatte, er könne keine Forderung aussprechen, da ihm die katholische Kirche ein Du-

ell verbiete. Dem Kommandeur des preußischen Garderegiments wurde dieses Verhalten vom Vermittler der Kontrahenten zur Kenntnis gegeben. Dieser befragte nun auch die beiden Brüder des Offiziers, die im gleichen Regiment dienten, wie sie zum Duell stünden. Sie erklärten, dass sie die Einstellung ihres Bruders teilten; damit war es auch um sie geschehen. Weder ein Gesuch des katholischen Feldpropstes noch die empörte Eingabe von mehr als fünfzig Adligen an Wilhelm I. vermochten seine Entscheidung zu beeinflussen.[34] Dieses für die betroffenen Offiziere wohl sehr harte Urteil zeigt auf, dass in jener Zeit nicht nur die praktische, sondern bereits die theoretische Distanzierung vom Duell diskriminierende Folgen hatte. Die oberste Führung pflegte bei solchen Fällen in ihrem internen Sprachgebrauch Formulierungen, wie z. B. „schwächliche Elemente, die den an sie gestellten Erwartungen nicht entsprechen, sind aus dem Militärstand zu entfernen".

Nur wenige Jahre später wurde dieses Thema nochmals Gegenstand einer kritischen Betrachtung, diesmal aber auf der Seite Österreichs, in dessen Dienste die drei besagten Offiziere nach ihrer Entlassung aus der preußischen Armee getreten waren. Ausgelöst durch die militärische Niederlage Österreichs gegen Preußen 1866 bei Königgrätz, kam die Kampfmoral der österreichischen Offiziere auf den Prüfstand. Das Ziel war, den Standesethos des Offizierskorps zu heben. Da man den Entlassungsgrund der drei preußischen Offiziere aus ihrer ehemaligen Armee kannte, wurde an ihrem Beispiel auch die Frage aufgeworfen, ob eine solche Grundeinstellung nicht eine allgemeine Gefahr für die Kampfkraft einer Armee und somit für den militärischen Erfolg darstelle.[35]

Selbst im Jahre 1900, unter Kaiser Wilhelm II., gab es noch keine Lockerung des Duellzwangs für Offiziere. Ein auf einer Seereise geohrfeigter Marine-Offizier war aus dem Offizierskorps entlassen worden, weil er diese „Beleidigung schwerster Art" nicht in der von einem Offizier erwarteten Weise erledigt hatte, sondern den Fall zunächst dem Ehrenrat seines Schiffes meldete. Zwar fand das Duell gleich nach der Ankunft im Heimathafen statt, jedoch erklärte das Ehrengericht den beleidigten Offizier für schuldig und beantragte seine Entlassung, weil er seine Ehre nicht „sofort" in standesgemäßer Form gewahrt hatte. Wilhelm II. bestätigte dies, da der Offizier, bei seinem offenbar schwachen Charakter, in der Sühneforderung versagt und in völlig energieloser Weise Genugtuung gesucht habe.[36]

Diese Beispiele zeigen recht anschaulich, unter welch besonderem Handlungsdruck die Offiziere standen. Neben dem Ehrverlust bei den Kameraden im Offizierskorps und der Entlassung vom Militär drohte nicht selten auch gesellschaftliche Isolation. Als Alternative blieb dann nur mehr der Wechsel in eine fremde Armee, in einem anderen Land, so wie es die drei oben erwähnten preußischen Offiziere getan hatten.

Es gab allerdings auch gewisse Ausnahmen, dem Ehrenkodex nicht zwingend entsprechen zu müssen, ohne dabei die aufgezeigten Nachteile auf sich zu ziehen. Das betraf aber in der Regel meistens nur hochrangige Persönlichkeiten, an deren Tapferkeit und Ehrenhaftigkeit von vornherein keinerlei Zweifel bestand. Dieses wohl deshalb, weil sie eben solche Eigenschaften bereits zu anderen Gelegenheiten hinreichend bewiesen hatten und weil das allgemein bekannt war. So forderte z. B. Karl V. seinen ehemaligen Nebenbuhler um die römisch-deutsche Kaiserkrone, den französischen König Franz I., 1528 zum Duell. Dieser lehnte ab, und das Ansehen seiner Person nahm dadurch keinerlei Schaden. Knapp einhundert Jahre später, im Jahre 1611, geschah genau das Gleiche anlässlich der Herausforderung des schwedischen Königs Karls IX. an den dänischen König Christian IV.

Aber dieser Status galt nicht nur für Könige. 1865 hatte Otto von Bismarck, als preußischer Ministerpräsident, an den Mitbegründer der Fortschrittspartei Rudolf Virchow eine Duellforderung ausgesprochen. Dieser lehnte die Forderung jedoch ab. Bismarck wurde auf Drängen des Königs zum Einlenken bewogen und gab sich mit einer Ehrenerklärung von Virchow zufrieden. Obwohl nun das Duell nicht stattfand, erlitt keiner der beiden Herren einen Verlust seines Ansehens. Man argumentierte diesbezüglich seinerzeit etwa so, dass Männer in politisch exponierten Positionen persönliche Angriffe gar nicht wahrnehmen mussten.

In der zweiten Hälfte des 19. Jahrhunderts begann man daher auch verstärkt zu unterscheiden, ob die berufliche oder persönliche Ehre gekränkt worden war. Dies betraf jedoch nicht die Offiziere. Politiker brauchten sich in parlamentarischen Debatten oder von Journalisten nicht persönlich angegriffen zu fühlen, wenn der Vorwurf oder die Äußerung im Zusammenhang mit ihrer politischen Tätigkeit standen. In solchen Fällen genügte es, ohne Ehrverlust über eine gerichtliche Klage gegen den Aggressor vorzugehen. Kam es jedoch zu persönlichen Beschimpfungen, war bis auf wenige Ausnahmen eine Forderung zum Duell unausweichlich. Sinngemäß galt dies ebenso für andere Berufsstände. Ein Kaufmann, der beschuldigt wurde, unkorrekt gehandelt zu haben, konnte seinen guten Ruf als Kaufmann durchaus vor Gericht verteidigen.

Bisher war ausnahmslos von Beleidigungen innerhalb der Männerwelt die Rede. Wie sah es aber aus, wenn eine Frau so kühn war, einen Mann zu beleidigen?

Kein Mann wäre zunächst einmal auf den Gedanken gekommen, eine Frau, die ihn beleidigt hatte, zum Duell zu fordern. Bei einer sehr heftigen, vielleicht sogar in der Öffentlichkeit erfolgten Ehrenkränkung hatte er ja die Möglichkeit einer gerichtlichen Klage. Selbst noch im 19. Jahrhundert galt nämlich die Vorstellung, dass Frauen nicht als rechtsfähige Personen anzusehen waren und somit auch ihr Handeln nicht zur Verantwortung herangezogen werden konnte. So war es außerdem im Duellkodex festgeschrieben – mit dem Hinweis, dass in solchen

Situationen eine Genugtuung nur von ihrem „Beschützer" verlangt werden konnte, und das waren normalerweise der Vater oder der Ehemann. Der Duellkodex regelte aber auch den umgekehrten Fall, d. h. wenn eine Frau von einem Mann beleidigt wurde. Hier musste dann, aber diesmal als Herausforderer, ebenfalls ein ihr nahestehender Beschützer zur Waffe greifen. Ein gewisser Hauch von Ritterlichkeit schwebte dabei in der Luft, denn die Verteidigung der Ehre seines Schützlings konnte so manchem dieser Herren entweder Ruhm und Dankbarkeit einbringen oder aber, im ungünstigsten Fall, den Tod bedeuten.

Ein Duell sollte sogar das Ziel haben, miteinander verfeindeten Männern die Wiederannäherung zu ermöglichen, um sich wieder zu versöhnen. Darauf wurde in der satisfaktionsfähigen Gesellschaft großen Wert gelegt. Mindestens eine „äußerliche Versöhnung" musste vollzogen werden, denn die echte „innere Versöhnung" konnte nicht immer gelingen, vor allem dann nicht, wenn eine schwere Beleidigung, wie beispielsweise Ehebruch oder Handgreiflichkeiten in Form von Ohrfeige oder Schlag mit dem Stock, Anlass für den Waffengang waren. Eine, wenn auch nur äußerliche, Versöhnung war schon deshalb anzustreben, weil nachhaltige Unverträglichkeiten der Kontrahenten, egal, ob Beamte, Akademiker oder Offiziere, auf Dauer deren berufliche Handlungsfähigkeit negativ beeinträchtigen würden. Dies wiederum konnte sich auf den Staat und seine Bürger nachteilig auswirken.

Tatsächlich waren aufrichtige Versöhnungen mit lang anhaltenden Freundschaften oftmals die Folge von Duellen. Was aber löste dieses Verhalten bei den Männern aus, die vor dem Duell noch erbitterte Feinde und das Risiko eingegangen waren, vom anderen getötet zu werden? Zeitgenössische Beobachter des Duellthemas erklärten dazu, dass die empfundene Nähe des Todes den Anlass zum Duell bei den Gegnern, mit ihrem jeweils unterschiedlichen Charakter, in den Hintergrund drängte. Stattdessen bewirkte die beiderseitige Bewährung in persönlicher Gefahr ein verbindendes Element und das Gefühl gegenseitiger Achtung.

Dieser Erklärungsversuch findet sich durchaus in Casanovas Memoiren und seiner Duellnovelle bestätigt. Daher bietet sich an, hier nochmals auf seine ausführlichen Darstellungen über den Versöhnungsvorgang mit dem von ihm beinahe tödlich verletzten Branicki einzugehen. Nach dem Schusswechsel verhinderte der schwer verletzte Branicki, dass sich seine Begleiter mit Säbeln auf Casanova stürzten, außerdem bot er ihm für die Flucht sein Pferd und seine Geldbörse an. Da Casanova ebenfalls beim Duell verletzt worden war, ließ sich Branicki regelmäßig über dessen Genesung informieren. Casanova machte bei nächster Gelegenheit einen Besuch am Krankenbett seines ehemaligen Gegners und bat Branicki um Verzeihung mit den Worten: „Ich bin gekommen, gnädiger Herr, um Ihnen meine Aufwartung zu machen und Ihnen zu sagen, dass ich in Verzweiflung bin, mich nicht über eine Kleinigkeit hinweggesetzt zu haben, auf die ich hätte gar nicht achten sollen, wenn ich vernünftiger gewesen wäre." Branicki entgegnete darauf: „Sie haben sich keinen Vorwurf zu machen, Herr Casanova ... Der König achtet Sie wie mich, wie einen jeden, der die Gesetze der Ehre kennt. Setzen Sie sich und lassen Sie uns Freunde sein. Man bringe dem Herrn eine Tasse Schokolade!"[37] Beide blieben später über Briefwechsel in Verbindung, und Casanova widmete 1782 Branicki sogar ein Buch. Dieses interessante und für jene Zeit so typische Duell werden wir später unter „Pistolenduelle berühmter Persönlichkeiten und andere" noch ausführlicher behandeln.

Den vorangegangenen Ausführungen über die Ehre, die duellfähige Gesellschaft und den Zwang zum Duell sollen nun noch einige Bemerkungen über den Begriff des Duells folgen. Er beinhaltet mehr als nur den eigentlichen Zweikampf. Selbst in den zahlreichen Definitionen zum Duell ist immer nur vom Kampf die Rede. In der diesbezüglichen Umgangssprache jener Männer hatten sich für das Duell so allgemeine Formulierungen eingebürgert, wie „... ein Mittel zur standesgemäßen Erledigung eines Konfliktes" oder, wie es Gustav Hergsell auszudrücken pflegte, „eine durch das verletzte Ehrgefühl gebotene Maßregel".[38] Somit konnte man das Duell als ein Vollstreckungs-Instrumentarium zur Verteidigung der persönlichen Ehre betrachten. Ferner galt es als ein Auskunftsmittel über den Status der

Ehre des Betreffenden und vor allem über dessen Mutpotential.

Es gab keinen Zweifel darüber, dass es schon eine Frage des persönlichen Mutes war, sich auf ein Duell einzulassen. Das kann man sogar aus heutiger Sicht noch uneingeschränkt bestätigen. In einer Forderung zum Duell steckte unausgesprochen für beide, den Forderer und den Geforderten, die entscheidende Frage: Habe ich den Mut, mein Leben für meine Ehre einzusetzen? Daher wurde das Duell auch als ein Verfahren angesehen, den Mut eines Mannes zu prüfen bzw. die damit unmittelbar verbundene und vielleicht angezweifelte Männlichkeit zu demonstrieren. Nach Ansicht damaliger Zeitgenossen hatte das Duell den Zweck, die Würde des Mannes zu bewahren, indem Männlichkeit – durch Nachweisen von Mut – bewiesen werde konnte.

Aber was ist eigentlich Mut? Selbstverständlich wissen wir recht genau, was dieser Begriff alles beinhaltet; lassen wir hierzu trotzdem nochmals den so weise und vortrefflich formulierenden P. Sebastian von Oer zu Wort kommen. Er sagte vor etwa einhundert Jahren über den Mut u. a.:[39]

• „Mut ist eine moralische Kraft, welche uns das Bewusstsein gibt, einer Aufgabe oder Schwierigkeit gewachsen zu sein, und uns mit der Zuversicht erfüllt, eine Gefahr überwinden zu können."
Und auf die Frage, was Mut erzeugt, gibt er uns zur Antwort:
• „Zweierlei entwickelt und belebt den Mut: die entgegenstehende Schwierig-

keit und die sie überwindende Energie des Willens."

Psychologisch gesehen, war der Zwang zum Mut aber nur eine Komponente der Duellthematik. Andere waren z. B. Angst vor dem Urteil der Gesellschaft mit allen seinen Konsequenzen sowie das eigene Ehrgefühl.

Im Duell ging es nicht darum, mehr Ehre zu gewinnen, sondern um die Ehre an sich. Man brauchte auch kein Ergebnis, wie Sieg oder Niederlage, denn sie waren nicht der Zweck des Duells. Der Duellausgang war den Gegnern daher absolut gleichgültig, denn er gab keinerlei Auskunft über die Ehrenhaftigkeit eines Duellanten. Es ging auch nicht um eine Bestrafung des Beleidigers oder um den Widerruf der Beleidigung. Entscheidend blieb allein die Tatsache, dass man sich einem mit tödlichem Risiko behafteten Kampf stellte. Mit dem „Sich-stellen" bekundeten die Kontrahenten, dass sie Mut besaßen und die Ehre höher einschätzten als das eigene Leben. Weiterhin wurde davon ausgegangen, dass nur auf diese Weise jeglicher Zweifel am Mut und an der Ehrenhaftigkeit der Gegner beseitigt werden konnte. Durch die Herausforderung zum Duell sollten der Beleidiger und die Gesellschaft, in der man sich bewegte, eine andere, d. h. bessere Meinung von der beleidigten Person erhalten als die, die der Beleidiger ausgesprochen hatte. In Anbetracht dieser Denk- und Verhaltensweise wird freilich verständlich, weshalb bei Konflikten in Ehrensachen, auch in den zivilen Gesellschaftskreisen, vorzugsweise der Weg des Duells gewählt wurde und nicht jener über eine gerichtliche Klage. Die bestehende Gesetzgebung beschränkte sich auf die Bestrafung des Beleidigers oder erwirkte eine Zurücknahme der Beleidigung. Aber keines von beiden konnte dem überaus empfindsamen Ehrgefühl jener Gesellschaftsklasse die gewünschte Genugtuung geben. Aus dem gleichen Grund verteidigten auch die Schweizer Studentenschaften noch bis weit in die erste Hälfte des 20. Jahrhunderts hinein den Ehrenzweikampf gegen die zahlreichen externen Anfechtungen. Für sie galt ebenfalls, dass gerichtliche Sanktionen keinesfalls die Herabminderung der Achtung, anlässlich einer Ehrenkränkung, ersetzen könnten. Außerdem vertraten sie die Meinung, dass Ehrensachen nicht vor ein der Öffentlichkeit zugängliches Forum gehörten.

Es gab jedoch noch andere Gründe für die ablehnende Haltung gegenüber einem gerichtlichen Verfahren. Wir erinnern uns, dass eine gerichtliche Behandlung von Ehrensachen an sich bei Standesunterschieden der Gegner üblich war, z. B. ein Offizier gegen einen Handwerker. Schon deshalb wollten sich die standesbewussten Herren von diesem Verfahren distanzieren, da es für sie eher einen abwertenden Charakter aufwies. Außerdem hatte ein vor Gericht ausgetragener Konflikt in Ehrensachen innerhalb der satisfaktionsfähigen Gesellschaft den negativen Beigeschmack einer „verweichlichten" Verhaltensweise. Wie bei einer Duellverweigerung, musste mit verächtlichen

Blicken oder gar gesellschaftlicher Ausgrenzung gerechnet werden.

Ähnlich lagen die Verhältnisse, wenn ein Beleidiger sein unschickliches Verhalten gegenüber dem Beleidigten mit einer Ehrenerklärung wieder rückgängig machen wollte. Diese Art, Genugtuung zu geben, war neben dem Duell durchaus möglich, sofern es sich um keine schwere Beleidigung handelte, wie Handgreiflichkeit, Verführung der Ehefrau oder Beschimpfung, deren Ausmaß die moralische Existenz des Beleidigten gefährden konnte. Im Duell-Kodex von Gustav Hergsell heißt es zum Thema „Ehrenerklärung": „... so kann ein Widerruf der stattgefundenen Beleidigung oder durch Erklärung, daß man dem Gegner im Momente der Erregung Unrecht getan hat, nie die Ehre angreifen."[40] Ob eine Erklärung annehmbar war, entschieden die Sekundanten. Aber aus den gleichen vorher erwähnten Gründen war in der Praxis dennoch die Ehre des die Erklärung Abgebenden beschädigt, und dieser Schatten legte sich gewöhnlich ebenso auf den, der diese annahm. Deshalb wurde von solchen Ehrenerklärungen wenig Gebrauch gemacht – und wenn, dann in besonders diffizilen Fällen, in die vielleicht hochrangige Politiker involviert waren, wie im Fall Bismarcks. Abgesehen von solchen Sonderfällen blieben aus der damaligen Sicht jene Männer, die mittels Ehrenerklärungen versuchten, den Konflikt zu bereinigen, immer verdächtig, nicht den Mut aufzubringen, sich einem Duell zu stellen.

Der Duell-Kodex hob deutlich hervor, dass eine Herausforderung zum

Duell nur durch eine ausreichend schwere persönliche Beleidigung motiviert war und durch keinen anderen Anlass. Ein Duell sollte nicht dazu dienen, Mut bzw. Bravour einer Person zu demonstrieren, sondern ausschließlich dem Zweck, Genugtuung für eine empfangene Ehrenkränkung zu geben. Der preußische General von Müffling formulierte 1839 für das Offizierskorps z. B. folgende Motive für ein Duell: 1. Wenn ein Offizier des Mangels an Mut beschuldigt wird; 2. Wenn er beschuldigt wird, sich Handlungen erlaubt zu haben, welche seine Ehre als Privatmann verletzen; 3. Wenn er mündlich oder schriftlich Kränkungen erfährt, welche er als persönliche Verletzungen seiner Ehre betrachtet ...; 4. Wenn er eine Beleidigung erfährt, über welche es unmöglich ist zu klagen, ohne damit zugleich die Ehre von anderen Personen auf das Spiel zu setzen, Familienverhältnisse zu veröffentlichen.[41]

Die Ehre mit einer Waffe in der Hand zu verteidigen, hatte – zumindest aus heutiger Sicht – auch eine paradoxe Komponente. Damit ist aber nicht gemeint, dass der Anlass meistens in keinem vernünftigen Verhältnis zum Einsatz, nämlich des eigenen Lebens, stand. Wie mag es wohl ein betrogener Ehemann empfunden haben, wenn er den Liebhaber seiner Frau zum Duell fordern musste, um sich vielleicht von ihm erschießen zu lassen? Dies erscheint alles schon widersinnig genug, aber obendrein befremdet noch viel mehr, dass man

dem Verführer seiner eigenen Ehefrau auch noch die Ehre gab, ihn auf ein Duell zu fordern und auf sich schießen zu lassen – eine Ehre also, deren der andere an sich nicht mehr würdig war. Eine Forderung gab immer zu verstehen, dass man den Gegner für einen ehrenhaften Mann hielt, denn im Duell-Kodex hieß es: „Man kann sich auf das Terrain nur mit einem Ehrenmanne begeben."[42] Jemandem, der z. B. sein Ehrenwort gebrochen hatte, wurde die Satisfaktionsfähigkeit abgesprochen, d. h. mit einem solchen Mann duellierte man sich nicht. Der Duell-Kodex sagte über den Status der Ehre eines Verführers nichts aus; galten für diesen andere Maßstäbe?

Beim Duell ging es nie um Recht oder Unrecht, denn das war nicht sein Zweck. Der Kodex forderte von den Männern ein Verhalten, das sich außerhalb jeglicher Rechtsfragen zu orientieren hatte. So wurde mancher, den man schwer beleidigt hatte, durch seine Herausforderung zum Duell Opfer seines Rechts. Andere wiederum, die bei einer geringfügigen Beleidigung eine angemessene Ehrenerklärung ablehnten und auf dem Waffengang bestanden, wurden Opfer ihres oftmals übertriebenen Ehrgefühls.

Der Edelmann Fürst Pückler-Muskau hatte sich nicht weniger als achtmal duelliert. Nach dem letzten Duell, bei dem er unverletzt blieb, sagte er: „... dass man, wenn überhaupt, sein Leben für bessere Dinge aufs Spiel setzen sollte".[43]

*„Eifer für die Ehre muss sich mit Überlegung und Bescheidenheit verbinden."*

Platon (427 – 347 v. Chr.)

# Strafverfolgung der am Duell Beteiligten

Obwohl der Zweikampf zur Verteidigung der persönlichen Ehre verboten war, konnte er trotz Androhung empfindlicher Strafen und diesbezüglich ständig erneuerter Gesetze über mehrere Jahrhunderte hinweg nicht abgeschafft werden. Dafür gab es verschiedene Ursachen. Zunächst war es das bereits behandelte Thema des Ehrgefühls, dessen Stachel bei einer bestimmten gesellschaftlichen Schicht so tief saß, dass man bereit war, dafür das eigene Leben einzusetzen. Eine Bestrafung durch mehr oder weniger lange Gefängnis- oder Festungshaft konnte daher erst recht nicht ins Gewicht fallen. Dann war da noch das ambivalente Verhalten der Monarchen. Zwar mussten sie einerseits aus guten Gründen Duelle grundsätzlich verbieten, aber andererseits erwarteten bzw. forderten sie besonders von ihren Offizieren, dass diese ihre Ehre und die des gesamten Offiziersstandes im Duell verteidigten. Beim zivilen Teil der gesellschaftlichen Oberschicht musste man dann eben auch ein solches Verhalten der Herren tolerieren.

Die bestehenden Anti-Duellgesetze waren, wenn auch nicht immer, aber in den meisten Fällen, eine nicht konsequent umgesetzte Drohgebärde. Außerdem wurde eine Vielzahl von Duellen geheim gehalten, und sofern diese nicht gerade mit sehr schweren Verletzungen oder gar tödlich endeten, konnte man sich einer Strafverfolgung doch noch recht unauffällig entziehen.

Wenn daher die Chancen gar nicht so schlecht standen, hinsichtlich der Bestrafung einigermaßen glimpflich davonzukommen, so soll hier aber nicht der Eindruck entstehen, dass Duelle immer von Seiten des Strafvollzugs tolerant behandelt wurden. Das entspräche nicht den Tatsachen. Zahlreiche Fälle belegen, dass sogar empfindlich lange Haftstrafen oder Entlassungen aus dem Dienst realisiert wurden, selbst bei Offizieren. Das mag nun zu dem, was wir bisher über den Offiziersstand gehört haben, etwas widersprüchlich erscheinen. Aber wenn bei bestimmten Verstößen gegen die Duelledikte gelegentlich doch mit der entsprechenden Härte durchgegriffen wurde, dann handelte es sich oftmals um vermeidbare Zweikämpfe, deren Anlass fragwürdig war oder die von Raufbolden bewusst provoziert wurden. Außerdem gab es noch zahlreiche andere Anlässe für eine schärfere

Gangart bei der Strafumsetzung. Es kam auf die Umstände, die Zeit und den Ort an, denn nicht in jedem Jahrhundert und in jedem Land galten bezüglich des Duellverbots die gleichen Gesetze. Ebenso war man in nicht geringem Maß vom jeweiligen Landesherrn und von seiner Philosophie gegenüber dem Duell abhängig.

Was aber bewog viele Monarchen zu ihrem ambivalenten Verhalten beim Thema „Duell"? Darauf gibt es eine Reihe von Antworten, und wir sehen uns erst einmal jene Argumente an, die Anlass gaben, Duelle zu verbieten. Da waren zunächst die nicht zu unterschätzenden und empfindlichen personellen Lücken, die Duelle mit tödlichem Ausgang im Offiziersstand oder in den Positionen der staatlichen Bürokratie und Politik rissen. Man konnte sich nicht der Gefahr aussetzen, die besten Offiziere beim Duell zu verlieren, was die Kriegsfähigkeit durchaus negativ beeinträchtigen konnte. Das Gleiche galt für die zivilen Stände der Aristokratie und des gehobenen Bürgerstandes, die zunehmend in die Verwaltung des Staates eingebunden waren. Nach dem Berufsheer zählte sie zu den wichtigsten Stützen monarchischer Macht.

Es gibt keine zuverlässigen Angaben über die Anzahl der Duelle in den verschiedenen Ländern bzw. über solche mit tödlichem Ausgang. Selbst das Archivmaterial enthält nur einen Bruchteil der tatsächlich stattgefundenen Duelle, nämlich meistens die, welche ein gerichtliches Nachspiel hatten. Außerdem sind nicht alle Prozessakten aus jener Zeit erhalten geblieben, und die verbliebenen sind oftmals unvollständig. Somit ist die Dunkelziffer hinsichtlich der Duellzahlen extrem hoch. Hinzu kommt noch, dass vor allem wegen der meist angestrebten Geheimhaltung durch die Beteiligten bei weitem nicht alle Duelle den Behörden bekannt wurden. Diese wiederum beschränkten sich manchmal sogar darauf, nur dann gegen die Duellanten zu ermitteln, wenn das Duell bereits öffentliches Aufsehen erregt hatte oder dabei jemand tödlich verletzt wurde.

Dennoch sollen hier einige Zahlen, unter Berücksichtigung der soeben gemachten Einschränkungen, genannt werden. Auch wenn die quantitative Genauigkeit dieser Angaben aus den erwähnten Gründen sehr zu wünschen übrig lässt, so vermitteln sie doch eine gewisse Vorstellung über deren Größenordnungen. In der Zeit vom Ende des 16. bis Anfang des 17. Jahrhunderts sollen in Frankreich, nach zeitgenössischen Berichten, unter Karl IX. und Heinrich IV. innerhalb von zwanzig Jahren bis zu 10.000 Zweikämpfe stattgefunden haben. Andere Quellen sprechen der gleichen Zeit 4.000 Duelle mit tödlichem Ausgang zu. Für die Mitte des 17. Jahrhunderts, zur Zeit des noch minderjährigen Königs Ludwig XIV., wird die Zahl der im Duell getöteten Edelleute auf etwa 500 pro Jahr geschätzt. Frankreich gehörte immer zu den „duellfreudigsten" Ländern. In den anderen europäischen Staaten dürften diese Zahlen etwas gemäßigter ausgefallen sein. In Österreich-Ungarn schätzt man für den Zeitraum von 1880 bis 1893 die Anzahl ausgetragener Duelle auf insgesamt 2.500.[44] Die

Tabellen im Anhang zur Duellstatistik in deutschen Ländern und in Österreich für das 19. bis Anfang des 20. Jahrhunderts zeigen auch gewisse Verhältnismäßigkeiten über die bei Duellen verwendeten Waffen, Anzahl tödlicher Duellausgänge sowie den sozialen Status der Duellanten. Es soll hier aber nochmals ausdrücklich betont werden, dass es sich dabei nur um die von den Behörden erfassten und abgeurteilten Duelle handelt. Deshalb ist auch das Verhältnis der Angaben zu den tödlich verlaufenen Duellen zwangsläufig sehr hoch, denn verglichen mit der tatsächlichen, aber leider unbekannten Anzahl der Duelle war dieses doch entsprechend kleiner. Weiterhin ist zu beachten, dass in beiden Statistiken keine ausschließlichen Offiziers-Duelle ausgewiesen sind, obwohl gerade diese für sich allein schon einen großen Anteil am gesamten Duellaufkommen hatten.

Ein weiterer Grund für die Monarchen, Duelle durch Verbote zu unterbinden, war deren Bestreben nach ausschließlicher Exekutive. Sie wollten sich nicht damit abfinden, dass Entscheidungen über Leben und Tod außerhalb ihrer Gesetzgebungs- und Entscheidungsrechte im alleinigen Ermessen ihrer Untertanen lagen. Bei offizieller Duldung hätten sie damit zweifellos einen Teil ihrer Autorität aufgegeben. Die Monarchen betrachteten die Neigung der gehobenen Gesellschaft, Konflikte anlässlich persönlicher Beleidigungen durch ein Duell zu lösen, als Anmaßung der Obrigkeit vorbehaltenen Gewalt bzw. Selbstjustiz. Diese würde die staatliche Rechtsordnung unterhöhlen und das Gewaltmonopol des Staates in Frage stellen. Soviel zu den Gründen hinsichtlich der Duellverbote.

Zu der anderen Seite, dass man Duelle bei bestimmten Anlässen tolerierte und bei der Strafverfolgung großzügig Milde walten ließ, gab es ebenfalls eine Reihe von interessanten Argumenten. Grundsätzlich bemühten sich die Monarchen um ein entspanntes Verhältnis zum Adel. Daher waren sie durchaus bereit, diesem – als erstem Stand innerhalb der Gesellschaft – gewisse Sonderrechte gegenüber den anderen Gesellschaftsschichten einzuräumen. Das galt insbesondere dann, wenn es darum ging, dem spezifischen Ehrbegriff des Adels ein bestimmtes Maß an Achtung zu zollen. Weil die Monarchen gleicher Herkunft waren, teilten sie die Wertvorstellungen und Ehrbegriffe des Adelsstandes, durften sie jedoch aufgrund ihrer Stellung formell nicht akzeptieren. Damit war allerdings der Interessenkonflikt für sie gegeben. Duellanten mussten also aus den genannten Gründen bestraft werden, aber weil der Adel so wichtig war, wollte man ihm Wohlwollen signalisieren, das sich eben in Form von gönnerhafter Strafmilderung oder gar vollständiger Begnadigung niederschlug. In diesem Verhalten waren deutlich die exklusiven Beziehungen zu erkennen, die das Staatsoberhaupt mit der elitären Gesellschaft seines Landes verbanden. Ab Ende des 18. Jahrhunderts fehlte es deshalb nicht an diesbezüglicher Kritik, indem man ein solches Verhalten als amoralische Komplizenschaft von Monarch und Adel bezeichnete.

*Abb. 3: Pistolen-Duell im 18. Jahrhundert nach einem zeitgenössischen Stich.
(Aus: North Hogg, The Book of Guns & Gunsmiths, 1977)*

Gegenüber dem Offiziersstand neigte die Obrigkeit zeitweise zu besonderer Milde, sah sie doch im Duell die Bereitschaft des Offiziers, das eigene Leben für seine Ehre sowie die seines Standes und letztlich für die des gesamten Staates aufs Spiel zu setzen. Das entsprach nicht nur ihrer Erwartungshaltung, sondern auch ihren Interessen. Man ging davon aus, dass in Kriegszeiten auf solche unerschrockenen, mutigen Offiziere zu vertrauen, hingegen aber bei diesbezüglich mangelhafter Gesinnung der Offiziere ein militärisches Versagen nicht auszuschließen sei. Ferner betrachtete man die das Leben aufopfernde Haltung der Offiziere als willige Unterwerfung des Einzelnen unter die Interessen des Staates.

Die Argumentation der absolutistischen Herrscher, mit der sie ihr Verhalten gegenüber den Kritikern rechtfertigten, war in allen Ländern in etwa die gleiche. Einige typische zeitgenössische Erklärungen zu dieser Thematik des Widerspruchs, vom Duellverbot einerseits und Duelltolerierung andererseits sowie zur bevorzugten strafrechtlichen Behandlung des Adels und der Offiziere, hat uns einer der bedeutenden Monarchen des 18. Jahrhunderts, Friedrich der Große, hinterlassen. Seine nachfolgend zitierten Niederschriften und Meinungen schlagen gleichzeitig eine gedankliche Brücke von der bereits behandelten Frage von Ehre und Ehrgefühl zu den hier erwähnten Gegensätzen. In *Das politische Testament von 1752* schreibt er u. a.:[45]

• „Im großen und ganzen stellt der Adel eine Körperschaft dar, die Achtung verdient ... Dieser würdige Adel hat Gut und Blut im Dienste des Staates geopfert. Seine Treue und seine Verdienste müssen ihm den Schutz aller Herrscher sichern ... Denn der Adelsstand bildet die Grundlage und die Säulen des Staates."

• „Die Offiziere verachten und von ihnen zu fordern, daß sie mit Ehren dienen, ist ein Widerspruch ..., sie dem Geschlecht verweichlichter und schwachherziger Menschen vorziehen, die nur zur Dekoration eines Antichambres[46] gut sind: das heißt nicht, allzu hohe Gunstbeweise erteilen noch launenhaft handeln, sondern dem Verdienst seine Krone geben, heißt ein schwaches Rauchopfer auf dem Altar der Offiziere darbringen, die jeden Augenblick bereit sind, ihr Blut für das Vaterland zu vergießen."

Als Friedrich der Große die von seinem Vater Friedrich Wilhelm I. 1713 in einem Duellmandat festgesetzten Strafen für Offiziere in der Deklaration vom 16. Juni 1749 deutlich herabsetzte, wurden die Regimentschefs gleichzeitig angewiesen, Ehrenhändel „... in aller Stille abzutun (Abb. 3), den Beteiligten zur Ausfechtung ihrer Sache die Erreichung der Grenze, z. B. Mecklenburgs, zu ermöglichen, auf nicht zu schweren Ausgang des Zweikampfes hinzuwirken und im übrigen so zu tun, als wüßten sie von der Sache nichts".[47] Dieser große Monarch hatte noch ein Motiv, den Adel pfleglich zu behandeln: Er rekrutierte seine Offiziere grundsätzlich aus dem Adelsstand und griff nur in Kriegszeiten, wenn es nicht vermeidbar war, zusätzlich auf den gehobenen Bürgerstand zurück. Die oftmals kriegsentscheidende, todesverachten-

de Selbstaufopferung traute der König nur dem Adel zu. Diese Edelmänner waren so erzogen worden, und ein anderes Verhalten hätte sie entehrt. „Verliert ein Edelmann seine Ehre, so ist ihm das Haus seines Vaters fortan verschlossen und seine Kameraden kennen ihn nicht mehr, während der Bürgerliche, der sich etwas Niedriges hat zu schulden kommen lassen, ohne zu erröten wieder den Beruf seines Vaters ergreift und sich dann nicht mehr für entehrt hält."[48] Für Friedrich den Großen bildeten die adligen Offiziere nicht nur einen wesentlichen Teil seiner kriegerischen Kraft, sondern er schaffte sich mit ihnen einen Stand mit großer innerlicher Einheitlichkeit, in dem sich die Sippe für die Ehrenhaftigkeit und Tapferkeit des Einzelnen mitverantwortlich fühlte. Außerdem erzog er so den gesamten Adel dazu, die zum Blutopfer freudig bereite Treue zum König zur selbstverständlichen Standessitte zu erheben.[49]

Der Adel nahm diese königliche Wertschätzung mit Befriedigung zur Kenntnis und war sogar geneigt, sich gegenüber den absolutistischen Herrschern loyal zu verhalten. Gleichzeitig gaben die adligen Herren aber zu verstehen, dass sie ebenso bereit waren, für gewisse Privilegien zu kämpfen, und eines davon war das Duell. Mit diesem wollte man sich nicht nur ein letztes Reservat an gewohnter individueller Freiheit und Selbstbestimmung – seinen Ehrbegriff – bewahren, sondern zugleich seinem Anspruch den genügenden Ausdruck verleihen. Diesen Rest von Freiheit, die im Zuge der inneren Staatsbildung und der dabei allmählich voranschreitenden Entmachtung des Adels durch die Monarchen immer mehr eingeschränkt wurde, nahm man sich heraus, trotz Duellverbots und angedrohter Strafen.

Wie wir bereits wissen, führten die Duellanten zu ihrer Rechtfertigung an, dass die staatliche Gesetzgebung ihrem anerzogenen Ehrgefühl nicht gerecht werde. Es war übrigens wieder Giacomo Casanova, der das Empfinden jener Zeitgenossen in seiner Novelle *Il Duello* auf den Punkt brachte: „Wenn ein Beleidigter, der den Beleidiger vor Gericht gebracht hat, von seiten des Richters mit einem eindeutigen Spruch zu seinen Gunsten rechnen könnte, mag sein, daß es nicht so viele Duelle gäbe, trotz des unglücklichen Ehrenpunktes; aber die Erfahrung zeigt, dass der Beleidigte nicht mehr zu erwarten hat als eine kalte Entschuldigung oder einen lächerlichen Widerruf, was nach Meinung mehrerer Autoren den Schaden eher vergrößert als ihn beseitigt."[50] Ganz besonders von den Offizieren wurde als Rechtfertigung ins Feld geführt, dass für sie die Ehrenkränkung einer Existenzbedrohung gleichzusetzen und somit als schweres Verbrechen anzusehen sei. Demzufolge müsste es auch schwerer geahndet werden, als es die Gesetzgebung vorsähe. Außerdem könnten die geltenden Normen im Falle einer Ehrenkränkung dem Offizier nicht immer vollständigen Ersatz bieten und die öffentliche Meinung sowie jene der Standesgenossen nicht immer zufrieden stellen. Und da das Duell, obwohl verboten, eine Angelegenheit des Prestiges und Symbol für soziale Stellung war, machte sich dann im Verlauf

des 19. Jahrhunderts das mittlerweile duellfähig gewordene gehobene Bürgertum diese Argumente ebenso zu Eigen.

Weil nun aber Ehrensachen gewissen Zwängen unterlagen, wollte die Obrigkeit diesbezügliche Vergehen nicht wie gewöhnliche Rechtsdelikte betrachten. Strafe musste sein, aber der Adel sollte nicht, wenn er den ihm anerzogenen Ehrbegriff verteidigte, ja verteidigen musste, wie ein normaler Bürger abgeurteilt werden. So kam es zwangsläufig zu Sonderrechten für die privilegierten Stände, also für jene, die sich zur satisfaktionsfähigen Gesellschaftsklasse zählen durften. Wenn in den unteren Schichten duelliert wurde, hatten deren Männer keinen Anspruch auf diese Sonderrechte; sie wurden nach den Bestimmungen für Körperverletzung und Todschlag oder Mord abgeurteilt. Dass diese ungleiche Behandlung sowie die Betrachtung des Duells als Sonderdelikt ab dem 19. Jahrhundert bereits in vielen europäischen Ländern dem geltenden verfassungsrechtlichen Gleichheitsprinzip widersprachen, blieb dabei unbeachtet, worüber sich die Duellgegner empörten. Die preußische Justiz rechtfertigte ihr diesbezügliches Verhalten mit dem Hinweis, dass für sie nur Duellanten der oberen Gesellschaftsklasse höherwertigen Motiven folgten, und darin sei auch der exponierte Status des Duells als Sonderdelikt begründet. Mit anderen Worten: Der Gesetzgeber würdigte das Duell als Ausdruck ehrenhafter Gesinnung.

Duellverbote gab es schon im 16. Jahrhundert. Die *Pfalzgräfliche Ordnung* war die erste im deutschsprachigen

Raum und stammte aus dem Jahre 1582. Beachtet wurden diese Edikte jedoch ebenso wenig wie ihre zahlreichen Nachfolger in den späteren Jahrhunderten. Sie stimulierten eher den Effekt des Verbergens, „es in aller Stille abzutun", wie es Friedrich der Große ja empfohlen hatte. Wegen mangelnder Wirksamkeit wurden die bestehenden Strafbestimmungen gegen Duellanten oftmals nicht nur schon innerhalb weniger Jahre geändert oder erneuert, sondern es kam auch vor, dass man die Strafen herabsetzte, damit diese, ohne wesentliche Korrektur durch den Monarchen, für die Gerichte vollstreckbar wurden. In der Praxis sah das dann so aus, dass diese Strafbestimmungen für Duellanten, z. B. bei einem Duell mit unblutigem Ausgang, ein Strafmaß von drei Monaten bis fünf Jahren enthielten. Die Richter orientierten sich bei ihrem Urteil dann eher an der unteren Grenze, sodass im Falle einer noch stattfindenden Strafreduzierung durch den König die Differenz zwischen Richterspruch und Realität nicht mehr so groß erschien. Solche Maßnahmen sollten verhindern, dass die Autorität und Glaubwürdigkeit der Gerichte in Frage gestellt wurden. Das war immer dann der Fall, wenn die Justiz einen Duellanten zu mehrjährigem Freiheitsentzug verurteilte, der König aber, der sich in den meisten Ländern das Kronrecht auf Begnadigung vorbehalten hatte, diese Strafe auf ein Minimum von nur einigen Monaten reduzierte. Friedrich der Große zählte übrigens auch zu jenen Monarchen, die für sich das Begnadigungsrecht in Anspruch nahmen, und er trennte es gleich nach seinem Amtsantritt vom eigentlichen Gerichtsverfahren.

Die Vielzahl der erneuerten Strafbestimmungen zeugt von der Ohnmacht duellbezogener Gesetzgebung, dieses Problem einigermaßen in den Griff zu bekommen. Zwischen 1602 und 1651 erließ der französische König Heinrich IV. fünf Edikte, und die gleiche Anzahl erließ auch der bayrische Kurfürst zwischen 1701 und 1779. So sehr man sich auch bemühte, eine nachhaltige Wirkung konnte niemals erzielt werden. Eine Ausnahme gab es, wie wir noch sehen werden, ab Mitte des 19. Jahrhunderts in England.

In den einzelnen europäischen Ländern, aber selbst innerhalb der deutschen Länder gab es durchaus unterschiedliche Strafbestimmungen für die an einem Duell beteiligten Personen. Zu den Ländern mit besonderen Duelledikten gehörten: Österreich, Bayern, Preußen, Belgien, Russland, Polen, Italien sowie fast alle Kantone in der Schweiz und im 18. Jahrhundert auch Frankreich. Diese speziell auf das Duell bezogenen Verordnungen unterschieden sich in den einzelnen Ländern sowohl in der Strafart wie im Strafmaß. Somit war es möglich, dass für das gleiche Vergehen in einem Land die Strafe sechs Monate Festungshaft und in einem anderen acht Jahre Gefängnis betragen konnte. Sogar innerhalb eines Landes urteilten die Richter oftmals sehr individuell, möglicherweise unter Berücksichtigung der Umstände oder der zu verurteilenden Person. Es ist daher wiederholt vorgekommen, dass für ein gleiches Duellvergehen einmal drei Monate Zuchthaus und ein anderes

Mal drei Jahre Festungshaft ausgesprochen wurden. Differenziert wurde obendrein zwischen spontanen Zweikämpfen ohne große Vorbereitung und den Duellen, die durch überdachte Handlung gründlich organisiert worden waren. Ferner waren in einigen europäischen Staaten Zivilstrafrecht und Militärstrafrecht gleichzeitig in Anwendung. Aufgrund des letzteren erfuhren die wegen einer Duellangelegenheit abzuurteilenden Offiziere in der Regel eine mildere Bestrafung und in einer Art, dass diese nicht den Charakter einer Entehrung hatte.

In Spanien, Portugal, den Niederlanden, in Norwegen, in den deutschen Rheinprovinzen und seit dem 19. Jahrhundert auch in Frankreich gab es keine duellspezifischen Rechtsverordnungen. Die an einem Duell Beteiligten blieben aber deshalb nicht straffrei; sie wurden nach den Strafbestimmungen des jeweiligen Landes wegen Körperverletzung oder Totschlag verurteilt. Im Gegensatz zu den Ländern mit spezieller Duellgesetzgebung wurden hier Herausforderungen sowie unblutig verlaufene Duelle meistens nicht strafrechtlich verfolgt und bereits seit Beginn des 19. Jahrhunderts im Strafrecht nicht mehr zwischen Adel und Bürgern unterschieden. Die Staaten mit Duelledikten folgten diesem Beispiel der strafrechtlichen Gleichstellung aller satisfaktionsfähigen Männer, zeitlich verzögert, erst allmählich im Verlauf des 19. Jahrhunderts. Nachfolgend soll nun für einige europäische Länder, die über ausdrückliche Duelledikte verfügten, aufgezeigt werden, mit welcher Art und Dauer der Bestrafung

sowohl Duellanten als auch ihre Sekundanten zu rechnen hatten. Dass solche Strafen nicht immer oder, besser gesagt, fast nie voll zu verbüßen waren, haben wir bereits gehört. Weil sich die Duelledikte so häufig änderten, spätestens wenn ein neuer Monarch sein Amt antrat, würden wir in den Bereich der Unübersichtlichkeit und unnötiger Details abgleiten, wenn alle diese Verordnungen auch nur annähernd wiedergegeben werden sollten. Mit Ausnahme von Österreich beinhalten daher die Schilderungen zu den anderen Ländern nur allgemeine Zusammenfassungen über das Wesentliche. Trotzdem wird aber auch hier ein ausreichender Eindruck über die jeweilige Strafverfolgung der an Duellen beteiligten Personen vermittelt.

**Österreich:** Gemäß einer Verfügung Kaiser Leopolds I. von 1682 hatten alle Duellanten und Sekundanten, je nachdem, in welchem Stadium sich das Duell befand bzw. wie dessen Ausgang war, mit der Todesstrafe oder Beschlagnahme ihres Eigentums oder mit Landesverweis zu rechnen. Da aber dieses Duellverbot nicht ausreichend beachtet wurde, ließ es 1712 Kaiser Karl VI. nochmals erneuern; doch auch ihm blieb ein nennenswerter Erfolg versagt. Als nächste war es Maria Theresia, die sich mit der Duellproblematik auseinandersetzte. Als sie 1752 ihre *erfrischten und geschärften Generalien* in Kraft setzte, enthielten diese weiterhin die Todesstrafe für Duellanten und ihre Helfer. Ihr Sohn und ausgesprochener Duellgegner, Kaiser Joseph II., schaffte zwar die duellbezogene Todesstrafe ab, ließ aber Duelle strengstens verfolgen und bestrafen. Aufgrund der strengen Strafverfolgung in Österreich fanden, im Gegensatz zu den übrigen europäischen Staaten, hier Duelle unter Zivilisten seltener statt, sondern überwiegend unter den Offizieren der Armee. Österreich hatte den Ruf, seine Duellstrafen konsequent durchzusetzen. Daher wollen wir uns diese Gesetze aus dem 18. und 19. Jahrhundert etwas detaillierter anschauen.

Der *Codex Austriacus*, eine Sammlung österreichischer Gesetze aus dem 17. und 18. Jahrhundert, enthält im Band V ein Duellmandat Maria Theresias vom 12. Juni 1752 mit dem Titel *Duellieren und Ausfordern verboten*. Darin beklagt die Monarchin, dass die bisherigen Edikte und Mandate ihrer Vorfahren keinesfalls eingehalten wurden oder sogar in Vergessenheit geraten seien. Deshalb hatten viele mit Tapferkeit und Qualitäten ausgestattete Männer in Zivil- und Militärdiensten den Tod gefunden. Es sei daher dringend geboten, aufs Neue eine diesbezügliche kaiserlich-königliche Verordnung zu erlassen. In dieser wurde gefordert, dass sich jeder ruhig und friedlich verhalten solle, sich aller Raufhändel sowie Real- und Verbalinjurien zu enthalten habe, außer der erlaubten Notwehr. „Dafern aber jemand, wer der auch wäre, oder seyn möchte," zu einem Duell herausforderte und sich wirklich duellierte, so sollten nicht allein er, sondern auch der Geforderte und die Sekundanten „unnachläßig durch das Schwert vom Leben zum Tode hingerichtet ... werden." Die Körper der Hingerichteten sowie des im Duell Getöteten waren auf der Richtstätte zu beerdigen, und wenn

Letzterer bereits an einem geweihten Ort beigesetzt wurde, so musste er dort wieder ausgegraben und ebenfalls auf der Richtstätte begraben werden. Flüchtigen Duellanten sollte das Besitztum vom Staat beschlagnahmt werden und Weib nebst Kindern staatliche Alimente erhalten. Erst nach dem Tod des Flüchtigen erhielten die Erben die konfiszierten Güter zurück. Wer eine Duellforderung zwar annahm, aber auf dem Kampfplatz nicht erschien, „... so sollen dieselben dennoch ... durch Abschaffung vom Hofe, mit Entsetzung der Ehrenämter ... zehn oder wenigjähriges Gefängnis, wohl empfindliche Geldstrafen, und nach gestalten der Umstände auch sonst auf das schärfeste gestraft werden". Tätlichkeiten und verbale Beleidigungen, die Anlass für ein Duell sein konnten, waren wie Verbrechen zu bestrafen. Die Gerichte und Obrigkeiten erhielten keine Befugnis, die Strafen zu mildern, sie mussten sogar ihr jeweiliges Urteil vor der Publikation bei Hofe einreichen.[51]

Nach dem Tod Maria Theresias ließ ihr Sohn und Thronfolger Joseph II. die österreichischen Strafgesetze überarbeiten. Diese wurden dann als das *Josephinische Strafgesetzbuch* oder, wie sein wirklicher Titel lautete, als das *Allgemeine Gesetz über Verbrechen und deren Bestrafung* am 13. Januar 1787 in Kraft gesetzt. Dort waren in den Paragraphen 105 bis 111 der *strafbare Zweikampf* und seine Bestrafung neu definiert. Zu den bedeutenden Änderungen gehörte, dass die peinliche Todesstrafe durch das Schwert weggefallen war. Außerdem wurde bei der Festsetzung des Strafmaßes zwischen

Herausfordernden und Herausgeforderten stärker differenziert. Als Verbrechen galt bereits das „Sich-Stellen", auch wenn keiner im Duell verletzt oder getötet wurde. Beim Tod eines der Zweikämpfer war der Überlebende, wenn er herausgefordert hatte, „wie jeder andere gemeine Mörder anzusehen". Dagegen war ein Überlebender, der herausgefordert wurde, mit „anhaltendem harten Gefängnisse, und öffentlicher Arbeit zu bestrafen". Den Witwen und Kindern des jeweils Getöteten sollte das Recht auf vollkommene Entschädigung durch den Überlebenden vorbehalten sein. Bei einem Zweikampf ohne tödlichen Ausgang waren der Herausfordernde mit hartem Gefängnis und öffentlicher Arbeit und der Herausgeforderte mit gelinderem Gefängnis zu bestrafen. Als mitschuldig an einem Duellvergehen wurden die Sekundanten betrachtet und auch die, welche zur Herausforderung beitrugen. Dazu zählten diejenigen, die mit Verachtung drohten, wenn einer die Gesetze achten und den Zweikampf vermeiden wollte. Die Strafe für Sekundanten war „auf längere Zeit auszumessen", und für andere Mitschuldige betrug diese „gelinderes Gefängnis".[52]

Dem allgemeinen Trend im 19. Jahrhundert folgend, brachte in Österreich das neue *Gesetzbuch über Verbrechen* vom 3. September 1803 mildere Strafen für jene, die an einem Duell beteiligt waren. Unter dem Titel *Zwanzigstes Hauptstück: Von dem Zweykampfe* wurde hier in den Paragraphen 140 bis 146 die Bestrafung des Zweikampfs behandelt (Abb. 4). Zwar war in diesem neuen Strafgesetzbuch die Todesstrafe als

Strafart wieder enthalten, jedoch wurden die Duellanten, je nach Ausgang des Kampfes, nur mit mehr oder weniger langem schwerem Kerker bestraft. Die Herausforderung sowie deren Annahme blieb ein Verbrechen, auch wenn dies keine Folgen hatte. Das dafür vorgesehene Strafmaß lag bei ein bis fünf Jahren schwerem Kerker; wurde einer der Gegner beim Duell verwundet, erhöhte sich die Strafe auf fünf bis zehn Jahre. War ein Gegner anlässlich des Zweikampfs getötet worden, „so soll der Todtschläger mit zehn- bis zwanzigjährigem schweren Kerker gestrafet, der Leichnam des Getöteten aber, wenn er auf der Stelle todt geblieben ist, unter Begleitung der Wache auf einen außer der gewöhnlichen Begräbnißstätte gelegenen Ort gebracht, und daselbst eingescharret werden". Ausdrücklich erwähnt wurde, dass der Herausfordernde strenger, d. h. länger zu bestrafen sei als der Geforderte. Für Sekundanten betrug die Strafe, je nach Duellausgang, ein bis fünf Jahre schweren Kerkers. Andere Personen, die die Konfliktparteien durch ihr Verhalten beeinflussten und somit einem Duell Vorschub leisteten, wurden zu Kerker oder, bei tödlichem Zweikampf, auf ein bis fünf Jahre schweren Kerkers, verurteilt.[53]

Die österreichische Strafgesetzgebung war in jener Zeit bedeutend duellfeindlicher als die der anderen europäischen Staaten, wie z. B. Preußen oder Frankreich. Es soll hier auch nochmals hervorgehoben werden, dass die beiden erwähnten Gesetzbücher von 1787 und 1803 jeweils aus zwei Teilen bestehen. Der erste Teil behandelt Verbrechen, der zweite Vergehen und Übertretungen. Das Duell befindet sich hier immer im ersten Teil und galt somit als Verbrechen.

Es bleibt noch zu erwähnen, dass das österreichische Militärstrafgesetz von 1855 für das k. k. Heer deutlich mildere Strafen vorsah als das zivile Strafgesetz. Zwar galten das Duell sowie seine Herausforderung weiterhin als Verbrechen, aber das Strafmaß war geringer, und die Richter berücksichtigten den Duellverlauf. So gab es zwischen sechs Monaten und einem Jahr Kerker, wenn keiner der Gegner verwundet wurde, oder ein bis fünf Jahre Kerker bei einer Verwundung. Bei einem tödlichen Duellausgang hatte der Überlebende mit fünf bis zehn Jahren Kerker oder zehn bis zwanzig Jahren schweren Kerkers zu rechnen, wenn der Zweikampf von vornherein auf Tötung verabredet war.[54] Diese insgesamt milderen duellbezogenen Strafgesetze beim Militär waren in anderen Staaten ebenfalls anzutreffen.

**Preußen:** Manches Duell konnte gar nicht stattfinden, weil eine undichte Stelle bei Mitwissenden oder eine diskrete Anzeige des Geforderten die vorzeitige Verhaftung der Kontrahenten auslöste. Dies bedeutete, dass auch hier bereits die Herausforderung oder deren Annahme strafbar waren, ohne dass ein Duell stattgefunden hatte. Die Art und Höhe der Bestrafung von Duellanten und Sekundanten richtete sich danach, ob der Zweikampf bereits ausgetragen worden war oder, wenn ja, nach dessen Ausgang. Dabei wurde nicht nur differenziert, ob das Duell unblutig, mit Verletzungen oder gar tödlich verlaufen war, es wurde außerdem unterschieden, welcher gesellschaftlichen Schicht der zu Verurteilende angehörte. Je nach Situation wurden dann vom Richter Gefängnis, Zuchthaus, Festungsarbeit, Festungsarrest, hohe Geldstrafen, Aberkennung des Adelstitels, Verbannung oder die Todesstrafe verhängt. Angehörige des Adels sowie des gehobenen und gebildeten Bürgerstandes wurden fast ausnahmslos nur zu Festungsarrest verurteilt, da sie nach Ansicht der Richter für Festungsarbeit oder Zuchthaus, das gleichfalls körperliche Arbeit vorsah, als „nicht geeignet" erschienen. Hierin zeigte sich schon wieder ein Privileg zugunsten der oberen Gesellschaftsschicht, denn Festungsarrest galt von allen Einsperrungen als die mildeste Strafe. Wer hier einsaß, konnte sich in den relativ großzügigen Wohnräumen nach Belieben bequem einrichten, sogar mit eigenem Mobiliar. Außerdem durfte er sich innerhalb der Festung frei bewegen, an dortigen Veranstaltungen teilhaben und mit Erlaubnis des Festungskommandanten sogar Kurzreisen unternehmen. Männer aus dem unteren Bürgerstand, also kleinere Beamte und Handwerker, kamen nicht in diesen Genuss und mussten ihre Strafe im Gefängnis oder Zuchthaus verbüßen. Die Aberkennung des Adelstitels, Verbannung, Entfernung aus dem Offiziersstand und die Todesstrafe zählten zu den härtesten Strafen. Letztere wurde allerdings nur in seltenen besonderen Fällen vollzogen. Die anderen Strafen verfielen gar nicht so selten, nach einer angemessenen Zeit, der Gnade des Monarchen und wurden wieder rückgängig gemacht.

*Abb. 4: Auszug aus dem österreichischen Gesetzbuch für Verbrechen von 1803, hier die §§ 140 bis 146, in denen die Bestrafung der Duellanten und Sekundanten festgelegt war. (Institut für Österreichische und Europäische Rechtsgeschichte der Universität Wien)*

Offensichtlich hatte der Preußenkönig Friedrich der Große mit dem 1749 für seine Offiziere strafrechtlich abgemilderten Duellmandat keine allzu guten Erfahrungen gemacht. Etwas über dreißig Jahre später gab er den Auftrag, das bis dahin in Preußen geltende Duellmandat zu überarbeiten und in einer neuen, verschärfteren Fassung in das ebenfalls in Arbeit befindliche *Allgemeine Landrecht* aufzunehmen. Dieses erschien 1794 unter seinem Nachfolger Friedrich Wilhelm II. und enthielt nun wieder strengere Strafbestimmungen. So betrug die Haftstrafe, ohne dass ein Duell stattgefunden hatte, für den Herausforderer drei bis sechs und für den Geforderten ein bis drei Jahre. Ferner gab es wieder die Todesstrafe für Duellanten, die ihren Gegner getötet hatten, und mindestens zehn Jahre Freiheitsstrafe und Verlust des Adelstitels für Duellieren, das ohne Blutvergießen ausgegangen war.

Von Friedrich Wilhelm III. stammt eine Verordnung aus dem Jahre 1829, mit der er versuchen wollte, den Anlass für ein Duell möglichst von vornherein zu vermeiden und gleichzeitig die Ehre seiner Offiziere zu schützen. Wenn ein Offizier einen seiner Kollegen in leichtfertiger und frecher Weise beleidigte hatte, sollte er mit Entfernung aus dem Offiziersstand bestraft werden. Der König wollte die Ernsthaftigkeit seiner Verordnung unterstreichen und ließ kurze Zeit später einen Offizier wegen diesbezüglich widrigen Verhaltens aus dem Militärdienst entlassen. Dennoch teilte auch diese Verordnung bald das Schicksal aller Duellmandate: sie fand nur geringe Beachtung.

Das preußische Strafgesetzbuch von 1851 ging mit den Duellanten wieder deutlich milder um. In diesem war bei einem Duell mit tödlichem Ausgang für den Überlebenden lediglich Festungshaft vorgesehen, die sich im günstigsten Fall auf nur zwei Jahre beschränkte.

**Frankreich:** Schon im 16. Jahrhundert erließ König Heinrich IV. ein Duellverbot, das die Todesstrafe beinhaltete, und dieses galt auch noch bei seinen Nachfolgern Ludwig XIII. bis Ludwig XV. Napoleon, selbst ein entschiedener Duellgegner, verhinderte die Zweikämpfe unter seinen Offizieren nicht, und im *Napoleonischen Gesetzbuch* von 1810 war das Duell als Straftat nicht mehr angeführt. Die Strafverfolgung geschah rein ergebnisorientiert, d. h. man verurteilte Duellanten, je nach Duellausgang, wegen Körperverletzung oder Totschlag. Ab Mitte des 19. Jahrhunderts galt in Frankreich wieder ein Duellverbot, mit dem bereits die Forderung und deren Annahme mit vier Monaten Gefängnis bestraft wurde. Diese an sich schon vergleichsweise milde Strafe wurde noch weiter abgeschwächt, indem die Betroffenen mit einer äußerst großzügigen Abwicklung „dieser Angelegenheit" zu ihren Gunsten rechnen durften. Umso bemerkenswerter ist daher, dass die französische Justiz mit aller Härte gegen unfaire Duellabläufe vorging. 1845 wurde ein Duellant, der regelwidrig die Pistolen in den Stunden vor dem Zweikampf ausprobiert bzw. sich damit eingeschossen hatte, zu acht Jahren Gefängnis verurteilt. Sein Sekundant, in dessen Wohnung dieses stattfand, erhielt zehn Jahre Gefängnis. Er hatte auf dem Kampfplatz mit seinem Ehrenwort versichert, dass das Einschießen nicht stattgefunden hätte, nachdem ihn der Sekundant der Gegenpartei, dem die durch Pulverdampf geschwärzten Laufinnenseiten verdächtig erschienen, danach befragte.

**England:** Das im Jahre 1614 erlassene erste englische Strafgesetz gegen Duelle verurteilte den tödlichen Duellausgang als Mord, was die Todesstrafe zur Folge hatte. Hingegen wurden Zweikämpfe, bei denen beide Gegner unversehrt blieben, von den Gerichten nur mit wenigen Jahren Haft recht nachsichtig behandelt. Dreißig Jahre später milderte Oliver Cromwell die Duellstrafen. Duellanten wurden jetzt nur mehr mit sechs Monaten Gefängnis bestraft, doch blieb die Todesstrafe bei einem tödlichen Duellausgang bestehen. Die Duellfreudigkeit der gehobenen englischen Gesellschaft, darunter auch Staatsmänner, Parlamentsangehörige sowie andere hochgestellte Persönlichkeiten, hielt bis weit in die erste Hälfte des 19. Jahrhunderts an. Staatsmänner, wie William Pitt, George Canning und der große Heerführer Sir Arthur Herzog von Wellington, begünstigten sogar die Duelle. Dies ist insofern beachtenswert, als in England noch zu Beginn des 19. Jahrhunderts bei tödlichem Duellausgang die Todesstrafe verhängt und manchmal durch den Henker vollstreckt wurde. Dieselbe Strafe erwartete in einem solchen Fall auch die Sekundanten. Wie in anderen Ländern, wurden solche Todesstrafen nicht immer vollstreckt. Offiziere wurden meistens be-

gnadigt, aber aus dem Militärdienst entlassen. Doch die auf geduldigem Papier geschriebenen strengen Strafbestimmungen wichen nicht selten von der praktizierten Strafumsetzung ab. Das beweist uns der Fall des Earl of Cardigan, der 1840 den Captain Harvey Tucket in einem Pistolenduell getötet hatte, aber dennoch freigesprochen wurde.

Um etwa 1830 formierte sich in England die erste europäische Anti-Duellbewegung, der sogar namhafte Männer aus der satisfaktionsfähigen Gesellschaft angehörten. Sie sollten auch bald Unterstützung aus dem englischen Königshaus erhalten. Als Königin Viktoria 1837 den Thron bestieg, folgten durch sie erste Maßnahmen, um Duelle einzuschränken, indem sie in der britischen Armee den Zweikampf um die Ehre aufs Strengste untersagte. Allerdings blieb diese erste Aktion der Königin ohne besondere Auswirkung. Erst als 1844 der Prinzgemahl der Königin Viktoria von England, Prinz Albert von Sachsen-Coburg, den Paragraphen 98 zu den Kriegsartikeln bei der Regierung durchsetzte, gingen die Duellzahlen in England allmählich spürbar zurück. Der Paragraph 98 beinhaltete u. a.: „… dass es dem Charakter des Ehrenmannes angemessen sei, für verübtes Unrecht und Beleidigung sich zu entschuldigen, um das Unrecht wieder gutzumachen; ebenso für den gekränkten Teil, dieses anzunehmen." Eine obendrein darauf folgende Verordnung für das britische Militär unterstützte das Ganze noch zusätzlich. Anders als auf dem Festland, wurden die darin festgelegten Strafen für Duellvergehen konsequent umgesetzt. Offizieren, die sich an einem Duell aktiv oder als Sekundant beteiligten, drohte nun nach kriegsgerichtlicher Aburteilung die sofortige Entlassung aus dem Militärdienst. Ungerecht erschien hingegen vielen Zeitgenossen, dass hinterbliebene Witwen eines im Duell getöteten Offiziers den Pensionsanspruch verloren. Vielleicht sollte aber gerade diese Härte einen Gentleman vom Duell abhalten, sofern er seine Familie vor dem sozialen Absturz bewahren wollte. Selbstverständlich verblieben noch einige Unbelehrbare, die durchaus bereit waren, die Konsequenzen ihres Handelns zu tragen oder sich vorsichtshalber über den Kanal schiffen ließen, um ihre Ehrenhändel außer Landes zu bereinigen.

**Rußland:** Hier war das Duell erst seit Anfang des 18. Jahrhunderts bekannt. Aus dieser Zeit stammt eine Verordnung des von ungeheurem Reformwillen getriebenen Zaren Peter dem Großen, in der er bereits die Herausforderung zum Duell mit dem entwürdigenden Galgen bestrafte. Das galt auch für Sekundanten, sofern diese nicht glaubhaft nachweisen konnten, alles getan zu haben, um den Zweikampf zu verhindern. Unter der Zarin Katharina der Großen wurden ab 1787 Duellanten bei Verletzung oder Tötung eines Gegners zu sechs bis zehn Jahren Festungshaft verurteilt. Sekundanten mussten, selbst bei unblutigem Duellausgang, mit ein bis zwei Jahren rechnen. Sofern ein Duell ohne Sekundanten verabredet war, wurde es als Mordversuch und, bei tödlichem Ausgang, als vorsätzlicher Mord mit der Todes-

strafe geahndet. Im Verlauf des 19. Jahrhunderts entsprach die russische Strafverfolgung bezüglich der Ehrenzweikämpfe etwa der, wie man sie in den westeuropäischen Ländern praktizierte.

Angesichts dieser insgesamt doch recht strengen Edikte gegen das Duellwesen sollte man meinen, dass damit den Gesetzeshütern ein einigermaßen wirksames Regulativ zur Verfügung gestanden hätte. Aber wie die Praxis immer wieder bestätigte, war dies nicht der Fall – egal, zu welcher Zeit und in welchem Land. Wie wir gehört haben, war seit der Mitte des 19. Jahrhunderts nur England davon ausgenommen. Zwar war das Duell überall verboten, aber die anerzogenen Grundsätze der Ehrenwahrung suchten ihre Bestätigung. Man wusste auch, dass dank der königlichen Begnadigungspolitik die Todesstrafe nur selten vollstreckt und alle übrigen Haftstrafen meist drastisch reduziert wurden.

Für die Verurteilten der oberen Gesellschaftsschichten erfolgte die Begnadigung so gut wie automatisch, da in der Regel alle duellbezogenen Verurteilungen dem Monarchen vorzulegen waren. Aber ebenso konnten Verurteilte aus den unteren Gesellschaftsschichten durchaus in den Genuss solcher Strafmilderungen gelangen, sie mussten allerdings über eine entsprechende Bittschrift an den Monarchen herantreten. Hier ein Beispiel für das Ergebnis einer solchen Bittschrift: Zwei preußische Handwerker hatten sich 1842 auf Pistolen duelliert. Den Herausforderer verurteilte das Gericht zu sechs und den Geforderten zu vier Jahren Festungshaft. Ihr Gnadengesuch beim König bewirkte eine sehr deutliche Haftverkürzung auf fünfzehn bzw. zwölf Monate. Und noch einige Beispiele für Personen aus den oberen Gesellschaftsklassen: Im 18. Jahrhundert, zur Zeit Friedrichs des Großen, hatte ein Adliger seinen Gegner gleichen Standes beim Pistolenduell getötet. Der König ordnete an, den Fall strengstens zu untersuchen und den Überlebenden entsprechend zu bestrafen. Daraufhin verurteilte das Gericht diesen zum Tod, der König verwandelte die Todesstrafe jedoch zunächst in einen mehrjährigen Festungsarrest und nach wenigen Monaten in eine endgültige Begnadigung. In einem anderen Fall war 1845 ein Adliger wegen Teilnahme an einem Duell zu fünfzehn Jahren Festungshaft und Verlust seines Adelstitels verurteilt worden. Der Preußenkönig Friedrich Wilhelm IV. begnadigte ihn zu nur fünfzehn Monaten, und als zwei davon verbüßt waren, erließ er ihm auch noch den Rest. Außerdem machte der König den Verlust des Adelstitels wieder rückgängig.[55] Als die Witwe des 1856 im Pistolenduell getöteten Polizeipräsidenten von Hinckeldey ein Jahr später bei König Friedrich Wilhelm IV. um Begnadigung des zu langjähriger Festungshaft verurteilten Gegners von Rochow ersuchte, wurde dieser sofort in Freiheit gesetzt, allerdings aber gleichzeitig aus den Diensten des Königs entlassen. Mehr Glück hingegen hatte ein preußischer Offizier, der 1886 bei einem Pistolenduell seinen Gegner tötete, mit dem seine Frau ein heimliches Verhältnis eingegangen war. Daraufhin wurde er zu einer langjährigen Festungshaft ver-

urteilt, aber schon kurze Zeit später wieder begnadigt. Er wurde aus dem Militärdienst nicht entlassen und brachte es in seiner weiteren Laufbahn noch bis zum Generalleutnant. Wenn er sich nach den Buchstaben des bestehenden Gesetzes verhalten, sich also nicht duelliert hätte, wäre er des Offiziersstandes nicht mehr würdig gewesen und aus dem Militärdienst entlassen worden.

Auch Giacomo Casanova und sein Duellgegner Graf Branicki erlangten anlässlich ihres Zweikampfes 1766 das Wohlwollen des polnischen Königs Stanislaus II. August. In Polen stand zu jener Zeit auf Beteiligung am Duell die Todesstrafe, aber der König begnadigte beide.

Die Duellsache des Stadtgerichtsrats Karl Twesten gegen den Chef des preußischen Militärkabinetts Freiherr von Manteuffel zeigte deutlich, wie sehr die Gerichtsbarkeit den gesellschaftlichen Zwängen nachgeben musste. Nachdem er seine Situation von Beginn an dem Gericht geschildert hatte, bekannte dieses: „Das Duell sei zwar verboten, gelte aber in politischen Dingen im praktischen Leben als zulässig, und der Angeklagte habe sich ihm nicht entziehen können, weil er annehmen mußte, daß er dadurch in der Achtung seiner Standesgenossen verlieren würde".[56] Twesten wurde daher nur zu einer kurzen Freiheitsstrafe von drei Monaten verurteilt. Manteuffel erhielt die gleiche Strafe.

Trotz der relativ großzügigen Begnadigungspraxis der Monarchen blieben hin und wieder die erhofften Strafmilderungen aus. Dieses Risiko gingen aber alle Duellanten ein. Auch dazu noch zwei Beispiele: In Frankreich hatte 1627 König Ludwig XIII. über das Gnadengesuch von zwei zum Tode verurteilten Duellanten zu befinden. Die beiden wurden für schuldig befunden, ein Duell mit Degen auf Leben und Tod verabredet und dieses auch noch provozierend in aller Öffentlichkeit und zur Mittagszeit mitten in Paris, auf dem Place Royal, ausgetragen zu haben. Einer der Gegner war Graf Bouteville, ein berüchtigter Duellant aus dem ältesten Adelshaus Frankreichs. Kardinal Richelieu beriet den König hinsichtlich des Für und Wider einer etwaigen Begnadigung. Dabei formulierte er unmissverständlich: „Es geht hier um die Entscheidung, ob den Duellanten der Kopf abgeschlagen wird oder den Edikten Eurer Majestät!" Der König lehnte das Gnadengesuch ab und ließ die beiden Duellanten enthaupten.

Von Friedrich dem Großen haben wir zuvor vernommen, dass er einen zum Tode Verurteilten schließlich doch noch begnadigte. Ebenso hatte er in seinem *Moralischen Katechismus zum Gebrauch für die adlige Jugend* seinen Kadetten das Duell nahegelegt, sofern es unumgänglich sei. Als aber der zum näheren Freundeskreis des Königs gehörende Offizier, Graf von Chasot, bei einem Säbelduell seinen Gegner tötete, entließ Friedrich ihn aus dem Militärdienst mit den Worten: „Ich liebe tapfere Officiers, aber Scharfrichters kann ich in meiner Armee nicht gebrauchen."[57]

Eine gewisse Unsicherheit bezüglich strenger Strafumsetzung war somit immer gegeben. „Alles hängt von den Umständen und vom Zeitpunkt ab, in dem die Dinge geschehen."[58] Diese Aussage stammt ebenfalls von Friedrich dem Großen, die er zwar in einem anderen Zusammenhang geprägt hatte, aber auch hier durchaus zutrifft. Denken wir nur an den eben erwähnten Fall mit Kardinal Richelieu. Der König war grundsätzlich bereit, wie in vielen ähnlichen Situationen zuvor auch, das Urteil für die beiden zum Tode verurteilten Duellanten zu mildern. Dieses Mal standen aber die für die Verurteilten verhängnisvollen Worte des Kardinals im Raum.

Um sich einer Strafverfolgung zu entziehen, verblieben nur zwei Möglichkeiten. Eine davon war die absolute Geheimhaltung des Duells und die andere, dass man außer Landes ging. Bei der letzteren Variante flüchtete der Überlebende eines tödlich verlaufenen Duells über die Grenze, was ein grenznaher Austragungsort begünstigen konnte, oder beide Gegner verabredeten von vornherein, den Zweikampf jenseits der heimatlichen Grenze auszutragen. Ein bekannter und in einschlägigen Kreisen beliebter Austragungsort für Duelle lag im 17. und Anfang des 18. Jahrhunderts etwa eine halbe Meile vor Wien und nannte sich „Ochsengries". Dort trafen einander nicht nur die Edelleute aus Wien und Umgebung zum Duell, sondern ebenso zahlreiche Fremde, die oft von weit her anreisten. So auch die beiden brandenburgischen Offiziere, der Oberstleutnant und Regimentskommandant Gebhard Freiherr Truchseß von Waldburg und der General Gerhard Bernhard Freiherr von Pöllnitz. Ihr Landesherr hatte von dem beabsichtigten Duell erfahren und es ihnen verboten. Nun mussten sie damit rechnen, beobachtet zu werden. Da aber das Duell auf jeden Fall stattfinden sollte, gingen sie ins Ausland. Bei diesem Pistolenduell zu Pferd, am 9. Oktober 1664, wurde der Herausforderer Freiherr von Waldburg tödlich verletzt. Er war tragischerweise derjenige, der nach dem ausdrücklichen Verbot ihres Landesherrn auf diesen Zweikampf bestanden hatte.

Die andere Art, sich der Justiz zu entziehen, die Geheimhaltung des Duells, war freilich nur bei unblutigem Duellausgang oder bei nicht allzu schweren Verletzungen möglich. Außerdem durfte es keine ungewollten Zeugen geben, und die Beteiligten einschließlich aller ausgewählten Helfer mussten einander das Ehrenwort abnehmen, vor und nach dem Zweikampf absolutes Stillschweigen gegen Dritte zu bewahren. Manchen Duellanten, meistens aus den bürgerlichen Gesellschaftskreisen, war es allerdings aus bestimmten Gründen wichtig, dass die Gesellschaft von dem Duell Kenntnis erhielt; dann verzichteten sie eben ganz bewusst auf dessen Geheimhaltung. Man war dann aber ebenso bereit, die strafrechtlichen Konsequenzen zu tragen.

Als im 19. Jahrhundert die Duellzahlen besonders bei den Offizieren weiter anstiegen, versuchte man einen anderen Weg, um die Duellhäufigkeit wenigstens spürbar einzudämmen. Nachdem alle bisherigen Verordnungen gegen Duelle keine nachhaltige Wirkung zeitigten, glaubte man mit der Einrichtung von militärischen Eh-

rengerichten die Duellaktivitäten der Offiziere besser kontrollieren zu können. Die ersten Anfänge einer solchen Institution finden sich bereits im 18. Jahrhundert. So ein Ehrengericht bestand aus Standesgenossen und war ein Organ, um standesinterne Ehrenangelegenheiten zu regeln. Es musste den an sie herangetragenen Fall untersuchen und, je nach Land, mit Zweidrittel- oder Dreiviertelmehrheit einen Beschluss fassen, der dann vom Monarchen zu bestätigen war. Ein Ehrengericht durfte die Autorität der staatlichen Gerichte, die unabhängig davon ihrer duellbezogenen Strafverfolgung nachgingen, nicht verletzen oder deren Kompetenz beschneiden. Zu seiner Aufgabe gehörte es, zwischen den gegnerischen Parteien zu vermitteln und darüber zu befinden, ob der Grad der Beleidigung überhaupt ein Duell rechtfertigte. Allein damit sollten Zweikämpfe aus nichtigem Anlass unter Offizieren verhindert werden. Wenn ein Duell aber unausweichlich war, weil die Standessitte für diesen Konflikt keine andere Lösung zuließ, hatte das Ehrengericht darüber zu wachen, dass die Duellbedingungen in keinem Missverhältnis zur Schwere der Beleidigung standen.

Dieses Organ war also nicht als Alternative zum Duell gedacht, sondern sollte vielmehr das Duellwesen regulieren. Wenn es auch nicht in jedem die Ehre betreffenden Konfliktfall den Zweikampf zu verhindern hatte, so konnte es doch gegen das Überhandnehmen der Duellfreudigkeit einen gewissen Damm bilden. Andererseits bestand die Aufgabe der Ehrengerichte zugleich darin, die Ehre des gesamten Offiziersstandes sowie des einzelnen Offiziers zu wahren. Damit wurde es zwangsläufig zu einem Werkzeug, mit dem nötigenfalls Druck auf die Männer ausgeübt wurde, die in Ehrensachen nicht den standesgemäßen Erwartungen entsprechen wollten. Wenn also gemäß der Situation, d. h. dem Grad der Beleidigung, ein Duell als unvermeidbar galt, so stellte das Ehrengericht die Kontrahenten vor die Entscheidung: Zweikampf oder Verabschiedung vom Militärdienst.

Der Entscheidungsspielraum der Ehrengerichte war nicht sehr groß. Ergaben ihre Untersuchungen die zwingende Austragung eines Duells, mussten sie darauf bestehen und dessen regelkonformen Ablauf überwachen. Lehnten die beiden gegnerischen Parteien oder nur einer von ihnen den Zweikampf ab, stellten die Ehrengerichte einen Antrag, die bzw. den Verweigerer aus dem Dienst zu entlassen. Als Begründung hieß es dann, dass der Beschuldigte die Standesehre verletzt habe und daher unwürdig sei, weiterhin dem Offiziersstand anzugehören. Ferner konnten die Ehrengerichte bei leichteren Verletzungen der Standesehre eine Verwarnung aussprechen, was sich bei der nächsten zu erwartenden Beförderung negativ auswirkte. Außerdem hatten sie noch die Möglichkeit des Freispruchs, wenn eine Anklage nach gründlicher Untersuchung als unbegründet anzusehen war. Wenn das Ehrengericht wegen Geringfügigkeit des Anlasses ein Duell ablehnte und stattdessen eine Ehrenerklärung des Beleidigers als angemessen sah,

musste der Beleidigte damit einverstanden sein. War die Ehrenkränkung hingegen schon etwas gravierender und das Ehrengericht entschied auch in einem solchen Fall für Ehrenerklärung oder ehrengerichtliche Bestrafung, so brauchte der Beleidigte diese Art der Konfliktregelung nicht zu akzeptieren. Nachdem das Ehrengericht die Kontrahenten nun nochmals auf die bestehenden Duellstrafen aufmerksam gemacht hatte, der Beleidigte jedoch weiter auf ein Duell bestand, konnte es nur noch den Zweikampf billigen und diesem regelnd bzw. überwachend beiwohnen. Von den Ehrengerichten kontrollierte Duelle hatten, wenn überhaupt, nur eine harmlose Disziplinarstrafe zur Folge.

Eine solche Entwicklung war freilich Wasser auf die Mühlen der Anti-Duellbewegung. Sie sahen in Anbetracht der existierenden Duellverbote in diesem inkonsequenten Verhalten eine Legalisierung des Duells unter staatlicher Aufsicht. Aber das war noch nicht alles, denn Mitte des 19. Jahrhunderts enthielt eine preußische Verordnung die strikte Anweisung an den militärischen Ehrenrat, auch die Fälle einer unterlassenen oder verweigerten Genugtuung, anlässlich einer schweren Beleidigung, zu untersuchen. Dahinter wurden vom König und dem Offizierskorps zweifellos Anzeichen von Feigheit gesehen. Wie wir früher schon gehört haben, waren solche „schwächlichen Elemente", die den Standesanforderungen nicht genügten, aus dem Offizierskorps zu entfernen.

Nicht alle Offiziere akzeptierten die Ehrengerichte. Wie bei den zivilen

Strafgerichten, betrachteten auch sie die Schlichtung mittels einer Ehrenerklärung oder bestenfalls Bestrafung des Beleidigers durch ein Ehrengericht als eine Verweichlichung der gewohnten standesgemäßen Konfliktaustragung. Zahlreiche konservative und überzeugte Duellanhänger vermieden daher diesen Weg, sich Genugtuung zu verschaffen. Für sie war er weit von einer „ritterlichen Art" der Problemlösung entfernt, und deshalb quittierten sie ein solches Angebot nur mit einem lächelnden Kopfschütteln. Die Gründe für ihre Einstellung haben wir schon im vorangegangenen Kapitel erwähnt.

Mit Gesetzen und sonstigen Maßnahmen war das Duell somit nicht sehr erfolgreich zu bekämpfen. Das galt zumindest solange, als gewisse Männer strengstens zur Wahrung ihrer persönlichen Ehre erzogen wurden und die Monarchen ein solches Engagement uneingeschränkt, besonders von ihren Offizieren, erwarteten. In vielen Ländern bestand eine ständige Diskrepanz zwischen offizieller Anti-Duellgesetzgebung und inoffizieller Haltung der Staatsführung zum Ehrenzweikampf. Dadurch kam es zu einer diesbezüglichen Grauzone mit entsprechendem Interpretationsspielraum, von dem Duellanten nur profitieren konnten. Ein schönes Beispiel dafür haben wir in der Duellsache Stadtgerichtsrat Twes-

ten und Freiherr von Manteuffel gesehen. Dort zeigte sich sehr deutlich, wie die Richter innerhalb der Grauzone ihre Interessen vertreten bzw. ihren Bedarf ausschöpfen konnten. Gerade bei den Offizieren zahlte sich das aus, denn ihnen blieb ohnehin nur zwischen zwei Übeln zu wählen: entweder den lebensgefährlichen, aber offiziell strafbaren Zweikampf oder, wenn sie verweigerten, unehrenhaft aus dem Militär entlassen zu werden.

Wie wir bereits gesehen haben, neigte die oberste Gerichtsbarkeit in Preußen und in manchen anderen Ländern dazu, das Duell als ein Sonderdelikt zu betrachten, weil nach ihrer Meinung Duellanten aufgrund ihres sozialen Ranges aus edlen und ehrenhaften Motiven heraus handelten. Dies galt nicht nur fürs Militär, sondern auch für den zivilen Bereich. Duellvergehen wollte man schon bestrafen und tat es auch. Aber da es sich in der Regel um Männer aus elitären Kreisen handelte, wollte man ihnen keinen allzu großen Schaden zufügen, d. h. sie nicht für längere Zeit inhaftieren. Tödliche Duellausgänge hatten schon viele Männer aus wichtigen Positionen des Staatsdienstes gerissen, daher war man nicht daran interessiert, auch noch durch Einsperrungen weitere aus dem Verkehr zu ziehen.

*„Jede Zeit hat ihre Werte."*

Georg Wilhelm Friedrich Hegel (1770 – 1831)

# Duellbefürworter und Duellgegner im Meinungsstreit

Ab der zweiten Hälfte des 18. Jahrhunderts und im Zuge der voranschreitenden Aufklärung sahen sich Duellanten einer wachsenden gesellschaftlichen Kritik ausgesetzt. Das war aber keine ganz neue Erscheinung. Bereits in den vorangegangenen Jahrhunderten waren Juristen, Philosophen und Theologen geteilter Meinung, ob ein Duell das geeignete bzw. berechtigte Mittel sei, um einen aus Ehrensachen resultierenden Konflikt zu bereinigen. Im 19. Jahrhundert erreichte dieser Meinungsstreit seinen Höhepunkt – nicht nur wegen der Presse, die jedes bekannt gewordene Duell begierig aufgriff und, mit entsprechenden Kommentaren versehen, ausführlich darüber berichtete, sondern auch durch die zwischenzeitlich ins Leben gerufenen Anti-Duellvereinigungen. Selbst Dichter und Autoren bekannter Romane, die anfänglich noch reichhaltigen Stoff und Ideen für ihre literarischen Werke aus dem Duellthema schöpften, verhielten sich später diesbezüglich bedeutend zurückhaltender. In zahlreicher Literatur ist belegt, dass viele dieser Herren zuvor das Duell, als Ausdruck persönlicher Ehrenwahrung, noch durchaus positiv gesehen hatten.

Dass sich die Kirche ebenfalls gegen das Duell stellte, war zu erwarten. Allerdings verfolgte sie im Verlauf der Jahrhunderte dabei nicht immer einen geradlinigen Kurs. Schon im Mittelalter war sie gegen den Zweikampf, das sog. „Gottesurteil", gewesen. Ab Mitte des 9. Jahrhunderts bedrohte sie Zweikämpfer mit dem Ausschluss aus der kirchlichen Gemeinschaft. Einhundert Jahre später wurde von ihr das Gottesurteil als legitimer Kampf wieder anerkannt, aber ab dem 15. Jahrhundert abermals bekämpft. In der Mitte des 16. Jahrhunderts wurden nach dem von Papst Paul III. einberufenen Tridentinischen Konzil[59] Duellanten und Sekundanten mit Exkommunikation bedroht. Das galt auch für Monarchen und Feudalherren, wenn sie innerhalb ihres Machtbereiches solchen Zweikämpfen Vorschub leisteten. Ab Mitte des 18. Jahrhunderts sollte, gemäß einer Verfügung von Papst Benedikt XIV., den im Duell Gefallenen das katholische Begräbnis verweigert werden. Im 19. Jahrhundert meldeten sich nochmals religiöse

Kreise verstärkt zu Wort, um das Duell als unchristlich und unmoralisch zu verurteilen. Sie verwiesen darauf, dass ein von Gott gegebenes Leben nicht von Menschenhand angetastet werden dürfe. Dass aber eine solche Haltung zur Duellfrage damals sich nicht alle Geistlichen zu Eigen machten, beweist das Beispiel eines Pistolenduells mit tödlichem Ausgang zwischen einem Gutsbesitzer und einem Regimentsarzt. Der Anlass dazu war ein Verhältnis des Letzteren mit der Gemahlin des Gutsbesitzers. Dieser wurde beim Duell getötet, der Regimentsarzt vom Gericht jedoch freigesprochen. Ein Geistlicher war als Zeuge geladen und erklärte, dass die Schuld an diesem Unglück allein bei der religionslosen Erziehung der Gemahlin des Getöteten zu suchen sei. Dem ist immerhin zu entnehmen, dass von dem Geistlichen ein Duell als solches offenbar nicht an den Pranger gestellt wurde.

Die Presse war zu jener Zeit eines der wichtigsten Kommunikationsmittel zur Verbreitung öffentlicher Meinungen. Berichte über Duelle und Analysen über deren Nützlichkeit, Nachteile des Zweikampfs um die Ehre sowie Kommentare der Duellgegner sorgten bei vielen Lesern aller gesellschaftlichen Schichten nicht gerade für ein positives Image des Duells. Eine gleichzeitig aufkommende und gegen Ende des 19. Jahrhunderts häufiger erscheinende Anti-Duellliteratur machte es den Anhängern des Zweikampfs zunehmend schwerer, ihre Argumente der Öffentlichkeit noch überzeugend zu präsentieren. Es reichte

nicht mehr aus, auf die alten Traditionen wehrhafter und unabhängiger Persönlichkeiten hinzuweisen. Beim gehobenen Bürgerstand wurden mit dem Duell auch noch andere Interessen verfolgt, nämlich die bereits erwähnte ständische Abgrenzung gegen die unteren bürgerlichen Schichten. Deshalb mussten jene besonders vorsichtig formulieren, um Peinlichkeiten oder zusätzliche Angriffsflächen zu vermeiden.

Im Folgenden wollen wir uns die Sichtweisen Pro und Contra des Duells einmal ansehen, wie sie bereits in der zweiten Hälfte des 18. Jahrhunderts diskutiert wurden. Ute Frevert hat die verschiedenen Argumente sehr umfassend und detailliert herausgearbeitet; einige davon sind hier auszugsweise – und auf das Wesentliche gekürzt – wiedergegeben.[60]

# Argumente contra Duell:

### 1. Das Duell ist unvernünftig
*Begründung:*
Duelle sind ein Imponiergehabe zur Abgrenzung der oberen gegen die untere Schicht und beweisen weder Recht noch Unrecht. Sie überlassen eine Entscheidung dem Zufall, der Geschicklichkeit oder Treffsicherheit eines Duellanten. Ein Beleidiger gehört vor ein Gericht; stattdessen bekommt er im Duell nicht nur Gelegenheit, sich als vermeintlicher Ehrenmann zu präsentieren, sondern auch noch den Beleidigten zu töten. Außerdem müsse es in einer Zeit zunehmender Aufklärung genügend andere Möglichkeiten geben, einen Ehrenkonflikt zu lösen,

als möglicherweise mit dem unverhältnismäßig hohen Preis des eigenen Lebens dafür zu bezahlen.

## 2. Das Duell ist ungesetzlich

*Begründung:*

Duellanten üben Selbstjustiz, und das ist ein klarer Eingriff in die Autorität der gesetzgebenden Obrigkeit. Sie allein soll mit ihren Gesetzen die Bürger aller gesellschaftlichen Schichten schützen und für Ordnung sorgen. Außerdem beraubt ein Duellant, im Fall eines tödlichen Duellausgangs den Staat um einen Bürger, der seine Arbeitsleistung zum Wohle des Staates und somit der Allgemeinheit zur Verfügung stellen sollte.

## 3. Das Duell ist ein adliges Standesprivileg

*Begründung:*

Der Adel erhält von den Monarchen einen Sonderstatus hinsichtlich Ehrenangelegenheiten. Es darf nicht sein, dass die Ehre vom Geburtsstand abhängig ist, sondern jeder Stand hat das gleiche Recht auf Ehre, da diese an Tugenden und Leistungen der Menschen gebunden ist. Das egoistische Verhalten des Adels ist darüber hinaus verfassungswidrig, da es gegen das gesetzlich verankerte Gleichheitsprinzip verstößt.

## 4. Das Duell ist ein Symbol militärischer Exklusivität und bürgerlicher Degradierung

*Begründung:*

Alle Offiziere, egal, ob adliger oder bürgerlicher Herkunft, genießen wie der Adel auch, das Vorrecht, Konflikte in Ehrensachen mittels Duells zu bereinigen. Die bürgerlichen Zivilisten hingegen müssen ihre diesbezüglichen Angelegenheiten vor Gericht einklagen. Das führt zwangsläufig zu einer sozialen Kluft zwischen Offizieren und Bürgerlichen und gipfelt darin, dass ein nicht satisfaktionsfähiger Bürger, der einen Offizier beleidigt, von diesem nicht zum Duell gefordert, sondern verprügelt wird. Diese entwürdigende und herabsetzende Behandlung ist eine unzumutbare Degradierung.

## 5. Das Duell ist ein vom Staat geschütztes Verbrechen

*Begründung:*

Nur durch die Komplizenschaft des Monarchen mit dem Adel und den Offizieren kann sich die alte Standessitte, das Duell, halten. Obwohl die Gesetze das Duell als Verbrechen stempeln, wird es durch die Obrigkeit für bestimmte gesellschaftliche Schichten toleriert. Zwar unterliegen Duellanten einer mehr oder weniger wirksamen Strafverfolgung, aber andererseits werden Offiziere, die sich einem Duell verweigern, aus der Armee ausgeschlossen; das ist Duellzwang.

# Argumente pro Duell:

## 1. Das Duell ist ein gesellschaftlich notwendiges Auskunftsmittel persönlicher Ehre

*Begründung:*

Die Ehre richtet sich nicht nur nach den inneren Werten einer Person, die nach außen nicht immer erkennbar sind, sondern sie muss auch nach außen deutlich werden. Um Achtung und Ehre im sozialen Umfeld zu erlangen, muss ein Mann Entschlossenheit und Tatkraft zeigen. Das Duell ist ein angemessenes Mittel, tapfer jeder persönlichen Ehrenkränkung entgegenzutreten. Die völlige Unabhängigkeit von der öffentlichen Meinung ist faktisch nicht gegeben, somit ist der Erhalt der sozialen Geltung existenzwichtig. Darüber hinaus kann ein Beleidigungsprozess nicht in ausreichendem Maß die erforderliche Sühne bieten.

## 2. Das Duell ist kein Instrument der Rache, sondern ein Medium der Versöhnung

*Begründung:*
Wollte ein Beleidigter Rache üben, würde er einen für sich weniger gefährlichen Weg gehen. Im Duell hingegen sucht er den Kampf mit gleichen Waffen und gleichen Chancen. Die unmittelbare Nähe des Todes beim Duell führt beide Seiten zur Erkenntnis, dass sich der Gegner ebenso einsam fühlt wie man sich selbst; es wandelt sich das Feindbild in gegenseitige Achtung und in das Bedürfnis nach Versöhnung. Es ist erwiesen, dass Duelle bedeutend mehr dem sozialen Frieden nützliche Versöhnungen zur Folge haben als in der Öffentlichkeit ausgebreitete Beleidigungsprozesse.

## 3. Das Duell stellt die soziale Gleichrangigkeit männlicher Individuen her

*Begründung:*
Mit Erweiterung der satisfaktionsfähigen Gesellschaft bis in bürgerliche

Schichten hinein büßen Standesunterschiede bis zu einem gewissen Grad ihre Geltung ein; d. h. mit dem Duell werden soziale Distanzen überbrückbar. Ein in Bezug auf die Standeszugehörigkeit „Unterer" kann deshalb einem „Oberen" die Stirn bieten und sich mit ihm duellieren. Ferner verschafft das Duell bürgerlichen Männern[61] den Zugang zur adligen Standeskultur.

Diese kleine Auswahl von Argumenten zeigt nochmals, wie vielfältig das Duellproblem war und wie weit die Positionen von Duellanhängern und Duellgegnern in den meisten Fragen auseinander lagen.

Für die Duellgegner war der Zweikampf, der jeglicher Moral und Vernunft entbehrte, ein nicht ausreichend strafrechtlich verfolgtes Verbrechen. Die Duellanhänger wollten nicht mit gemeinen und hinterlistigen Totschlägern verglichen werden. Nach ihrer Meinung waren ihre Motive edler. Immerhin trafen sie einander in gegenseitigem Einvernehmen zu vorher vereinbarten und gleichen Bedingungen. Außerdem vertraten sie die Ansicht, sofern man beim Duell überhaupt von Gewalt sprechen könne, so wäre sie hier aber durch Anwendung verbindlicher Regeln und deren Überwachung durch die Sekundanten gezwungen, gerecht zu sein. Somit verhielten sich Duellanten auffällig zivilisierter als Männer aus den proletarischen Schichten. Diese würden im Konfliktfall sofort und spontan, ohne auf Chancengleichheit zu achten, übereinander herfallen. Ferner betonten die Duellanhänger immer wieder, dass es die Zeit sei, in der sie lebten, und in ihr die nicht urteilsfreie Gesellschaft, in der z. B. ein Mann die Verführung seiner Frau nicht durch eine vom Gesetzgeber dem Verführer verhängte Geldstrafe sühnen könne, sondern eben nur durch ein Duell.

Tatsächlich fanden die Duellanhänger mit einigen ihrer Argumente und bei einem Teil der Kritiker ein gewisses Gehör. Diese räumten ein, dass sie durchaus Verständnis dafür hätten, wenn in besonderen Situationen, zum Schutz sozialer Selbsterhaltung, ein Duell unumgänglich sei. Das könne z. B. bei Ehebruch der Fall sein oder bei der besonderen Stellung der Offiziere, wo eine bestimmte Beziehung des Duells zum soldatischen Charakter gegeben sei. Zu diesen gemäßigten Duellkritikern zählten meistens solche Männer, die früher selbst schon mal in eine derartige Lage geraten waren oder die aufgrund ihrer Erziehung innerlich noch ein wenig mit dieser alten Tradition verbunden waren, sich aber inzwischen vermehrt dem aufgeklärteren Zeitgeist zuwandten. Mit ihrer differenzierteren Haltung zum Duell erregten sie verständlicherweise äußerstes Missfallen bei ihren Kollegen, die den Ehrenzweikampf grundsätzlich ablehnten.

Die Duellkritiker hatten bald erkannt, dass sie die Duellsympathisanten nicht auf totaler Front angreifen durften. Um Verständnis für ihre eigene ablehnende Haltung zu erreichen, mussten sie deshalb geschickt und vorsichtig operieren. Als Kritiker des Ehrenzweikampfes wollten sie keinesfalls in den Ruf gelangen, als Feiglinge betrachtet zu werden. In den Augen der konservativen Duellanhänger wurden sie jedoch nicht selten dafür gehalten.

Bemerkenswert ist obendrein noch, dass die Mitglieder einer Anti-Duellvereinigung kein formales Versprechen abzugeben brauchten, sich niemals mehr zu duellieren. Und so blieb es nicht aus, dass zahlreiche Männer, die sich öffentlich gegen das Duell ausgesprochen hatten, irgendwann dann doch zur Waffe griffen, weil sie dieser unwiderstehlichen Macht erlagen. Dazu gehörten auch Heinrich Heine und Ferdinand Lassalle. Hier zeigt sich, wie – trotz grundsätzlich gegenteiliger Einstellung zum Duell – bei einem Teil der Duellgegner ein Rest von Gemeinsamkeit mit den Duellbefürwortern erhalten blieb.

Die Anti-Duellbewegung verfolgte mit ihrer Tätigkeit zwei Ziele. Zum einen wollte sie die nach ihrer Meinung absolut unvernünftig handelnden überzeugten Duellanhänger von ihrer alten Tradition abbringen und zum anderen denen, die bereit waren, ein Duell abzulehnen, den Rücken stärken. Gerade dieser Punkt umfasste einen wesentlichen Teil ihrer gesellschaftlichen Aufklärungstätigkeit in der Duellfrage. Dass ihre Bemühungen nicht ganz erfolglos blieben, bestätigt die allmählich steigende Anzahl ihrer Mitglieder. Anfang des 20. Jahrhunderts wurde dann die deutsche Anti-Duellliga gegründet. Paradoxerweise geschah dies aufgrund einer Initiative des europäischen Hochadels, also jener Kreise, die Jahrhunderte lang für den Erhalt des Duells zur Wahrung eines Restes von individueller Freiheit gegenüber den Monarchen gestritten hatten. Zum Zeitpunkt der Gründung dieser Anti-Duellliga entstammte bereits jedes achte Mitglied dem Adel, und sie waren es auch, die innerhalb der Liga die Führungspositionen einnahmen. Obwohl sich die Liga recht gut organisierte, war sie am Ende doch nicht mächtig genug, alle Anhänger des Ehrenzweikampfes zum Überlaufen in ihr Lager zu bewegen. Insbesondere blieb sie bei den Offizieren so gut wie erfolglos, obwohl in deren Reihen an der Schwelle zum 20. Jahrhundert bereits hier und da die sog. „Duellfrage" diskutiert wurde.

Der elitäre Kreis der Freimaurer, dem auch Giacomo Casanova angehörte, war grundsätzlich gegen das Duell eingestellt. Man bemühte sich zwar, Duelle zwischen den Angehörigen der Loge zu unterbinden, aber auch hier ohne nennenswerten Erfolg. Der gesellschaftliche Zwang war eben stärker als die Gesetze innerhalb der Vereinigung. Speziell den der Loge zeitweise zahlreich angehörenden Offizieren musste man gewisse Konzessionen einräumen, da sie mit ihrem Standesethos behaftet waren.

Zu den Duellkritikern zählten auch bekannte Philosophen, wie Kant, Schopenhauer und Rousseau. Sie scheuten sich nicht, das Verhalten der regierenden Obrigkeiten bezüglich ihrer Duelltoleranz in Frage zu stellen, kritisierten aber auch die Duellanten und versuchten diese zu einer mehr an der Vernunft orientierten Handlungs-

weise zu bewegen. Im 17. Jahrhundert begann man allmählich, die Philosophie als Instrument der praktischen Lebensführung einzusetzen. Der spanische Professor für Philosophie und Literatur, Baltasar Gracián, empfahl schon zu jener Zeit, Ehrensachen zu vermeiden: „Denn es ist viel leichter, einer Gelegenheit dieser Art auszuweichen, als mit Glück aus derselben herauszukommen." Auch er appellierte an die Vernunft mit den Worten: „... bei dem, der am Lichte der Vernunft wandelt, bedarf die Sache längerer Überlegung. Er sieht mehr Mut darin, sich nicht einzulassen, als zu siegen: und wenn auch etwa ein allezeit bereitwilliger Narr da ist, so bittet er zu entschuldigen, daß er nicht Lust hat, der andere zu sein."[62]

Auf der Seite der Duellbefürworter standen ebenfalls namhafte Persönlichkeiten, die gleichfalls ihre Einstellung zum Duell in der Öffentlichkeit vertraten. Unter ihnen befand sich auch Johann Wolfgang von Goethe, der bekanntlich in einigen seiner Werke das Duell zum Thema hatte. Anlässlich einer Unterhaltung mit dem Weimarer Kanzler Friedrich von Müller erklärte Goethe zur Duellfrage: „Was kommt es auf ein Menschenleben an? Eine einzige Schlacht rafft Tausende weg. Es ist wichtiger, dass das Prinzip des Ehrenpunkts, eine gewisse Garantie gegen rohe Tätlichkeiten, lebendig erhalten werde."[63] Der spätere Reichskanzler Otto von Bismarck hatte sich schon zu Beginn seiner politischen Karriere eindeutig für das Duell ausgesprochen. Er äußerte die Meinung: „... dass dem jungen Offizier zum Ausgleich von Differenzen das Duell so selbstverständlich sein müsse, wie ein Frühstück."[64] Zu dieser Grundeinstellung stand er selbst dann noch, als er bereits Bundestagsgesandter bzw. Ministerpräsident war und belegte dies mit zwei Duellaffären, die weiter hinten noch Erwähnung finden. Dass aber im 19. Jahrhundert gerade ein Bischof öffentlich erklärte: „Selbst Duelle, an sich durchaus verwerflich, haben doch das Gute, daß sie dem Zusammenleben eine gewisse Haltung und Aufmerksamkeit, Vorsicht und Zartheit geben",[65] dürfte wohl für Überraschung gesorgt haben.

Offensichtlich standen einige Staatsoberhäupter der vergangenen Jahrhunderte mit je einem Bein in beiden Lagern. Von Friedrich dem Großen, der im Prinzip gegen das Duell war, haben wir bereits gehört, dass er seinen Kadetten den Rat gab, „keinen Anlaß zu Händeln zu geben. Wenn man mich aber ohne meine Schuld reizte, so wäre ich gezwungen, dem Brauche zu folgen. ..."[66] Napoleon meinte, das Duell beruhe auf einem falschen Ehrgefühl, weil ein dem Vaterland gehörendes Leben einer elenden Privatsache geopfert würde. Andererseits aber verhinderte er die Duelle unter seinen Offizieren nicht. Hitler, ebenfalls in widersprüchlicher Einstellung zum Duell, erklärte: „Das Duell beweist ja nichts. Es kann einer tausendmal im Recht sein; entscheidend ist, ob er besser schießt." Aber er räumte auch ein: „Es mag Dinge geben, wo zwei Männer in einen Konflikt geraten, der gar nicht von den Gerichten gelöst werden kann. Wenn zwei Widersacher um eine Frau nicht zu Rande kommen, muß das irgendwie entschieden werden. Einer muß weg."[67]

In Russland, wo sich im Verlauf des 19. Jahrhunderts das Duell ebenfalls zunehmender Kritik ausgesetzt sah, brachte die „Petersburger Tageszeitung" Pro und Contra mit dem einfachen Satz auf den Punkt: „Mag sein, daß das Duell ein abscheuliches Verfahren zur Wiederherstellung der Ehre darstellt, dennoch genießt dieses Verfahren in der heutigen Gesellschaft Anerkennung."[68] Und in der Tat: Die Symbolkraft des Duells war noch immer zu mächtig, das Ehrgefühl und die Angst vor dem Urteil der anderen zu tief verwurzelt, als dass die Duellanhänger so schnell das Feld geräumt hätten. Trotz häufiger werdender Gegenstimmen hielt ein großer Teil der satisfaktionsfähigen Gesellschaft unbeirrbar am Duell fest, wenn auch gegen Ende des 19. Jahrhunderts mit rückläufiger Tendenz.

*„Eine jede Epoche erhält ihren Charakter durch die Anschauungen, die sich zur allgemeinen Geltung emporringen."*

Ferdinand Lotheissen (1833 – 1887)

# Soziale Ausweitung der satisfaktionsfähigen Gesellschaft

Als im 16. Jahrhundert das Duell als Zweikampf um die persönliche Ehre aufkam, war es ein ausschließliches Privileg des Adels. Er war es auch, der das anfänglich nicht sehr zivilisiert und diszipliniert ablaufende Duell zu einer Kulturerscheinung machte und zu einem streng reglementierten Ehrenzweikampf führte. Zur Auffrischung unserer kulturgeschichtlichen Kenntnisse und zum besseren Verständnis dieses Kapitels wollen wir uns noch einmal kurz die Frage beantworten, wer dieser Adel war.

„Adel" ist von „edel" abgeleitet. Die Adligen waren eine Kaste, die sich so edle Tugenden wie Stolz, Großmut, Fairness und Verlässlichkeit sowie Selbstbeherrschung und Zurückhaltung leisten konnte. Im Gegensatz zu den zwangsläufig auf ständigen Gewinn bedachten sozial schwächeren Schichten, wie z. B. Bauern oder Handwerker, hatte es der Adlige, also der „Edelmann", nicht nötig, jeden Vorteil für sich auszunützen. Ursprünglich war der Adel die Schicht der politisch und militärisch tüchtigsten führenden und zugleich rassisch edelsten Geschlechter eines Volkes. Zur Gefolg-

schaft des Hochadels, das waren die Fürsten und Herzoge, gehörte der niedere Adel; dazu zählten: Grafen, Freiherrn (oft als Barone betitelt) und andere Adlige, wie z. B. freie Grundherren und unfreie Ministerialen[69]. Die Erhebung in den Adelsstand erfolgte durch Vererbung (Erbadel) oder Verleihung durch den Landesfürsten (persönlicher Adel) aufgrund besonderer Verdienste oder durch Kauf eines Adelstitels beim Landesfürsten (Briefadel).

Der Hochadel selbst entstammte dem „älteren Adel", dem sog. Uradel. Das waren alle vor 1350 urkundlich nachweisbaren Geschlechter, die besonders durch kriegerische Verdienste, durch entsprechend wirtschaftliche Bereicherung sowie soziales Ansehen emporgekommen waren und über sonstigen besonders ausgedehnten Besitz verfügten. Hierbei blieb die Größe des Familienbesitzes immer eine wesentliche Komponente, um eine Herzogs-, Fürsten- oder Grafenwürde zu erlangen. Der niedere Adel war zum Teil demselben Boden entsprossen wie der Hochadel, hatte es aber nicht wie dieser zu einer höheren Entwicklung gebracht. Nach dem König waren die Herzoge und Fürsten – als dessen Vertreter – die unmittelbaren Landesherren, die im 16. Jahrhundert auch noch die Hoheitsrechte erlangten. Infolgedessen erwuchsen an den Fürstenhöfen neue und zusätzliche Aufgaben in der Verwaltung mit gleichzeitig erhöhtem Bedarf an Personal, das in erster Linie der niedere Adel, aber gelegentlich schon mal Männer aus dem gehobenen Bürgertum stellten, sofern diese entsprechendes Talent und Unternehmungsgeist an den Tag legten.

Hier lag zugleich die Chance für den minderbegüterten oder verarmten Adel, wieder zu erhöhtem Ansehen zu gelangen, indem er als Ministerialer eine Hofbeamtenstelle antrat, die ihm gutes Auskommen sicherte. So wurden aus „kleinen Souveränen" Beamte der Krone, die sich von gewöhnlichen Untertanen nur durch äußere Ehren und Abzeichen unterschieden. Viele von ihnen hatten es durch Talent und persönliche Verdienste, am Hof oder im Kriegsdienst, zu Ansehen gebracht; sie avancierten zum Kämmerer[70] oder Truchsess[71], rückten gar zu den obersten Wirtschaftsbeamten auf. Weil am Hof der Mittelpunkt des staatlichen Lebens war, drängten auch die Söhne wohlhabender freier Gutsherrn aus dem Landadel dorthin. Nach höfischer Ausbildung konnten sie sich dort gleich um eine ehrenvolle Stellung als höherer Beamter oder höherer Offizier bewerben.

Ähnlich dachten die Männer aus dem gehobenen Bürgerstand, die sich mit einem Teil ihres Vermögens den Adelsbrief gekauft hatten. Das waren meistens reiche Kaufleute und Bankiers oder bürgerliche Offiziere, die dafür ihre Kriegsbeute einsetzten. Obwohl eine größere Anzahl der Fürsten sich das recht einträgliche Geschäft mit den Adelsbriefen nicht entgehen ließ, gab es auch andere, die jener Gruppe von „neuen Adligen" eher distanziert oder sogar ablehnend begegnete. Zu dieser letzteren Gruppe gehörte Friedrich der Große. Seine diesbezügliche Meinung kam sehr deutlich zum Ausdruck, als ein reicher Gutsbesitzer sich den Adelstitel erkaufen wollte. Der König erklärte: „Man adelt nur diejenigen Leute, die Verdienste haben und sich vorzüglich meritiert[72] gemacht. Aber nicht Kerle, die bloß reich werden."[73]

Diese wenigen Worte enthalten bereits die gesamte Philosophie jener Fürsten, die dem Adelsbrief eher ablehnend gegenüberstanden. Für sie war der Adelstitel ein besonderes Verdienst, das man sich in ehrenhaften und ritterlichen Taten sowie entsprechendem Verhalten erworben und es dabei zu sozialem Ansehen gebracht hatte. Dies galt auch dann, wenn diese Vorgänge schon Generationen zurücklagen. Zwar konnten auch Bürgerliche auf den Kavaliersschulen die adligen Gepflogenheiten und Umgangsformen erlernen, doch waren sie deshalb noch keine Adligen, selbst wenn sie über beträchtlichen Besitz verfügten. Nach Meinung der hohen adligen Herren fehlte etwas wesentliches, nämlich ein anerzogenes Ehrgefühl von Kindesbeinen an, eine ehrenhafte Gesinnung und es sich leisten zu können, solche Tugenden wie Großmut, Fairness und Selbstbeherrschung auszuleben. All das aber, so argumentierten sie, könne nur durch lange Anerziehung und Gewöhnung verinnerlicht werden. Ferner kam noch hinzu, dass der eigentliche Adel nicht um das tägliche Brot bedacht sein musste wie der Bürgerliche, woraus sich eben andere Wertmaßstäbe und Verhaltensmuster ergaben. Als dann später im 19. Jahrhundert das Bürgertum verstärkt die Satisfaktionsfähigkeit anstrebte, um auf diese Weise in den obersten Gesellschaftskreisen ein höheres Ansehen zu erlangen, wurden alle diese Argumente wieder ins Treffen geführt.

Aber wie so oft im Leben, lässt die Zeit über mehrere Generationen hinweg manche Dinge allmählich unscharf werden. Der Adelstitel war ja vererbbar, und bald konnte man Angehörige des neuen und des alten Adels kaum noch voneinander unterscheiden. Dies führte schließlich dazu, dass, bereits im 18. Jahrhundert beginnend, die abgestuften Nuancen bezüglich gesellschaftlicher Herkunft und Geltung nur bei Eheschließungen in bestimmten Familien eine Rolle spielten. Jetzt sprach man allgemein nur noch vom Hofadel und vom Landadel, wobei Ersterer an Bildung und Einfluss weit überlegen war.

In dem Ausmaß, wie sich die absolutistischen Herrschersysteme den Adel zur Staatslenkung, als höhere Beamte, Hofleute und Offiziere an den Hof geholt und in ihre Hofkultur integriert hatten, verlor der Adel allmählich seine einst so geliebte Freiheit. Etwas besser ging es hingegen dem Adel,

der auf seinem Land die Güter verwaltete. Die schleichende Entmachtung des Adels hatte begonnen und war nicht mehr aufzuhalten. Aufgrund der politischen Emanzipation des Bürgertums schrumpften ab Mitte des 19. Jahrhunderts die politischen und rechtlichen Privilegien des Adels. Eine Aristokratie des Geldes, vertreten durch Großindustrielle, Großkaufleute und Bankiers, tritt neben die Aristokratie der Geburt. Seit 1919 sind die Vorrechte des Adels in Deutschland und Österreich abgeschafft und der Adelstitel nur mehr Bestandteil des Namens. Soviel zum Adel – und nun zur weiteren Entwicklung der satisfaktionsfähigen Gesellschaft.

Wir haben bereits vernommen, dass ein Duell zwischen einem Adligen und einem Bürger bis in die zweite Hälfte des 18. Jahrhunderts hinein nicht möglich war. Bis dahin waren es ausschließlich die Männer des Adels, die einander duellieren durften. Wenn es in der Mitte des 18. Jahrhunderts schon mal einige Ausnahmen gab, wie im Fall Casanovas, dann kam es eben mit darauf an, welchen gesellschaftlichen Ruf eine aus dem bürgerlichen Milieu stammende Person genoss. Die offiziellen Schranken, welche die Duellfähigkeit nur auf eine kleine elitäre Personengruppe beschränken sollten, fielen allmählich gegen Ende des 18. Jahrhunderts. Es war die Zeit nachhaltig voranschreitender Aufklärung und der damit einhergehenden sich verändernden allgemeinen Geisteshaltung. Anfangs waren es die Männer aus dem gehobenen, gebildeten Bürgerstand, wie

Rechtsanwälte, Professoren und Ärzte sowie ihre Söhne. Letztere sahen zunehmend die Möglichkeit, in die Offizierslaufbahn einzutreten und damit automatisch in den Kreis der satisfaktionsfähigen Männer zu avancieren. Wichtig war dabei aber, dass sie über eine gute Bildung verfügten. Speziell in Preußen mussten sie sich außerdem im Militärdienst bereits entsprechende Verdienste erworben haben.

Mit dem Übergang vom 18. in das 19. Jahrhundert entdeckten immer mehr Männer des höheren Bürgertums das Duell als Mittel, ihrem Ehrgefühl Ausdruck zu verleihen sowie ihre soziale Qualität darzustellen. Viele dieser Männer – und oft auch ihre Väter – waren zuvor noch adelskritisch und gegen das Duell eingestellt. Jetzt scheuten sie plötzlich nicht mehr davor zurück, das bisherige Adelsprivileg in die eigene Lebensführung zu integrieren und aufgrund eines gestärkten Selbstbewusstseins für sich in Anspruch zu nehmen. Noch in der ersten Hälfte des 19. Jahrhunderts erlangte der gehobene Bürgerstand eine indirekte offizielle staatliche Anerkennung, indem zwischen adligen und bürgerlichen Duellanten keine rechtlichen Unterscheidungen mehr gemacht wurden. Die bis dahin und je nach Stand unterschiedlichen Strafen für Duellanten waren abgeschafft. Ohne dabei das Duell an sich explizite zu tolerieren, hatte sich die staatliche Rechtssprechung an die geänderten gesellschaftlichen Verhältnisse angepasst.

In den verschiedenen europäischen Ländern sowie in den einzelnen deutschen monarchistischen Hoheitsgebieten verliefen solche gesellschaftlichen Entwicklungen nicht unbedingt gleichzeitig. Außerdem war die Definition, welche Personengruppen dem gehobenen Bürgerstand angehörten, am Anfang nicht überall einheitlich. Aber noch vor Mitte des 19. Jahrhunderts zählten allgemein, neben den schon erwähnten Rechtsanwälten, Professoren und Ärzten, auch größere Bankiers, Kaufleute und Unternehmer sowie Gelehrte, Künstler und höhere Beamte zu diesem Kreis. Als Folge dieser Erweiterung der Standesgrenzen nahm im Verlauf des 19. Jahrhunderts die Anzahl der ausgetragenen Duelle erheblich zu. Das dokumentiert auch ein wenig die geistige Haltung dieser Epoche. Immerhin konnte nun ein höherer Beamter mit einer Duellforderung gegenüber einem Adligen oder Offizier seinen Geltungsanspruch demonstrieren oder Standesdifferenzen innerhalb bürgerlich-adliger Beamtenschaft nivellieren.

Im Sog des gehobenen Bürgertums mit seinen vielseitigen Berufsständen suchte nun auch bald der mittlere Bürgerstand, z. B. Handwerksmeister und kleinere Beamte, zunehmend seine persönliche Ehre und Würde zu wahren sowie seinen sozialen Geltungsanspruch zu markieren. Allerdings hatte diese Personengruppe nicht, wie die Männer des höheren Bürgerstandes, den Vorzug, dem Duellstrafrecht mit seinen stark gemilderten Strafen zu unterliegen. Wenn die Richter hier das normale Strafrecht anwandten und auf Körperverletzung, Mordversuch oder gar Mord urteilten, dann wollten sie damit ein klares Zeichen setzen. Für sie galt das Duellstrafrecht nur für Männer mit gehobener Bildung und Geisteshaltung, die aus dem gehobenen Milieu stammten und eine entsprechende gesellschaftliche Stellung einnahmen. Es galten somit nicht für alle Bürger die gleichen Gesetze, es war eine Klassenfrage. Man wollte damit zu erkennen geben, dass die Frage des Ehrgefühls und damit des Ehrenzweikampfs, wenn überhaupt, dann aber nur für die obere Gesellschaftsklasse Gültigkeit habe. Somit war Bildung ein gemeinsames Merkmal für Männer der satisfaktionsfähigen Gesellschaft. Wer dazugehören wollte, musste akademische Qualifikation vorweisen. Mit einem solchen Bildungs-Patent und einem während des Militärdienstes erworbenen Reserveoffiziers-Patent hatte man quasi das Eintrittsbillet in die obere Gesellschaftsklasse.

Das Standesdenken verblasste im Verlauf des 19. Jahrhunderts allmählich, und infolgedessen akzeptierten auch Adlige zunehmend die Duellforderung eines von ihm beleidigten Bürgerlichen. Sie verwiesen diesen nicht mehr an ein Gericht, wie das noch im 18. Jahrhundert üblich gewesen war. Das entsprach praktizierter sozialer Akzeptanz. Man fand nämlich, dass durch die stetige Annäherung der bisher getrennten Klassen nun auch die wesentlichen gesellschaftlichen Regeln gemeinsames Gut sein müssten. Immerhin verkehrte man nicht nur gesellschaftlich und beruflich auf gebildetem Niveau. Die Söhne und Töchter von Adligen und des gehobenen

Bürgerstandes konnten inzwischen, ohne Verlust ihres sozialen Status, heiraten oder wurden verheiratet, wenn vielleicht wirtschaftliche Interessen im Spiel waren.

Es war aber auch die Zeit, in der das Duell sein adliges Profil weitgehend verlor. Im gleichen Maß, wie sich der Kreis der satisfaktionsfähigen Männer erweiterte, verlor das Duell an sozialer Exklusivität. Entsprechend rückläufig entwickelte sich auch der Anteil adliger Duellanten. Betrug ihr Anteil in der ersten Hälfte des 19. Jahrhunderts noch etwa 50 Prozent, waren es in der zweiten Hälfte nur noch 20 Prozent. Die bürgerlichen Stände stellten nun beim Duell die Mehrheit. Diese Entwicklung hätte einhundert Jahre zuvor kaum jemand für möglich gehalten, auf jeden Fall nicht der Adel. Er hatte das Duell, als Relikt eines Teils der Adelskultur, stets sorgfältig gehütet und gegen äußere Angriffe verteidigt.

Das gebildete Bürgertum pflegte das Duell keinesfalls, wie gelegentlich behauptet wird, nur als Nachäffung „adligen Getues", sondern wegen des gegenüber dem Adel gewonnenen Selbstvertrauens sowie des gleichzeitig erstarkten Gefühls für gesellschaftliche Anerkennung, persönliche Ehre und Würde.

Die über Jahrhunderte vom Adel nicht gewünschte Ausweitung der satisfaktionsfähigen Gesellschaft war nun doch vollzogen worden. Die treibende Kraft dazu kam aus dem aufstrebenden, aufgeklärten und gebildeten sowie seiner Ehre bewusst gewordenen Bürgertum.

*„Die Herausforderung zum Duell ist der natürliche Impuls eines Charakters, der durch seine Erziehung sich zu mäßigen und seine primitiven Reflexe zu zügeln weiß. Ein primitives Gemüt, das keine vornehme Erziehung genossen hat, versteht sich nicht darauf, seine unmittelbaren Reaktionen zu unterdrücken, es beantwortet Gewalt mit Gewalt und versucht, seiner Leidenschaft unterworfen, die natürliche Begierde nach Rache zu befriedigen, indem es den Beleidiger tötet, ohne sich der Gefahr auszusetzen, selbst Opfer seines eigenen Rechts zu werden."*

Giacomo Casanova (1725 – 1798)

# Das Pistolenduell – seine Regeln und Arten

## Regeln für das Pistolenduell

Obwohl in der ersten Hälfte des 18. Jahrhunderts noch vereinzelt Pistolenduelle zu Pferde stattgefunden haben, soll hier nicht mehr näher darauf eingegangen werden. Gegenstand der Betrachtungen ist ausschließlich das Pistolenduell zu Fuß. Diese Art des Zweikampfes zur Wahrung der persönlichen Ehre entwickelte sich ab der zweiten Hälfte des 18. Jahrhunderts, auf der Basis fester Regeln, zum „klassischen Duell", einem hochgradig stilisierten gesellschaftlichen Ritual. Ein verabredetes Duell war wie ein Vertrag zwischen zwei Parteien zu betrachten, d. h. die beiden Gegner unterzogen sich einvernehmlich ausgehandelten Bedingungen. Sie wussten, dass sie sich freiwillig in eine lebensgefährliche Situation mit unvorhersagbarem Ausgang begaben und dass grundsätzlich gegenseitige Schadenersatzansprüche ausgeschlossen waren. Mit einer Duellforderung oder Annahme einer Forderung übernahm man persönlich die gesamte Verantwortung für diese Handlung und alle daraus möglicherweise entstehenden Folgen. Beide Kontrahenten waren sich bewusst, dass sie im Duell nicht unbedingt Gerechtigkeit erfahren würden. Da der Ausgang ungewiss war, musste auch der Beleidigte damit rechnen, sein Leben zu lassen.

Aber die Aufgabe des Duell-Kodex bestand ja nicht darin, nach der Schuld bei den Gegnern zu fragen, sondern auf einen auf Gleichheit und Fairness bedachten Zweikampf hinzuwirken. Als einziges Privileg räumte man dem Beleidigten ein, dass er grundsätzlich die Wahl der Waffen hatte und in bestimmten Fällen die Distanz sowie die Art des Duells bestimmen konnte. Eine andere Form zur Berücksichtigung der Schuldfrage gab es nicht. Hingegen war aber im Duell-Kodex festgelegt, welche Art der Beleidigung zwingend ein Duell gebot. Obendrein gab es verschiedene Möglichkeiten, den Zweikampf auszutragen; diese sollten sich mit einer angemessenen Gefährlichkeit des Duells wiederum am Grad der Beleidigung orientieren. Durch die strenge Beachtung der Gleichheit für beide Seiten unterschied sich das Duell des späten 18. und des 19. Jahrhunderts von seinen Vorgängern der vorangegangenen Jahrhunderte. Ein Ehrenzweikampf ohne Beachtung dieser Regeln war kein Duell mehr und wurde vom Gesetz nicht als privilegierter Zweikampf mit strafrechtlichem Sonderstatus behandelt. Die ungeregelten Zweikampfformen der unteren Gesellschaftsschichten waren Prügeleien, die unmittelbar am Ort und zum Zeitpunkt des Konfliktes stattfanden, wobei Körperkraft und Wendigkeit den Kampf entschieden. Das Duell zeichnete sich hingegen dadurch aus, dass es erst geraume Zeit nach dem Anlass stattfand und dabei festen Regeln auf hohem Niveau unterlag.

Wie wir noch sehen werden, bot der Duell-Kodex dem Mann die Möglichkeit, mit seiner ganzen Persönlichkeit in Erscheinung zu treten. Das begann mit dem Aussprechen oder Annehmen einer Duellforderung und endete auf dem Kampfplatz, wenn man dem Gegner Auge in Auge gegenüberstand. In jeder duellbezogenen Situation erwartete man von ihm äußere Ruhe und vollendete Selbstbeherrschung, selbst dann, wenn er den viel-

leicht todbringenden Pistolenlauf auf sich gerichtet sah. Andererseits war aber der Duellant zugleich ein Gefangener dieses Reglements, welches ihm sein äußerliches Verhalten, vom Augenblick der Beleidigung bis zum Kampfende, aufzwang. Aber dieses Reglement trug auch dazu bei, dass sich die Angriffsfläche für Duellkritiker verringerte. Sie hatten u. a. stets die mangelhafte Chancengleichheit bei Duellen bemängelt; nun jedoch konnten die Ehrenzweikämpfe unter so fairen Bedingungen ausgetragen werden wie nie zuvor.

Zu Beginn der Pistolenduelle zu Fuß im 17. Jahrhundert machte man sich diesbezüglich noch nicht so viele Gedanken, denn diese Duelle kannten noch nicht das strenge Reglement des 19. Jahrhunderts. Zwar genossen die Söhne adliger Familien nach Abschluss ihres Studiums im Rahmen der Kavaliersausbildung neben Tanzen, Reiten, Jagen und Fechten auch eine Unterrichtung im Pistolenschießen, doch waren die dabei meist mündlich vermittelten Verhaltensregeln für ein Duell noch recht dürftig. Außerdem gab es noch keine speziellen Duellpistolen, und man bediente sich bis in die zweite Hälfte des 18. Jahrhunderts der langen Reiterpistolen oder der ebenfalls meist paarweise verfügbaren etwas kürzeren Jagdpistolen.

Das im nächsten Kapitel geschilderte Pistolenduell von Giacomo Casanova in Warschau ist charakteristisch für jene Zeit der weniger stark ausgeprägten Duellreglements. Casanova selbst hatte nicht einmal einen Sekundanten; die Duellbedingungen waren zwischen den beiden Gegnern selber ausgehandelt worden, z. T. sogar erst auf dem Kampfplatz. Ein Arzt war auch nicht während des Zweikampfs anwesend. Hätte der beim Duell schwer verletzte Gegner nicht seine aufgebrachten Begleiter energisch zurechtgewiesen, wäre Casanova von ihnen getötet worden.

Ein anderes Beispiel zeigt, dass sich die Sekundanten damals nicht immer berechenbar verhielten und dass die Motivation zu manchem Duell nicht unbedingt eine Beleidigung war, sondern auch für andere hinterlistige Beweggründe missbraucht wurde. Der ehemals unter Friedrich dem Großen dienende preußische Kornett, Friedrich Freiherr von der Trenck wurde 1747, während eines Aufenthaltes in Wien, auf offener Straße von zwei Offizieren mit Degen angegriffen, mit der Absicht, ihn zu töten. Zwar konnte sich Trenck erfolgreich wehren, wurde aber einige Tage unter Arrest gestellt, weil die Offiziere behaupteten, er hätte mutwillig Händel gesucht. Kaum war Trenck wieder entlassen, erhielt er von den beiden Offizieren, die als gute Fechter bekannt waren, eine Forderung zum Duell, weil er sie angeblich beleidigt hatte. Es gelang Trenck, beide Gegner nacheinander im Degenduell kampfunfähig zu machen, worauf ihn einer der gegnerischen Sekundanten energisch aufforderte, mit ihm weiterzukämpfen. Trenck wollte wegen der beiden vorausgegangenen Kämpfe eine kurze Pause zur Erholung beanspruchen, aber der Sekundant drang wütend auf ihn ein, zwang ihm den Kampf auf

und wurde dabei von Trenck lebensgefährlich verwundet. Tage später erfuhr Trenck, dass die ganze Angelegenheit ein versuchter Meuchelmord gewesen sei, dessen Initiator sein Vetter, der Pandurenoberst Franz von der Trenck war, der in österreichischen Diensten stand.[74] Auch wenn es sich bei diesem Beispiel um ein Duell mit Degen handelte, so offenbart es doch sehr anschaulich, wie schon zuvor bei Casanova, wie es zu jener Zeit in der Praxis manchmal zuging. Beide Duellabläufe wären später im 19. Jahrhundert aufgrund der inzwischen aufgekommenen Duellregeln undenkbar gewesen.

Es waren die Iren, genauer gesagt: der niedere Adel (Gentry) aus mehreren irischen Grafschaften, die eine erste Ordnung bzw. einen gewissen Stil in das Duellwesen brachten. Der von ihnen 1777 erstellte *Code duello* enthielt bereits sechsundzwanzig Artikel, davon zwölf für Duelle mit Blankwaffen und der Rest für solche mit Pistolen. Dieser *Code duello* war die Grundlage für einen ehrenvollen und fairen Zweikampf; er fand sehr rasch auch außerhalb der irischen Grenzen seine Verbreitung. Mit dem wachsenden Interesse der entsprechenden gesellschaftlichen Kreise an verbindlich geltenden Duellregeln erschienen solche im Verlauf des 19. Jahrhunderts wiederholt und mit immer detaillierteren Beschreibungen in mehreren europäischen Ländern. Den Anfang machte England. Dort wurde 1824 ein Duellratgeber unter dem Titel *A British Code of Duel* herausgegeben. Bei dieser Ausgabe blieb der Autor anonym, offensichtlich aus Furcht vor gesetzlicher Verfolgung. Ein weiterer englischer Duellratgeber folgte 1836 unter dem Pseudonym „A. Traveller" mit dem Titel *The Art of Duelling.* Was diesen Duellratgeber so wertvoll machte, waren die detaillierte Darstellung der Vorgänge beim Duell sowie die Ratschläge zur Technik des Waffengebrauchs. Dazu gehörte das Laden der Pistolen ebenso wie die Empfehlungen zu persönlicher Ertüchtigung in physischer und psychischer Hinsicht.

Noch im gleichen Jahr erschienen in Frankreich die Duellregeln des Grafen Chatauvillard und seiner fünf Mitarbeiter. Dieses Werk mit dem Titel *Essai sur le duel* verschaffte sich auch außerhalb Frankreichs sehr rasch Geltung, und dafür gab es gleich zwei Gründe. Frankreich war in den vorangegangenen Jahrhunderten für viele europäische Länder das kulturelle Vorbild, und außerdem hatten nicht weniger als sechsundsiebzig hochkarätige Mitglieder der Pariser Gesellschaft dieses neueste Werk per Unterschrift sanktioniert. Interessant ist hier die einführende Bemerkung zu den Unterschriften: „Innig überzeugt, dass die Intentionen des Verfassers, weit entfernt die Duelle zu protegiren, im Gegentheil dahin streben, ihre Zahl zu vermindern, sie zu regeln und ihren verderblichen Charakter zu verringern, geben die Unterzeichneten den in diesem Werke aufgestellten und auseinandergesetzten Vorschriften ihre volle Genehmigung." Die lange Reihe der Unterschriften endet mit folgender Schlussbemerkung: „Der Herr Kriegsminister, die Herren Prä-

fecten etc. etc. haben als Männer das gebilligt, was sie als Beamte nicht unterzeichnen konnten."[75] Welche breite Anerkennung der auch in Russland geltende *Essai sur le duel* genoss, wird dadurch bestätigt, dass sich einige später erscheinenden Duellregeln mehr oder weniger auf ihn abstützten. Weitere im Verlauf des 19. Jahrhunderts bekannt gewordene Duellratgeber bzw. Duellregeln waren: 1848 *Die Regeln des Zweikampfes* von Louis Chappon, 1881 *Nouveau Code de duel* des Grafen Du Verger de Saint-Thomas, 1882 *Die Regeln des Duells* von Oberleutnant a.D. Franz von Bolgár und schließlich 1891 der *Duell-Codex* von Hauptmann Gustav Hergsell (Abb. 5). Von den beiden letztgenannten gab es jeweils mehrere Auflagen, die vom jeweiligen Autor sorgfältig überarbeitet wurden. Jede Neuausgabe (die letzte von Bolgár erschien 1913) enthielt die neuesten Erkenntnisse und Anregungen aus dem Kreis der Standesgenossen.

In den betreffenden gesellschaftlichen Kreisen wurden diese Duellregeln akzeptiert und als Kodex respektiert. Man war im Fall eines Konfliktes in Ehrensachen bereit, sich diesen Gesetzen zu unterwerfen. Dass es hier auch Ausnahmen gab, haben wir bereits an anderer Stelle erwähnt. Obwohl die diversen Duellregeln des 19. Jahrhunderts nicht in allen Punkten identisch waren, so enthielten alle jedoch vier Grundelemente, die das Duell in jener Zeit charakterisierten:

• Vereinbarung und Ablauf nach bestehenden festen Regeln;

*Abb. 5: Titelseite des Duell-Codex von Gustav Hergsell aus den Jahren 1891 und 1897.*
*(Aus: Gustav Hergsell, Duell-Codex, 1897)*

• Hinzuziehung von Zeugen (Sekundanten);
• Gleichartige und tödliche Waffen;
• Anlass durfte nur eine Beleidigung sein.

Wenn eines dieser Elemente fehlte, wurde der Zweikampf weder von der öffentlichen Meinung noch vor den staatlichen Gesetzen als ein legales Duell angesehen. Die Anerkennung vor dem Gesetz war deshalb von großer Bedeutung, um von dem gesetzlich legitimierten Sonderstatus des Duells profitieren zu können. Ein Kampf mit tödlichen Waffen lag nicht vor, wenn die verwendeten Waffen von vornherein eine ernsthafte Verwundung ausschlossen oder die Gegner Schutzmaßnahmen getroffen hatten, die eine lebensgefährliche Verwundung nicht zuließen. In beiden Fällen blieb dem Duell die nötige Ernsthaftigkeit versagt. Ferner wurde ein Zweikampf nicht als Duell angesehen, wenn die Kontrahenten offensichtlich bereits vor dem Kampf die Vereinbarung getroffen hatten, beiderseits in die Luft zu schießen, oder wenn auf eine gefallene Beleidigung sofort und auf der Stelle ein Kampf begonnen wurde, selbst wenn beide Seiten einverstanden waren.

Die nun folgenden Duellregeln sind dem *Duell-Codex* von Gustav Hergsell, Ausgabe 1897, entnommen. Obwohl dieser Kodex erst Ende des 19. Jahrhunderts erschien, so ist er doch auch weitgehend für die Zeit in dessen erster Hälfte repräsentativ. Hergsell vermerkt nämlich im Vorwort zu seiner ersten Auflage von 1891, er habe

sich vom *Essai sur le duel* von 1836 des Grafen Chatauvillard leiten lassen. Allerdings präzisierte und vervollständigte Hergsell einiges, was dort nicht ganz vollendet oder nicht mehr recht verständlich war.

Es versteht sich von selbst, dass hier nicht der über zweihundert Seiten umfassende *Duell-Codex* im Detail wiedergegeben werden kann. Ziel ist daher, in geraffter Form das Wesentliche in angemessenem Umfang so darzustellen, dass die gesamte Szene lückenlos nachvollziehbar ist – von der Beleidigung bis zum Duellende.

## Die Beleidigung

Der Beleidigte war derjenige, der sich durch eine Äußerung oder Geste in seiner Ehre angegriffen fühlte. Außerdem galt grundsätzlich: Reagierte der Beleidigte mit einer Antwort oder Handlung in der gleichen Kategorie, so verblieben bei ihm alle Rechte eines Beleidigten. Fiel seine Reaktion jedoch in einem höheren Grad der Beleidigung aus, verlor er seine diesbezüglichen Rechte an den Beleidiger, der jetzt als Beleidigter galt.

Aufgrund der Vielfalt der möglichen Beleidigungen einerseits und der Tatsache, dass jede Person individuell feststellt, wann sie beleidigt ist, war es schwierig, ein praktikables Wertungssystem zu definieren. Als einfach und zweckmäßig hatte sich daher folgende Graduierung erwiesen, die sich an der Schwere einer Beleidigung orientiert. Somit gab es den

1. Grad: Die einfache Beleidigung, resultierend aus einem Wortwechsel

oder durch eine unüberlegte oder absichtliche Äußerung oder Geste sowie eine grundlose Herausforderung.

2. Grad: Die Beleidigung durch Beschimpfung oder ungerechte Bezichtigung ehrloser Handlungen.

3. Grad: Die Beleidigung durch Schlag sowie eine die moralische Existenz des Beleidigten bedrohende und ungerechte Beschuldigung. Dazu gehörten auch im Wortwechsel absichtlich erfolgte Berührungen, das Schleudern des Handschuhs ins Gesicht, jede Androhung eines Schlages oder ein versuchter Schlag, der aber abgewehrt wurde.

## Die Rechte des Beleidigten

Einer beleidigten Person standen je nach Grad der Beleidigung folgende Rechte zu:

1. Bei einer Beleidigung ersten Grades: die Wahl der Waffen (Degen, Säbel oder Pistole).

2. Bei einer Beleidigung zweiten Grades: die Wahl der Waffen und die Art des Duells.

3. Bei einer Beleidigung dritten Grades: die Wahl der Waffen, die Art des Duells und – bei einem Pistolenduell – die Wahl der Distanz. Ein im dritten Grad Beleidigter hatte das Recht, seine eigenen Waffen zu benützen, war aber verpflichtet, eine Waffe desselben Paares seinem Gegner anzubieten. Wollte dieser davon keinen Gebrauch machen, durfte er ebenfalls seine eigenen oder ihm bekannte Waffen verwenden. Außerdem konnte ein im dritten Grad schwerst Beleidigter, wie z. B. durch Schlag oder Verführung der Ehegattin, Pistolen mit gezogenen Läufen

wählen und eine Duellverschärfung durch verkürzte Distanz und zwei- oder gar dreimaligen Kugelwechsel fordern.

Es wird oftmals die falsche Meinung vertreten, dass der Geforderte die Wahl der Waffen hatte. Deshalb sei hier nochmals ausdrücklich darauf hingewiesen, dass das Recht der Waffenwahl ausschließlich dem Beleidigten zustand.

Unabhängig vom Grad der Beleidigung, konnte ein durch mehrere Personen gleichzeitig Beleidigter sich aus deren Mitte einen beliebigen Gegner zum Erlangen seiner Genugtuung wählen. Wurde eine Familie oder Korporation beleidigt, so konnte nur einer von ihnen, durch das Los bestimmt, in die Rechte des Beleidigten eintreten.

Ein Beleidigter hatte das Recht, einen Stellvertreter für das bevorstehende Duell zu benennen. So z. B. konnte ein Sohn seinen Vater vertreten, wenn dieser aufgrund seiner physischen Verfassung oder seines Alters nicht in der Lage war, selbst die Waffe zu führen. Auch Freunde durften sich im Duell gegenseitig vertreten, sofern ihr Verhältnis mehr war als nur eine zeitweilige Kameradschaft – nämlich dann, wenn es dem Beleidigten unmöglich war, persönlich auf dem Kampfplatz anzutreten. Wurde eine Frau beleidigt, gingen alle Rechte der Beleidigten auf ihren natürlichen Beschützer über. Dieser war dann aber ebenso im umgekehrten Fall verpflichtet, dem Beleidigten Genugtuung zu geben, wenn die Frau eine Beleidigung ausgesprochen hatte. Unter dem „natürlichen Beschützer" verstand man ihren Ehemann, Verlobten oder Vater.

Fühlten sich nach unhöflichem Wortwechsel (gleichen Grades) beide beleidigt, entschied das Los, wem das Recht des Beleidigten zufiel.

Aber die Rechte und Pflichten eines Beleidigten lagen ganz nahe beieinander. Hergsell erklärt hierzu in seinem *Duell-Codex*. „Der Beleidigte hat nicht nur das Recht, sondern es ist die Pflicht eines jeden Ehrenmannes, für eine erhaltene Beleidigung Rechenschaft oder Genugtuung zu verlangen." Hatte aber ein Beleidigter gegen seinen Beleidiger bei Gericht Klage eingereicht, dann verlor er das Recht, Genugtuung zu verlangen.

## Die Pflichten des Beleidigers

Der Beleidiger war grundsätzlich verpflichtet, dem Beleidigten die gewünschte Genugtuung zu geben. Bei einer Beleidigung ersten und zweiten Grades war dies möglich durch:

• Waffen oder
• Entschuldigung in Anwesenheit der beiderseitigen Sekundanten. Sie mussten diese Entschuldigung „für vollkommen genügend erachten" und darüber ein Protokoll verfassen.
Bei einer Beleidigung dritten Grades war dies nur möglich durch:
• Waffen. Eine Entschuldigung bei einer Beleidigung durch Schlag war ausgeschlossen.
Ferner war der Beleidiger verpflichtet:
• die dem Beleidigten zustehenden Rechte anzuerkennen;

• die Sekundanten des Beleidigten höflich zu empfangen und ohne Unterbrechung anzuhören;
• innerhalb kürzester Frist eine verbindliche Antwort zu geben und seine Sekundanten zu nennen.

Wurde bei einer Beleidigung ersten oder zweiten Grades die Entschuldigung vom Beleidigten nicht angenommen, musste der Beleidiger mit der Waffe Genugtuung geben. Allerdings verlor Ersterer dabei das Recht der Waffenwahl, über das nun das Los entschied.

## Die Forderung

Eine Forderung zum Duell konnte sofort nach erfolgter Beleidigung oder nachträglich ergehen. Wurde sofort zum Duell gefordert, musste der Fordernde, in völliger Selbstbeherrschung und ohne ein Zeichen persönlicher Erregung, sich dem Gegner mittels seiner Visitenkarte zu erkennen geben. Der Geforderte hatte sich gleichfalls zu verhalten. Die nachträgliche Forderung konnte entweder mündlich oder schriftlich erfolgen. Dabei war es dem Fordernden nicht erlaubt, dies selber zu erledigen, denn eine nachträgliche Forderung musste durch seinen Sekundanten an den Geforderten überbracht werden.

Beide Gegner waren angehalten, sich nach dem Vorfall möglichst rasch ihre Sekundanten zu wählen und deren Namen gegenseitig auszutauschen. Diese Eile war geboten, da für den weiteren Ablauf der Angelegenheit bestimmte Fristen einzuhalten waren. So musste die Forderung innerhalb vierundzwanzig Stunden ab dem Zeitpunkt der Beleidigung ergehen. Nach Ablauf dieser Frist verlor der Fordernde sein Recht auf Genugtuung. Dem Geforderten wurde die gleiche Zeitspanne für seine Antwort zugestanden, sofern ihm die Forderung schriftlich überbracht worden war. Erfolgte die Forderung hingegen mündlich, so hatte der überbringende Sekundant „... in gemessener, äußerst artiger Form eine sofortige bestimmte Antwort zu verlangen". Genauso wie eine nicht fristgerecht beantwortete Forderung als Ablehnung zu betrachten war, so musste sich der Geforderte nicht verpflichtet fühlen, eine verspätet erhaltene Forderung anzunehmen.

Weitere Gründe für die Ablehnung einer Forderung waren, wenn der Fordernde

• für unehrenhaftes Verhalten bekannt war, wie z. B. Missachtung der Duellgesetze, oder wenn für eine empfangene Beleidigung keine Genugtuung verlangt wurde;
• sich eines Ehrenwortsbruchs schuldig gemacht hatte;
• in einer anderen Ehrensache das Gericht in Anspruch genommen hatte.
Obendrein war es nicht möglich, dass
• ein Schuldner seinen Gläubiger zum Duell forderte, solange jener seine Schuld nicht vollständig beglichen hatte. Hingegen war eine Forderung des Gläubigers gegen seinen Schuldner gestattet;
• ein Familienangehöriger oder Freund des im Duell Besiegten dem Sieger als Rache einen erneuten Kampf aufzwang;

• zwischen Vater und Sohn oder zwischen Brüdern eine Forderung ausgesprochen wurde.

Nach ergangener Forderung war sowohl zwischen den beiden Gegnern als auch zwischen einem Gegner und den jeweils gegnerischen Sekundanten jeglicher Verkehr bis zur Austragung des Duells ausgeschlossen.

## Sekundanten: ihre Pflichten und Eigenschaften

Zur Zeit des Rittertums waren die Sekundanten noch Kampfgefährten der Duellanten. Im Verlauf der Zeit entwickelte sich dann aber ihre Aufgabe dahingehend, den Ablauf eines Duells von der Forderung bis zum Duellende gemäß den Bestimmungen zu organisieren und zu überwachen. Die Sekundanten genossen das uneingeschränkte Vertrauen ihrer Mandanten, wurden von ihnen in alle den Fall betreffenden Details eingeweiht und galten als Zeugen für den gesamten Vorgang. Daher war in einigen Ländern für den Sekundanten auch der Begriff „Zeuge" gebräuchlich.

Nachdem die Sekundanten ihr Mandat übernommen hatten, waren sie zunächst verpflichtet,

• sich um eine friedliche Lösung des Konfliktes zu bemühen (Abb. 6), „... sobald dies für beide Theile in ehrenvoller Weise erfolgen kann";
• den gesamten Vorgang mit äußerster Diskretion zu behandeln, vor und nach dem Kampf;
• sich strengstens an die Duellregeln zu halten und dabei auf größtmögli-

che Chancengleichheit für beide Gegner hinzuwirken.

*Abb 6: Der Duellant und sein Sekundant. Kupferstich von Gottlieb Boettger nach einer Zeichnung von F. L. Lehmann, 1813. (Bildarchiv Preußischer Kulturbesitz, Berlin)*

Es ist schon bemerkenswert, welch bedeutungsvolle und von großer Verantwortung getragene Rolle die Sekundanten zu übernehmen hatten. Gewiß ist dies manchem der duellierenden Zeitgenossen des 18. und 19. Jahrhunderts kaum bewusst gewesen, und infolgedessen waren sie bei der Wahl ihrer Beistände nicht immer genügend sorgfältig. Kenner der Materie behaupteten schon zu jener Zeit, dass sich die Duellzahlen wohl nennenswert verringern ließen, würden die Kontrahenten mehr Gewicht auf die duellbezogene Kompetenz ihrer Se-

kundanten legen. Hergsell bekräftigt diesen Umstand mit einem Zitat von Alphonse Karr: „Es sind nicht die Kugeln und die Degenspitzen, welche tödten, sondern die Sekundanten." Ein exzellentes Beispiel hierfür wird im nächsten Kapitel behandelt.

Um seiner Aufgabe gerecht zu werden, musste der Sekundant bestimmte Eigenschaften aufweisen, wie z. B.:

• dass er in der Gesellschaft als ehrenhafte Persönlichkeit bekannt war und dem satisfaktionsfähigen Kreis angehörte;
• dass er ein ruhiger und besonnener Mann und mit den Duellregeln sowie in der Waffenführung vollkommen vertraut war;
• dass er mit Entschiedenheit, dabei dennoch maß- und taktvoll auftreten konnte;
• dass ihn Charakterstärke, Versöhnlichkeit und Unparteilichkeit auszeichneten;
• dass er mit den Kontrahenten nicht verwandt sein durfte.

Besonderen Wert legte man außerdem auf das Verhalten und Benehmen der Sekundanten untereinander. So hieß es im *Duell-Codex*: „Die beiderseitigen Secundanten haben sich stets mit der grössten Artigkeit und Zuvorkommenheit zu begegnen." Jeder der streitenden Parteien wurde empfohlen, sich zwei Sekundanten zu wählen. Sie sollten ihr ehrenamtliches Mandat freiwillig ausüben, durften es aber jederzeit wieder abgeben, wenn sich eine Unvereinbarkeit mit ihrer Ehre oder den Duellregeln ergab.

## Aufgaben der Sekundanten vor dem Duell

Bevor die Sekundanten mit der anderen Partei in Verhandlung traten, mussten sie sich bei ihrem Mandanten eingehend über den Vorfall und besonders über die Art der Beleidigung informieren und sich mit ihm beraten. Sofern zum Zeitpunkt der Beleidigung noch keine Forderung ausgesprochen worden war, mussten die Sekundanten diese dem Gegner mündlich oder schriftlich überbringen und sich dabei die Gegensekundanten benennen lassen. Ab jetzt verhandelten nur noch die Sekundanten beider Seiten miteinander; jeglicher Verkehr mit dem Gegner ihres Mandanten war zu vermeiden.

In den nun folgenden Verhandlungen zwischen den Sekundanten mussten geklärt werden:

• Alter und physischer Zustand der Kontrahenten;
• Satisfaktionsfähigkeit der Kontrahenten (diese festzustellen war ausschließlich Sache der Sekundanten oder des Ehrengerichts);
• Motiv der Streitsache;
• rechtfertigt die Angelegenheit aufgrund der Beleidigungsart ein Duell?
Waren die Sekundanten gemeinsam zu der Überzeugung gelangt, dass eine gütliche Regelung des Vorfalls nicht möglich sei, dann bestimmten sie:
• die Art der vom Beleidigten gewählten Waffen;
• die Art des Duells und die Distanz, sofern dies nicht aufgrund des Grades der Beleidigung dem Beleidigten ohnehin zustand, sowie bei zutreffender

Duellart mittels Loses, welcher Gegner das Recht auf den ersten Schuss hatte;
• die Anzahl der Kugelwechsel;
• wer von ihnen die Leitung des Kampfes übernahm. Empfohlen wurde derjenige, der die meiste Erfahrung einbringen konnte, oder der Älteste. Konnte man sich nicht einigen, entschied das Los;
• den Ort, Tag und die Stunde des Zusammentreffens, wobei letzteres nicht später als achtundvierzig Stunden nach Erhalt der Forderung erfolgen sollte. Nur Offizieren in unmittelbarem Kriegsdienst war gestattet, das Duell erst nach Kriegsende auszutragen.

Durch die Anzahl der Kugelwechsel konnte die Gefährlichkeit eines Duells beeinflusst werden, sie sollte aber in einem angemessenen Verhältnis zur Schwere der Beleidigung stehen. Gemäß den Regeln konnten die Sekundanten folgendes vereinbaren:

1. einmaliger Kugelwechsel (wurde am häufigsten angewendet);
2. zwei- oder dreimaliger Kugelwechsel;
3. bis zur Kampfunfähigkeit bei höchstens dreimaligem Kugelwechsel.

Ferner musste bei vereinbartem mehrfachem Kugelwechsel (max. drei) festgelegt werden, nach dem wievielten Gang das Duell, auch ohne eine Verwundung, als beendet galt. Ebenso hatten die Sekundanten zu bestimmen, ob bei einer Verwundung nach diesem Gang das Duell als beendet anzusehen oder – bei einer leichten Verwundung – der Kampf bis zur vereinbarten Anzahl der Kugelwechsel bzw. Kampfunfähigkeit fortzuführen war. Eine Duellvereinbarung „bis zur Verwundung oder Kampfunfähigkeit" eines Gegners sowie ein Duell auf Leben und Tod, d. h. bis zum Tod eines Gegners, ohne die Anzahl der Kugelwechsel festzulegen, waren nicht zulässig. Dennoch hat es auch solche Duelle vereinzelt gegeben. Als Alternative zu einer Duellverschärfung wurde empfohlen, nach unblutig verlaufenem dreimaligem Kugelwechsel das Duell mit Blankwaffen bis zur Verwundung eines Gegners fortzusetzen.

Über die vereinbarten Duellbedingungen verfassten die Sekundanten ein Protokoll und gaben es ihren Mandanten zur Kenntnis. Diese mussten daraufhin versprechen, sich den Vereinbarungen zu unterwerfen und auf dem Kampfplatz keine Einwände dagegen zu erheben.

Zum Schluss blieben noch zwei wichtige Dinge zu erledigen:

• Die Sekundanten mussten die vereinbarten Waffen beschaffen und sie auf Brauchbarkeit und einwandfreie Funktion überprüfen. Wenn der Beleidigte gemäß seinen Rechten die eigenen Waffen gebrauchen durfte, waren diese rechtzeitig vor dem Kampf an die Sekundanten zur Überprüfung auszuhändigen. Grundsätzlich wurden die Waffen erst auf dem Kampfplatz den Gegnern übergeben.
• Sie hatten den ärztlichen Beistand zu organisieren, wobei empfohlen wurde, dass jede Partei einen Arzt zum Treffen mitbringe. Zu dessen Aufgabe gehörte neben der nötigenfalls erforderlichen Ersten Hilfe auch die Feststellung einer etwaigen Kampfunfähigkeit.

Falls zwischen den beiderseitigen Sekundanten in einzelnen Punkten keine völlige Einigung erzielt wurde, unterwarfen sie sich dem Urteil eines von ihnen gewählten und in Ehrensachen kompetenten Schiedsrichters.

## Aufgaben der Sekundanten auf dem Kampfplatz

In der vorangegangenen Phase der Verhandlungen waren die Hauptaufgaben der Sekundanten bereits weitgehend erledigt worden. Nun ging es um die praktische Durchführung des Zweikampfes und die Überwachung, daß er regelkonform ablief. Dies begann mit dem pünktlichen Eintreffen auf dem Kampfplatz. Sobald eine der beiden Parteien nicht zur vereinbarten Zeit anwesend war, hatten die Sekundanten der pünktlich vor Ort befindlichen Partei nach einer Frist von fünfzehn Minuten darauf zu drängen, dass der Kampfplatz sofort wieder verlassen wurde. Diesen Vorfall mussten sie ins Protokoll aufnehmen. Wollte der anwesende Gegner die Wartezeit von sich aus verlängern, konnten seine Sekundanten mit Mandatsniederlegung drohen und ihn damit zum Verlassen des Kampfplatzes zwingen. Der rechtzeitig erschienene Gegner hatte nun das Recht, jeden weiteren Termin für ein Duell abzulehnen. Seine Sekundanten waren nur dann verpflichtet, einen neuen Duelltermin zu verabreden, wenn die Gegenpartei gut und glaubwürdig ein zwingendes Fernbleiben erklären konnte.

Es war nicht nur verantwortungsvoll, einen Zweikampf zu leiten und zu überwachen, sondern mitunter auch nicht ganz ungefährlich. Wurden die Vereinbarungen bzw. Duellregeln durch die Kontrahenten verletzt, mussten die Sekundanten den Kampf sofort mit dem Kommando „Halt!" und nötigenfalls durch persönliches Eingreifen unterbrechen. Einen solchen Vorfall hatten sie im Protokoll festzuhalten. Falls aber einer der Gegner durch die regelwidrige Handlung des anderen lebensbedrohlich verletzt wurde, waren sie verpflichtet, „... den Schuldtragenden durch alle ... gebotenen Rechtsmittel, selbst vor Gerichte zu belangen".

Die Sekundanten hatten sich auch auf dem Kampfplatz mit aller gebotenen Höflichkeit zu begegnen. Nach einem ordnungsgemäßen und den Vereinbarungen entsprechend ausgetragenen Duell konnten sie darüber ein kurzgefasstes Protokoll (Muster siehe Anhang) erstellen, sofern dies von den beiden Parteien gewünscht wurde.

## Beschaffenheit der Waffen

Für die bei Pistolenduellen verwendeten Waffen galten grundsätzlich folgende Bedingungen:

• die Pistolen mussten gleicher Art und Beschaffenheit sowie von demselben Paare sein;
• die Waffen konnten mit glatten oder gezogenen Läufen ausgestattet sein, wobei in Deutschland und Österreich empfohlen wurde, die Letzteren wegen ihrer etwas erhöhten Gefährlichkeit nur bei schweren Beleidigungen zu verwenden;
• die Pistolen durften mit einem Korn, nicht aber mit einem Visier versehen sein;
• ein Abzug mit Stecher war in Deutschland und Österreich nicht gestattet;
• im Fall, dass beide Gegner ihre eigenen Pistolen verwendeten, durfte die Länge ihrer Läufe nicht mehr als drei Zentimeter differieren.

Die in den verschiedenen Ländern etwas voneinander abweichenden Duellregeln unterschieden sich besonders bei den für Duelle verwendeten Waffen. So waren z. B. in Frankreich, Belgien und in der Schweiz gezogene Läufe, feststehendes Visier und Stecherabzug durchaus üblich. Auch in England war der Stecherabzug erlaubt, aber nicht alle Duellpistolen waren damit ausgestattet. Revolver sollten für ein Duell grundsätzlich nicht verwendet werden. Eine Ausnahme gestattete man nur dann, wenn es unmöglich war, geeignete Duellpistolen innerhalb der verfügbaren Zeit zu beschaffen und das Duell aus bestimmten Gründen nicht verschoben werden konnte. Beide Revolver wurden dann immer nur mit einer Patrone geladen, auch dann, wenn ein mehrfacher Kugelwechsel vereinbart war. Da sie nicht paarweise im Kasten zur Verfügung standen, mussten die Sekundanten bei deren Auswahl ganz besonders auf die annähernd gleiche Lauflänge und Größe des Kalibers achten.

## Die Bekleidung

Als zweckmäßige und der Sache angemessene Bekleidung wurde empfohlen:

• Beide Gegner sollten dunkel gekleidet, z. B. im langen schwarzen Gehrock, erscheinen; es lag aber auch im Ermessen der Duellanten, Kleider ihrer Wahl zu tragen. Dabei hatten die Sekundanten, wegen der Chancengleichheit, darauf zu achten, dass beide Gegner entweder mit dunklen oder hellen Kleidern auf dem Kampfplatz erschienen. Eine helle Bekleidung galt allgemein als das besser sichtbare Ziel.
• Mäntel oder ähnliche Überkleider waren vor dem Kampf abzulegen;
• der Kragen eines dunklen Rockes oder einer Weste durfte, zum Verdecken eines weißen Kragens, hochgeschlagen werden;
• im Dienst stehende Offiziere traten in ihrer Uniform an;
• eine Kopfbedeckung durfte aufbehalten werden, üblich aber war, diese abzusetzen;
• sämtliche Taschen der Kleidung waren zu entleeren, damit nicht irgendein Gegenstand als Schutz gegen die Kugel dienen konnte.

## Auf dem Kampfplatz

Es gab sechs verschiedene Arten der sog. „gesetzmäßigen Pistolenduelle". Darunter wurden diejenigen verstanden, die kraft der Duellregeln in den einschlägigen Kreisen allgemeine Anerkennung gefunden hatten, ohne daß sie jedoch von den staatlichen Gesetzen offiziell erlaubt gewesen wären. Bevor wir auf die verschiedenen Arten der Pistolenduelle näher eingehen,

sollen zunächst ganz allgemein jene Bedingungen und Abläufe auf dem Kampfplatz erläutert werden, die für alle Arten typisch waren. Das dient nicht nur der besseren Übersicht, sondern erspart vor allem die sonst später notwendigen Wiederholungen.

Es war nicht nur eine Frage des guten Tons, sondern auch fester Bestandteil der Duellregeln, dass sich beide Parteien pünktlich zur vereinbarten Zeit auf dem Kampfplatz einfanden. War dies der Fall, unterlag der weitere Ablauf den folgenden Gesetzmäßigkeiten:

• Die beiden Gegner hatten einander höflich zu begrüßen und dann etwas abseits in ruhiger Haltung weitere Anordnungen der Sekundanten widerspruchslos abzuwarten.
• Eventuelle Mitteilungen oder Fragen an die Gegenpartei konnten nur über die Sekundanten vermittelt werden.
• Vor jeglicher Anweisung war der bereits zuerst bestimmte leitende Sekundant verpflichtet, mit wenigen kurzen Worten zu versuchen, zwischen den Gegnern eine Versöhnung herbeizuführen. Dies war in der Regel aber nur eine Formsache, denn jetzt war man hier, um zu kämpfen.
• Danach bestimmten die Sekundanten die Standplätze mittels Markierung. Damit keiner der Gegner einen Nachteil erfuhr, war genauestens auf den Stand der Sonne, die Windrichtung, Schatten bzw. gleichwertige Lichtverhältnisse sowie Hintergrund und Bodenbeschaffenheit zu achten.
• Die Distanz zwischen den beiden Standplätzen betrug – je nach Art des

Duells – fünfzehn bis höchstens fünfzig Schritte zu je fünfundsiebzig Zentimeter, also etwa zwölf bis achtunddreißig Meter.[76] Sie war von den Sekundanten bereits vorher bestimmt worden. Eine kürzere Distanz als fünfzehn Schritte entsprach nicht den allgemeinen Duellregeln und sollte in keinem Duell von den Sekundanten akzeptiert werden.

• Nachdem die Standplätze festgelegt waren, entschied das Los über deren Zuteilung an die beiden Gegner.

• Das Laden der Pistolen erfolgte durch einen Sekundanten im Beisein der anderen. Wenn die Gegner ihre eigenen Pistolen gebrauchten, wurden diese von der jeweiligen Partei, aber nacheinander und im Beisein aller Sekundanten, geladen. Hatten die Kontrahenten bei Verwendung ihrer eigenen Waffen gefordert, diese selbst zu laden, wurde das akzeptiert. Allerdings war die Pulverladung durch einen Sekundanten festzulegen, und die Waffen mussten in Gegenwart eines Sekundanten der Gegenpartei geladen werden. Die geladenen Pistolen wurden wieder in die Kassette oder den Koffer gelegt und verblieben dort bis zur Übergabe an die Gegner.

• Nachdem der leitende Sekundant die Gegner aufgefordert hatte, die Brust zu entblößen, kontrollierte je ein Sekundant der Gegenpartei, ob die Kontrahenten keine vor der Kugel schützende Gegenstände im Bereich der Brust oder im Rock verborgen hatten.

• Anschließend begaben sich die Gegner auf ihre mittels Loses bestimmten Plätze.

• Nun verlas der leitende Sekundant nochmals die vereinbarten Duellbedingungen und fügte den Schlusssatz hinzu: „Meine Herren! Sie haben die Bedingungen, unter welchen der Kampf stattzufinden hat, gehört. Sie haben diese, nachdem sie von den beiderseitigen Sekundanten festgestellt wurden, gut geheißen. Ich fordere sie demnach auf, dieselben ehrenhaft einzuhalten." Der letzte Satz wurde auch als Frage ausgesprochen: „Versprechen Sie, diese in Ehren einzuhalten?" Die Gegner hatten hierauf mit einem „Ja!" zu antworten.

• Vom leitenden Sekundanten folgte nun die kurze Erläuterung, mit welchen Worten er das Duell beginnen lassen werde. Da aber bei den jeweiligen Duellarten dieses Kommando unterschiedlich war, werden wir es dort näher erläutern.

• Falls eine der Parteien noch irgendeinen Einwand für erforderlich hielt, dann war dies nun die letzte Gelegenheit. Nach Übergabe der Waffen war das nicht mehr zulässig.

• Nun waren alle Formalitäten vor dem Zweikampf abgeschlossen und die Gegner nahmen die Waffen in Empfang. Sofern fremde Waffen verwendet wurden, geschah dies in der durch das Los bestimmten Reihenfolge.

• Die Gegner gingen nun in Warteposition. Meistens war diese die bevorzugte Seitwärtsstellung, um die Zielfläche zu verringern. Dabei mussten die Pistolen mit zu Boden gesenkter Laufmündung gehalten werden.

• Die Sekundanten bezogen ihre Plätze so, dass sie alle in einer Reihe und parallel zur Schussrichtung standen und dabei ein Sekundant dem Kontrahenten der Gegenpartei am nächsten zu stehen kam. Die Ärzte stellten sich einige Schritte hinter die Sekundanten.

• Der leitende Sekundant machte nun die Kontrahenten mit den Worten auf sich aufmerksam: „Meine Herren, Achtung auf mein Kommando!" Darauf folgte das für die jeweilige Duellart zutreffende Kommando für den Beginn des Kampfes.

• Der darauf folgende Schusswechsel verlief gemäß der gewählten Duellart. Unabhängig davon, ob ein Recht auf den ersten Schuss bestand, ob dieser frei gewählt werden konnte oder beide Gegner gleichzeitig schießen mussten – immer galt es, bestimmte Fristen für die späteste Schussabgabe einzuhalten. Wurden diese Fristen z.B. durch zu langes Zielen überschritten, durfte der Schuss nicht mehr abgegeben werden. Der Betreffende hatte sich damit regelwidrig verhalten und galt obendrein als entehrt. Grundsätzlich wurde ein längeres Zielen als unfair betrachtet, selbst wenn bei einigen Duellarten durchaus die Zeit dafür vorhanden war.

• Sofern zwischen den Sekundanten nichts anderes vereinbart war, galt jeder versagte Schuss als abgegeben.

• Fiel ein Schuss, und einer der Gegner wurde verwundet, so konnte dieser auch auf seinen Gegner schießen, sofern er dazu noch fähig war. Zur Erholung des Verwundeten wurde die Frist für seine Schussabgabe bei den meisten Duellarten verdoppelt. Nach dieser Frist ging ihm das Recht auf seinen Schuss verloren.

• Wenn ein mehrfacher Kugelwechsel vereinbart war, wiederholte sich nach jedem trefferlosen Gang der zuvor beschriebene Ablauf. Das galt auch dann, wenn ein Kugelwechsel bis zur Kampfunfähigkeit verabredet war und der Kampf nach leichter Verwundung fortgesetzt wurde.

• Das Duell war beendet:
1. sobald die vereinbarte Anzahl Kugelwechsel stattgefunden hatte, auch wenn es keinen Treffer gab;
2. bei Verwundung eines Gegners, wenn dieser nicht mehr fähig war, innerhalb der gegebenen Frist seinen Schuss abzufeuern.

• Ob nach einer Verwundung der Kampf weitergeführt werden durfte oder als beendet zu erklären war, entschied der leitende Sekundant, nachdem er den Verletzten und den Arzt befragt hatte.

• Die Duellregeln empfahlen, dass sich die Gegner nach dem Zweikampf, wenn irgend möglich, wieder versöhnen sollten. Dass so etwas nicht in allen Fällen möglich war, haben wir bereits gehört; dann beschränkte man sich eben nur auf höfliches Grüßen beim Verlassen des Kampfplatzes. Bei weniger schwerwiegenden Anlässen zum Duell war es ein Gebot der Höflichkeit, „... dass sich die Gegner nach dem Kampfe als Zeichen der Versöhnung die Hände reichen, wobei sie das Bedauern über das Missverständnis ausdrücken, welches sie einander gegenübergestellt hat". Wurde einer der Kontrahenten im Kampf verletzt, galt es als ritterliche Geste, wenn der unverletzt gebliebene, egal, ob er Beleidiger oder Beleidiger war, die Initiative zur Versöhnung ergriff. Um Peinlichkeiten bei einer möglichen

Verweigerung des Versöhnungsangebots zu vermeiden, wurde empfohlen, sich mittels der Sekundanten bei der Gegenpartei diesbezüglich zu erkundigen.

Soweit der Ablauf eines gemäß den Regeln ernsthaft ausgetragenen Pistolenduells. Bevor wir nun auf die verschiedenen Arten der Pistolenduelle eingehen, noch einige Bemerkungen zu jenen Duellen, die nicht als ernsthaft, ja sogar als regelwidrig betrachtet wurden. Eine solche Situation lag vor, wenn der zuerst Schießende auffallend und absichtlich in die Luft geschossen hatte. Man unterstellte dieser Handlung die Absicht, den Gegner zu ermuntern, das Gleiche zu tun, um sich damit gefahrlos aus der Affäre zu ziehen. Bei einem solchen Schuss mussten die Sekundanten das Duell sofort unterbrechen, noch bevor der Gegner seinen Schuss abfeuerte. Nach einer Belehrung des Schuldhaften bezüglich seines regelwidrigen Verhaltens wurde das Duell erneut begonnen. War jedoch der Gegenschuss bereits gefallen, bevor die Sekundanten einschreiten konnten, galt bei vereinbartem einmaligem Kugelwechsel das Duell als beendet, auch wenn dabei eine Verwundung erfolgt war. In diesem Fall war im Protokoll festzuhalten, dass die Absicht des in die Luft Schießenden den Beteiligten nicht bekannt gewesen war. Hatte aber der zuerst Schießende ernsthaft gezielt und dabei seinen Gegner leicht verwundet, dieser jedoch – daraufhin erkennbar – absichtlich in die Luft geschossen, galt dies als eine großmütige Handlung.

Das Duell war damit beendet, sofern nur ein einmaliger Kugelwechsel verabredet worden war.

Gewiß gab es auch Männer, die es mit ihrem Gewissen nicht vereinbaren konnten, auf einen anderen zu schießen und ihn dabei möglicherweise zu töten. Hatte sich nun jemand dafür entschieden, aus irgendeinem Grund nicht auf seinen Gegner zu schießen, durfte er keinen der am Duell Beteiligten vor dem Kampf davon in Kenntnis setzen. Wenn er als Erster schoss, durfte seine Absicht für die anderen nicht erkennbar sein, d. h. er musste seinen Schuss in die Richtung des Gegners abfeuern. Allerdings blieb dann das volle Risiko bezüglich des Duellausgangs bei ihm – denn was geschah, wenn der Gegner diese versöhnliche und großzügige Absicht nicht erkannte?

Andererseits gab es auch Duelle, die zwar den Regeln voll entsprachen, aber dennoch den Verdacht nährten, nicht ausreichend ernst gemeint zu sein. Das betraf die Duelle mit großen Distanzen bei nur einmaligem Kugelwechsel. Ohne Frage war die Chance, unversehrt davonzukommen, bei einer Schussdistanz von 35 Schritten erheblich größer als bei 15 Schritten. Die Duellratgeber warnten daher die Konfliktparteien vor einem solchen Kampfverhalten, denn das Duell liefe dabei Gefahr, zur lächerlichen Farce zu verkommen.

Aber wie war es bei den wirklich ernsthaften Zweikämpfen, die unblutig ausgingen? Oft fühlten sich die beiden Kontrahenten danach nicht ganz wohl in ihrer Haut. Sie konnten nicht einschätzen, wie „die anderen", die von dem Duell erfahren würden, darüber dächten. Mit einer gewissen Befriedigung verließ man den Kampfplatz daher nur, wenn wenigstens einer der Gegner eine zumindest geringfügige Verletzung davongetragen hatte. Damit konnte man sofort etwaige Bedenken bei den Zweiflern ausräumen.

Schließlich bleibt noch die Frage zu beantworten, inwieweit bei der Vorbereitung und Austragung eines Duells im 19. Jahrhundert die umfangreichen und detaillierten Duellregeln vollinhaltlich für alle Handlungen beachtet wurden. Wie zahlreiche Fälle belegen, war dies durchaus nicht immer gewährleistet. Zwar orientierte man sich schon ganz allgemein an den Duellhandbüchern und befolgte weitgehend die für faire Zweikämpfe sorgenden Regeln, traf aber gelegentlich individuelle Vereinbarungen, um das Duell gewollt zu verschärfen. So wurde z. B. 1843 in der Nähe von Rastatt ein Duell mit jeweils eigenen Scheibenpistolen ausgetragen. Die Waffen hatten gezogene Läufe und einen Stecherabzug. Die Distanz betrug nur zehn Schritte, obwohl bekannt war, dass beide Gegner hervorragende Pistolenschützen waren. Man hatte einen mehrfachen Kugelwechsel vereinbart. Ferner sollte bei einem Schussversager ein neues Zündhütchen aufgesetzt und bei nochmaligem Versagen sogar eine andere Pistole gereicht werden. Hier verstieß man also gleich mehrfach gegen die damals in Deutschland geltenden Duellregeln.

Vielleicht hätte man die Vereinbarung bezüglich Schussversager wegen der Chancengleichheit noch tolerieren können. Da aber die Sekundanten wussten, dass sich hier zwei ausgezeichnete Pistolenschützen gegenüberstanden, hätten sie die von den Gegnern geforderte geringe Distanz von nur zehn Schritten und obendrein den mehrfachen Kugelwechsel nicht akzeptieren dürfen. Sofern die Gegner weiterhin die kurze Distanz forderten, wäre den Sekundanten noch immer die Androhung ihrer Mandatsniederlegung geblieben. Alle Fakten sprachen dafür, dass die offensichtlich von großer Feindschaft getriebenen Kontrahenten mehr wollten, als nur „sich stellen".

Bei diesem Duell fanden beide Gegner den Tod – der eine noch auf dem Kampfplatz, der andere erlag zwei Tage später seiner Verletzung. Im Sinne des von Hergsell zitierten Alphonse Karr lässt sich hier schon die berechtigte Frage stellen, ob nun die Kugeln oder die Sekundanten getötet haben. Zwar enthielt der Kodex explizit das Risiko des Todes, aber „vorhersagbare Hinrichtungen" wollte er verhindern.

In den Duellratgebern jener Zeit wurde ausdrücklich betont, dass es für einen Duellanten äußerst wichtig sei, gefasst, ohne Erregung und ohne Furcht auf dem Kampfplatz zu erscheinen. Es galt, kühl zu bleiben und mit einem beherrschten Auftritt Überlegenheit auszustrahlen. Dieser Zustand sollte bis zum Abfeuern beibehalten werden, auch wenn es nicht leicht war. Wer es nicht schaffte, sich soweit in der Gewalt zu haben, war von vornherein benachteiligt, sofern der Gegner sich besser im Griff hatte; selbst im Fall einer Verwundung wurde geraten, sich so zu verhalten. In einer derartigen Situation offenbarte sich die psychische Belastbarkeit eines Mannes und wie kaltblütig er mit gefährlichen Verhältnissen umgehen konnte.

# Arten des Pistolenduells – gemäß den Regeln

Den Duellregeln entsprechend, gab es verschiedene Arten für die Durchführung eines Pistolenduells:

1. Pistolenduell mit festem Standplatz
2. Pistolenduell mit festem Standplatz und freiem Schuss
3. Pistolenduell mit Vorrücken
4. Pistolenduell mit unterbrochenem Vorrücken
5. Pistolenduell auf parallelen Linien
6. Pistolenduell auf Kommando oder Signal

Im Wesentlichen unterschieden sich diese in der:

• Distanz für die Schussabgabe
• Zeit für die Schussabgabe
• Reihenfolge für die Schussabgabe
• Aufstellungsart der Gegner
• Art des Kommandos

Die Sekundanten hatten die zur Austragung kommende Duellart mit allen ihren spezifischen Kriterien bereits bei ihren Verhandlungen bestimmt. So wie man die Gefährlichkeit eines Duells durch mehrfachen Kugelwechsel erhöhen konnte, war dies auch durch die Wahl einer entsprechenden Duellart möglich.

Den allgemeinen regelkonformen Duellablauf auf dem Kampfplatz haben wir auf den vorhergehenden Seiten bereits kennen gelernt. Nun folgen die charakteristischen Unterschiede bei den jeweiligen Duellarten.

## Pistolenduell mit festem Standplatz (Abb. 7)

Die Distanz zwischen den beiden Gegnern betrug bei dieser Duellart mindestens 15 bis maximal 35 Schritte. Waren sich die beiden Parteien über die festzulegende Distanz uneinig, musste das Los zwischen ihren jeweiligen Vorschlägen entscheiden, oder man einigte sich auf einen Mittelwert. Die Kontrahenten nahmen die bevorzugte seitliche Stellung ein, das Gesicht dem Gegner zugewandt. Diese Duellart war die einzige, bei der immer einer der beiden Gegner den ersten Schuss hatte. Berechtigt dafür war der Beleidigte unter folgenden Bedingungen:

• bei einer Beleidigung dritten Grades bei jeder von ihm geforderten Distanz;
• bei einer Beleidigung zweiten Grades und einer Schussdistanz von 35 Schritten. War die Distanz geringer, entschied das Los, wem der erste Schuss gehörte.

Bei einer Beleidigung ersten Grades entschied bei jeder Distanz das Los, wer zuerst schießen durfte.

Auf das Kommando des leitenden Sekundanten „Spannt!" erhoben bei-

*Abb. 7: Aufstellung zum Pistolen-Duell mit festem Standplatz.
(Aus: Gustav Hergsell, Duell-Codex, 1897)*

de Gegner ihre bis dahin mit der Laufmündung zu Boden gesenkte Waffe und spannten den Hahn. Sie waren bei ihrer Ehre verpflichtet, ihren Schuss nicht vor dem Kommando „Feuer!" abzugeben. Nach diesem Kommando hatte der zum ersten Schuss Berechtigte max. eine Minute Zeit, um ihn abzufeuern. Für seinen Gegner galt die gleiche Frist ab Abgabe des ersten Schusses. Wurde der Gegner beim ersten Schuss verwundet, erhielt dieser zur Erholung – oder, am Boden liegend, in eine Schussposition zu kommen – eine Frist von zwei Minuten. Bei kürzeren Distanzen, wie z. B. 15 Schritte, wurde empfohlen, alle Fristen für die Schussabgabe auf die Hälfte oder noch weniger zu reduzieren. Die Chancen für den zuerst Schießenden waren sonst ungleich günstiger, da er eine relativ lange Zeit zum Zielen verwenden konnte.

## Pistolenduell mit festem Standplatz und freiem Schuss

Bei dieser Duellart konnte die Distanz nicht innerhalb von zwei Grenzwerten frei gewählt werden, sie betrug vielmehr grundsätzlich 25 Schritte. Die

*Abb. 8: Aufstellung zum Pistolen-Duell mit festem Standplatz und freiem Schuss. (Aus: Gustav Hergsell, Duell-Codex, 1897)*

Kontrahenten standen so auf ihrem Standplatz, dass sie einander den Rücken zuwandten (Abb. 8).

Das Kommando für den Zweikampf bestand nur aus dem einen Wort: „Schießen!" Darauf drehten sich beide Gegner um, nahmen die seitliche Stellung ein, erhoben ihre vorher zu Boden gerichtete Waffe, spannten den Hahn und zielten. Jeder der beiden Gegner konnte jetzt nach Belieben seinen Schuss abfeuern, da kein weiteres Kommando folgte. War der erste Schuss gefallen, musste der Gegner ab diesem Zeitpunkt innerhalb einer Mi-

nute seinen Schuss abgeben. Bei einer Verwundung nach dem ersten Schuss wurde dem Verletzten zur Abgabe seines Gegenschusses eine Frist von zwei Minuten eingeräumt.

Von dieser Duellart gab es noch eine Variante, bei der beide Gegner innerhalb einer zuvor festgesetzten Frist von z. B. 30 oder 15 Sekunden nach dem Kommando ihre Schüsse abgeben mussten. Auf das Kommando „Spannt!" wandten sich beide Gegner in die seitliche Stellung um, spannten den Hahn und hielten die Pistole mit der Laufmündung nach oben. Nach

Abb. 9: Aufstellung zum Pistolen-Duell mit Vorrücken (Barriere).
(Aus: Gustav Hergsell, Duell-Codex, 1897)

dem weiteren Kommando „Schießen!" und gleichzeitig beginnender Sekundenzählung durch den leitenden Sekundanten „eins, zwei, ..." wurden die Pistolen gesenkt und auf das Ziel gerichtet. Während die Sekunden laut weitergezählt wurden, konnten beide Gegner nach Belieben ihre Waffe abfeuern. Dies musste aber innerhalb der festgesetzten Frist erfolgen, auch dann, wenn ein Gegner verwundet worden war. Eine zusätzliche Zeit für den Verletzten gab es bei dieser Duellvariante nicht.

## Pistolenduell mit Vorrücken

Diese Duellart (Abb. 9) führte auch den Namen „mit Barrieren". Die Distanz für die Standplätze betrug 35 bis 40 Schritte. Auf der geraden Linie zwischen diesen wurden jeweils 10 Schritte in Richtung des Gegenstandplatzes abgeschritten und diese Punkte, Barrieren genannt, mit Stöcken oder weißen Tüchern markiert. Der Abstand zwischen den Barrieren betrug somit 15 bis 20 Schritte und war gleichzeitig die Mindestdistanz, auf die sich die Kontrahenten nach dem Kommando nähern durften. Sie mussten von dem erlaubten Vorrücken bis zu den Barrieren keinen Gebrauch machen; es war ihnen freigestellt, diesen Spielraum nach eigenem Ermessen zu nutzen oder auf ihrem Standplatz zu verharren bzw. von dort aus zu schießen. Die Gegner standen einander mit zugewandtem Gesicht und mit zu Boden gesenkter Waffe gegenüber.

Das Kommando bestand nur aus dem Wort „Vorwärts!" Daraufhin spannten die Kontrahenten den Hahn. Es stand ihnen jetzt frei, von ihrem Standplatz aus sofort zu zielen und ihren Schuss abzufeuern oder auf gerader Linie, mit beliebiger Schrittgeschwindigkeit und aufwärts gerichteter Laufmündung, in Richtung der Barriere vorzurücken. Hierbei war es jedem von ihnen überlassen, nach Belieben anzuhalten, zu zielen und zu schießen oder auch anzuhalten und zu zielen, ohne zu schießen und weiter vorwärts zu gehen, falls sie dies für vorteilhafter hielten. In Bewegung durfte nicht geschossen werden. Grundsätzlich galt die Regel: Wer zuerst gefeuert hatte, musste an dem Punkt der Schussabgabe unbeweglich stehen bleiben und den Gegenschuss abwarten. Dieser war innerhalb einer Minute nach dem ersten Schuss abzugeben, wobei sich der Betreffende zum Schießen weiterhin, die Distanz verkürzend, beliebig seiner Barriere nähern durfte. Das galt auch, wenn er zum Zeitpunkt des ersten Schusses noch auf seinem Standplatz verharrte. Wenn es beim ersten Schuss eine Verwundung gab, die dem Verletzten aber noch ein weiteres Vorrücken erlaubte, blieb es bei der genannten Frist für den Gegenschuss. Stürzte hingegen der Verletzte aufgrund der Verwundung, schien jedoch grundsätzlich noch in der Verfassung zu sein, seinen Schuss abzufeuern, so wurde ihm eine Frist von zwei Minuten eingeräumt. Nach deren Ablauf hatten die Sekundanten eine Schussabgabe des Verletzten zu verhindern.

Eine Variante dieser Duellart war, dass jeder Gegner mit zwei Pistolen antrat. Diese Verschärfung des Duells setzte aber voraus, dass eine Beleidigung dritten Grades vorlag und diese Duellart vom Beleidigten ausdrücklich gewünscht wurde.

Der Duellablauf blieb prinzipiell der gleiche, doch galt dieser Zweikampf erst als beendet, wenn alle vier Schüsse abgegeben waren. War es allerdings beim ersten Schuss zu einer Verwundung gekommen, durfte der Verletzte seinen Schuss nicht mehr abgeben, sofern er nicht im Augenblick der Verwundung gefeuert hatte. Der Kampf musste von den Sekundanten sofort eingestellt werden, denn der möglicherweise noch unverletzte Gegner hätte für den zweiten Schuss einen unzulässigen Vorteil gehabt. Weil der Verwundete nicht mehr auf seinen Gegner schießen durfte und diese Duellvariante auch sonst zu Streitigkeiten Anlass gab, sollte sie möglichst vermieden werden. Stattdessen wurde eine gewünschte Duellverschärfung mit z. B. zwei- oder dreifachem Kugelwechsel empfohlen. Die Gegner konnten dann – bei resultatlosem erstem Kugelwechsel – einen zweiten oder gar dritten Gang anschließen, wobei der Kampf wieder von ihren ursprünglichen Standplätzen begann.

*Abb. 10: Aufstellung zum Pistolen-Duell mit unterbrochenem Vorrücken. (Aus: Gustav Hergsell, Duell-Codex, 1897)*

## Pistolenduell mit unterbrochenem Vorrücken (Abb. 10)

Mit 45 bis 50 Schritten weist diese Duellart die größte Distanz zwischen den beiden Standplätzen auf. Von diesen wurden jeweils 15 Schritte in Richtung des Gegenstandplatzes abgeschritten und diese Punkte – als nicht zu überschreitende Barrieren – mit Stöcken oder weißen Tüchern markiert. Somit verblieb zwischen den Barrieren eine Mindestdistanz von 15 bis 20 Schritten, auf die sich die Kontrahenten nach dem gegebenen Kommando nähern durften. Wie bei der vorhergehenden Duellart, war es ihnen freigestellt, diese mögliche Distanzverkürzung in Anspruch zu nehmen oder von ihrem Standplatz aus zu schießen. Die Gegner standen einander auch hier mit zugewandtem Gesicht und zu Boden gesenkter Waffe gegenüber.

Auch das Kommando bestand wiederum nur aus dem Wort „Vorwärts!", worauf beide Gegner den Hahn spannten. Jetzt stand es ihnen frei, von ihrem Standplatz aus sofort zu schießen oder in beliebiger Schrittgeschwindigkeit und mit aufwärts ge-

*Abb. 11: Aufstellung zum Pistolen-Duell auf parallelen Linien.
(Aus: Gustav Hergsell, Duell-Codex, 1897)*

richtetem Lauf in Richtung ihrer Barriere vorzurücken. Dabei konnten sie sich auf einer geraden Linie oder im Zickzack, mit max. zwei Schritten nach rechts oder links von der geraden Linie, vorwärts bewegen. Die Gegner durften hierbei nach Belieben anhalten, zielen und schießen oder auch stehen bleiben, ohne zu zielen, oder stehen bleiben und zielen, ohne zu schießen. Selbst in Bewegung durfte gezielt werden. Sobald der erste Schuss gefallen war, mussten beide Gegner sofort stehen bleiben. Wer zuerst schoss, hatte in unbeweglicher Haltung den Ge-

genschuss zu erwarten. Dem anderen Gegner verblieben dafür 30 Sekunden, gerechnet ab dem ersten Schuss, wobei er nicht mehr weiter vorrücken durfte. Gab es beim ersten Schuss einen Verwundeten, so hatte dieser nur eine Minute, um seinen Schuss abzufeuern.

Bei dieser Art von Duell war es nicht gestattet, die eigenen Pistolen zu verwenden.

103

## Pistolenduell auf parallelen Linien (Abb. 11)

Auf dem Kampfplatz wurden im Abstand von 15 Schritten zwei parallele Linien mit einer Länge von jeweils 25 bis 35 Schritten markiert. Die Standplätze der beiden Gegner befanden sich an den entgegengesetzten Endpunkten dieser parallelen Linien. Somit standen einander die Duellanten, stets die Linie des Gegners auf der rechten Seite habend und mit zu Boden gesenkter Waffe, schräg gegenüber.

Das Kommando lautete nur „Vorwärts!", und beide Gegner spannten daraufhin den Hahn. Sie durften jetzt sofort von ihrem Standplatz aus schießen oder mit aufwärts gerichteter Waffe und beliebiger Schrittgeschwindigkeit auf ihrer Linie vorrücken. Es war nicht gestattet, von dieser abzuweichen, hingegen konnte aber die Vorwärtsbewegung zum Schießen beliebig unterbrochen werden. Ebenso durften die Gegner nach freiem Ermessen stehen bleiben und nicht schießen oder auch stehen bleiben, zielen, aber nicht schießen und dann weiter vorwärts gehen. Zielen und Schießen in Bewegung war bei dieser Duellart nicht erlaubt. Wer zuerst gefeuert hatte, musste an der bewußten Stelle unbeweglich verharren und den Schuss des Gegners erwarten. Diesem blieb dafür eine Frist von max. 30 Sekunden, in der es ihm obendrein noch gestattet war, weiter vorzurücken, um vielleicht noch die kürzestmögliche Schussdistanz von 15 Schritten zu erreichen. Wenn beim ersten Schuss der Gegner verwundet wurde, hatte er zwei Minuten Zeit, um zurückzuschießen, gleich-

gültig, ob es sich um eine leichtere oder schwere Verletzung handelte.

Um beim Vorrücken der Duellanten nicht in deren Schusslinie zu geraten, stellten sich die Sekundanten und Ärzte etwas rechts hinter dem Kontrahenten der Gegenpartei auf.

## Pistolenduell auf Kommando oder Signal (Abb. 12)

Von sechs regelkonformen Pistolen-Duellarten war die hier beschriebene die gefährlichste, und sie erforderte die höchste Konzentration aller Beteiligten. Sehr leicht konnten bei dieser Art des Duells beide Gegner tödlich verletzt werden. Es wurde empfohlen, sie nur bei Beleidigungen dritten Grades anzuwenden, d. h. bei besonders schwerwiegenden Fällen. Hinzukommen sollte noch, dass es sich um ungleiche Gegner handelte. Bei dieser Duellart sollte der im Zweikampf und in der Handhabung der Waffen unerfahrene eine gleichwertigere Chance erhalten. Abweichend von den anderen Duellarten hatte hier, bei einer Beleidigung dritten Grades, immer der Sekundant des Beleidigten die Leitung auf dem Kampfplatz und gab die Kommandos.

Die Distanz zwischen den Standplätzen betrug 25 bis 35 Schritte, und die Duellanten standen, das Gesicht dem Gegner zugewandt, in der bevorzugten seitlichen Stellung. Im Gegensatz zu den anderen bereits geschilderten Duellarten mussten hier die Kontrahenten ihre Pistolen sofort bei der Übernahme spannen. Danach wurden die Waffen, auf das Kommando wartend, mit zu Boden gesenkter Laufmündung gehalten.

*Abb. 12: Aufstellung zum Pistolen-Duell auf Kommando oder Signal.
(Zeichnung Verf.)*

Das eigentliche Kommando wurde hier als „Signal" bezeichnet. Es bestand aus dreimaligem In-die-Hände-Klatschen in jeweils gleichen Zeitabständen. Der leitende Sekundant konnte diese selbst bestimmen und war nicht verpflichtet, die Gegensekundanten oder die Gegner vorher darüber zu informieren. Das Signal konnte er geben
1. innerhalb der Zeit von drei bis neun Sekunden oder
2. von zwei bis sechs Sekunden jeweils ab dem Moment der Signal-Vorankündigung. Somit betrug der Zeitabstand zwischen dem einzelnen Klatschen im ersten Fall drei und im zweiten Fall zwei Sekunden, wobei das erste Klatschen drei bzw. zwei Sekunden nach der Vorankündigung erfolgte. Diese wurde mit folgenden Worten gegeben: „Meine Herren, Achtung auf das Signal!" Darauf erfolgte das Händeklatschen in den gewählten Zeitabständen. Beim ersten erhoben beide Gegner die Waffe und begannen zu zielen, um beim dritten Schlag augenblicklich und gleichzeitig zu feuern, auch wenn sie der Meinung waren, den Kontrahenten noch

nicht genügend sicher in der Schusslinie zu haben.

Feuerte ein Gegner vor dem dritten Klatschen oder auch nur eine halbe Sekunde später, wurde er als ehrlos betrachtet. Resultierte aus solch regelwidrigem Verhalten eine Verwundung oder gar eine tödliche Verletzung, wurde der Schuldige wegen Körperverletzung bzw. Meuchelmords gerichtlich belangt. Hatte einer der Kontrahenten vor dem dritten Klatschen gefeuert, war sein Gegner berechtigt, solange zu zielen, wie es ihm beliebte und erst dann seinen Schuss abzugeben. War beim dritten Klatschen nur ein Schuss regelkonform gefallen und zielte der andere Gegner weiter, mussten die Sekundanten durch sofortiges Einschreiten die Abgabe des verzögerten Schusses verhindern, selbst bei Gefährdung ihres eigenen Lebens. Aufgrund solcher Vorkommnisse war der sich korrekt verhaltende Gegner berechtigt, jeden weiteren Gang abzulehnen oder ein beliebig anderes Duell zu verlangen.

In Frankreich war das Pistolenduell auf Kommando stark verbreitet. Dort hatte sich im letzten Viertel des 19. Jahrhunderts eine Variante dieser Duellart durchgesetzt. Sie unterschied sich von der wie zuvor beschriebenen nur durch einen anderen Schießvorgang. Die Distanz zwischen den Gegnern war die Gleiche, aber die Waffen wurden ungespannt mit abwärts gerichteter Laufmündung gehalten.

Das vorbereitende Kommando lautete nur: „Spannt!" Daraufhin erhoben beide Gegner ihre Waffe, spannten den Hahn und hielten die Pistole mit der Laufmündung nach oben. Nach Ausführung dieses Kommandos fragte der leitende Sekundant: „Meine Herren, sind Sie bereit?" Die Antwort der Kontrahenten durfte nur aus einem kurzen „ja" oder „nein" bestehen. Auf die bejahende Antwort folgte nun das Kommando „Feuer!", und der leitende Sekundant begann dreimal Händeklatschen mit lauter Stimme „eins, zwei, drei!" abzuzählen. Auf das Kommando „Feuer!" senkten beide Gegner die Waffe, zielten und mussten ihren Schuss während des dreimaligen Klatschens abgeben, also zwischen dem Kommando „Feuer!" und dem dritten Klatschen. In diesem Fall betrugen die Zeitabstände zwischen den einzelnen Schlägen nur eine halbe oder eineinhalb Sekunden. Dies musste zwischen den Sekundanten einvernehmlich bestimmt werden, wobei sie sich am Ernst der Angelegenheit zu orientieren hatten. Demnach sollte der längere Zeitabstand nur bei schwerwiegenden Ehrenkränkungen zur Anwendung kommen.

Bei einem Fehlverhalten der Duellanten, bei vorzeitiger Schussabgabe oder längerem Zielen galten hier die gleichen Bestimmungen wie für diese Duellart bereits zuvor erwähnt.

Auch in der Schweiz hatte die französische Variante dieser Duellart in die Komments der verschiedenen Korporationen Eingang gefunden, allerdings mit einer gewissen Verschärfung. Im *Paukcomment der schweiz. Studentenverbindung Helvetia* von 1917, der inhaltlich in ähnlicher Form auch schon früher in der Schweiz gültig war, wird die Distanz zwischen den Gegnern nur mit 10 bis 20 Schritten angegeben. Ferner mussten sich die Sekundanten mit geladener Pistole wenige Schritte neben dem Kontrahenten der Gegenpartei aufstellen. Im Fall einer Regelwidrigkeit, die ihren eigenen Mandanten in Gefahr brachte, standen „... ihnen alle Mittel zu Gebote, um den absichtlich seine Befugnisse überschreitenden Gegner unschädlich zu machen. Jeder Sekundant ist daher im äußersten Falle, wenn kein anderes Mittel mehr zu Gebote steht, berechtigt, den fehlbaren Gegenduellanten niederzuschießen."[77]

Das Kommando lautete: „Fertig!" Dann sogleich in Abständen von ein bis eineinhalb Sekunden laut gezählt: „eins, zwei, drei!" und danach sofort „Halt!" Die Duellanten hielten ihre Waffe bereits gespannt, mit angewinkeltem Arm, die Laufmündung über die Schulter nach hinten gerichtet bis zum Kommando „eins". Spätestens bis zum Kommando „drei" musste geschossen und bei „Halt!" die Waffen gesenkt werden.

Das konsequente sofortige Durchgreifen gemäß dem hier zitierten Schweizer Komment gegen unzulässige Vorteilsnahme, also Regelwidrigkeit, ist in den Duellreglements anderer Länder nicht anzutreffen. Während dort ein regelwidriges Verhalten mit unglücklichem Ausgang vor ein Gericht zu bringen war, wurde in der Schweiz direkt vor Ort, d. h. noch auf dem Kampfplatz, gerichtet. Man kann sich leicht vorstellen, dass sich diese Methode der Aufsicht über einen regelkonformen Duellablauf zumindest durch eine extreme Wirksamkeit auszeichnete.

Noch etwas anders verlief diese Art von Duell im ausgehenden 18. Jahrhundert z. B. in England. Beide Gegner brachten bereits bei der Ankündigung „Meine Herren, Achtung auf das Signal!" ihre Waffe in Anschlag, und beim letzten Kommando „drei" und gleichzeitigem Fallenlassen eines weißen Tuches mussten beide augenblicklich schießen. Eine sehr gefährliche Duellart, weil den Gegnern mehr Zeit zum Zielen blieb.

## Außergewöhnliche Pistolenduelle

Neben den bereits geschilderten sog. „gesetzmäßigen Duellen" gab es noch einige andere Duellarten, die von Gustav Hergsell als „Ausnahmeduelle" bezeichnet wurden. Er empfahl den Sekundanten dringend, ein derartiges Duell nach Möglichkeit abzuwenden. Wenn ihr Mandant dennoch darauf bestand, hatten sie das Recht, ihr Ehrenamt als Sekundanten niederzulegen. Bei diesen Duellarten war nicht immer die faire Chancengleichheit gewährleistet, und bei einigen spielten das Glück und der Zufall die entscheidende Rolle. Kein Duellant konnte gezwungen werden, eine Forderung zu einem Ausnahmeduell anzunehmen, „... denn die Ehre kann bei erfolgter Beleidigung gebieten, das Leben zu wagen, nicht aber damit zu spielen."[78]

Obwohl diese Duellarten unpopulär waren, soll der Vollständigkeit wegen wenigstens kurz auf die mit Pistolen ausgetragenen Ausnahmeduelle eingegangen werden. Zu den gebräuchlichsten zählten:

1. Pistolenduell mit festem Standplatz – bei geringerer als der gesetzmäßig kürzesten Entfernung
2. Pistolenduell mit Vorrücken – mit enger oder naher Barriere
3. Duell mit nur einer geladenen Pistole
4. Pistolenduell auf parallelen Linien – mit ununterbrochenem Vorrücken
5. Amerikanisches Duell

## Pistolenduell mit festem Standplatz – bei geringerer als der gesetzmäßig kürzesten Entfernung

Für diese Duellart galten die gleichen Regeln wie beim „Pistolenduell mit festem Standplatz und freiem Schuss". Die Distanz betrug jedoch statt 25 nur 10 Schritte oder auch etwas mehr. Beide Gegner standen mit dem Rücken zueinander und hielten die Waffen zu Boden gesenkt. Die verwendeten Pistolen mussten vom selben Paar und den Gegnern nicht bekannt sein. Eigene Waffen durften bei dieser Duellart nicht zum Einsatz kommen.

Der leitende Sekundant ermahnte die Duellanten mit den Worten: „Meine Herren, ich bitte auf das Kommando Acht zu geben, wenden Sie sich nicht früher um, und enthalten Sie sich jeder Aktion." Kurz darauf folgte die Vorankündigung „Achtung!" und nach wenigen Sekunden das Kommando „Feuer!" Daraufhin drehten sich beide Kontrahenten um, spannten den Hahn und konnten nach Belieben schießen. Die Frist für die späteste Schussabgabe des zuletzt Schießenden musste zuvor vereinbart werden.

## Pistolenduell mit Vorrücken – mit enger oder naher Barriere

Diese Art des Duells und dessen Ablauf entsprachen dem „Pistolenduell mit Vorrücken". Die Distanz für die Standplätze war ebenfalls 35 Schritte, jedoch betrug der Abstand der Barrieren statt 15 bis 20 nur noch 10 Schritte. Grundsätzlich war es bei dieser Duellart möglich, den Abstand der Barrieren auch mit weniger als 10 Schritten zu vereinbaren.

Eine Variante dieser Duellart war die mit nur einer Barriere. Hier galten ebenfalls alle Bedingungen wie beim „Pistolenduell mit Vorrücken". Allerdings gab es nur eine einzige Barriere in der Mitte der Distanz zwischen den Standplätzen. War einer der beiden Gegner bis zu dieser Barriere vorgerückt und hatte von dort seinen Schuss abgefeuert, obwohl der andere noch weiter entfernt oder auf seinem Standplatz verharrte, bedeutete dies für ihn den Tod, falls der Gegner nach dem Schuss noch in der Lage war, ebenfalls zu schießen. Er konnte nun ebenfalls bis zur Barriere vorrücken und seinem Kontrahenten die Pistole direkt an die Brust setzen.

## Duell mit nur einer geladenen Pistole (Abb. 13)

Ohne Zweifel zählt dieses Duell, das auch unter dem Namen „übers Sacktuch[79] schießen" bekannt war, zu den grausamsten und gefährlichsten der Ausnahmeduelle. Von einem Zwei-

Abb. 13: Aufstellung zu einem außergewöhnlichen Pistolen-Duell mit nur einer geladenen Pistole („übers Sacktuch schießen"). Zeitgenössische Darstellung Ende des 19.Jahrhunderts. (Aus: Die gute alte Zeit im Bild – Alltag im Kaiserreich 1871-1914 in Bildern und Zeugnissen präsentiert von Gert Richter, 1974)

kampf konnte hier nicht mehr die Rede sein, es war vielmehr ein Spiel mit dem Leben. Hergsell zitiert in seinem *Duell-Codex* den Grafen Chatauvillard: „Wir geben Erläuterungen über dieses Duell nur, weil man traurige, bedauernswürdige Beispiele davon gesehen hat, aber wir erklären gleichzeitig, dass keiner von uns dasselbe annehmen oder als Zeuge hierbei fungiren würde."[80]

Die Pistolen mussten glatte Läufe aufweisen und vom gleichen Paare sein. Sie wurden von zwei Sekundanten, je einer von jeder Partei, unbeobachtet in einer Entfernung von etwa 40 bis 50 Schritten für das Duell vorbereitet. Geladen wurde aber nur eine

der Waffen, die andere erhielt lediglich das Zündhütchen aufgesetzt, damit beide Waffen äußerlich gleich aussahen.

Auf ein vorher verabredetes Zeichen holte einer der zurückgebliebenen Sekundanten die Waffen und übergab sie dem anderen, der die Pistolen an die Gegner zu übergeben und danach den Kampf zu leiten hatte. Mittels Los war zuvor bereits festgestellt worden, welcher der beiden Kontrahenten unter den beiden Pistolen wählen durfte. Der leitende Sekundant hielt diese hinter seinem Rücken und händigte nach der Antwort auf seine Frage „Rechte oder linke Hand?" die betreffende Waffe aus. Nachdem die Pistolen übergeben worden waren, erhielten die Kontrahenten ein Taschentuch gereicht, das sie mit ausgestrecktem Arm an den diagonal gegenüberliegenden Enden erfassen mussten. Damit war ihre Schussdistanz bestimmt.

Die Gegner wurden nun nochmals ausdrücklich „... mit ihrer Ehre verpflichtet ... auf das Signal augenblicklich und gleichzeitig Feuer zu geben".[81] Sie brachten ihre schussbereiten Waffen in Anschlag, und nach den Worten: „Achtung, meine Herren!" folgte nach wenigen Sekunden das Signal durch einen kräftigen Schlag in die Hand. Hatte einer der Kontrahenten vor dem Signal gefeuert, stand dem anderen das Recht zu, ihn zu erschießen, sofern er im Besitz der geladenen Pistole war.

In jener Zeit wurde die Wichtigkeit des gleichzeitigen Schießens oft bestritten, weil ohnehin nur eine Waffe geladen war. Dem hielten aber die Verfechter des „gleichzeitigen Schusses" mit Recht entgegen, dass ein „ehrloser Mensch" etwa folgenden Gedankengang entwickeln konnte: Wenn ich zuerst (vor dem Signal) schieße und meine Waffe ist geladen, so bin ich meinen Kontrahenten ohne Gewissensbisse los, denn ich hätte ihn ja im nächsten Augenblick ohnehin erschossen. Ist meine Waffe jedoch ungeladen, kann ich vielleicht hoffen, dass mein Gegner in der Gewissheit, außer Gefahr zu sein, sich großmütig zeigt und mein Leben verschont.

Ein solches Verhalten wurde als ausgesprochen feige betrachtet, denn tatsächlich konnte man in dieser Situation bei einem großmütigen Gegner damit rechnen, dass er in die Luft schoß. Es brachte eben nicht jeder fertig, einen wehrlosen Menschen, dessen Leben man jetzt in der Hand hatte, erbarmungslos niederzuschießen.

Derjenige, dem der Zufall die geladene Waffe in die Hand spielte und der vor dem Signal seinen Gegner erschoss, wurde vor Gericht als Meuchelmörder belangt. Es gehörte zu den Pflichten der Sekundanten, über diesen Vorfall sofort ein Protokoll zu erstellen und eine entsprechende Strafanzeige zu erstatten.

## Pistolenduell auf parallelen Linien – mit ununterbrochenem Vorrücken

Dieser Duellart lagen allgemein die Regeln für das „Pistolenduell auf parallelen Linien" zugrunde. Abweichend davon war der Abstand zwischen den beiden 35 Schritte langen parallelen Linien: nicht 15, sondern 25 Schritte. Eigene Waffen durften bei dieser Art von Duell nicht verwendet werden.

Auf das Kommando „Vorwärts!" spannten die Gegner ihre Waffe und begannen sofort mit gleichmäßigem militärischem Schritttempo auf ihrer Linie vorzurücken. Ein Verharren auf ihrem Standplatz oder die Vorwärtsbewegung zu unterbrechen, war nicht zulässig, d. h. es musste in Bewegung gezielt und geschossen werden. Hatte ein Gegner seinen Schuss abgefeuert, war er gehalten, mit gleichem Schritt bis zum anderen Ende seiner Linie weiterzugehen und dabei den Gegenschuss zu erwarten. Dieser musste erfolgen, bevor der zuerst Schießende den Endpunkt seiner Linie erreichte. In dem Augenblick ging das Recht auf den Gegenschuss verloren. Dies galt auch, wenn der zuletzt Schießende vor Abgabe seines Schusses an seinem Endpunkt eintraf, denn von dort durfte nicht mehr geschossen werden. Demnach galt der Kampf als beendet, sobald einer der Kontrahenten seinen Endpunkt erreicht hatte. Bei einer Verwundung anlässlich des ersten Schusses gab es für das Gegenfeuer keine zusätzliche Zeit. Grundsätzlich gestattete diese Duellart, auch einen mehrfachen Kugelwechsel zu vereinbaren.

Gewisse Schwierigkeiten konnten bei dieser Duellart den Gegnern dann erwachsen, wenn sie sich nicht entschlossen, bis zum Erreichen der Mitte ihrer Laufstrecke auf den anderen zu schießen. Die Distanz war dort am geringsten und mit jedem weiteren Schritt vergrößerte sie sich wieder. Erschwerend kam noch hinzu, dass man, sich zunehmend rückwärts wendend, keinen sicheren Schuss mehr abgeben konnte.

## Amerikanisches Duell

Obwohl das Wort „Duell" in unserem Zusammenhang an sich nicht gerechtfertigt ist, soll dieser Vorgang hier dennoch erwähnt werden, weil immerhin die Pistole als Vollstreckungsinstrument angewendet wurde. Dem gesamten Ablauf fehlten alle wesentlichen Merkmale eines Zweikampfes, und daher verabscheute ein Ehrenmann diese Art der Konfliktbewältigung, da sie mit seinen Anschauun-

gen über eine ritterliche Vorgehensweise nichts gemein hatte.

Beim Amerikanischen Duell vereinbarten die beiden Gegner, um ihr Leben zu losen; dazu verwendete man je eine weiße und eine schwarze Kugel. Wer die schwarze Kugel zog, musste sich innerhalb einer bestimmten Frist selbst erschießen. Der Zeitraum wurde zuvor vereinbart und konnte bis zu einem Jahr ausgedehnt werden.

In Europa verachtete man diese Art von Duell, weil sie als ein feiges Verfahren angesehen wurde, sich möglicherweise gefahrlos aus dem Konflikt herauszumogeln. Wie wollte man denn kontrollieren, ob sich der Gegner mit der schwarzen Kugel tatsächlich innerhalb der festgesetzten Frist erschoß? Dieser brauchte doch nur seinen Wohnort zu wechseln oder sich in einem anderen Land niederzulassen. Die Duellhandbücher empfahlen grundsätzlich, eine Forderung auf diese Art von Duell zu verweigern, was im Übrigen bei allen Ausnahmeduellen ohne Ehrverlust zulässig war. Man ging sogar soweit, jeden, der eine solche Forderung stellte, annahm oder überbrachte für satisfaktionsunfähig zu erklären.

Im 18. und zu Beginn des 19. Jahrhunderts wurde bei Pistolenduellen meistens dem Beleidigten der erste Schuss eingeräumt. Hingegen kamen im Verlauf des 19. Jahrhunderts häufiger auch jene Duellarten zur Anwendung, bei denen beide Gegner nach Belieben schießen durften oder sogar gleichzeitig feuern mussten. Diese Entwicklung resultierte offensichtlich aus

Abb. 14: Pistolen-Duell mit festem Standplatz. Die Gegner stehen einander mit
gesenkt gehaltenen Waffen gegenüber und
erhalten vom leitenden Sekundanten die
letzten Erläuterungen zu den Kommandos;
Distanz 20 Schritte; Frankreich, Mitte 18.
Jahrhundert.

Abb. 15: Pistolen-Duell mit festem Standplatz, ein Gegner hat den ersten Schuss; Distanz 15 Schritte; Deutschland, erstes Viertel
19. Jahrhundert.

Abb. 16: Laden der Waffen zu einem Pistolen-Duell mit festem Standplatz, ein Gegner
hat den ersten Schuss; extrem kurze Distanz
mit nur 10 Schritten; England, Ende 18. Jahrhundert. Fotos: Archiv Verf.

den vermehrt erschienenen diversen
Duellhandbüchern, die neben den
Duellregeln auch verschiedene Arten
der Duellaustragung beschrieben, sowie aus dem Wunsch der Duellanten,
als Geforderter nicht tatenlos auf die
vielleicht tödliche Kugel zu warten.
Vielmehr wollte man aktiv sein und
selbst den Zeitpunkt oder auch die Distanz für den eigenen Schuss bestimmen, um somit möglicherweise als
erster zu schießen. Ging der Schuss
fehl, so war der Duellant ab diesem
Augenblick zwar nicht weiter als bei
der früheren Verfahrensart, aber er
hatte zumindest die gleiche Chance
gehabt. Das gleiche Empfinden, dem
Gegner nicht wehrlos ausgeliefert zu
sein, wurde natürlich auch bei jener
Art von Duell vermittelt, bei der beide
gleichzeitig feuern mussten.

# Pistolenduelle berühmter Persönlichkeiten und andere

*Abb. 17: Prinz Heinrich von Bourbon im Duell mit dem Herzog von Montpensier, 12. März 1870. Zeitgenössischer Holzstich. (Bildarchiv Preußischer Kulturbesitz, Berlin)*

Der allgemeinen Öffentlichkeit blieb es oftmals verborgen, dass sich auch Angehörige aus den Kreisen der Politik oder Männer mit gesellschaftlich hohem Ansehen duellierten (Abb. 17). Bekannt wurden solche Duelle normalerweise nur dann, wenn die Presse aufgrund besonderer Vorkommnisse darüber berichtete. Aber je weiter wir uns zeitlich von jener Epoche entfernen, umso mehr geraten zwangsläufig selbst die bekannt gewordenen Duelle solcher Persönlichkeiten in Vergessenheit. Wer weiß denn heute noch, dass sich Männer wie z. B. Heinrich Heine, Otto von Bismarck, Alexander Puschkin oder der Herzog von Wellington in Ehrensachen duelliert haben?

In den folgenden Duellbeschreibungen namhafter Männer erfahren wir einiges über den Anlass zu dem jeweiligen Duell sowie über dessen Ablauf und Ausgang. Diese Darstellungen beschränken sich auf das Wesentliche. Die Auswahl der Fälle wurde so getroffen, dass sie die Verhältnisse in den unterschiedlichsten gesellschaftlichen Kreisen, in denen duelliert wurde, reflektieren. Dabei steht nicht immer der detaillierte Duellablauf im Vordergrund, sondern vielmehr die Situation, die zum Duell führte.[83]

# Otto von Bismarck und Georg Freiherr Vincke[84]

*Otto von Bismarck*

Bismarcks markante Narbe auf seiner Wange stammt noch aus seiner Studentenzeit in Göttingen, wo ihn bei einer Schlägermensur ein Stück der abgebrochenen Klinge seines Gegners verletzte. Aus Biographien über den späteren Reichskanzler Otto von Bismarck geht hervor, dass ihm ein stark ausgeprägtes Standes- und Ehrbewusstsein zu Eigen war. In zahlreichen Mensuren hatte er mit der Waffe in der Hand Genugtuung für erlittene Ehrverletzungen eingefordert. In seiner Sturm- und Drangzeit als Student soll er über zwanzig Mensuren ausgefochten haben, wobei er als ausgezeichneter Fechter und Pistolenschütze galt. Aber auch später – als verheirateter Mann und in der Politik an verantwortlichen Positionen – blieb er seiner Grundeinstellung in Ehrensachen verbunden.

Während einer Debatte im preußischen Abgeordnetenhaus eskaliert das zwischen den beiden Politikern Bismarck und Vincke seit längerer Zeit als angespannt geltende Verhältnis. Der Abgeordnete Vincke hatte dem preußischen Bundestagsgesandten Bismarck mangelnde diplomatische Diskretion vorgeworfen. Vinckes hierbei gewählten Worte überschritten die Grenze zum Persönlichen. Bismarck sah darin ausreichenden Grund für eine sog. „Kriegserklärung" und konterte, Vinckes Äußerung „überschreite nicht nur die Grenzen der diplomatischen, sondern auch der gewöhnlichen Discretion, die man von jedem Manne von Erziehung zu verlangen berechtigt sei". Die provozierenden Worte im letzten Teil seines Satzes mussten zwangsläufig eine Duellforderung seitens Vincke auslösen. So kam es dann auch. Vincke, in Sachen Ehrenwahrung und Duell ebenfalls kein unbeschriebenes Blatt, nahm den verbalen Fehdehandschuh auf und ließ Bismarck kurz vor dessen 37. Geburtstag eine Forderung auf Pistolen mit viermaligem Kugelwechsel zukommen. Den Vorschlag von Bismarcks Sekundanten, sich auf Säbel zu schlagen, lehnte die Gegenpartei ab. Es wurde das gefährliche „Pistolenduell auf Kommando" mit deutlicher Verschärfung vereinbart, und zwar mit nur fünfzehn Schritten Distanz, entgegen den regelkonformen fünfundzwanzig bis dreißig Schritten.

Am 25. März 1852, 8 Uhr morgens, drei Tage nach dem Vorfall im Abgeordnetenhaus, standen die beiden Kontrahenten an einem stillen Plätzchen am Tegeler Seeufer einander gegenüber. Der Unparteiische erklärte, dass die Forderung den Umständen nach zu hart sei, und schlug vor, diese auf einen Schuss von jeder Seite zu verringern. Vinckes Partei war einverstanden und bot sogar an, die Forderung zurückzunehmen, sollte Bismarck erklären, dass er seine Äußerung bedauere. Das wollte dieser aber nicht, und so nahmen sie ihre Plätze ein. Der Zweikampf verlief unblutig, weil die Kugeln ihr Ziel verfehlten. Obwohl beide Politiker im Grunde nicht die Absicht hatten, dem anderen schweren körperlichen Schaden zuzufügen oder ihn gar zu töten, waren sie mit dem Duellausgang nicht ganz glücklich. Sie befürchteten, Außenstehende könnten den Verdacht hegen, dass dieses Duell nicht mit der nötigen Ernsthaftigkeit ausgetragen wurde. So waren beide Parteien, einschließlich ihrer Sekundanten, im Nachhinein der Auffassung, dass es besser ausgesehen hätte, wenn etwas Blut geflossen wäre.

Im Brief vom 4. April. 1852 an seine Schwiegermutter erklärt Bismarck den Vorgang und bekennt, dass er vor dem Duell im Zweifel war, auf seinen Gegner zu schießen, dann aber doch einen wohl gezielten Schuss abfeuerte. Dass dieser aber angesichts der relativ geringen Distanz sein Ziel verfehlte,

beschäftigte ihn gedanklich noch eine Weile, denn er war sich seiner Qualität als Pistolenschütze durchaus bewusst. Bismarck suchte die Erklärung für seinen Fehlschuss darin, dass die ursprünglich vorgesehenen guten Pistolen verladen und somit für das Duell unbrauchbar gewesen seien. Ersatzweise wurden daher die Pistolen der Sekundanten verwendet, die aber von geringerer Qualität waren. Nach Meinung Bismarcks war es mit diesen Waffen schwieriger, einen Treffer zu erzielen. Im Übrigen hatte er das Duell gegenüber seiner Frau verschwiegen. Sie war damals gerade schwanger und erfuhr erst nach dessen glücklichen Ausgang davon.

Als sich 1865 im preußischen Abgeordnetenhaus bei einer Debatte eine ähnliche Situation ergab, konnte ein Duell gerade noch verhindert werden.[85] Bismarck war inzwischen Ministerpräsident und sah sich durch eine Äußerung des Abgeordneten Rudolf Virchow in seiner persönlichen Ehre verletzt. Daraufhin ließ er ihm eine Forderung überbringen, die Virchow aber ablehnte. Die Duellaffäre kam im Abgeordnetenhaus zur Sprache, und man drängte Bismarck, die Angelegenheit nicht weiter zu verfolgen. Der König selbst führte mit ihm ein Gespräch unter vier Augen. Sein Ziel war offensichtlich, Bismarck darauf hinzuweisen, dass ein Staatsmann in einer wichtigen Position sich auf keinerlei Ehrenhändel einzulassen habe und persönlichen Angriffen gegenüber immun sein müsse. Bismarck akzeptierte daraufhin eine von Virchow abgegebene Ehrenerklärung, womit der Konflikt beigelegt war.

# Heinrich Heine und Salomon Strauß[86]

*Heinrich Heine*

Dass man auch als Bürgerlicher eine klare Einstellung in Sachen der Ehre besitzen kann, bewies der Dichter und Schriftsteller Heinrich Heine. Schon als Dreiundzwanzigjähriger wurde er 1820 von der Göttinger Universität wegen „Duellvergehen" ausgeschlossen. Auch zwanzig Jahre später war er noch bereit, anlässlich einer gegen ihn gerichteten Ehrenkränkung zur Waffe zu greifen. Heines Einstellung zum Thema „Duell" nährte sich, wie bei so vielen seiner Zeitgenossen, aus der Erkenntnis, dass eben die persönliche Ehre vom Gesetz nicht in dem Maße geschützt würde, wie man es aufgrund seiner Erziehung gewöhnt sei. Im Prinzip verabscheute er Vorurteile und somit auch das Duell. Seiner Auffassung nach handelte man gegen die Vernunft, wenn zur Waffe gegriffen wurde, um jemanden die Ehre zu erweisen, die der Betreffende gar nicht verdiente. In seinen Schriften und Gedichten spottete Heine zwar gelegentlich über das Duell, aber im täglichen Leben konnte er sich den gesellschaftlichen Zwängen letztlich doch nicht ganz entziehen.

So kam es, dass er 1841 in Paris wieder in einem Duell stand. Anlass dazu waren Verleumdungen Heines gegenüber der Freundin seines verstorbenen ehemaligen Freundes, des politischen Schriftstellers Ludwig Börne, über den er eine Denkschrift herausgegeben hatte. Offenbar ging Heine hierin aber zu weit, denn die Dame genoss in der gebildeten Gesellschaft hohes Ansehen. Dort verurteilte man sein Verhalten auf das Schärfste, und selbst einige der treuesten Verehrer Heines sagten sich von ihm los.

Der Kaufmann Salomon Strauß, der mittlerweile mit dieser geachteten Dame verheiratet war, sah sich zum Handeln gezwungen. Er verstellte Heine auf offener Straße, mit einem Schwall beleidigender Worte, den Weg. Da Heine jedoch eben im Begriff war, eine Reise anzutreten, reagierte er darauf nicht und beabsichtigte, die Angelegenheit nach seiner Rückkehr zu regeln. Doch als Heine erfuhr, dass sich die Pariser Zeitungen während seiner Abwesenheit bezüglich seiner Person über „Flucht und Angst vor dem Duell mit Strauß" ausließen, reiste er sofort nach Paris zurück und ließ Strauß eine Forderung auf Pistolen zukommen. Zwar hätte Strauß lieber Säbel als Duellwaffen bevorzugt, musste sich aber dem Reglement beugen, da Heine als Beleidigter die Wahl der Waffen hatte und weiterhin auf Pistolen bestand. Für ihn galt ein Zweikampf mit Blankwaffen als nicht genügend ernsthaft und erinnerte ihn zu sehr an seine früheren Studentenbalgereien.

Das Treffen war auf den Morgen des 7. Septembers 1841 festgesetzt. Außer den je zwei Sekundanten und einem Arzt war noch ein weiterer, von

Salomon Strauß geladener Zeuge anwesend. Verabredet war ein „Pistolenduell mit Barrieren". Die Distanz zwischen den Standplätzen betrug dreißig und die zwischen den Barrieren zwanzig Schritte. Nach dem Kommando schoss Strauß als erster. Seine Kugel streifte Heines Hüfte, brachte aber keine ernste Verletzung. Heine hingegen feuerte absichtlich in die Luft; er hegte keinen Groll gegen Strauß und wollte ihn deshalb nicht verletzen. Ihm war nur daran gelegen, der Ehre Genüge getan zu haben. Strauß verließ den Kampfplatz – sichtlich noch immer verärgert und entgegen dem Duellreglement – ohne jeglichen Gruß. An einer Aussöhnung war ihm offenbar nichts gelegen. Hingegen ergriff Heine nach dem Duell die Initiative und gab in einem Brief eine Ehrenerklärung gegenüber der Gemahlin von Strauß ab, in der er alle vom ihm geäußerten verletzenden Bemerkungen ihr gegenüber wieder zurücknahm.

Welche Gedanken mögen Heine in den Tagen zwischen der Forderung und dem Duell wohl beschäftigt haben? Kalkulierte er seinen Tod ernsthaft ein? Er verfasste ein Testament zu Gunsten seiner Geliebten Mathilde Murat, und noch eine Woche vor dem Waffengang ließ er sich mit ihr trauen, nachdem er bereits über fünf Jahre mit Mathilde zusammen gelebt hatte.

## Alexandre Dumas père und Frédéric Gaillardet[87]

*Alexandre Dumas*

Wer kennt nicht die berühmten Romane wie *Die drei Musketiere* oder *Der Graf von Monte Christo* des Alexandre Dumas père? Nicht nur in seinen schriftstellerischen Meisterwerken war er kämpferisch aufgelegt, er verstand es auch, mit Degen oder Pistole Angriffe auf seine Person in einem Duell erfolgreich abzuwehren. Von seinen zahlreichen ausgefochtenen Zweikämpfen in Ehrensachen sei hier eines seiner Pistolenduelle herausgegriffen.

Frédéric Gaillardet, ebenfalls ein junger und ehrgeiziger Schriftsteller, hatte dem Pariser Theater in den dreißiger Jahren des 19. Jahrhunderts ein Drama eingereicht. In dieser Fassung war es aber nicht so recht für die Inszenierung geeignet, und Alexandre Dumas wurde vom Theater mit der Überarbeitung beauftragt. Gaillardet protestierte, und man einigte sich, dass auf dem Theaterprogramm nur der Name Gaillardets erwähnt werden sollte. Die Aufführung des Dramas wurde ein großer Erfolg, nur das Theaterprogramm hatte einen Schönheitsfehler. Dort hieß es nämlich: „... Drama in fünf Aufzügen von *** und Frédéric Gaillardet." Dieser brachte die Angelegenheit wegen des zweiten, zwar nicht genannten, aber doch angedeuteten Namens vor Gericht. Parallel dazu ging das Thema durch die Pariser Zeitungen, wobei sich Gaillardet als alleiniger Autor des Dramas darstellte. Dumas hingegen schlug vor, die Sache einem Schiedsgericht vorzulegen, das dann beurteilen sollte, wer den größeren Anteil am Erfolg des Stückes eingebracht habe. Da nun durch den Federkrieg der Fall an die Öffentlichkeit geraten war, kam es, wie es kommen musste: Gaillardet forderte Dumas auf Pistolen. Zwar hätte dieser lieber einen Zweikampf auf Degen gewollt, weil er ihn grundsätzlich bevorzugte, aber Gaillardet bestand auf seinem Recht der Waffenwahl. Dumas musste dies akzeptieren, da es ihm gemäß der Duellregeln nicht zustand, einen diesbezüglichen Gegenvorschlag zu unterbreiten.

Es war der 17. Oktober 1834. Die vier Sekundanten wurden per Los zugeordnet, wobei es sich ergab, dass jedem Gegner die Sekundanten der Gegenpartei zugeteilt wurden. Vereinbart war ein „Pistolenduell mit Barrieren". Die Distanz zwischen den beiden Standplätzen betrug dreißig und die zwischen den Barrieren fünfzehn Schritte. Nach dem Kommando schoss Gaillardet zuerst, ohne zu treffen. Als auch Dumas' Kugel ihr Ziel verfehlte, bestand dieser darauf, das Duell fortzusetzen, bis einer von ihnen „im Kampf falle". Gaillardet erklärte sich damit einverstanden, doch die Sekundanten verhielten sich absolut regelkonform, indem sie sich weigerten, die Waffen nochmals zu laden und mit Mandatsniederlegung drohten. Wie wir bereits wissen, galt ein Duell als beendet, sobald die zuvor vereinbarte Anzahl der Kugelwechsel erfolgt war. Eine nachträgliche Duellverschärfung war nicht statthaft. Unklar blieb, weshalb Dumas dies plötzlich wollte, denn wie er später seinem Arzt gegenüber äußerte, empfand er keinerlei Hass gegen Gaillardet.

# Ferdinand Lassalle und Janko von Rackowicz[88]

*Ferdinand Lassalle*

Welche unsichtbare Macht zwingt einen Mann, zum Duell herauszufordern, der sich wiederholt gegen das Duell ausgesprochen hat und wegen der Weigerung, eine Duellforderung anzunehmen, sogar auf offener Straße verprügelt wurde? Die Rede ist hier von Ferdinand Lassalle, dem Mitbegründer der deutschen Sozialdemokratie und Gründer des *Allgemeinen deutschen Arbeitervereins*. In seiner Studentenzeit an der Breslauer Universität hatte er einer Burschenschaft angehört und wurde dort mit dem Ehrenkodex vertraut. Auch nach Abschluss seines Studiums unterzog sich Lassalle regelmäßig Fecht- und Schießübungen, sodass er durchaus in der Lage war, jederzeit die Inhalte des Ehrenkodex in die Praxis umzusetzen. Aber wollte er das überhaupt? Oder galten die Fechtübungen nur zur allgemeinen Steigerung der physischen Leistungsfähigkeit? Lassalle machte kein Hehl daraus, dass er aus innerer Überzeugung gegen das Duell war. Auch in seinen philosophischen Schriften kam dies wiederholt zum Ausdruck. Ein Zweikampf um die persönliche Ehre ließ sich mit seinen Lebensgrundsätzen nicht vereinbaren. Was musste da wohl geschehen sein, dass er dennoch im Alter von 39 Jahren am 28. August 1864 um 9 Uhr morgens auf der Lichtung eines kleinen Wäldchens im Genfer Vorstadtquartier Carouge in einem Duell stand, um „Rache zu üben", wie er es selbst formulierte?

Während eines Kuraufenthaltes in der Schweiz verliebte sich Lassalle in die 21 Jahre alte Helene von Dönniges, die Tochter eines bayrischen Diplomaten in der Schweiz, mit Wohnsitz in Genf. Die attraktive Helene war zu jener Zeit aber bereits mit dem rumänischen Adligen Janko von Rackowicz verlobt, der in Berlin Jura studierte[89]. Ungeachtet dessen erwiderte Helene die Liebe Lassalles, und sie beschlossen zu heiraten. Allerdings war ihr Vater nicht damit einverstanden, dass seine Tochter einen Mann mit bürgerlicher Herkunft und revolutionären Ideen in die Familie bringen würde. Helene war bereit, das Elternhaus zu verlassen, doch Lassalle besänftigte sie und ließ sich nicht darauf ein. Aber gerade das war der Auslöser für das später stattfindende Duell. Weil Lassalles Verhalten von Helene als Verschmähung ihrer Liebe und Person gewertet wurde, sagte sie sich vom ihm los. Lassalle war verzweifelt. Durch das verletzende Verhalten der Familie von Dönniges, die seine Briefe mit dem Wunsch nach einer Aussprache nicht beantwortete, fühlte er sich nicht nur in seinem Mannesstolz, sondern auch in seiner Würde empfindlichst verletzt.

In äußerster Erregung schrieb Lassalle an Dönniges einen Brief mit ganz bewusst beleidigendem Inhalt. Darin erklärte er, dass dessen Tochter Helene eine verworfene Dirne sei und er daher nicht die Absicht habe, sich durch eine Heirat mit ihr zu entehren. Gleichzeitig forderte er Dönniges auf, ihm für die zugefügten Beleidigungen Satisfaktion zu geben. Mit den beiden Überbringern dieses Briefes könne alles dazu Erforderliche verabredet werden.

Eine Abschrift dieses Briefes, mit einigen zusätzlichen spöttischen Bemerkungen, erging auch an Janko von Rackowicz. Dönniges beantwortete diese Forderung nicht. Stattdessen überbrachten Lassalle zwei Verwandte der Familie Dönniges, Graf Kayserlingk und Dr. Arndt, eine Duellforderung von Janko von Rackowicz. Dönniges selbst hatte die Wiederherstellung der Familienehre seinem künftigen Schwiegersohn anvertraut und war verreist. Lassalle hatte zwei seiner Freunde als Sekundanten gewählt, Oberst Johann Philipp Becker und Oberst Rüstow. Ersterer hatte Lassalle gedrängt, vom Duell unbedingt abzusehen, und nahm das Mandat nicht an. Lassalle fand rasch Ersatz in dem ungarischen Grafen Bethlen. Rüstow, der ebenfalls bemüht war, seinen Freund von diesem Zweikampf abzubringen, sah in der Forderung durch Rackowicz die letzte Chance dazu. Er riet Lassalle eindringlich, sie nicht anzunehmen. Es müsse gemäß dem Duellreglement der Prioritätsgrundsatz beachtet werden, d. h. erst müsse Dönniges selbst ihm Satisfaktion geben, und erst dann könne er sich mit Rackowicz schlagen. Lassalle winkte ab und drängte seine Sekundanten, das Duell für den nächsten Tag vorzubereiten. Mit den Sekundanten der Gegenpartei wurden nun folgende Bedingungen vereinbart:

• ein „Pistolenduell auf Kommando";
• die Zeit für die Abgabe des Schusses darf max. 20 Sekunden betragen, wobei 10 Sekunden nach dem „eins" das Kommando „zwei" und weitere 10 Sekunden später das Kommando „drei" erfolgen sollten. Es darf nur zwischen den Kommandos „eins" und „drei" gefeuert werden;
• mehrfacher Kugelwechsel, bis einer der Gegner gefallen ist;
• Pistolen mit glatten Läufen (die Sekundanten von Rackowicz hatten zunächst auf gezogenen Läufen bestanden, was Lassalles Mandanten jedoch ablehnten);
• jede Partei bringt ein Pistolenpaar mit, und das Los entscheidet, welches davon verwendet wird;
• die Partei von Rackowicz stellt einen Arzt und nennt einen geeigneten Kampfplatz.

Offensichtlich war es in Genf einfacher, geeignete Pistolen mit gezogenen Läufen zu beschaffen, als die vereinbarten mit glatten Läufen. Rüstow gelang dies erst nach einiger Mühe. Er empfahl Lassalle dringend, sich vor dem Duell noch ein wenig im Schießen zu üben. Dieser lehnte jedoch ab. Hingegen ist von Rackowicz bekannt, dass dieser am Tag vor dem Zweikampf mehrere Stunden lang auf dem

Schießplatz mit Schießübungen verbracht hatte.

Auch wenn Lassalle in jenen Stunden seinen Freuden gegenüber keinerlei nervöse Regung zeigte und eher Gelassenheit zur Schau stellte, war er sich der ernsten Situation voll bewusst. Er verfasste am Abend vor dem Duell sein Testament. In einer weiteren Notiz, mit der er seine sekundierenden Freunde vor der gerichtlichen Verfolgung schützen wollte, schrieb Lassalle nieder, dass er bestimmte Gründe habe, mit einem Pistolenschuss seinem Leben ein Ende zu setzen.

Die Beteiligten trafen einander morgens um 7.30 Uhr an einer verabredeten Stelle am Stadtrand von Genf. Lassalle hatte einen Herrn von Hoffstetten als weiteren Zeugen mitgenommen. Die Gegenpartei erschien mit dem Arzt Dr. Seiller, der das „stille Plätzchen" kannte, zu dem sie gemeinsam hinfuhren. Als Unparteiischer wurde durch das Los Oberst Rüstow bestimmt. Er hatte die Waffen zu laden, die Standplätze anzuweisen und das Kommando zu geben. Nach seiner an die Gegner gerichteten Aufforderung, die getroffenen Vereinbarungen strengstens zu befolgen, gab er das Kommando „Achtung" und begann, laut zu zählen. Bereits fünf Sekunden nach dem Kommando „eins" schoss Rackowicz als erster und in der gleichen Sekunde auch Lassalle. Letzterer verfehlte seinen Gegner, möglicherweise deshalb, weil ihm die Kugel von Rackowicz bereits eine schwere Unterleibsverletzung zugefügt hatte. Lassalle wurde von Dr. Seiller notdürftig versorgt und mit der Kutsche in ein Genfer Hotel gebracht. Seine Verwundung war tödlich. Selbst eiligst herbeigerufene namhafte Ärzte aus Zürich und Heidelberg vermochten lediglich mit Morphium Lassales starke Schmerzen zu lindern. Er starb drei Tage nach dem Duell.

Über seinen Freund Oberst Becker wird noch berichtet, dass dieser angeblich mit dem Gedanken gespielt hatte, die Polizei zu verständigen, um alle Beteiligten noch vor dem Duell verhaften zu lassen. Damit wollte er den Zweikampf verhindern, auch wenn es ihn die Freundschaft von Lassalle gekostet hätte.

Janko Rackowicz konnte sich durch Flucht in sein Heimatland Rumänien der Strafverfolgung entziehen. Im darauf folgenden Jahr heiratete er Helene und starb wenige Monate später an Tuberkulose.

# Alexander Puschkin und Baron Georges d'Anthès-Heeckeren[90]

*Alexander Puschkin*

Über dem Motiv zu diesem Duell liegt ein etwas geheimnisvoller Schleier, denn die tatsächlichen Beweggründe sind wegen der vielfältigen Komponenten, die hineinspielten, nicht klar erkennbar. Jedenfalls standen einander Alexander Puschkin, der bedeutendste russische Dichter seiner Zeit, und Baron d'Anthès, französischer Offizier im Dienst des Zaren Nikolaus I., am 27. Januar 1837 in einem Duell gegenüber.

Der Anlass dafür schien, bei erster und oberflächlicher Betrachtung, allein im leichtfertigen Verhalten von Puschkins Gemahlin Natalija zu liegen. Zumindest spielte sie dabei eine nicht ganz unwesentliche Rolle. Sie war eine schöne und attraktive Person. D'Anthès machte ihr in aller Öffentlichkeit den Hof, sie verwies ihn aber nicht in seine Schranken. Dies führte dazu, dass die Affäre bald zum Gesprächthema in der Sankt Petersburger Gesellschaft wurde. Aber war es das allein? Gewiß nicht, denn Verleumdungen, Intrigen sowie Geld und Politik waren auch mit im Spiel.

Da war zunächst der Baron Ludwig Heeckeren, Botschafter des niederländischen Königsreiches in Sankt Petersburg und Adoptivvater von Baron d'Anthès. Er schmiedete eine Intrige gegen Puschkin und machte ihn durch anonyme Briefe in der Gesellschaft lächerlich. Wollte er ihn zum Handeln veranlassen? Heeckerens Ziel war, das Verhältnis zwischen d'Anthès und Natalija aufzulösen, denn er hatte mit seinem Adoptivsohn andere Pläne. Nach Heeckerens Meinung gab es in der Sankt Petersburger Hautevolee zahlreiche vermögende junge Damen, sodass d'Anthès es nicht nötig hatte, mit einer mittellosen, verheirateten Frau zu verkehren.

Dann war noch Zar Nikolaus I., der aus Angst vor revolutionären Bestrebungen in seinem Reich, alle Intellektuellen der russischen Gesellschaft von der Geheimpolizei überwachen ließ. Puschkin war kein Revolutionär in diesem Sinne, aber er überschritt gelegentlich im Rahmen seiner dichterischen Freiheit die Grenze dessen, was dem Zaren noch genehm war.

Man vermutete auch, dass Puschkins Gattin Natalija Kontakte zur Geheimpolizei hatte, dort ihren Mann denunzierte und dass Puschkin davon Kenntnis besaß. Was das für ihn, der seine Natalija über alles liebte, bedeutet haben muss, ist gewiß leicht nachzuvollziehen. Hinzu kam noch die Last seiner ungeheuren Verschuldung aufgrund eines recht aufwendigen Lebensstils innerhalb der höfischen Gesellschaft – in erster Linie verursacht durch seine Gemahlin.

Alexander Puschkin befand sich in einer außerordentlich verzweifelten Lage. Als d'Anthès Puschkins Schwägerin heiratete, aber weiterhin in aller Öffentlichkeit seine Zuneigung gegenüber Natalija bekundete, entschied er sich endgültig für das Duell. Er hatte wenige Monate zuvor seine Forderung gegen d'Anthès wieder zurückgezogen, da er nicht gegen den künftigen Ehegatten seiner Schwägerin antreten wollte. Von der offensichtlich sehr kurzfristig anberaumten Eheschließung hatte Puschkin zum Zeitpunkt seiner ersten Forderung noch keine Kenntnis.

Die Sekundanten waren für Puschkin sein Freund Oberst Konstantin Danzas und für d'Anthès der Attaché der französischen Botschaft in Sankt Petersburg, Auguste Vicomte d'Archiac. Die beiden vereinbarten folgende Duellbedingungen:

• Pistolenduell mit Barriere, mit einer Distanz der Standplätze von zwanzig und der Barrieren von zehn Schritten, sodass jeder der Kontrahenten um fünf Schritte vorrücken konnte.
• Sollte der erste Schusswechsel ohne Ergebnis bleiben, sei das Duell bis zu einem Ergebnis fortzusetzen. (Es ist nicht belegt, ob unter „Ergebnis" Verwundung, Kampfunfähigkeit oder Tod verstanden wurden.)

Am Ort des Geschehens, in einem Wäldchen, lag reichlich Schnee, und es wehte ein eiskalter Wind. Die Sekundanten mussten nach Markieren der beiden Standplätze jeweils auf die Länge von fünf Schritten den Schnee festtreten, damit die Gegner unbehindert bis zu ihrer Barriere vorrücken konnten. Als Barriere dienten ihre in den Schnee gelegten Pelzmäntel. Der leitende Sekundant, Oberst Danzas, gab mit seinem Hut das vereinbarte Zeichen, und beide Kontrahenten schritten in Richtung ihrer Barriere. Puschkin erreichte diese als erster, hob seine Waffe und zielte auf d'Anthès. Dieser jedoch hatte erst die halbe Distanz zu seiner Barriere zurückgelegt, war dort stehen geblieben und feuerte, noch bevor Puschkin seinen Schuss abgab. Puschkin fiel schwer verwundet in den Schnee, hatte sich aber noch soweit in der Gewalt, dass er die herbeieilenden Sekundanten und d'Anthès wieder zurück auf ihre Plätze verwies. Er fühlte sich noch stark genug, um seinen Schuss abzufeuern. Da seine Waffe in den Schnee gefallen war, reichte man ihm eine andere Pistole. D'Anthès hatte wieder den Platz zum Zeitpunkt seiner Schussabgabe eingenommen, seine rechte Hand lag auf der Brust über dem Herz. Puschkin versuchte halb liegend, auf den linken Ellenbogen gestützt, eine einigermaßen brauchbare Schussposition zu erreichen, zielte lange und feuerte. Auch d'Anthès stürzte verletzt zu Boden, allerdings war seine Verwundung nur leichterer Natur.

Alexander Puschkin hatte eine tödliche Unterleibsverletzung erlitten, der er zwei Tage nach dem Duell erlag. Er ließ durch seinen Arzt den Zar für das Duell um Verzeihung bitten. Dieser entsprach Puschkins Bitte und ließ ihm versichern, dass er sich um seine Familie keine Sorgen zu machen brauchte, da er sich um dessen Frau und Kinder kümmern würde. Diese Antwort des Zaren, die Puschkin noch vor seinem Tod erreichte, dürfte bei ihm große Erleichterung hervorgeru-fen haben. Immerhin ließ er im Alter von noch nicht ganz 38 Jahren eine Frau mit vier Kindern mittellos zurück. D'Anthès musste auf Befehl des Zaren Russland für immer verlassen.

Schon wenige Tage nach dem tragischen Tod von Puschkin kam innerhalb der St. Petersburger Gesellschaft das Gerücht in Umlauf, er hätte einen gelungenen Selbstmordversuch inszeniert. Nicht nur seine geliebte Natalija, auch insbesondere seine hohe Verschuldung konnten den Nährboden dafür geliefert haben.

Allerdings neigten Historiker eher zu einer anderen Version. Nach dieser hatte der Zar angeblich Kenntnis von dem bevorstehenden Zweikampf. Er gab dem Chef der Geheimpolizei Order, das Duell zu verhindern. Da Puschkin aber für die Geheimpolizei seit geraumer Zeit als „unbequeme Person" galt, war diese an der Austragung interessiert. Man wusste, dass d'Anthès ein guter Pistolenschütze war und entsandte die Polizisten absichtlich an einen anderen Ort.

## Giacomo Casanova und Franz Xaver Graf Branicki[91]

Kaum zehn Jahre waren vergangen nach Casanovas weltweit bekannt gewordenen und allseits bewunderten Flucht aus den berüchtigten Bleikammern von Venedig, als er erneut in allen europäischen Zeitungen Schlagzeilen machte: Es war sein Duell am 5. März 1766 in Warschau, das ihm für sein mutiges Verhalten nicht nur allgemeine Anerkennung und Respekt verschaffte, sondern auch ein neues Persönlichkeitsprofil. Das bisherige war im Verlauf der Jahre durch gewisse Schwindelaffären und wiederholte Verschuldungen schon ein wenig verschlissen und allgemein in Verruf geraten.

Dass auf jenes berühmte Duell etwas detaillierter eingegangen werden kann, verdanken wir Casanova selbst. Er war es, der sowohl in seiner Novelle *Il Duello* als auch in seinen später verfassten Memoiren diesen Zweikampf sowie dessen Ursache genauestens beschrieben hat. Er betrachtete dieses Duell als einen der Höhepunkte seines Lebens. Interessant sind dabei die jeweiligen Dialoge, in denen vor allem die Einhaltung der Formalitäten sowie die vornehme Wortwahl im 18. Jahrhundert sehr schön zum Ausdruck kommen. Gleichzeitig erhalten wir einen Hauch der damaligen gesellschaftlichen Atmosphäre bei Hof vermittelt und einen kleinen Einblick in die Sitten und Gebräuche jener längst vergangenen Tage. Außerdem wird hier deutlich, dass es damals zwar gewisse Duellregeln gab, aber der Ablauf des Zweikampfes, oftmals recht individuell, erst auf dem Ort des Geschehens von den Kontrahenten selbst bestimmt wurde, wie z. B. die Distanz und wer den ersten Schuss hatte.

Casanova war im Oktober 1765 von Sankt Petersburg nach Warschau gereist. Während seines Aufenthaltes am Hof der Zarin Katharina II. galt er für sie und auch für zahlreiche andere Persönlichkeiten als geschätzter Gesprächspartner. Deshalb hatte er keine Mühe, sich zwei Empfehlungsschreiben ausfertigen zu lassen, mit denen er sich Zutritt zum polnischen Hochadel und zum polnischen König erleichtern wollte. Die eine Empfehlung stammte vom polnischen Gesandten in Sankt Petersburg an den Fürst Sulkowski, die andere von einem Geistlichen der englischen Staatskirche an Adam Fürst Czartoryski. Mit diesen beiden Schreiben gelang es Casanova, innerhalb weniger Tage nach seiner Ankunft in Warschau dem König Stanislaus Poniatowski, auch Stanislaus II. August genannt, vorgestellt

zu werden. Dieser fand Gefallen an dem geistreichen Venezianer und erklärte, er würde ihn „... stets mit großem Vergnügen an seinem Hofe sehen". Casanova führte ein der höfischen Gesellschaft angepasstes großzügiges Leben, leistete sich einen eigenen Diener und galt bald als anerkannter Ehrenmann.

Da traf in Warschau die Ballett-Tänzerin Anna Binetti ein, die wie Casanova aus Venedig stammte. Er kannte sie persönlich aus Stuttgarter und Londoner Zeiten, war ihr freundschaftlich verbunden, sogar verpflichtet, zumal sie ihm einmal in schwieriger Lage hilfreich zur Seite gestanden hatte. Aber wie der Zufall es will: ausgerechnet die Binetti wurde die Ursache für Casanovas Duell mit Branicki. Der König hatte sie für ein Jahr unter Vertrag genommen, sehr zum Ärger der seit längerer Zeit in Warschau auftretenden Mailänder Primadonna Casacci. Diese war zwar eine Schönheit, entzückte jedoch die Warschauer Gesellschaft mehr durch ihre Reize, denn durch ihr Talent, das bei weitem nicht an das ihrer neuen Konkurrentin heranreichte. Die Binetti eroberte sich daher mit ihrer tänzerischen Überlegenheit sehr rasch eine große Anzahl von Bewunderern und Verehrern. Infolgedessen teilte sich die Warschauer Hautevolee in zwei Lager: Diejenigen, die der einen Beifall zollten, schwiegen bei der anderen und umgekehrt.

Alle einflussreichen höfischen Freunde Casanovas und auch die königliche Familie gehörten dem Lager der Casacci an. Dadurch kam er in eine für ihn unangenehme Situation.

Einerseits war er der Binetti verpflichtet, andererseits durfte er aber nicht in Opposition zu seinen Freunden gehen, um die soeben angeknüpften guten Beziehungen nicht zu gefährden. Somit war Casanova gezwungen, der Casacci den Hof zu machen und nur ihr zu applaudieren. Die Binetti machte ihm deswegen bittere Vorwürfe. Obwohl ihr der venezianische Freund seine Gründe erklärte, bestand sie darauf, dass er dann eben nicht mehr ins Theater gehen sollte, um sich dieser Verlegenheit zu entziehen. Casanova lehnte dies jedoch ab, indem er auf seine gesellschaftlichen Verpflichtungen hinwies. Mit dem hieraus resultierenden Spannungspotenzial zwischen den beiden konnte Casanova leben, nicht aber die Binetti. Sie beklagte sich bei dem Grafen Xaver Branicki, der als ihr Liebhaber galt. Dieser versprach ihr, den Venezianer zu bestrafen, sobald sich eine Gelegenheit dazu ergäbe.

Lange zu warten brauchte er nicht. Casanova wurde anlässlich eines Diners bei Hofe vom König persönlich zu einer Theaterpremiere in seine Loge eingeladen. Nach dem Auftritt der Casacci wollte Casanova ihr in ihrer Garderobe einen Höflichkeitsbesuch abstatten. Auf dem Weg dorthin machte er einen kurzen Halt bei der Binetti, die sich soeben für ihren Auftritt vorbereitete. Er war kaum in ihre Garderobe eingetreten, da erschien auch schon Branicki. Casanova verabschiedete sich sogleich und ging zur Casacci, um ihr die erwarteten Komplimente zu machen. Während er sie dabei umarmte, stand Branicki wieder hin-

ter ihm, diesmal in Begleitung seines Oberstleutnants Bininski. Casanova war sofort klar, dass hier die Binetti dahinter steckte, um ihre „weibliche Rache" zu üben. Branicki sagte:

„Wie ich sehe, bin ich zu ungelegener Zeit für Sie, mein Herr, hier eingetreten; mir scheint, Sie lieben diese Dame?"

„Gewiß, gnädiger Herr; finden Eure Exzellenz sie denn nicht sehr liebenswürdig?"

„Über alle Maßen liebenswürdig; ja noch mehr: ich liebe sie und bin nicht gesonnen, Nebenbuhler zu dulden."

„Jetzt, da ich dies weiß, Herr Graf, werde ich sie nicht mehr lieben."

„Sie weichen mir also?"

„Von ganzem Herzen gern; einem hohen Herrn, wie Sie es sind, muß ein jeder weichen."

„Sehr schön: aber ein Mensch, der einem anderen weicht, scheint mir ein Feigling zu sein."

„Die Bemerkung ist ein wenig stark!"

Bei diesen Worten blickte Casanova seinem anmaßenden Beleidiger fest in die Augen und legte seine linke Hand an den Griff seines Degens. Diese Herausforderung war unzweifelhaft und wurde auch von den zwischenzeitlich dazu gekommenen drei Offizieren wahrgenommen. Als Casanova betont langsam zur Treppe ging, rief ihm Branicki noch nach, dass er ein venezianischer Feigling sei. Dieser antwortete darauf in ruhigem Ton, dass ein venezianischer Feigling außerhalb des Theaters sehr wohl einen tapferen Polen töten könne.

Nach diesen Worten wartete Casanova vor dem Haupteingang des Theaters auf seinen Beleidiger, um ihn zu zwingen, sofort den Degen zu ziehen. Der aber kam nicht, und so ließ sich Casanova zu einem seiner Freunde, den Fürsten Czartoryski, fahren. Bei diesem hoffte er, einen Rat zu bekommen, wie in dieser Situation zu handeln sei. Er war nicht sicher, ob Branicki sich überhaupt von ihm fordern ließe. Schließlich war dieser Kammerherr, Ulanenoberst und Ritter des Weißen Adlers sowie 1765 Gesandter des polnischen Königs am Hof Friedrichs II. Ferner war er Günstling des Königs, weil er den Monarchen einmal aus äußerster Bedrängnis gerettet hatte, als dieser noch polnischer Gesandter in Sankt Petersburg gewesen war. Casanova hingegen war nicht von Adel, stammte aus bürgerlichen Verhältnissen und hatte lediglich einen guten Ruf als weltgewandter, geistreicher Plauderer und Schriftsteller. Somit war der Standesunterschied der beiden doch erheblich. Sie hätten sich nach dem im 18. Jahrhundert geltenden Ehrenkodex gar nicht duellieren dürfen.

Aber der erhoffte Rat blieb aus. Fürst Czartoryski beschränkte sich auf die Worte: „In solchen Dingen gebe ich keinen Rat; da muß man entweder viel oder nichts tun." Casanova verwarf das „nichts" sofort und entschied sich für das „viel". Falls Branicki seine Forderung ablehnen würde, war er bereit, diesen zu töten – selbst auf die Gefahr hin, dafür auf dem Schafott zu enden. Also schrieb er noch in derselben Nacht folgenden Brief an Branicki:

Exzellenz,
gestern abend haben Sie mich im Theater mutwillig beleidigt, ohne einen Grund noch ein Recht zu diesem Verhalten zu haben. Daraus schließe ich, Exzellenz, daß Sie mich hassen und aus dem Kreise der Lebenden zu entfernen wünschen. Ich kann und ich will Sie zufriedenstellen. Wollen Sie daher die Güte haben, Exzellenz, mich in Ihrer Equipage mitzunehmen und mich an einen Ort zu führen, wo meine Niederlage Sie nicht schuldig im Sinn der polnischen Gesetze werden lassen kann und wo ich des gleichen Vorzugs genieße, wenn Gott mir helfen sollte, Eure Exzellenz zu töten. Ich würde mit diesem Vorschlag nicht an Sie herantreten, Exzellenz, wenn ich nicht von Ihrer ehrliebenden Gesinnung überzeugt wäre.

Ich habe die Ehre, Eurer Exzellenz untertänigster und gehorsamster Diener zu sein. G. C.

Mittwoch, 5. März 1766, bei Tagesanbruch.

Den Brief brachte sein Diener sofort zu Branicki, mit dem Auftrag, dort gleich auf Antwort zu warten. Eine halbe Stunde später hatte Casanova diese bereits in Händen. Sie lautete:

Mein Herr,
ich nehme Ihren Vorschlag an, aber Sie werden die Güte haben, mein Herr, mir mitzuteilen, wann ich die Ehre haben werde, Sie zu sehen.

Ich bin, mein Herr, Ihr untertänigster und gehorsamster Diener.

Branicki, P.

Casanova war über diese Zusage hoch erfreut und antwortete sofort, dass er am nächsten Tag, 6 Uhr früh, bei ihm sein werde. Daraufhin schrieb Branicki nochmals, dass Casanova Ort und Waffen wählen könne, aber die Angelegenheit noch im Verlauf dieses Tages auszutragen sei. Casanova erklärte, dass er als Waffe den Degen wählte, doch an diesem Tag nicht könne, weil er noch Dringendes zu erledigen hätte. Eine Stunde später stand Branicki in Casanovas Zimmer und bedrängte ihn mit eindringlichen Worten. Er, Branicki, würde niemals einen Zweikampf auf den nächsten Tag verschieben; man müsse sich also heute schlagen oder nie. Als Casanova nochmals zu verstehen gab, Dringendes für den König erledigen zu müssen, wehrte Branicki mit dem Hinweis ab, dies könne später auch noch geschehen, da Casanova wahrscheinlich nicht fallen werde. Sollte dies aber dennoch geschehen, so würde der König ihm sicher verzeihen, und im Übrigen hätte ein toter Mensch keinen Vorwurf zu fürchten. Branicki hatte einfach Sorge, dass die Angelegenheit bei Aufschub auf den nächsten Tag bekannt würde und dann beide auf Befehl des Königs in den Arrest müssten. Weil Casanova seinem Beleidiger keinen Vorwand zum Ausweichen liefern wollte, willigte er ein, sich um 3 Uhr nachmittags abholen zu lassen.

Nun schien alles geklärt, da stellte Branicki die vom Venezianer gewählten Waffen in Frage. Er drängte darauf, sich unbedingt mit Pistolen zu schlagen, weil er sich mit einem Unbekannten nicht auf ein Degenduell ein-

lassen wollte. Sein Argument war, dass er möglicherweise einem Meister in der Degenführung gegenüber stehen könnte und die Chancen dann ungleich verteilt seien. Er beherrsche diese Waffe nur soweit wie ein Mann, dessen Beruf der Krieg sei. Casanova verwies darauf, dass Branicki ihm die Wahl der Waffen überlassen hatte, und bestand darauf, dieses Recht auch für sich zu beanspruchen. Doch Branicki ließ nicht locker: „Hören Sie mich an. Wir werden unser Duell mit einem schönen Kugelwechsel beginnen, und wenn Sie dann noch wollen, können wir uns nach Herzenslust mit dem Degen schlagen. Das ist der Gefallen, um den ich Sie bitte. Wären Sie fähig, mir eine so geringe Bitte abzuschlagen?"

Obwohl Casanova ein Pistolenduell als barbarisch empfand, stimmte er nun zu. Zugleich verlangte er, dass Branicki die Pistolen mitbrächte und diese in seiner Gegenwart geladen würden, sowie das Recht, als Erster eine der beiden Waffen wählen zu dürfen. Weiterhin ergänzte er noch, falls der Kampf mit Degen fortgesetzt würde, dann so lange, bis Blut flösse oder auf Leben und Tod, „... ganz nach Ihrem Belieben".

Branicki kam pünktlich in einer sechsspännigen Berline. Er führte ein etwa zehn Mann starkes Gefolge mit sich, bestehend aus Offizieren, Ulanen, einem General und einem Jäger sowie Reitknechten, die zwei gesattelte Pferde mit sich führten. Die Fahrt ging in den schönen Garten des Grafen Brühl, der zu dieser Zeit in Dresden weilte. In einem Laubengang legte der

Jäger zwei 46 cm lange Pistolen, Pulverhorn und eine kleine Waage auf den dort befindlichen Steintisch, begann die Waffen zu laden und legte diese anschließend kreuzweise wieder auf den Tisch. Als Branicki nun Casanova aufforderte, seine Waffe zu wählen, begriff der begleitende General offensichtlich erst die Situation und fragte ganz entrüstet, ob dies ein Duell sei? Auf die bejahende Antwort erklärte er, dass es hier nicht ausgetragen werden dürfe, man befände sich noch innerhalb der Starostei[92], in der er heute Wachdienst habe. Er dürfe daher keinesfalls Zeuge dieses Zweikampfs sein und fühle sich überrumpelt. Nach einigem Wortwechsel warf Branicki ein, er sei gekommen, um sich zu schlagen, nicht, um zu parlamentieren. Daraufhin entfernte sich der General kopfschüttelnd.

Die beiden Gegner legten ihre Pelzröcke und Degen ab, zeigten einander die entblößte Brust und ergriffen in der vereinbarten Reihenfolge die Waffen. Auf Branickis Erklärung: „Ihre Waffe ist vollkommen in Ordnung, dafür bürge ich", antwortete Casanova: „Ich werde sie an Ihrem Kopf probieren!" Beide gingen nun jeweils sechs Schritte zurück – mehr ließ der Laubengang nicht zu – und standen einander mit zu Boden gesenkten Pistolen gegenüber. Casanova lüftete mit seiner Linken den Hut bis zum linken Knie, bat seinen Gegner, ihm die Ehre zu erweisen, den ersten Schuss zu tun, und setzte den Hut wieder auf. Den Verlauf der nun folgenden Sekunden schildert Casanova in seinen Erinnerungen wie folgt:

„Anstatt sofort seine Pistole auf mich zu richten und zu feuern, verlor der Podstoli zwei oder drei Sekunden damit, zu zielen und seinen Kopf hinter seiner Waffe zu decken. Ich war nicht in der Lage, so lange zu warten, bis er mit allen diesen Anstalten fertig war. Ich hob plötzlich meine Pistole und feuerte im selben Augenblick, wo er auf mich schoß. Hieran kann kein Zweifel sein, denn die Personen der Nachbarschaft erklärten übereinstimmend, nur einen einzigen Schuss gehört zu haben. Ich fühlte mich an der linken Hand verwundet und steckte diese in die Tasche; als ich aber meinen Gegner fallen sah, warf ich meine Pistole fort und eilte auf ihn zu."

Doch da stürzten Casanova drei von Branickis Begleitern zornig mit blanken Klingen entgegen, bereit, ihn zu töten. Dass er am Leben blieb, ist nur dem Umstand zu verdanken, dass Branicki bei Bewusstsein war und mit lauter Stimme: „Gesindel, laßt diesen Ehrenmann in Frieden!" seine Männer zurückrief. Da man keinen Arzt zum Kampfplatz mitgenommen hatte, wurde der schwer verwundete Branicki in einen nahe gelegenen Gasthof gebracht. Gleichzeitig wurden Boten beauftragt, schnellstens ärztlichen Beistand zu organisieren.

Die Wunde sah tödlich aus. Es war ein Durchschuss im Bereich der unteren Rippen, und es lag nahe, dass die Eingeweide verletzt waren. Branicki glaubte, sterben zu müssen, und drängte Casanova, zu fliehen: „Sie haben mich getötet! Retten Sie sich, denn Sie laufen Gefahr, den Kopf auf einem Schafott zu verlieren. Sie sind

*Abb 18: Giacomo Casanova im Duell mit Franz Xaver Graf Branicki am 5. März 1766.*
*Illustration aus Casanovas „Memoiren", Ausgabe 1925.*
*(Bildarchiv Preussischer Kulturbesitz, Berlin)*

innerhalb der Starostei, und ich bin Großwürdenträger der Krone und Inhaber des Weißen Adlerordens. Verlieren Sie keine Zeit, fliehen Sie, und wenn Sie nicht genug Geld haben, so nehmen Sie meine Börse." Casanova nahm diese nicht an, bedankte sich aber und bemerkte: „Ich hoffe, daß Ihre Wunde nicht tödlich sein wird, und ich bin in Verzweiflung, daß Sie mich gezwungen haben, Ihnen diese Wunde beizubringen." Nach diesen Worten gab er Branicki einen Kuss auf die Stirn und verließ den Gasthof.

Ein zufällig vorbeikommender Bauer nahm Casanova auf dem Pferdeschlitten mit nach Warschau zurück. Dort wollte er bei Fürst Czartoryski um einen Zufluchtsort bitten. Nachdem er dort niemanden antraf, verschaffte er sich im benachbarten Kloster gewaltsam Eintritt, denn als der Klosterpförtner Casanovas blutbefleckte Kleidung sah, erahnte er den Grund für den Besuch und wollte die Tür sogleich wieder schließen. Über seinen Diener ließ Casanova einige vertraute Freunde über seinen Aufenthaltsort verständigen sowie einen Arzt rufen. Seine Hand war schwer verletzt, die Kugel steckte noch und musste entfernt werden. Ein leichter Streifschuss in der Nähe des Nabels erwies sich hingegen als unbedeutend.

Die Handverletzung zeigte nach Ansicht der Ärzte angeblich bald Anzeichen von Wundbrand, und deshalb sollte die Hand abgenommen werden. Casanova beurteilte das Aussehen der Wunde jedoch anders und ließ dies nicht zu. Er war der Meinung, mit einem Arm ohne Hand nichts anfangen

zu können und wollte sich dann eher den ganzen Arm abtrennen lassen, falls sich der Wundbrand bestätigte und auch den Arm erfassen würde. Obendrein hegte er den Verdacht, dass die drei angesehensten Ärzte Warschaus ihm wegen des für Branicki ungünstigen Duellausgangs nachträglich Schaden zufügen wollten. Allerdings wäre dies nicht in dessen Sinne gewesen. Branicki verhielt sich nämlich sehr versöhnlich, schickte Casanova seinen Degen zurück und ließ sich regelmäßig über dessen Wohlbefinden unterrichten. Er selbst erholte sich ebenfalls langsam von seiner schweren Verwundung, zumal die Kugel den Darm nicht verletzt hatte. Casanova behielt mit der Beurteilung des angeblichen Wundbrandes schließlich doch Recht und damit auch seine Hand.

In der Zwischenzeit hatte er vom König eine gute Nachricht erhalten. Dieser hatte bereits zu einem Zeitpunkt, als es um Branicki noch sehr ernst bestellt war, Casanova ausrichten lassen, dass er ihn begnadige, selbst wenn Branicki sterben würde.

Der Venezianer konnte sich somit wieder frei bewegen. Dass er bei nächster Gelegenheit einen Besuch am Krankenbett seines ehemaligen Gegners abstattete, beide dabei ein ausgesprochen versöhnliches Gespräch hatten und einander als Freunde verabschiedeten, haben wir bereits weiter vorne erfahren. Freilich wurde bei diesem Besuch auch über das Duell geredet, und einige interessante Einzelheiten aus dem Gesprächsinhalt sollen hier noch kurz erwähnt werden.

Es stellte sich heraus, dass Branicki durch Casanovas Worte „Ich werde sie an Ihrem Kopf ausprobieren" sichtlich irritiert war. Er glaubte ernsthaft, dass Casanova auf seinen Kopf zielen werde, und hatte beim Versuch, seinem Kopf hinter der vorgestreckten Hand mit der Pistole eine gewisse Deckung zu geben, zwangsläufig eine unvorteilhafte Schießposition eingenommen. Hätte Branicki die Worte seines Gegners nicht beachtet und in normaler Seitwärtsstellung sofort gefeuert, als ihm Casanova dies anbot, wäre Letzterer mit Sicherheit nicht mehr zum Schuss gekommen bzw. vielleicht sogar tödlich getroffen worden. Branicki galt als einer der besten Pistolenschützen Polens, und niemand verstand es so recht, dass er hier beinahe das Ziel verfehlt hatte. Casanova hingegen, der diesem Umstand möglicherweise sein Leben verdanken konnte, gab zu, dass es sein erster Schuss gewesen war und er sich nie im Pistolenschießen geübt hatte. Dass seine Kugel nun dennoch den Gegner traf, erklärte er damit: „.... ich hatte stets einen richtigen Begriff von der geraden Linie, einen scharfen Blick und eine sichere Hand." Ferner gestand er, dass es gar nicht seine Absicht gewesen war, auf den Kopf von Branicki zu schießen. Seine diesbezüglichen Worte seien nur so eine Redensart gewesen, denn schließlich zielte ein ungeübter Schütze vernünftigerweise auf die größte sich anbietende Oberfläche des Gegners – und die sei der Körper. „Ich habe die Pistole erhoben und abgedrückt, als sie ungefähr in der Höhe der Mitte des Körpers war." Hierbei waren das Aufsetzen sei-

nes Hutes, das Anlegen und Abdrücken in einem einzigen Bewegungsablauf erfolgt. Außerdem ergab die Unterhaltung, dass Branicki nur deshalb überlebte, weil er in den Stunden vor dem Duell keinerlei Speisen zu sich genommen hatte. Dadurch war sein Dickdarm leer, und die Kugel streifte diesen nur, ohne ernsthaft zu verletzen. Wäre er durch Nahrungsaufnahme jedoch angeschwollen gewesen, so hätte ihn, nach einstimmiger Aussage der Ärzte, die Kugel tödlich durchbohrt.

Nach dem Gespräch mit Branicki stattete Casanova dem Grafen Bielinski, Großmarschall der Krone und höchste Justizperson in Polen, für die Unterzeichnung der Begnadigung einen Dankesbesuch ab. Dieser erklärte aber recht kühl: „.... Für Ihre Begnadigung müssen Sie dem König danken; denn wenn er mir nicht ausdrücklich befohlen hätte, diese Begnadigung auszufertigen, so hätte ich Sie enthaupten lassen." Um sich zu entlasten, schilderte Casanova nochmals kurz die Affäre, in die er schuldlos hineingeraten war, und wollte abschließend von Bielinski wissen, ob er in Kenntnis der Fakten dennoch so gehandelt hätte. Dieser antwortete, jetzt aber in versöhnlicherem Tonfall, ausweichend: „Ich weiß nicht, was ich getan hätte. Der König hat verlangt, daß ich Sie begnadige; das ist ein Beweis, daß Sie nach seiner Meinung die Gnade verdienen, und ich wünsche Ihnen Glück dazu. Wenn Sie morgen bei mir speisen wollen, machen Sie mir ein Vergnügen." – Mag der Leser nun bei diesen letzten Worten schmunzeln oder den Kopf schütteln, aber so war die damalige Zeit.

Vier Monate nach dem Duell musste Casanova auf Befehl des Königs Warschau verlassen. Madame de Geoffrin aus Paris war am polnischen Hof zu Besuch. Sie hatte sich dort hinsichtlich Casanovas, den sie aus seiner Pariser Zeit kannte, in verleumderischer Art geäußert. Der Monarch glaubte ihr, denn er war mit ihr freundschaftlich verbunden, zumal sie ihm vierzehn Jahre zuvor, während seines Aufenthaltes in Paris und als er noch nicht König war, aus finanziellen Schwierigkeiten befreit hatte. Der König begründete sein Handeln mit seiner Sorge um Casanova, nach dem Duell doch zahlreichen Gefahren ausgesetzt zu sein, denen er sich auf Dauer gewiß nicht entziehen könne. Tatsächlich hatte der Venezianer bereits mehrere Herausforderungen erhalten, sie aber nicht beantwortet. Daraus entstand durchaus das Risiko, dass sich jemand für eine solche Verachtung rächen wollte und ihm bei Gelegenheit auflauerte.

Mit dieser Ausweisung, der noch eintausend Dukaten als Reisekasse beigefügt wurden, ging auch Casanovas heimliche Hoffnung dahin, beim König eine Anstellung als Geheimschreiber zu erhalten. Schon seit längerer Zeit war er auf der Suche nach einer angemessenen und seriösen Beschäftigung an einem Hof. Hier in Polen wäre ihm ohne das Duell ein solcher Posten sicher gewesen. Immerhin blieb Casanova für sich die Genugtuung, als Ehrenmann aufgetreten zu sein. Die vornehme polnische Gesellschaft zollte ihm allerhöchsten Respekt für seinen Mut, den Freund und Günstling des Königs zum Zweikampf gefordert zu haben.

Im Alter von 22 Jahren hatte Casanova sein erstes Duell. Drei weitere folgten. Bis dahin waren es ausschließlich Degenduelle, die er unbeschadet ausgefochten hatte. Beim Zweikampf mit Branicki war er 41 Jahre alt, sieben Jahre älter als sein Gegner. Es war sein erstes Duell mit Pistole und sein letztes überhaupt; künftig zog er es vor, nur mehr Duelle auf geistiger Ebene in Wort und Schrift zu führen.

## Offizier d'Aché und Offizier Schmitt[93]

In Casanovas Erinnerungen wird noch ein zweites Duell erwähnt, bei dem er allerdings als Sekundant auftrat. Wie der vorhergehend geschilderte Fall, gibt uns auch dieser Zweikampf ein weiteres Beispiel für den phantasievollen Umgang mit den Duellregeln in der zweiten Hälfte des 18. Jahrhunderts und für die individuelle Festlegung des Duellablaufs durch die Gegner selbst.

Casanova weilte 1762 für kürzere Zeit in Aachen und machte dort am Spieltisch die Bekanntschaft des französischen Offiziers d'Aché sowie dessen attraktiver Gattin. Wenige Tage später begegnete er ihm in einem Billardsaal. Dieser spielte dort mit dem in schwedischen Diensten stehenden Schweizer Offizier Schmitt. D'Aché, der Casanova noch zehn Louisdor schuldig war, fragte ihn, ob er um diesen Betrag wetten wolle, dass er die soeben erst begonnene Partie gegen Schmitt gewinne. Casanova willigte ein. Kurz vor Ende der Partie sah es jedoch für d'Aché nicht sehr vorteilhaft aus, aber mit einem regelwidrigen Stoß schaffte er es doch noch, zu gewinnen. Der Billardkellner machte ihn auf sein unerlaubtes Handeln aufmerksam, doch d'Aché achtete weder auf dessen Einwände noch auf die seines Gegners und steckte eiligst das Geld ein. Der Schweizer Offizier fühlte sich betrogen und schlug im Zorn seinem französischen Kollegen mit dem Billardstock ins Gesicht. Dieser zog sofort den Degen und wollte sich auf den unbewaffneten Schmitt stürzen. Nur durch das beherzte Eingreifen des kräftigen Kellners konnte das Schlimmste verhindert werden. Daraufhin verließ der Schweizer Offizier mit kurzem Gruß den Saal. D'Aché beklagte sich bei Casanova, weil er ihm nicht beigestanden hatte, aber der erklärte nur, in keiner Weise dazu einen Anlass gesehen zu haben. Außerdem fügte Casanova hinzu, dass er den Schweizer Offizier für einen Ehrenmann halte, der sicher Genugtuung geben würde, wenn d'Aché den Mut habe, einzugestehen, die Partie verloren zu haben und wenn er das Geld zurückgeben würde.

Gleich darauf wurde Casanova von einem anderen französischen Offizier angesprochen, der sich mit dem Namen de Pyène und als Freund von d'Aché vorstellte. Diesem de Pyène lag offenbar sehr viel daran, dass Schmitt d'Aché mit der Waffe in der Hand Genugtuung gäbe. Er bot an, aus seiner eigenen Tasche die Wettschuld d'Achés gegenüber Casanova zu begleichen, wenn dieser den Schweizer zu einem Zweikampf bewegen könnte. Casanova versprach, die Sache zu arrangieren. Schmitt willigte sofort ein, und Casanova bot ihm an, sein Sekundant zu sein. Die beiden Sekundanten, der andere war selbstverständlich d'Achés Freund de Pyène, einigten sich auf ein Duell mit je zwei Pistolen, an einem Ort eine halbe Stunde außerhalb der Stadt. Auf dem Weg dorthin äußerte sich Schmitt gegenüber Casanova, dass er sich in der Regel nur mit anständigen Leuten schlage. Es sei ihm schon sehr unangenehm, einen Spitzbuben zu töten, was an sich ja eher Sache des Henkers wäre. Auf Casanovas überraschte Frage, weshalb er so sicher sei, den Gegner zu töten, bekam er zur Antwort: „Vollkommen sicher; denn ich werde ihm Angst machen."

Auf dem Kampfplatz übergab d'Aché zunächst Schmitt das ihm zustehende Geld aus der Billardpartie mit den Worten: „Ich kann mich getäuscht haben, aber ich werde Sie Ihre Rohheit teuer bezahlen lassen." Auch gegenüber Casanova gab er zu, ihm noch den Geldbetrag aus der Wette zu schulden. Der Schweizer begab sich gelassenen Schrittes zwischen zwei etwa vier Schritte auseinander stehende Bäume. Dann forderte er d'Aché auf, sich in einer Entfernung von zehn Schritten aufzustellen und als Erster zu schießen. Er fügte noch hinzu, selbst zwischen den beiden Bäumen langsam hin und her zu gehen, und wenn d'Aché Lust habe, könne er es genauso tun, sobald auf ihn gefeuert werde. Auf Casanovas Einwand, dass doch erst noch zu entscheiden sei, wer den ersten Schuss habe, kam die Antwort von Schmitt, das sei überflüssig, weil er niemals zuerst schieße, und außerdem habe d'Aché ohnehin das Recht auf den ersten Schuss.

Als de Pyène seinem Freund den Platz in der von Schmitt genannten Distanz angewiesen hatte, traten beide Sekundanten zur Seite. Schmitt ging langsam zwischen den beiden Bäumen auf und ab, ohne seinen Gegner anzusehen. D'Aché feuerte seinen ersten Schuss ab, ohne Schmitt zu treffen. Dieser blieb stehen und sagte mit ruhiger, fester Stimme: „Sie haben mich gefehlt, mein Herr; ich war dessen sicher; schießen Sie noch einmal." Casanova glaubte, sein Mandant wäre verrückt geworden, denn dieser verzichtete jetzt freiwillig auf seinen Schuss und wollte nochmals auf sich schießen lassen. D'Aché zögerte nicht lange, gab den zweiten Schuss ab und fehlte abermals. Schmitt blieb wieder stehen und wandte sich seinem Gegner zu. Langsam hob er die Pistole und feuerte seinen ersten Schuss in die Luft. Dann legte er mit seiner zweiten Pistole auf d'Aché an, schoss, und sein Gegner stürzte – mitten in die Stirn getroffen – tot zu Boden. Der Schweizer Offizier steckte in aller Ruhe seine Pistolen wieder ein und entfernte sich wortlos.

Nur wenige Tage nach diesem Vorfall wünschte die Witwe d'Achés Casanova zu sprechen. Sie klagte darüber, dass ihr Gatte Schulden hinterlassen habe. Weil der Schweizer Offizier abgereist sei, verlangte sie nun von Casanova eintausend Taler, da er die Schuld am Tod ihres Gatten mittrage. Sollte er dies verweigern, würde sie ihn verklagen. Daraufhin gab Casanova ihr zu verstehen, bei dieser Art von drohendem Ton nicht geneigt zu sein, ein solches Opfer zu bringen, und verabschiedete sich. Er war kaum aus dem Haus, als ihn auch schon de Pyène einholte und unmissverständlich eine Forderung aussprach. Casanova erklärte, sich nicht mit einem Mann zu schlagen, den er nicht kenne und dem er nichts schuldig sei. Nun beschimpfte de Pyène ihn als Feigling und drohte an, dass es ihm noch Leid tun würde. Casanova antwortete darauf: „Vielleicht; einstweilen mache ich Sie als ehrlicher Mann darauf aufmerksam, daß ich niemals ohne zwei gut geladene Pistolen ausgehe und daß ich mich derselben zu bedienen weiß. Hier sind sie!" Mit diesen Worten zog er beide Pistolen aus den Taschen und spannte die eine in der rechten Hand, worauf sich de Pyène schnell und fluchend entfernte.

Unmittelbar danach traf Casanova einen befreundeten Landsmann, der Adjutant beim kommandierenden General der französischen Armee war, und erzählte diesem von dem Vorfall. Abschließend machte er seinem Landsmann das Angebot von einhundert Talern, wenn er ihm de Pyène vom Hals schaffen könne, da es ihm sehr unangenehm sei, sich mit jenem einlassen zu müssen. Als Casanova am nächsten Morgen die Bestätigung bekam, de Pyène sei bei Tagesanbruch auf hohen Befehl von Aachen abgereist, fand er die einhundert Taler gut angelegt.

# Rittmeister Goswin von Rinkerode und Major Paillard[94]

Hierbei handelt es sich um ein klassisches Offiziersduell. Rittmeister von Rinkerode war Offizier in der ehemals preußischen Armee und Major Paillard war damals Kommandant der französischen Besatzungstruppen in der ehemals preußischen Rheinprovinz Berg. Dort und auch in den anderen nordwestdeutschen Gebieten, die nach dem Untergang der preußischen Armee bei Jena und Auerstedt 1806 unter französische Verwaltung gekommen waren, entstanden häufig Spannungen zwischen deutschen und französischen Offizieren.

Im Städtchen Soest, das zur Provinz Berg gehörte, fand 1813 das Begräbnis des preußischen Generals von Budberg statt. An der Beerdigung nahmen zwei Offiziere, Freunde des Verstorbenen, in Galauniform teil. Nach der Trauerfeier kreuzte ihr Weg zwei auf dem Kirchenplatz aufmarschierte französische Kürassiereskadronen. Die beiden preußischen Offiziere salutierten höflich, und die französischen Offiziere erwiderten in der gleichen Weise. Kurz darauf stellte sich den beiden Preußen, einer davon war Rittmeister von Rinkerode, ein französischer Offizier in den Weg. Er nannte seinen Namen, Graf de Tour, und wollte im Auftrag seines Kommandanten von ihnen wissen, weshalb sie die Kirche einer französischen Provinz in preußischen Uniformen besucht hatten. In höflicher Form erklärten die beiden, dass sie preußische Rittmeister a. D. seien und es für angemessen gehalten hätten, beim Begräbnis

des Generals in Uniform zu erscheinen. Daraufhin verneigte sich der Graf und entfernte sich. Noch am gleichen Tag und inzwischen wieder in Zivilkleidung, trafen die beiden preußischen Offiziere in dem Gasthaus, in dem sie logierten, mit dem französischen Kommandanten Major Paillard, Graf de Tour und weiteren Offizieren zusammen. Sie kamen in ein immer lebhafter werdendes Gespräch, in dessen Verlauf es durch Paillard zu einem verbalen Angriff gegen Rinkerode und zu entehrenden Äußerungen gegen das preußische Königshaus kam. Rinkerode reagierte so, wie man es in jener Zeit von einem Offizier erwartete – mit einer sofortigen Forderung auf Genugtuung.

Vereinbart wurde ein Duell mit Pistolen und dreimaligem Kugelwechsel, auszutragen am Morgen des nächsten Tages. Die beiden preußischen Offiziere waren pünktlich am verabredeten Ort zur Stelle, aber die französische Gegenpartei erschien nicht. Als die beiden erfuhren, dass das französische Kürassierregiment aufgrund eines Alarms aufgebrochen war, fuhren sie ihm in ihrer Kutsche nach. Sie hatten es bald eingeholt und erklärten dem Regimentskommandeur die Situation. Dabei betonten sie, auf Major Paillard oder eine Nachricht von ihm vergeblich gewartet zu haben und baten darum, seinen Offizieren ihre Pflichterfüllung zu gestatten. Der Regimentskommandeur sagte sofort zu, drückte sein Bedauern aus und ließ eiligst die betroffenen Herren rufen. Er befragte sie dann bezüglich ihres Verhaltens, insbesondere wegen der Ungeheuerlichkeit, einem verabredeten Duell ohne eine Nachricht fernzubleiben. Graf de Tour, der als Sekundant von Paillard bestimmt worden war, erklärte, dass ihm sein Vorgesetzter, Major Paillard, den Befehl erteilt hatte, sich nicht von der Truppe zu entfernen oder einen anderweitigen Melder in dieser Sache zu entsenden. Dem widersprach Paillard heftig, und der Regimentskommandeur beendete den Disput zwischen seinen Leuten, indem er sich an die beiden preußischen Offiziere mit den Worten wandte: „Meine Herren, Sie waren leider Zeugen eines Streites zwischen dem Herrn Major und dem Grafen de Tour. Wenn der Major nach dem Zweikampf mit ihnen dazu in der Lage sein wird, möge er in der gleichen Weise den Kampf mit Graf de Tour fortsetzen. Gestatten Sie mir, Ihnen anstelle des beteiligten Grafen de Tour als Zeuge zu dienen." Der letzte Satz war natürlich an Paillard gerichtet, denn sein Sekundant hatte sich plötzlich zu einem zusätzlichen Gegner entwickelt.

Der Kampfplatz wurde für ein „Duell mit Barriere und verkürzter Distanz" vorbereitet. Der Abstand für die Standplätze betrug fünfzehn, der für die Barrieren fünf Schritte, wobei diese mit zwei schweren, in den Boden gesteckten russischen Reitersäbeln markiert wurden. Nachdem der Regimentskommandeur seine zur Verfügung gestellten Waffen probeweise abgefeuert hatte, wurden diese von den Sekundanten beider Parteien erneut geladen. Das Los entschied über die Zuteilung des Standplatzes und wer als Erster eine der beiden Pistolen auswählen durfte. Der den Zweikampf leitende Regimentskommandeur erläuterte nochmals die Bedingungen: Auf den Befehl „Fertig!" war der Hahn zu spannen, auf „Vorwärts!" konnten beide Gegner vorrücken, wobei jedem gestattet war, nach Belieben stehen zu bleiben und auf seinen Gegner zu schießen. Wer zuerst gefeuert hatte, musste weiter bis zu seiner Barriere vorgehen und dort den Gegenschuss erwarten, wobei aber der Gegner ebenfalls bis zu seiner Barriere vortreten konnte. Die Distanz zwischen den Gegnern betrug dann nur noch fünf Schritte.

Nach den erfolgten Kommandos setzten sich beide mit nach oben gerichteter Pistole in Bewegung. Rinkerode mit festen, entschlossenen Schritten und erhobenen Hauptes, Paillard hingegen langsamer und in der ein kleineres Ziel bietenden Seitwärtsstellung. Dabei versuchte er, Brust und Kopf etwas zu decken, indem er den die Waffe führenden Arm anwinkelte und die Pistole in Gesichtshöhe hielt. Bereits nach dem dritten Schritt blieb er stehen, senkte die Pistole und feuerte. Rinkerodes Hut fiel zu Boden, er selbst aber blieb unverletzt. Nun rückten beide bis zu den Barrieren vor. Paillard stand wieder in Seitwärtsstellung, die Pistole senkrecht vor seinem Gesicht, und erwartete mit gesenktem Blick den Gegenschuss. Rinkerode senkte langsam seine Waffe auf die Höhe der Brust des Gegners, hob seinen Arm aber wieder und feuerte in die Luft. Da dreimaliger Kugelwechsel vereinbart worden war, wiederholte sich der Vorgang. Paillard schoss wieder als Erster, ohne zu treffen, und Rinkerode feuerte abermals in die Luft.

Mittlerweile versammelten sich einige Zuschauer aus dem Regiment auf dem Platz. Als das Kommando zum Spannen des Hahnes für den dritten Gang gegeben war, hörte man aus ihren Reihen: „Er soll nicht zum drittenmal schießen! Der tapfere Husar hat ihm schon zweimal das Leben geschenkt! Das darf nicht geduldet werden! Das ist gegen unsere Ehre!" Der leitende Sekundant erbat sich jedoch völlige Ruhe und gab das Kommando „Vorwärts!". Paillard rückte diesmal weiter vor, schoss aber wieder als Erster und traf Rinkerode, der kurz taumelte, aber gleich darauf mit ruhigem Schritt weiter bis zur Barriere vortrat. Dann hob er die Pistole; Paillard war bleich und zitterte, sah sein Ende, weil er aufgrund der vorangegangenen Zurufe nicht daran glaubte, ein drittes Mal verschont zu werden. Aber Rinkerode feuerte mit verächtlichem Blick wieder absichtlich daneben.

Während nun von allen Seiten Worte des Lobes für ihn zu hören waren, wurde seine Wunde ärztlich versorgt. Der Regimentskommandeur forderte nun Paillard und de Tour auf, sich für ihren Zweikampf auf dem bereits abgesteckten Kampfplatz vorzubereiten. Auf das Kommando „Fertig!" wurden die Pistolenhähne gespannt, und kurz nach dem Kommando „Vorwärts!" fielen fast gleichzeitig zwei Schüsse. Paillard warf beide Arme hoch und fiel mit dem Gesicht nach unten zu Boden. Die Kugel war ihm durch das Auge in den Kopf eingedrungen; der Arzt konnte nur mehr feststellen, dass der Major tot war. Graf de Tour blieb unverletzt. Der Regimentskommandeur gab den Befehl, Major Paillard christlich und mit allen militärischen Ehren zu bestatten. Dann verabschiedete er sich von den beiden preußischen Offizieren mit den Worten: „Adieu, meine Herren Kameraden!" Anschließend umarmte er Rinkerode freundschaftlich und schenkte ihm seine eigenen Pistolen.

## Victor Graf Zichy-Ferraris und Graf Károlyi[95]

Dass auch stark ausgeprägte Gewissenhaftigkeit und übertriebener Eifer einzelner Abgeordneter einen überaus begabten politisch aktiven Mann in ein Duell treiben können, zeigt folgender Fall, der sich 1880 innerhalb der ungarischen Aristokratie abspielte.

Graf Zichy war Mitglied des Oberhauses und gleichzeitig Unterstaatssekretär. Er hatte sich allerdings, vor seinem Eintritt in das Ministerium, mit

nicht ganz sauberen Geldgeschäften ein beträchtliches Vermögen verschafft. Als eines Tages von einem ungarischen Abgeordneten Zichys ehemalige Geschäftspraktiken über eine Zeitung ins öffentliche Licht gerückt wurden, kam es zum Skandal. Der Kaiser von Österreich und König von Ungarn, Franz Joseph I., konnte freilich keinen Beamten in seinen Diensten dulden, dessen ehrbares Verhalten angezweifelt wurde, auch wenn sich diese Angelegenheit schon vor Eintritt in den Staatsdienst ereignet hatte. Graf Zichy war sich dessen voll bewusst, und es blieb ihm keine andere Wahl, als von seinen politischen Ämtern zurückzutreten.

Aber das war noch nicht sein einziges Unglück, denn der Pester Jockey-Club legte ihm nahe, auszutreten, und obendrein wurde er aus dem Nationalcasino ausgeschlossen, zu dessen Mitgliedern der gesamte hohe ungarische Adel gehörte. Dieser gesellschaftliche Absturz machte dem einst hoch angesehenen Mann das Leben wertlos. Zichy sah den Versuch einer gewissen Ehrenrettung nur noch im Duell, und dazu brauchte er einen Gegner. Der Abgeordnete, der ihn mit dem Zeitungsartikel kompromittiert hatte, nahm die Duellforderung aber nicht an. Deshalb schaute sich Zichy nach einem anderen Opfer um. Geeignet dafür schien ihm Graf Károlyi, denn dieser war der Hauptinitiator für seinen Ausschluss aus dem Nationalcasino. Aus Sorge über eine abermalige Ablehnung seiner Forderung drehte Zichy diesmal den Spieß um und trat selbst als Beleidiger auf. Er beschimpfte Károlyi in der „Budapester" Zeitung als Verleumder und Feigling. Schon am nächsten Tag bekam er eine Antwort derjenigen Herren aus dem Nationalcasino, die Károlyis Antrag unterstützt hatten. Sie erklärten, dass Zichy niemanden beleidigen könne, da er aufgrund seiner unehrenhaften Handlungen nicht mehr satisfaktionsfähig sei und ihm Graf Károlyi somit keine Genugtuung geben dürfe. Aber Zichy wollte unbedingt sein Duell haben. Er erklärte Károlyi nochmals als Feigling,

weil dieser seine Ehre durch andere verteidigen lasse. Nun drohte auch der Wiener Jockey-Club, dem Károlyi angehörte, ihn aus seinen Reihen auszuschließen, wenn er diese Ehrenkränkung unbeantwortet ließe. Vieles konnte ein Mann mit Rang und hohem Ansehen in jener Zeit ertragen – nur nicht den gesellschaftlichen Ausschluss, und daher blieb Károlyi keine andere Wahl, als sich diesem Druck zu beugen.

Auf jeder Seite wurden zwei Sekundanten bestimmt. Diese einigten sich auf ein „Pistolenduell mit festem Standplatz" und einer Distanz von fünfzehn Schritten. Ferner wurde ein mehrfacher Kugelwechsel vereinbart, wobei Graf Zichy per Los der erste Schuss zufiel. Beide Parteien trafen einander pünktlich in einem nahe Pressburg gelegenen Wäldchen. Nach dem Kommando feuerte zunächst Zichy, aber er verfehlte seinen Gegner. Auch Károlyis Kugel traf nicht. Daraufhin wurden die Pistolen erneut geladen. Beim zweiten Gang fehlte Zichys Kugel abermals, aber die von Károlyi fügte dem Gegner eine tödliche Brustverletzung zu, an der er vier Tage nach dem Duell verstarb. Ist es Ironie des Schicksals, wenn nach Zichys Tod ausgerechnet jene Gesellschaftskreise, die ihn durch ihr Verhalten ins Verderben getrieben hatten, plötzlich seinen Tod aufs Schmerzlichste betrauerten und nur noch Gutes über ihn zu sagen hatten?

Graf Károlyi wurde vom Budapester Gericht zu zwei Jahren Gefängnis verurteilt; er brauchte diese Strafe jedoch nicht vollständig zu verbüßen, da ihn Franz Joseph I. vorzeitig begnadigte.

# M. Dujarier und M. Beauvallon[96]

Wir haben weiter vorne bereits erfahren, dass in Frankreich die Duellsitten etwas rauer waren als in anderen europäischen Ländern und dass es dabei auch schon mal zu unfairem Verhalten der Duellanten sowie der Sekundanten kam. Zeugnis darüber legt ein Pistolenduell ab, das 1845 in Paris ausgetragen wurde. Hierbei wurden die Duellregeln gleich von mehreren Beteiligten verletzt, und einer der Sekundanten hatte sich sogar des Meineids schuldig gemacht.

Dujarier und Beauvallon, beide in der Journalbranche tätig, hatten sich nach einem Essen am Spieltisch die Zeit vertrieben. Als Dujarier nach einiger Zeit gehen wollte, aber nicht genügend Bargeld bei sich hatte, um seine Spielschuld bei Beauvallon zu begleichen, lieh er sich diesen Betrag bei einem Dritten aus. Nun konnte man das so verstehen, dass Dujarier bei Beauvallon nicht länger in der Schuld stehen wollte bzw. die Sache sofort auszugleichen suchte, um spätere Kontakte mit Beauvallon zu vermeiden. In diesem durchaus korrekten Handeln lag keinesfalls eine offensichtliche Beleidigung im Sinne des Duellkodex. Trotzdem reagierte Beauvallon – aus verletzter Eitelkeit oder aus reiner Rauflust – mit einer Forderung. Seine Sekundanten, Graf de Flers und Monsieur d'Equevilliers, überbrachten diese am nächsten Morgen an Dujarier. Die Forderung war so abgefasst, dass Dujarier keine andere Wahl blieb, als sie anzunehmen. Andernfalls wäre er Gefahr gelaufen, diverse Herausforderungen von anderen auf solche Gelegenheit wartenden Raufbolden zu erhalten.

Alle Bemühungen von Dujariers Sekundanten de Boignes und Bertrand, zu einer friedlichen Lösung zu gelangen, blieben ergebnislos, weil Beauvallon auf das Duell bestand. Er war allgemein als Spieler und Raufbold bekannt, und es war auch kein Geheimnis, dass er mit Degen und Pistole meisterhaft umzugehen verstand. Für Dujarier galt eher das Gegenteil. Er hegte daher den Verdacht, dass hier auch journalistische Eifersucht im Spiel sei, denn er war geschäftlich bedeutend erfolgreicher als sein Gegner.

Die Sekundanten vereinbarten ein „Pistolenduell mit Barriere", wobei die Distanz für die Standplätze dreißig und jene für die Barrieren zwanzig Schritte betragen sollte, sodass jeder der beiden Gegner um fünf Schritte vorrücken konnte. Sobald einer der Duellanten gefeuert hatte, sollte der andere stehen bleiben und ebenfalls unverzüglich schießen. Durch ein hoch geworfenes Goldstück wurde ermittelt, wer die Waffen stellte. Nachdem dies der Partei von Beauvallon zufiel, ließ sein Sekundant d'Equevilliers zwischen den beiden Pistolenpaaren wählen, die er mitgebracht hatte. Dujariers Sekundant, de Boignes, verwarf die langen Reiterpistolen wegen der seiner Meinung nach größeren Gefährlichkeit und entschied sich für die kürzeren Pistolen des französischen Büchsenmachers

Devisme. Der Zweikampf sollte am nächsten Morgen stattfinden.

Dujarier war pünktlich zur verabredeten Zeit um 10 Uhr auf dem Kampfplatz, aber Beauvallon ließ auf sich warten. Nach weit über einer Stunde Wartezeit bei eiskaltem Wind und Schneetreiben empfahlen Dujariers Sekundanten, wieder nach Hause zu fahren. Er lehnte dies jedoch ab und wollte noch bis Mittag warten. Als Beauvallon dann doch noch eintraf, versuchte de Boignes nochmals, mit der Gegenpartei einen Ausgleich herbeizuführen. Sein Vermittlungsversuch wurde jedoch zurückgewiesen, mit dem Hinweis, dass dies auf dem Kampfplatz nicht üblich sei. Danach schritten Graf de Flers und de Boignes die Distanzen ab, und d'Equevilliers übergab Bertrand die Waffen zum Laden. Dieser überprüfte pflichtgemäß beide Pistolen und stellte dabei fest, dass beide Läufe innen einen frischen schwarzen Belag von Pulverrückständen aufwiesen. Sein sofort geäußerter Verdacht, dass Beauvallon sich mit diesen Waffen noch vor dem Duell eingeschossen hatte, wurde von d'Equevilliers dementiert. Dazu er klärte er noch, dass er selbst mit jeder Waffe nur ein Zündhütchen abgefeuert habe, um den Zündkanal frei zu blasen, und versicherte auf Ehrenwort, dass Beauvallon diese Waffen nicht kenne.

Hierauf wurden den beiden Gegnern ihre Plätze zugewiesen, und de Boignes, der dazu bestimmt worden war, den Zweikampf zu leiten, gab das vereinbarte Zeichen. Als Erster schoss Dujarier, aber seine Kugel verfehlte den Gegner. Statt nun in Zielstellung, d. h. mit der Pistole im Anschlag, den Kopf dahinter etwas deckend und in erlaubter Seitwärtsstellung zu stehen, ließ er seine Waffe zu Boden fallen und erwartete in voller Breite seines Körpers den Gegenschuss. Vereinbarungsgemäß hätte Beauvallon jetzt unverzüglich schießen müssen. Da er jedoch nach Ansicht von de Boignes zu lange zielte, wurde er von diesem durch lauten Zuruf zur sofortigen Schussabgabe ermahnt. Beauvallon feuerte, und Dujarier fiel rückwärts zu Boden. Die Kugel war tief in seinen Kopf eingedrungen. Der Arzt konnte ihm nicht mehr helfen und Dujarier verstarb innerhalb weniger Minuten noch auf dem Kampfplatz.

Diesem Vorfall folgte eine gerichtliche Untersuchung. Da nach Aussagen der als Zeugen auftretenden Sekundanten das Duell selbst den Anschein der Ehrlichkeit erweckt hatte, wurde Beauvallon freigesprochen. Aber der Prozess wurde noch ein zweites Mal aufgenommen, weil gegen d'Equevilliers der Verdacht auf Meineid bestand. Jetzt wurde umfangreicher und gründlicher ermittelt. Infolgedessen konnte nachgewiesen werden, dass die beim Duell verwendeten Pistolen dem Schwager von Beauvallon gehörten und dass dieser die Pistolen sehr wohl kannte. Außerdem wurde festgestellt, dass Beauvallon am Tag des Zweikampfs seine Wohnung bereits um sieben Uhr verlassen hatte, um mit diesen Waffen ein ausgiebiges Übungsschießen zu veranstalten. Es hatte in der Wohnung seines Sekundanten d'Equevilliers stattgefunden, was dieser im ersten Prozess bestritten und darauf sogar einen Meineid geschworen hatte. Aufgrund dieser Fakten verurteilte das Gericht Beauvallon zu acht und seinen Sekundanten d'Equevilliers zu zehn Jahren Gefängnis.

Gemäß den Duellregeln konnte durchaus ein Meisterschütze einem im Umgang mit der Pistole weniger Geübten im Duell gegenüber stehen. Doch bei dem hier geschilderten Fall lag neben dieser zulässigen Ungleichheit noch einiges andere im Argen. Der aufmerksame Leser wird gewiß bemerkt haben, dass sich nicht nur Beauvallons Sekundanten, sondern auch die von Dujarier regelwidrig verhalten hatten. Wir wollen hier deren gravierende Verhaltensfehler noch kurz kommentieren:

1. Als die Partei von Beauvallon nicht pünktlich zur verabredeten Zeit auf dem Kampfplatz erschien und ansonsten keinerlei erklärende Nachricht hinterließ, hätten Dujariers Sekundanten nach einer Wartefrist von fünfzehn Minuten ihren Mandanten zwingen müssen, den Kampfplatz zu verlassen. Sie hatten die Mittel dazu in der Hand. Sie hätten ihr Mandat auf der Stelle niederlegen und über den Vorfall ein Protokoll verfassen können. Außerdem hätte Dujarier das Recht gehabt, jedes weitere Duell mit Beauvallon abzulehnen, da dieser nicht pünktlich erschienen war.
2. Der Verdacht von Bertrand war richtig, wie später, im zweiten Prozess, auch bestätigt wurde. Die stark geschwärzten Pistolenläufe konnten

nicht durch Abfeuern eines Zündhütchens verursacht worden sein. Bertrand hätte die verdächtigen Waffen sofort ablehnen und diesen Sachverhalt protokollieren müssen. Dujarier hätte dann wegen unehrenhaften Verhaltens seines Gegners das Duell ablehnen können.
3. Als de Boignes den Eindruck hatte, dass Beauvallon zu lange ziele, wäre er verpflichtet gewesen, den Zweikampf durch ein lautes „Halt!" sofort abzubrechen. Hier war bereits bei den Duellverhandlungen verabsäumt worden, eine Frist für die Abgabe des Gegenschusses festzulegen. Diese hätte man leichter kontrollieren können als die bei diesem Duell gewählte und relativ ungenaue Formulierung „unverzüglich", die zuviel Interpretationsspielraum zuließ.

Unabhängig vom unehrenhaften Verhalten Beauvallons und seines Sekundanten d'Equevilliers stellt sich die Frage: Wer hat Dujarier wirklich getötet? War es Beauvallon oder waren es die Sekundanten von Dujarier mit ihrem Fehlverhalten? Fakt ist zwar, dass Beauvallon den tödlichen Schuss abgefeuert hatte, aber bei konsequenter Umsetzung des Duellreglements durch Dujariers Sekundanten wäre es gar nicht zu diesem Schuss gekommen. Dieses Beispiel zeigt jedenfalls sehr eindrucksvoll, welchen Einfluss die Sekundanten auf den Duellausgang nehmen konnten. Gleichzeitig wird aber ebenso deutlich, wie wichtig es für die Kontrahenten war, sich sorgfältig kompetente und durchsetzungsfähige Sekundanten zu wählen.

Zum Abschluss dieser Fallschilderung noch eine interessante Äußerung des großen Romanciers Alexandre Dumas, der bei dem vorerwähnten Prozess als Zeuge vernommen wurde. Als der Richter ihn befragte, ob er es für eine ehrliche Sache halte, wenn ein Meisterschütze sich mit jemandem duelliere, der kaum mit einer Pistole umgehen könne, antworte Dumas: „Ja, wenn man sich auf die Mensur stellt, dann verschwinden alle Fragen des Edelmuts und des Zartgefühls, die an und für sich sehr schöne Dinge sind, vor der Frage der Existenz, die wir aufs Spiel setzen und die – ma foi! – im Handumdrehen verloren gehen kann."

Jedes der hier geschilderten Duelle hatte seine eigene Entstehungsgeschichte. Dennoch lassen sich die eigentlichen Ursachen bzw. Gründe für ein Duell immer an den Fingern von nur einer Hand abzählen, nämlich:

• Frauen;
• persönliche Beleidigungen oder Beleidigungen eines ganzen Berufsstandes durch Worte oder Publikationen;
• Tätlichkeiten;
• politische Meinungsverschiedenheiten;
• provozierte Duelle, die andere Ziele als die Wiederherstellung der persönlichen Ehre verfolgten.

# Kurzfassungen einiger weiterer bekannt gewordener Pistolenduelle namhafter Persönlichkeiten

| | |
|---|---|
| *Duellanten:* | ***Herzog von Wellington und Lord Winchelsea***[97] |
| *Jahr:* | 1829 |
| *Ort:* | Battersea / England |
| *Grund:* | Wellington, zu jener Zeit Premierminister, wurde von Winchelsea beschuldigt, England katholisch zu beeinflussen und in die Abhängigkeit der römischen Kirche zu bringen. Wellington forderte unter strengster Geheimhaltung Winchelsea auf Pistolen. |
| *Ausgang:* | Wellington zielte auf die Beine seines Gegners und fehlte. Winchelsea feuerte daraufhin in die Luft und begründete dies anschließend mit seiner Angst, „den Sieger von Waterloo zu töten".[98] |

| | |
|---|---|
| *Duellanten:* | ***Fürst Pückler-Muskau und Oberst von Kurssel***[99] |
| *Jahr:* | 1834 |
| *Ort:* | An der belgisch-preußischen Grenze, auf belgischem Terrain. |
| *Grund:* | Durch eine von Pückler verfasste Novelle fühlte sich Kurssel in der Familienehre gekränkt. Das war von Pückler aber nicht beabsichtigt. Zufällige Ereignisse bewirkten jedoch, dass sich daraus eine Ehrensache ableiten ließ. Kurssel beleidigte Pückler öffentlich mit einer Anzeige in der Presse und zwang ihn zur Forderung. |
| *Ausgang:* | Kurssel wurde am Hals ungefährlich verwundet. |

| | |
|---|---|
| *Duellanten:* | ***Ehemaliger Finanzminister Alexander Hamilton und Vizepräsident Aaron Burr***[100] |
| *Jahr:* | 1804 |
| *Ort:* | New York, am Ufer des Hudson River. |
| *Grund:* | Politische Gegnerschaft, die zur persönlichen Beleidigung seitens Hamiltons gegen Burr führte. Letzterer war der Herausforderer. |
| *Ausgang:* | Hamilton erlitt eine schwere Unterleibsverletzung und starb daran am nächsten Tag. |

| | |
|---|---|
| *Duellanten:* | ***Wilhelm Prinz Auersperg und Leopold Graf Kolowrat-Krakovský***[101] |
| *Jahr:* | 1876 |
| *Ort:* | Košiře / Böhmen |
| *Grund:* | Politische Gegnerschaft führte zu Handgreiflichkeiten (Beleidigung dritten Grades). Auersperg war der Herausforderer. |
| *Ausgang:* | Beim dritten Schusswechsel wurde Auersperg durch einen Bauchschuss schwer verwundet und starb zwei Tage später daran. |

| | |
|---|---|
| *Duellanten:* | **Dichter Michail Lermontow und Major Nikolaj Martinow**[102] |
| *Jahr:* | 1841 |
| *Ort:* | Pjatigorsk / Kaukasus |
| *Grund:* | Provozierter Streit. Unter Zeitgenossen bestand der Verdacht auf eine geplante Ermordung Lermontows. |
| *Ausgang:* | Lermontow erlitt einen Herzschuss und war sofort tot. |
| | |
| *Duellanten:* | **Oberstleutnant Hugo von Schlayer und Oberleutnant a. D. Franz von Bolgár**[103] |
| *Jahr:* | 1883 |
| *Ort:* | Wien |
| *Grund:* | Schlayer fühlte sich durch einen Artikel in der von Bolgár herausgegebenen „Wiener Militärzeitung" beleidigt und forderte Bolgár. |
| *Ausgang:* | Schlayer fand bei diesem Duell den Tod. |

Bevor wir uns nun dem technischen Teil des Themas zuwenden, noch eine kurze Anmerkung zum Begriff „Duell". Dieser ist uns zwar bis in die jetzige Zeit erhalten geblieben, jedoch wird er inhaltlich heute ganz anders verstanden, nämlich als Leistungsvergleich. Bei Fernsehduellen zweier um ein hohes Amt buhlender Politiker oder bei sportlichen Zweikämpfen geht es um Sieg oder Niederlage. Aber wie wir erfahren haben, ging es beim klassischen Duell nicht darum, wer schneller, stärker oder redegewandter war, sondern um den Beweis, dass man die persönliche Ehre höher einschätzte als das eigene Leben. Dieser gravierende Unterschied im Begriffsinhalt liegt an der gesellschaftlichen Entwicklung. Der ursprüngliche Inhalt des Duellbegriffs wird sich immer mehr unserem Blickfeld entziehen.

# Technische Entwicklung der Faustfeuerwaffen
## von der Radschlosspistole bis zur Duellpistole des 19. Jahrhunderts

## Bemerkungen zu den Anfängen der Handfeuerwaffen und zum Schießpulver

Das Thema „Pistolenduelle" zu behandeln wäre unvollständig, ohne sich mit den dabei verwendeten Waffen ein wenig zu beschäftigen. Bevor wir dort beginnen, wo man Faustfeuerwaffen erstmals für Duellzwecke einsetzte, d. h. bei der Radschlosspistole, zuvor noch ein kurzer Überblick zu den Anfängen der Handfeuerwaffen allgemein sowie zur Herkunft und den Eigenschaften des Schießpulvers. Dies dürfte vor allem für jene Leser interessant sein, die bisher mit der Materie über alte Feuerwaffen kaum oder gar nicht in Berührung gekommen sind.

Der heutige hohe Stand der Waffentechnik darf uns nicht verleiten, mit einer gewissen Geringschätzung auf die Waffen der Vergangenheit zurückzublicken. Die Waffenschmiede und Büchsenmacher der vergangenen Jahrhunderte haben, gemessen an den für sie verfügbaren Mitteln, d. h. Werkzeuge, Werkstoffe und Wissensstand, Hervorragendes geleistet. Das bezieht sich nicht nur auf die Funktionalität, sondern auch auf die kunstvolle Gestaltung bzw. Ausschmückung der Waffen. Zahlreiche von damaligen finanzkräftigen Zeitgenossen in Auftrag gegebene erlesene Exemplare legen heute noch Zeugnis davon ab.

Die ersten Handfeuerwaffen des 14. und 15. Jahrhunderts hatten es nicht leicht, sich gegen Bogen und Armbrust durchzusetzen. Zwar erzeugten sie viel Lärm und Pulverdampf, aber mit der eigentlichen Leistungsfähigkeit, also Treffsicherheit und Schussfolge, lag es noch sehr im Argen. So vermochte ein gut trainierter Schütze, wegen des aufwendigen Ladevorganges, mit seiner Muskete max. einen Schuss in der Minute abzufeuern – und das nur, wenn es nicht regnete und sein Pulver und die Lunte trocken blieben. Dagegen war beispielsweise ein englischer oder schottischer Bogenschütze nicht nur unabhängig von den atmosphärischen Bedingungen, sondern auch in der Lage, alle fünf bis sechs Sekunden einen Pfeil abzuschießen, ohne seinen Gegner in einhundertfünfzig Schritt Entfernung zu verfehlen. Solche Schussleistungen sind ebenso von den genuesischen Armbrustschützen bekannt, und dies sogar auf eine Entfernung von zweihundert Schritten.[104] Mit diesen Leistungen konnten die frühen Handfeuerwaffen lange Zeit nicht mithalten, was zusätzlich ihre relativ zaghafte Einführung begründete.

Andere Ursachen bestanden in der anfänglichen Unhandlichkeit der bis zu fünfzehn Kilogramm schweren Musketen sowie der zögerlichen Haltung der Ritterschaft. Diese stellte sich im Grunde gegen jegliche Art von Fernwaffen, sogar schon gegen Armbrust und Bogen, weil sie solche Waffen nicht im Einklang mit den ritterlichen Idealen ihres Standes sah. Für sie war eine Kampftechnik, die sogar einen Feigling aus der Entfernung stark machte, mit ihrem Ehrgefühl unvereinbar, denn dieses forderte einen fairen Zweikampf mit dem Schwert oder der Lanze von Mann zu Mann.

In Europa sind die Anfänge der Handfeuerwaffen hinsichtlich Datum und Ort nicht bekannt. Als nachgewiesen gelten sie aber im ausgehenden 14. Jahrhundert, also etwa fünfzig bis siebzig Jahre nach dem Auftreten

der ersten europäischen Geschütze. Damals begannen sich in Europa die größeren Städte zu entwickeln. Dies förderte die Konzentration von finanziellen Mitteln sowie von Gewerbe und Handel und begünstigte damit zugleich die handwerklichen Fähigkeiten in der Materialverarbeitung.

Die ersten Handfeuerwaffen bezeichnete man als Handrohre oder Handbüchsen. Sie hatten auf der Laufoberseite eine kleine Mulde zur Aufnahme des Zündpulvers, wie bei einem Geschützrohr. Dieses Pulver wurde mit einer glimmenden Lunte gezündet. Da sich der Schütze dabei aber mehr auf das Zünden als auf das Zielen konzentrieren musste, blieb das Schussergebnis freilich im höchsten Maße unbefriedigend. Einen deutlichen Fortschritt brachte dann in der ersten Hälfte des 15. Jahrhunderts eine am Schaft beweglich angebrachte S-förmige hahnähnliche Vorrichtung (Serpentine genannt). An ihrem oberen Ende war eine glimmende Lunte eingeklemmt, die bei richtiger Einspannlänge und beim Betätigen der Serpentine durch eine Zugbewegung mit dem Zeigefinger genau in die Mulde mit dem Zündpulver stieß. Nun konnte sich der Schütze erstmals, vor Abgabe des Schusses, voll auf das Zielen konzentrieren.

Obwohl äußerst primitiv, bedeutete diese erste mechanische Zündeinrichtung einen entscheidenden Schritt in der Entwicklung der Handfeuerwaffen. Im Verlauf des 15. Jahrhunderts wurden diese Waffen im Zuge der allgemeinen Weiterentwicklung kleiner und somit leichter, was sich dann vor allem auf deren Handlichkeit günstig auswirkte. Gleichzeitig erfuhr auch die Zündeinrichtung eine Verbesserung. Der die Lunte haltende Hahn musste jetzt gegen eine Federkraft bewegt werden und bewirkte somit die Sicherheit gegen unbeabsichtigtes, versehentliches Zünden. Ferner erhielt die Metallplatte, auf der sich die Funktionsteile befanden, endlich eine mit Deckel verschließbare Pulverpfanne, um das Zündpulver vor Feuchtigkeit zu schützen. Damit war das „Luntenschloss" geboren, das dann in dieser prinzipiellen Form noch zum großen Teil bei den Musketen im Dreißigjährigen Krieg verwendet wurde.

Wenn auch zu jener Zeit bereits sein Nachfolger, das Radschloss, mit mechanischer Feuersteinzündung und bereits in einem fortgeschrittenen Entwicklungsstand zunehmend in Gebrauch kam, hatte die weitere Anwendung des Luntenschlosses, insbesondere beim Militär, seinen besonderen Grund. Dieser lag in der bedeutend teureren Herstellung des Radschlosses als der des vergleichsweise primitiven Luntenschlosses. Bei der Ausrüstung einer größeren Armee war das schon ein gewichtiger Faktor, denn schließlich musste ein Adliger, der seinem Fürst dienstleistend zu Hilfe kam, alles auf eigene Kosten anschaffen.

Es war aber nur eine Frage der Zeit, bis sich das technisch bessere System, trotz höherer Kosten, auch beim Militär durchsetzte. Die Mängel des Luntenschlosses wurden beim Vergleich mit dem Radschloss immer offensichtlicher. Dazu zählten besonders das stetige Vorhandensein einer glimmen-

den Lunte und das Hantieren mit dieser in unmittelbarer Nähe des Pulvers, ferner das wiederholte Nachstellen der zwar langsam, aber doch ständig weiter abbrennenden Lunte und das Entfernen der Abbrandrückstände sowie die Unbrauchbarkeit einer nassen Lunte, beispielsweise bei Regen. Gerade die Unhandlichkeit dieser Zündeinrichtung erklärt, weshalb die Pistole erst relativ spät, d. h. etwa im zweiten Viertel des 16. Jahrhunderts, mit der Erfindung des Radschlosses allmählich in Erscheinung trat. Es dürfte gewiss nicht schwer fallen, sich vorzustellen, dass bei den Reitertruppen eine solche kleine, mit der Hand zu führende Feuerwaffe schon früher sehr willkommen gewesen wäre. Aber ebenso muss man eingestehen, dass die zuvor genannten Unzulänglichkeiten des Luntenschlosses auf unruhigem Pferd eine noch stärkere Auswirkung haben mussten. Den militärischen Fußtruppen hingegen war mit einer kurzen Feuerwaffe wie der Pistole, wegen deren kurzer Reichweite, nicht gedient.

Soweit der kurze Abriss zur Frühgeschichte der Handfeuerwaffen, der gleichzeitig auch die Vorgeschichte der Pistole mit einschließt. Eine unerlässliche Voraussetzung für die Entwicklung der Feuerwaffe war das Schießpulver. Deshalb soll hier noch kurz darauf eingegangen werden.

Das Schießpulver war das Treibmittel für Geschosse der früheren Jahrhunderte und hat wie kaum eine andere Erfindung die geschichtliche, gesellschaftliche sowie wirtschaftliche Entwicklung der Menschen in den verschiedenen Kulturkreisen entscheidend beeinflusst. Trotz intensiver Forschung sind bis heute weder die genaue Herkunft noch das Datum der Erfindung des Schießpulvers bekannt. Die diesbezüglichen Meinungen der kompetenten Kreise gehen in diesen Punkten z. T. erheblich auseinander. Es gibt eine Reihe von gesicherten Hinweisen, dass sowohl die Chinesen als auch die Inder bereits mehrere Jahrhunderte vor unserer Zeitrechnung ein Pulver für Spreng- sowie Feuerwerksaktivitäten und später als Schießpulver einsetzten. Da die Araber mit Indien und China in Handelsbeziehungen standen, wird angenommen, dass sie auf diesem Weg Kenntnis von der „Pulverformel" bekamen. Im Zuge der vielfachen Kriege der Mauren mit den Spaniern gelangte dann dieses Knowhow allmählich über Spanien, Frankreich und England nach Europa. Wenn aber andere Quellen davon ausgehen, das Schießpulver sei eine europäische, evtl. englische oder gar deutsche Erfindung, so ist hier wohl ein großes Fragezeichen anzubringen.

Zwar ist bekannt, dass im Mittelalter viele europäische Gelehrte ihre wissenschaftlichen Arbeiten an ihren Zufluchtsorten, d. h. in den Klöstern, ausführten. Verschiedene Schriften aus jener Zeit enthalten alte Pulverrezepte, so z. B. von dem adligen Bischof und Dominikaner Albertus Magnus (vermutlich 1193-1280) aus Regensburg sowie vom Franziskanermönch Roger Bacon (um 1214-1294) aus England, von einem Griechen Marcus Graecus (um 1260) und des Mönches

Berthold Schwarz (um 1380) aus Freiburg, der im deutschen „ Feuerwerkerbuch" von 1420 als „bartoldus niger" erwähnt wird und gebürtiger Grieche gewesen sein soll. Das Schießpulver wurde aber schon vor Lebzeiten der hier genannten Herren von den orientalischen Ländern als Geschosstreibmittel angewendet. Daher geht ein Teil der heutigen Experten davon aus, dass hinter den europäischen Klostermauern die arabischen Schriften studiert und in Experimenten ähnliche Mischungen gefunden wurden, deren Rezeptur sich dann rasch in den europäischen Ländern verbreitete. Man vermutet, dass europäische Mönche, die unerkannt bleiben wollten, ihre Pulverformeln unter einem Pseudonym bekannt machten und dabei die Namen des Berthold Schwarz und des Marcus Graecus erfunden hatten. Dafür spricht auch, dass deren Existenz nicht nachgewiesen werden konnte.[105]

Eine breitere Nutzung des Schießpulvers für kriegerische Zwecke, zunächst im Geschützwesen, dann etwas später ebenfalls bei den leichteren Feuerwaffen, vollzog sich im 14. Jahrhundert. Mit wachsender Erkenntnis des kriegerischen Potenzials, das in dem Schießpulver steckte, bemühten sich die Europäer, dieses ständig durch andere Mischungsverhältnisse der drei Bestandteile (Salpeter, Holzkohle und Schwefel) zu verbessern.

Im 15. Jahrhundert gelang dann ein weiterer und bedeutender Entwicklungsschritt: das gekörnte Pulver. Hier waren die Bestandteile des Pulvers in den einzelnen Körnchen und im gewünschten Mischungsverhältnis vereint, was gleich zwei Vorteile brachte. Erstens konnte sich das Pulver bei Erschütterungen, z. B. beim Transport, nicht mehr entmischen, was beim bisher mehlförmigen Pulver der Fall war und daher vor dem Gebrauch erst eine Durchmischung erforderte. Zweitens lag das Pulver, trotz Stauchung beim Ladevorgang, bedingt durch die Körnung nicht so dicht im Lauf wie ein mehlförmiges Pulver. Das bewirkte eine raschere Verbrennung mit gleichzeitiger Erhöhung der Treibkraft, was eine bis zu fünfzig Prozent erhöhte Geschossreichweite zur Folge hatte. Wer für Zündpulver, auch als Zündkraut bezeichnet, mehlförmiges Pulver wünschte, konnte sich dieses durch Zerreiben des körnigen Pulvers selbst herstellen.

Weitere Qualitätsverbesserungen des Schießpulvers brachten auch die Experimente mit verschiedenen Holzarten, aus der die Holzkohle gewonnen wurde. So erreichte man beispielsweise mit der Kohle aus Erle und Weide eine raschere Abbrenngeschwindigkeit als bei der Kohle aus Eichenholz. Seit dem 19. Jahrhundert wird dem Schießpulver bei der Herstellung noch Graphitstaub beigefügt, um es gegen Luftfeuchtigkeit unempfindlicher zu machen.

Je nach Epoche bzw. Entwicklungsstand der Feuerwaffen wurde das Schießpulver mit glühendem Eisenstab, glimmender Lunte, durch Feuerstein erzeugten Funken oder zuletzt mittels Zündhütchens gezündet. Heute ist es unter dem Handelsnamen „Schwarzpulver" bekannt, dessen wichtigste Daten hier erwähnt werden sollen:

*Mischungsverhältnis der Bestandteile:* 75% Salpeter, 15% Holzkohle, 10% Schwefel
*Farbe:* schwarzgrau
*Zündtemperatur:* 300° C
*Abbrenngeschwindigkeit:* 400 m/s
*Beeinträchtigung der Abbrenndauer:* ab 0,2 % Feuchtigkeitsgehalt
*Unbrauchbar:* bei 1% Feuchtigkeitsgehalt, visuell durch weiße Pünktchen erkennbar (Salpeterausfällung)

Beim Umgang mit Schwarzpulver ist grundsätzlich größte Vorsicht zu beachten. Es bedarf nicht einmal einer Flamme – ein kleiner Funken genügt, um es zu entzünden. Ohne Einschluss, wie z. B. in der offenen Pulverpfanne einer Feuerwaffe, brennt es einfach in Form einer kleinen Stichflamme ab. Nur unter Einschluss, wie im Lauf einer Feuerwaffe mit verdämmtem Geschoss, kann sich bei der Zündung ein treibender Gasdruck aufbauen. Auf Schlag kann das Schwarzpulver mit Entzündung reagieren; hingegen ist es gegen Reibung unempfindlich, solange dabei die Zündtemperatur von 300° C nicht erreicht wird.

Das Schwarzpulver war bis gegen Ende des 19. Jahrhunderts für Feuerwaffen in Gebrauch. Abgelöst wurde es dann durch die neueren Pulver auf Basis von Nitrozellulose mit geringerer Schmauch- und Rauchentwicklung und der gleichzeitig aufkommenden neuen Waffentechnik mit Metallpatronen. Ein kleines Reservat ist ihm jedoch bis heute geblieben. So wird es noch in Feuerwerkskörpern, beim Böllerschießen und bei gewissen Sprengarbeiten verwendet, vor allem aber auch bei der ständig steigenden Zahl der Vorderladersportschützen, die sich mit Begeisterung einer Technik widmen, bei der man selber durch Geschicklichkeit und Kenntnis der Materie das Schussergebnis beeinflussen kann.

Bevor wir uns nun den Faustfeuerwaffen zuwenden, die auch für Duelle verwendet wurden, soll vorab noch die Frage aufgeworfen werden: Woher kommt das Wort „Pistole" überhaupt? Leider gibt er hierzu ebenso wenig zufrieden stellende Antworten wie zu den Anfängen der Feuerwaffen und zur Erfindung des Schießpulvers.

Das Wort „Pistole" soll aus dem italienischen oder französischen Sprachraum stammen. Eine Erklärung geht davon aus, dass dieses Wort von der oberitalienischen Stadt Pistoia (nordwestlich von Florenz) abgeleitet ist. Von dort sollen die ersten Pistolen ge-

kommen sein, und nach einer französischen Quelle von 1566 stellte man dort außerdem eine Dolchart her, die in Frankreich anfangs als Pistoyer und später als Pistolet bezeichnete wurde. Dieser Name soll dann nach Aufkommen der ersten Faustfeuerwaffen auf diese übertragen worden sein, zumal sie noch einen dolchähnlichen Griff aufwiesen.

Ein anderer Deutungsversuch, dem sich eine Reihe von Experten anschließt, zielt auf das tschechische Wort „Pistala". Das bedeutet soviel wie kleines Rohr oder Flöte und wurde bereits in der ersten Hälfte des 15. Jahrhunderts während der Hussitenkriege als Bezeichnung für eine kleine Schusswaffe (kleinere Handbüchse oder Handrohr) gebraucht.[106] Möglicherweise hat dann das Wort „Pistala" über Italien in leichter Abwandlung die Verbreitung in die anderen europäischen Länder gefunden. In der italienischen Sprache existiert es immer noch als Pistola, das heißt auf Deutsch: Pistole.

## Die Radschlosspistole

Wie wir bereits vernommen haben, begann das eigentliche Zeitalter der Pistole in der ersten Hälfte des 16. Jahrhunderts mit der Erfindung des Radschlosses, der ersten mechanischen Funkenerzeugung zur Zündung des Schießpulvers. Obwohl die Radschlosspistole nicht zu den klassischen Duellpistolen zählte, soll sie hier dennoch kurz Erwähnung finden, weil sie bei den Reiterduellen des 17. Jahrhunderts verwendet wurde. Die Erfindung des Radschlosses war ein äußerst be-

deutender Meilenstein in der Geschichte der Feuerwaffen. Man war jetzt nicht mehr auf offenes Feuer bzw. Glut angewiesen.

Die Vorteile des Radschlosses gegenüber seinem Vorgänger sind insbesondere die sichere und raschere Entzündung des Pulvers sowie der Wegfall der Lunte mit allen ihren schon erwähnten Unzulänglichkeiten. Durch seine Anwendung bei der Pistole entwickelte diese sich bald zu einer angesehenen und praktikablen Waffe, die

*Abb. 19: Radschloss-Pistolenpaar mit zugehöriger Pulverflasche, niederländisch, um 1670. Länge ca. 55 cm. Verzierungen durch Eisenfadeneinlagen im Schaftholz und in der Pulverflasche sowie leichte Gravur auf den Metallflächen der Pistolen. Diese Waffen wurden bei der Reiterei in den am Sattel befindlichen Pistolenholstern getragen.*
*(Jürgen H. Fricker, Historische Waffen, 91550 Dinkelsbühl)*

vor allem bei der Reiterei rasch Verbreitung fand. Dort wurde sie Hauptbestandteil der Ausrüstung und paarweise in Pistolenholstern am Sattel mitgeführt (Abb. 19). Der aufwändige Schlossmechanismus machte diese Pistolen zwar recht teuer, da aber die Reiterei ohnehin ein Vorrecht des Adels bzw. der Ritterschaft darstellte, standen für den Erwerb dieser Waffen auch die finanziellen Mittel zur Verfügung. Zahlreiche begüterte Auftraggeber ließen sie sogar zusätzlich mit kunstvollen Verzierungen versehen, womit eine derartige Pistole ganz nebenbei noch zum Statussymbol für Adlige der obersten Schichten avancierte. Solche Verzierungen bestanden im 16. Jahrhundert hauptsächlich aus im Schaftholz eingelassenen zahlreichen Beineinlagen mit gravierten Ornamenten, Figuren oder gar ganzen Jagdszenen. Eine andere prunkvolle Verzierung war die, den kompletten Pistolenschaft mit einer sehr aufwändigen Metallumkleidung aus Silber- oder feuervergoldeten[107] Messingplatten auszustatten. Diese waren dann reichlich mit getriebenen, also plastisch hervortretenden figürlichen und ornamentalen Darstellungen versehen.

Ort und Zeitpunkt der Erfindung des Radschlosses sind nicht exakt bekannt. Diesbezügliche Forschungsergebnisse zeigen hierbei in verschiedene geographische Richtungen. So z. B. enthält der *Codex Atlanticus*[108] von Leonardo da Vinci einige Skizzen über ein Radschloss für Handfeuerwaffen aus der Zeit zwischen 1500 bis 1505. Eine andere Spur führt nach Nürnberg. Dort soll der Patrizier Martin Löffelholz in einer heute verschollenen Handschrift des Jahres 1505 Konstruktionsmerkmale eines Radschlosses aufgezeigt haben. Ebenso wird dort ein gewisser Johann Kiefuß um 1517 in diesem Zusammenhang erwähnt.

Jüngere Nachforschungen des Braunschweigischen Landesmuseums in Zusammenarbeit mit dem Schweizerischen Waffeninstitut, Schloss Grandson, haben allerdings ergeben, dass anhand von Archivdokumenten und erhaltenen Belegstücken wie der „Herzog-Erich-Pistole" aus der Zeit um 1505 bis 1515 auch Braunschweig als Herkunftsort des Radschlosses angesehen werden kann. Im Staatsarchiv von Wolfenbüttel, nahe Braunschweig, findet sich im Entwurf zu einem Gildewappen der Braunschweiger Schmiede auf der Schlossplatte einer dargestellten Radschlossbüchse die Jahreszahl 1502. Damit wollten die damaligen Feuerschlossmacher zum Ausdruck bringen, dass sie dieses Schloss zu jenem Zeitpunkt bereits herstellten.[109] 1983 äußerte sich Eugen Heer, der Direktor des Schweizerischen Waffeninstituts, bezüglich der Herkunft wie folgt: „Braunschweig ist nicht nur der ‚Geburtsort' der Pistole, sondern mit einiger Sicherheit auch die Wiege des Radschlosses."[110] Dass ei-

ne andere Theorie davon ausgeht, das Radschloss sei annähernd zeitgleich an mehreren Orten erfunden worden, soll hier nicht unerwähnt bleiben, da diese Möglichkeit immerhin bestand.

Obwohl es je nach Herstellungsort und Entwicklungsstand unterschiedliche Ausführungen des Radschlosses gab, war die grundsätzliche Funktion immer die gleiche. Ein am Umfang mit Längs- und Querrillen versehenes Rad aus Eisen erzeugt bei seiner Drehung durch Reibung an Schwefelkies (Pyrit) Funken in der mit Zündpulver gefüllten Pfanne. Das dabei aufflammende Pulver entzündet dann durch ein kleines Loch seitlich im Lauf der Waffe die eigentliche Geschossladung.

Die Beschreibung der Schlosskonstruktion: Am Boden der Pulverpfanne befindete sich eine kleine, dem Radprofil sorgfältig angepasste Aussparung, sodass das Rad geringfügig in die Pfanne hineinragt. Es sitzt auf dem Vierkant einer in der Schlossplatte drehbar gelagerten Achse, die auf der Innenseite der Schlossplatte über eine kurze mehrgliedrige Kette mit einer V-förmigen Schlagfeder verbunden ist. Mit dem verlängerten Vierkant, auf dem das Rad auf der Schlossaußenseite sitzt, wird es etwa eine dreiviertel Umdrehung mit einem dazugehörenden Schlüssel gedreht bzw. aufgezogen und damit die Schlagfeder gespannt. Ein selbsttätig in eine Aussparung auf der Innenseite des Rades einrastender kleiner Bolzen arretiert das Rad in dieser Spannstellung. Vor der Schussabgabe wird der Hahn, zwischen dessen Lippen ein Stück Schwefelkies eingespannt ist, über die Pulverpfanne ge-

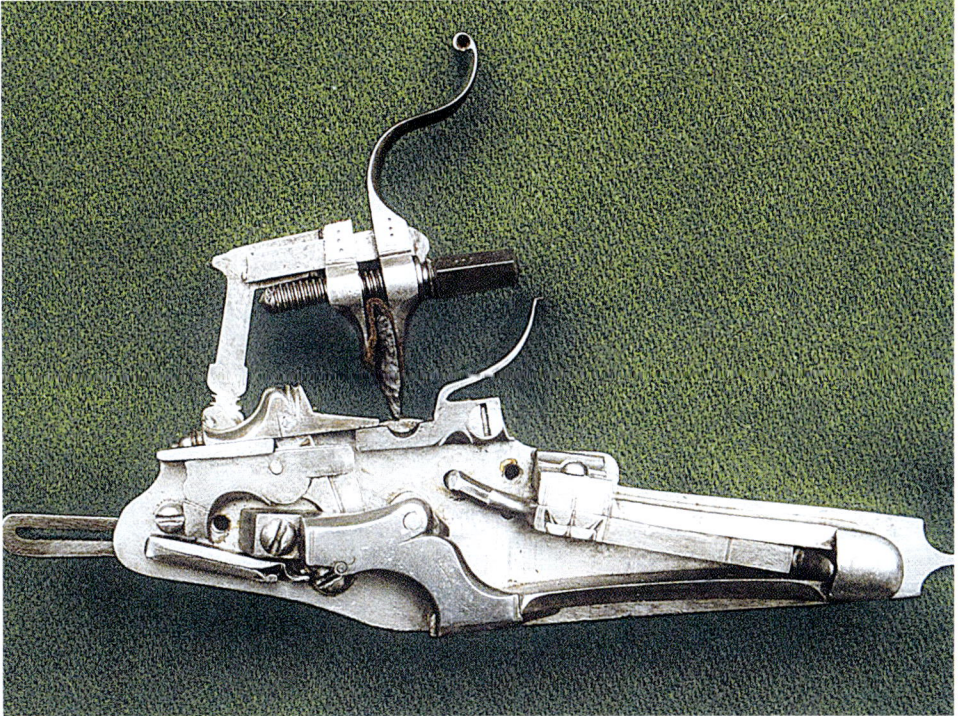

*Abb. 20: Radschloss, Deutschland, um 1650. Oben: Außenansicht; Pulverpfanne durch Schieber verschlossen. Unten: Innenansicht; Schieber zurückgeschoben, der Hahn drückt unter Federspannung den Schwefelkies auf das Rad. (Privatsammlung; Fotos Verf.)*

schwenkt. Dabei taucht der Schwefelkies in das Pulver ein und liegt jetzt mit dem von der Hahnfeder erzeugten Druck direkt auf dem gerillten Rad. Sobald der Abzug betätigt wird, dreht sich das Rad in seine Ruhestellung zurück und erzeugt dabei am Schwefelkies den gewünschten Zündfunken (Abb. 20).

Bei den Schaftformen gab es ebenfalls je nach Herkunft, Stand der Weiterentwicklung sowie Verwendungszweck die verschiedenartigsten Ausführungen und Stilrichtungen. Ohne näher und detailliert darauf einzugehen, sollen hier nur die wesentlichen Grundmerkmale genannt werden, die auch eine zeitliche Zuordnung erlauben. Die im letzten Viertel des 16. Jahrhunderts hergestellten Radschlosspistolen hatten einen relativ stark abgewinkelten geraden Griff und als Griffabschluss eine große Knaufkugel. Man bezeichnete sie auch als Radschlosspuffer oder Puffer. Die Gesamtlänge eines Puffers lag bei etwa 50 – 58 cm und das Laufkaliber bei ca. 13 – 13,5 mm. Mit diesen Waffen sind dann wohl die ersten Pistolenduelle zu Pferd ausgetragen worden. In der ersten Hälfte des 17. Jahrhunderts wurden die Knaufkugeln wieder kleiner und gingen allmählich in einen ovalen Knaufabschluss mit einer Eisenkappe über. Der Griff war jetzt weniger stark abgewinkelt und erhielt mit dem Aufkommen des ovalen Knaufs die später allgemein übliche gekrümmte Form. Die Pistolenlänge vergrößerte

sich auf etwa 54 – 64 cm, das Laufkaliber veränderte sich gleichzeitig auf ca. 12 – 15 mm.

Um den großen Bedarf an Radschlosspistolen im Dreißigjährigen Krieg zu decken, mussten die Herstellungskosten deutlich gesenkt werden. Diese Zielsetzung realisierten die Hersteller dadurch, indem sie die Waffen in größeren Stückzahlen ausführungsgleich und ohne kunstvollen Zierrat fertigten. Damit war der schlichte Militärtyp dieser Waffe geboren, was aber nicht ausschloss, dass wohlhabende und höherrangige Militärs sich weiterhin ihre Pistolen mehr oder weniger prunkvoll ausstatten ließen.

Die Epoche des Radschlosses endet bei den Pistolen und den Militärgewehren in der zweiten Hälfte des 17. Jahrhunderts und bei den zivilen Jagd- und Scheibenbüchsen in der ersten Hälfte des 18. Jahrhunderts. Seine Ablösung erfolgte durch eine konkurrierende Parallelentwicklung, die bereits im ausgehenden 16. Jahrhundert zaghaft begann und in der zweiten Hälfte des 17. Jahrhunderts einen Entwicklungsstand aufwies, der eine breitere Anwendung ermöglichte. Die Rede ist hier vom Steinschloss, das in einer verhältnismäßig langen Übergangszeit bereits parallel zum Radschloss angewendet wurde. Mit dem Steinschloss ausgerüstete Pistolen sind dann auch jene Waffen, aus denen später die Duellpistolen entstanden.

# Die Steinschlosspistole in der Zeit vor der klassischen Duellpistole

Wir kommen nun zu jener Waffe, mit deren Erscheinen auch die „Pistolenduelle zu Fuß" üblich wurden und aus der in der zweiten Hälfte des 18. Jahrhunderts die klassische Duellpistole hervorging.

Das Steinschloss aus der zweiten Hälfte des 17. Jahrhunderts existierte in seiner prinzipiellen Form bis zum Beginn des zweiten Viertels des 19. Jahrhunderts. Es war eine Weiterentwicklung des sog. Schnappschlosses, welches bereits gegen Ende des 16. Jahrhunderts neben dem Radschloss zögernd in Gebrauch kam. Grundsätzlich unterscheidet sich das Steinschloss vom Radschloss durch das Zündsystem. Während beim Radschloss die Zündfunken von einem sich drehenden Rad am Feuerstein „gerissen" werden, erzeugt das Steinschloss die Zündfunken durch „Schlagen" eines feuersteinbestückten vorschnellenden Hahnes gegen eine Stahlfläche. Dieses System war in der Herstellung billiger als das Radschloss und hatte obendrein den Vorteil, dass es ohne zusätzliches Werkzeug (beim Radschloss immer erforderlich) leicht mit der Hand gespannt werden konnte. Die ersten aus dem Schnappschloss weiterentwickelten Steinschlösser tauchten bereits im ersten Viertel des 17. Jahrhunderts in Frankreich auf. In diesem Zusammenhang werden dem königlichen Büchsenmacher und Erfinder Marin le Bourgeoys aus Lisieux in der Normandie die maßgebenden Verdienste zugeschrieben.[111] Mit Beginn der zweiten Hälfte des 17. Jahrhunderts setzte sich das Steinschloss in den meisten europäischen Ländern gegen alle anderen Schlossarten durch und blieb bis etwa 1830 das vorherrschende Schlosssystem. Es hatte einen Reifegrad erreicht, der auch einen großflächigen Einsatz unter rauen Bedingungen beim Militär erlaubte. So z. B. wurde in Österreich, wo man nach Ende des Dreißigjährigen Krieges mit dem Aufbau eines stehenden kaiserlichen Heeres begonnen hatte, bereits 1666 das Steinschlossgewehr erstmals von Raimund Graf (später Reichsfürst) Montecuccoli, dem Türkensieger von St. Gotthard / Mogersdorf (1664), eingeführt.[112]

Im Vergleich zum Radschloss ist das Steinschloss wesentlich kleiner, und seine Funktion lässt sich wie folgt erläutern: Ein Hahn, zwischen dessen Lippen ein Feuerstein eingespannt ist, schlägt bei seiner bogenförmigen Vorwärtsbewegung gegen einen beinahe senkrecht stehenden federbelasteten Feuerstahl, auch Batterie genannt. Die dabei entstehenden Funken fallen vor der sich durch den Schlag selbsttätig öffnenden Batterie auf die darunter befindliche Pulverpfanne und entzünden das dortige Pulver. Dieses flammt wie beim Radschloss kurz auf und zündet dabei über ein kleines Loch im Lauf die Geschossladung.

Die Beschreibung der Schlosskonstruktion: Auf der Schlossaußenseite wird vor der Pulverpfanne die drehbar gelagerte und gehärtete Batterie durch die Batteriefeder immer unter Spannung gehalten. Die Batterie hat eine Doppelfunktion, indem sie, nach hinten geklappt, mit ihrem unteren Teil die Pfanne verschließt und das Pulver sicher verwahrt, während der obere Teil die Schlagfläche zur Funkenerzeugung bildet. Der hinter der Pulverpfanne in der Schlossplatte drehbar gelagerte Hahn sitzt fest auf einer kleinen Achse, Nuss genannt. Diese hat auf der Schlossinnenseite einen Sporn, auf den die Schlagfeder für den Hahn wirkt, sowie zwei Kerben (Rasten), eine für die Ruh- oder Sicherungsrast und eine für die Spannrast, aus der der Schuss ausgelöst wird. Eine vertikal arbeitende und ebenfalls federbelastete Abzugstange greift beim Spannvorgang des Hahnes in diese Rasten und arretiert den Hahn in der gewünschten Stellung. Bei Betätigung des Abzugs in der Spannrast wird die Arretierung gelöst. Daraufhin schnellt der Hahn in kreisförmiger Bewegung vor und schlägt kräftig mit dem Feuerstein funkenerzeugend gegen die sich dabei öffnende Batterie (Abb. 21). Sehr wichtig ist bei diesem Schlosssystem, dass die Kräfte von Schlag- und Batteriefeder der im richtigen Verhältnis zueinander stehen. Ist dies nicht der Fall, so wird entweder die Batterie nicht immer zuverlässig geöffnet oder es werden zu wenig bis gar keine Funken erzeugt. Ferner muss die Geometrie der gegenläufigen Bewegungsradien von Hahn und Batterie unter Berücksichtigung der Hahnlänge sorgfältig aufeinander abgestimmt werden. Nur so kann man sicherstellen, dass sich die Batterie im richtigen Moment öffnet

und dass möglichst viele der erzeugten Funken in die Pulverpfanne fallen. Ein gut und zuverlässig funktionierendes Steinschloss zeichnet sich somit dadurch aus, dass eine ausreichende Menge Zündfunken in der richtigen Richtung und im richtigen Moment erzeugt wird. Die Büchsenmacher jener Zeit mussten dafür ihr ganzes Können aufbieten, und die über zweihundertjährige Existenz des Steinschlosses legt hinreichend Zeugnis davon ab, dass sie dazu auch in der Lage waren.

Noch ein Wort zum Feuerstein. Er besteht aus Flint, einem in den meisten europäischen Ländern reichlich vorkommenden Quarzgestein aus der Kreidezeit, der schon bei den meisten prähistorischen Geräten und Waffen Anwendung fand. Der Flint ist härter als der beim Radschloss verwendete Schwefelkies. Deshalb ist er besser zum Funken „schlagen" geeignet und besitzt obendrein eine längere Standzeit, sodass durchaus bis zu dreißig oder vierzig Schuss mit einem Flint abgefeuert werden können. Der fertig zugehauene Feuerstein hat auf einer Seite eine schräge Fläche, die zu einer scharfen Kante ausläuft, mit der die Funken an der Batterie geschlagen werden.

Die Steinschlosspistole löste ihren Vorgänger, die Radschlosspistole, in der zweiten Hälfte des 17. Jahrhunderts insbesondere bei der Reiterei sehr rasch ab. Diese Reiterpistole mit Steinschloss war dann auch jene Waffe, mit der die „Pistolenduelle zu Fuß" ihren Anfang nahmen.

Hinsichtlich Formgebung, Ausführung oder künstlerischer Ausschmückung dieser Waffen ist zu jener Zeit

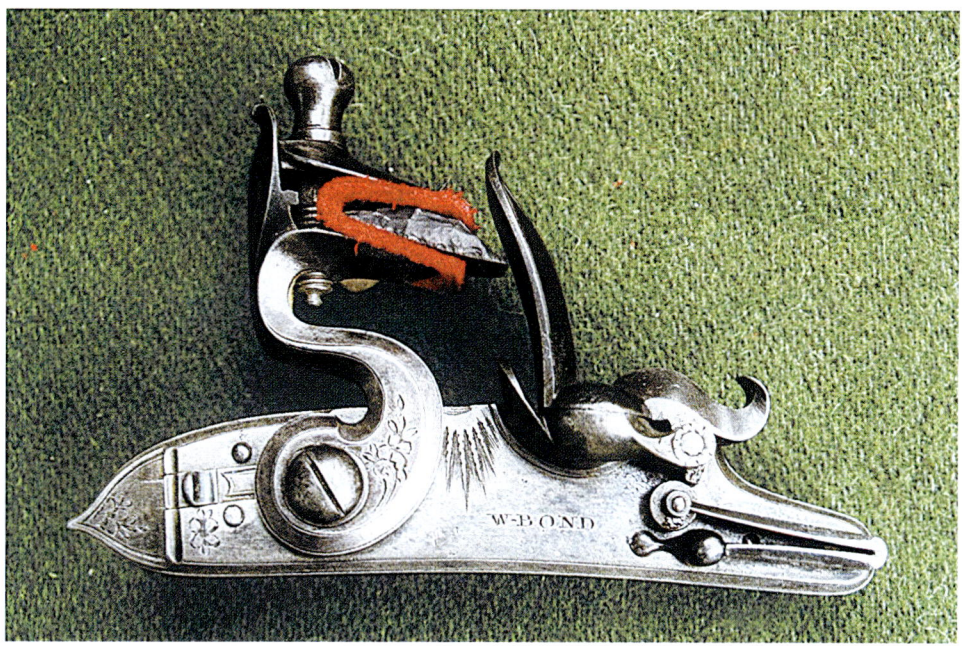

*Abb. 21: Steinschloss der Waffen in Abb. 25. Oben: Außenansicht; Batteriefeder mit Rollglied, Schiebesicherung hinter dem Hahn und halb-wasserdichte Pulverpfanne.*
*Unten: Innenansicht; Hahn in der Laderast, Schiebesicherung eingeschoben und Batterie geschlossen. (Fotos Verf.)*

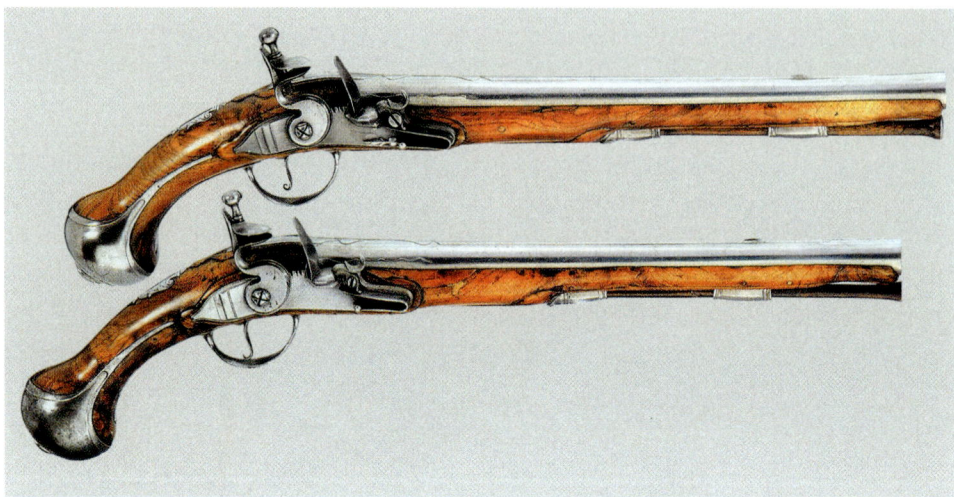

Abb. 22: Steinschloss-Pistolenpaar, flämisch, um 1700. Länge: 53 cm. Glatte runde Läufe, Kal. 16,5 mm. Helle Nussholzschäftung; Garnitur aus Eisen, mit leichten Verzierungen durch Gravur und Eisenschnitt. Typische Steinschlosspistole jener Zeit, die von der Reiterei in Holstern am Sattel geführt wurde. (Auktionshaus Hermann Historica, München)

der Einfluss Frankreichs unverkennbar. Die französischen Büchsenmacher unter König Ludwig XIV. prägten einen weit verbreiteten Stil, sodass es nur vereinzelt zu nationalen Ausprägungen kam. Der Schaft wurde aus Nussbaum-, manchmal sogar aus schön gemasertem Wurzelholz gefertigt. Er reichte am Vorderteil bis zur Laufmündung und endete hinten in einem verhältnismäßig großen birnenförmigen Knauf mit einer Metallkappe aus Eisen, Messing oder Silber. Aus dem jeweils gleichen Werkstoff bestanden auch die als „Garnitur" bezeichneten übrigen Beschlagteile der Waffe. Dazu gehörten Abzugbügel, Schlossgegenplatte, Ladestockröhrchen und häufig ein Daumenblech mit gelegentlich gravierten Besitzerinitialen auf dem Rücken des Pistolengriffs. Der Lauf war rund, hatte ein aufgesetztes längliches Korn und war hinten seitlich abgeflacht oder ein kurzes Stück achtkantig.

Als Schmuck für die Metallflächen an diesen Waffen dienten mehr oder weniger umfangreiche Gravuren. Besonders wertvolle Exemplare wurden an den Metallflächen mit sehr aufwändigem kunstvollem Eisenschnitt[113] in Form von Figuren und Ornamenten sowie mit kunstvoll durchbrochenen Beschlägen ausgestattet. Außerdem waren Goldtauschierungen[114] im Lauf und in der Schlossplatte sowie Vergoldungen der Beschlagteile üblich. Neben diesen hier beschriebenen, teilweise recht prunkvollen Reiterpistolen, in der Regel im Besitz von wohlhabenden Offizieren bzw. höheren Militärs, gab es außerdem den in größeren Stückzahlen fabrizierten und standardisierten kostengünstigeren Militärtyp dieser Waffe (Abb. 22). Diese Reiterpistolen mit Steinschloss

*Abb. 23: Steinschloss-Pistolenpaar, deutsch, um 1750. Länge: 41 cm. Im Kammerdrittel achtkantige, nach vorne in rund übergehende glatte Läufe, Kal. 13 mm. Reichlich mit Rokokomotiven beschnitzte Nussholzschäfte mit vorderem Hornabschluss. Garnitur aus Messing, mit üppigem graviertem und teilweise reliefartigem Dekor mit Stilelementen des Rokoko; Knaufkappe mit Maskaron, Schlossgegenplatte durchbrochen gearbeitet. Ein charakteristisches Rokoko-Pistolenpaar, dessen sich der Edelmann, außer auf Reisen oder der Jagd, auch beim Duell bediente. (Privatsammlung; Foto Verf.)*

wurden, wie ihre Vorgänger, paarweise in Pistolenholstern am Sattel mitgeführt. Die Länge dieser Waffen lag bei 50 – 55 cm, das Kaliber des glatten Laufes betrug 15 – 17 mm.

Sich verändernde Stilrichtungen fanden auch bei den Waffen ihren Niederschlag. So kam die zuvor beschriebene Reiterpistole aus der Barockzeit im Verlauf der ersten Hälfte des 18. Jahrhunderts aus der Mode. Das Rokoko (ca. 1720 – 1780) löste insbesondere in Frankreich, Deutschland und Österreich das wuchtige Barock ab und prägte neue spielerische, leichtere und graziösere Ausdrucksformen. Frankreich – als Ursprungsland des Rokoko – blieb dabei stilistisch weiterhin tonangebend. Dieser Wandel ist bei den Pistolen besonders auffällig;

sie wurden kürzer und schlanker sowie insgesamt eleganter. Die Länge der Pistolen betrug jetzt nur mehr etwa 32 – 42 cm, wobei man den längeren vorwiegend bei der Reiterei begegnete und die kürzeren von der adligen Gesellschaft für die Jagd oder zur Selbstverteidigung auf Reisen bevorzugt wurden. Der in der hinteren Hälfte meist achtkantige Lauf ging nach einer ringförmigen Verzierung (Balluster) in die runde Form über. Er hatte eine glatte Laufbohrung und nur noch ein Kaliber von 12 – 14 mm. Damit war er schlanker und leichter als sein Vorgänger aus der Barockzeit. Als Visiereinrichtung dienten ein im Mündungsbereich aufgesetztes Korn und gelegentlich zusätzlich eine Visiermulde in Form einer großzügig einge-

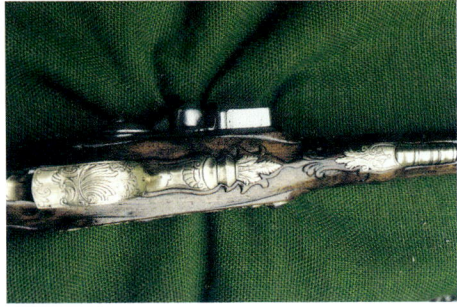

*Abb. 24: Detailansichten der Pistolen in Abb. 23 (Fotos Verf.).*
*Oben: Durchbrochen gearbeitete Schloss-gegenplatte mit reliefartigem Blattranken- und Rocaillendekor.*
*Mitte: Im Rokokostil beschnitzter Schaft im Bereich des Schwanzschraubenblattes.*
*Unten: Dekoration an Abzugbügel und hinterer Ladestockpfeife.*

feilten Rundkerbe im leicht erhöhten Schwanzschraubenblatt des Laufes. Stand- oder gar verstellbare Visiere kamen erst gegen Ende des 18. Jahrhunderts in Gebrauch, aber keinesfalls bei allen Pistolen. Der Vorderschaft reichte weiterhin bis zur Laufmündung und hatte jetzt einen vorderen Schaftabschluss aus Horn. Am hinteren Schaftende wurde der Pistolengriff mit der wuchtigen birnenähnlichen Verdickung durch ein gekrümmtes Griffteil mit einer Abschlusskappe aus Metall abgelöst (Abb. 23 und 24a). Daneben blieben aber auch Pistolenschäfte mit kleineren Knaufkugeln üblich, die dann in der zweiten Hälfte des 18. Jahrhunderts in eine auf beiden Seiten abgeflachte Form übergingen, wie sie u. a. bei den Pistolen der berühmten Büchsenmacherfamilie Kuchenreuter anzutreffen sind. Die Beschlagteile waren entweder aus Eisen oder Silber, meistens aber aus Messing oder Bronze.

Hinsichtlich der künstlerischen Ausstattung existierten, wie schon in den vorangegangenen Epochen, ebenfalls wieder die unterschiedlichsten Ausführungen, d. h. von der Luxuswaffe bis zum schlichteren Militärtyp. Als Schmuckelemente dienten im Rokoko die charakteristischen Rokoko-Ornamente, wie Ranken, muschelartige Motive (Rocaillen) sowie Figuren und Szenen aus dem jagdlichen Bereich, sowohl als Gravur als auch im Eisenschnitt (Abb. 24). Die Silber- und Bronzebeschläge wurden in der Regel gleich mit ihren Verzierungen gegossen. Bei kostbaren Waffen waren die Messing- und Bronzebeschläge häufig feuervergoldet. Im Lauf war der Name des Herstellers in Gold oder Silber eingelegt, oftmals noch mit zusätzlichen ornamentalen Verzierungen.

Es gab noch weitere Verfahren, den Lauf einer Handfeuerwaffe dekorativ zu gestalten: die Damaszierung. Zwar bestand die eigentliche Absicht der Damaszierung darin, die Festigkeit des Laufmaterials zu erhöhen, aber der herstellungsbedingte Nebeneffekt des sich dabei ergebenden effektvollen Oberflächenmusters war als Laufschmuck sehr willkommen. Außerdem wurde damit gleichzeitig – und für jedermann sofort sichtbar – die besondere Qualität des Laufes demonstriert. Zur Herstellung solcher qualitativ hochwertiger Läufe wandte man verschiedene Schmiedetechniken an. Noch relativ einfach herzustellen war der „gedrehte Lauf", den man in Frankreich auf der Laufoberseite mit in Gold eingelegten Buchstaben als „Canon Tordu" kennzeichnete. Beim Herstellungsprozess wurde das Laufrohr, auf einem Dorn steckend, in erhitztem Zustand um seine Längsachse verdreht. Um einiges aufwendiger herzustellen war der „gewundene Lauf". Diesen kennzeichnete man in Frankreich auf dem Lauf mit in Gold eingelegten Buchstaben als „Canon à Rubans". Ein vorbereiteter erhitzter Flacheisenstab wurde spiralförmig um einen Dorn gewunden und die Kanten mit dem Hammer verschweißt. In England hatte ein nach diesem Verfahren gefertigter Lauf den Namen „twist barrel", ohne dass man ihn auf der oberen Lauffläche so kennzeichnete.

Das dritte – und teuerste – Verfahren kommt einem echten orientalischen Damast am nächsten. Bei diesem sehr arbeitsintensiven Herstellungsvorgang wurde eine größere Anzahl dünner Eisenstäbe mit unterschiedlichem Kohlenstoffgehalt, also weiche und harte Eisenstäbe, aufeinander gelegt und in glühendem Zustand mit dem Hammer zu einem Stab verschweißt. Diesen konnte man dann drillen oder anderweitig verformen und wiederum mit weiteren solch vorbereiteten Stäben zu einem Stück verschweißen. Durch mehrfaches und geschicktes Wiederholen dieser Arbeitsgänge bestimmte letztlich der Schmied die Qualität des Laufes und sein dekoratives Aussehen. Zuletzt wurde diese „Damastmasse" zu einem Band ausgeschmiedet, und die weitere Verarbeitung erfolgte wie beim „gewundenen Lauf". Mit einer anschließenden Säurebehandlung des fertig bearbeiteten Laufes machte man die durch das Schmieden entstandenen Materialstrukturen sichtbar. Das weichere Material wurde von der Säure stärker angegriffen als das harte, wodurch der gewünschte Kontrast entstand. Auch die gedrehten und gewundenen Läufe behandelte man mit Säure, um das schräg zur Laufachse verlaufende Streifenmuster (durch Materialverdichtung) sichtbar zu machen. Eine zusätzliche Blau- oder Braunfärbung mit einem chemischen Präparat nach der Säurebehandlung ließ das entstandene Muster auf der Laufoberfläche in den unterschiedlichsten Blau- bzw. Brauntönen erscheinen (Abb. 34).

*Abb. 24a: Steinschloss-Pistolenpaar mit Sattelholstern, deutsch, Ende 18. Jahrhundert. Länge 40 cm, glatte Läufe aus orientalischem Damast, Kal. 13,5 mm. Garnituren der Pistolen aus Silber, die Stiefel der mit rotem Saffianleder ausgefütterten Holster aus versilbertem Messing. Typisches Pistolenpaar eines wohlhabenden Offiziers. (Privatsammlung; Foto Verf.)*

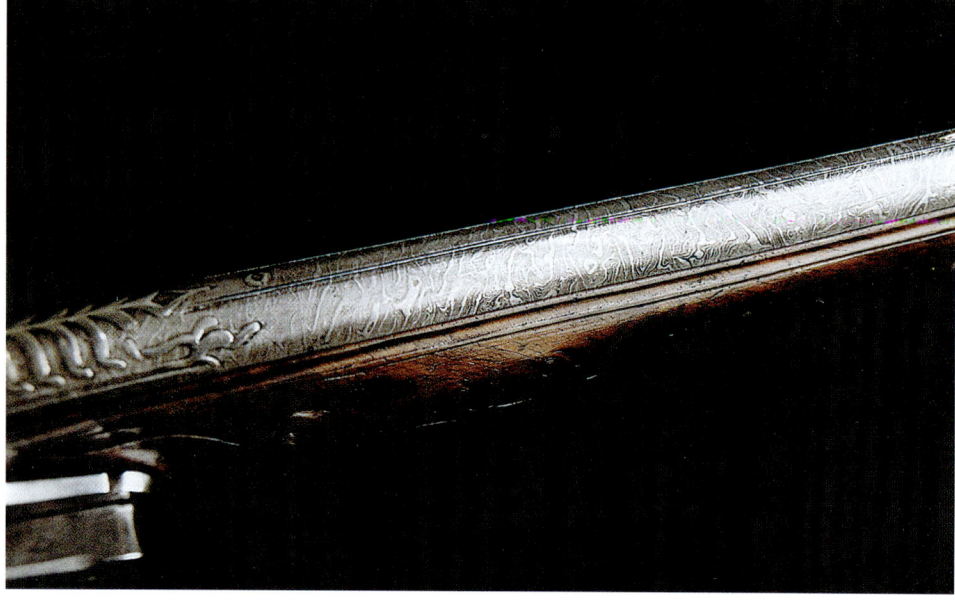

*Abb. 24b: Orientalischer Damastlauf mit Silbereinlagen der Pistolen von Abb. 24a. (Foto Verf.)*

Schließlich sei hier noch ein ab dem letzten Viertel des 18. Jahrhunderts in England praktiziertes Verfahren erwähnt, bei dem der Lauf ebenfalls ein damastähnliches Muster aufwies. Aus einer Mischung von Hufnägeln und zerkleinerten Kutschenfedern, im Verhältnis 25:15, stellte man in einem speziellen Schmelzverfahren einen hinsichtlich Härte und Zähigkeit hervorragenden Laufstahl her. Dieser wurde dann ebenfalls wie beim „gewundenen Lauf" bzw. „twist barrel" weiter verarbeitet. Entsprechend den unterschiedlichen Härtegraden der verwendeten Ausgangsmaterialien zeigten nach der Säurebehandlung mit anschließender Bräunung solche Läufe ein reizvolles, in verschiedenen Brauntönen schimmerndes marmoriertes Muster.[115] Läufe nach diesem Herstellungsverfahren nannte man „stubtwist barrels". Sie trugen auf der Unterseite des Laufes, mit einem Stempel eingeschlagen, die Kennzeichnung „STUBS".

Der Vollständigkeit wegen sei hier noch angeführt, dass echte Damastläufe aus dem Vorderen Orient im 17. und 18. Jahrhundert als Kriegsbeute oder Handelsgut nach Mitteleuropa gelangten (Abb. 24b). Hier bedienten sich zahlreiche Büchsenmacher dieser begehrten Objekte für die Herstellung von Prunkwaffen, denn die Herstellungstechnik solcher Damastläufe war damals noch nicht sehr verbreitet. Vielleicht deshalb und außerdem wegen der geringeren Kosten hatte man den sog. „Ätzdamast" erfunden. Bei diesem Verfahren wurde die Laufoberfläche entsprechend einem damastähnlichen Muster mit einer Säure angeätzt und somit ein Damastlauf vorgetäuscht.

Aber auch die weniger prunkvoll ausgestatteten Exemplare der Reiter- oder Jagdpistolen bestechen selbst heute noch durch ihre Eleganz – nicht nur den Waffenliebhaber. Es sind jene Waffen, die meistens der vielleicht weniger begüterte Landadel erforderlichenfalls im Duell benützte.

In einem zeitgenössischen *Handbuch der Jagdwissenschaft* ist es amüsant, nachzulesen, was dort über die allgemeine Verwendung der Pistole gesagt wird: „... und da braucht sie dann besonders der Edelmann, der auch nicht Jäger ist, zu Vertheidigung seiner Ehre (ob aus Vorurtheil oder Gewohnheit, ist hier der Ort nicht zu untersuchen) im Zweykampfe, auf abgemessenen funfzehn Schritten; ferner auf der Sauhatze zu Pferde, zur Vertheidigung gegen schwere Hatzhunde, die etwa Pferd und Reiter anfallen, ... und zum Vergnügen eines guten Pistolenschützen Schweine auf die Pistole auflaufen zu lassen, und sie mit der Kugel vor das Gehirn zu brennen; wobey ... mit zwey Fangeisen[116] secundirt werden muß".[117]

# Die englische Steinschloss-Duellpistole

Mit dem ausgehenden Rokoko zu Beginn des letzten Drittels des 18. Jahrhunderts entstanden in England die ersten typischen Duellpistolen, an deren Entwicklung sich mehrere namhafte englische Büchsenmacher beteiligten. John Twigg, der als Vater der englischen Duellpistole angesehen wird, hatte bereits 1770 ein solches Pistolenpaar angeboten.[118] In jener Zeit zählten die englischen Büchsenmacher zu den bei der Herstellung qualitativ hochwertiger Handfeuerwaffen führenden. Sie waren es, die mit einigen Verbesserungen am Steinschloss aus der bisherigen Reiterpistole einen neuen Waffentyp entwickelten, die „Duellpistole". Diese Waffe wurde ganz speziell für die Austragung von Ehrenhändeln konzipiert.

Neben den später noch zu behandelnden technischen Verbesserungen am Steinschloss ist besonders der stark gekrümmte Pistolengriff augenfällig. Dieser bewirkt eine deutlich sicherere und bessere Handlage der Waffe, sodass bei ausgestrecktem Arm und Handgelenk der Pistolenlauf wie ein ausgestreckter Zeigefinger beinahe von selbst ins Ziel zeigt. Eine zweckmäßige Schaftform und die Balance der gesamten Waffe, die durch das Laufgewicht wesentlich mitbestimmt wird, sowie ein tadellos funktionierendes Schloss sind die hervortretenden Merkmale, die eine gute Duellpistole auszeichnen. Zu den weiteren spezifischen Merkmalen dieses Waffentyps gehörten noch der ab etwa 1780 achtkantige glatte Lauf sowie eine insgesamt schlicht gehaltene Ausführung der gesamten Waffe (Abb. 25). Hingegen ist das Fehlen eines Visiers, eines Stecherabzugs oder eines Fingerhakens am Abzugbügel kein eindeutiges Merkmal für eine englische Duellpistole. Solche Einrichtungen waren in England stets erlaubt und sind daher auch bei zahlreichen englischen Duellpistolen anzutreffen.

Die funktionelle Zuverlässigkeit und die Qualität der Ausführung standen absolut im Vordergrund. Mängel oder Fehlerquellen mussten von vornherein ausgeschlossen werden, denn schließlich konnte die Beschaffenheit einer Waffe den Duellausgang nicht unwesentlich beeinflussen. Damit beide Duellanten über die gleiche Waffenqualität verfügen konnten, wurden solche Waffen paarweise angefertigt; dabei galt es als selbstverständlich, dass sie in der Ausführung stets dem neuesten Entwicklungsstand der Waffentechnik entsprachen. Bis 1810 erreichte die englische Steinschloss-Duellpistole eine erstaunliche Perfektion, die auch von den anderen, später folgenden Vorderladerpistolen nicht übertroffen wurde. Bei einem Schusstest im Jahre 1790 gelang es, mit einer Steinschloss-Duellpistole auf eine Distanz von 75 Metern ein mannsgroßes Ziel bei insgesamt vier Schuss dreimal zu treffen. Einer der berühmtesten Londoner Büchsenmacher und Spezialist für Duellpistolen, Robert Wogdon, bezeichnete seine Waffen als „todsicher" auf eine Schussdistanz von 12 Yards (11 m).[119]

*Abb. 25: Steinschloss-Duellpistolen im Kasten, England, um 1790. Länge: 39,5 cm. Leicht ge-stauchte, glatte Achtkantläufe im Kal. .58 = 14,8 mm. Die Läufe haben die typische bräunliche Marmorierung der „stub-twist barrels" und auf der Laufunterseite den Stempel „STUBS". Auf der Laufoberseite befindet sich die Herstellersignatur „W-BOND N° 50 LOMBART ST. LONDON". Die später bei Bond auch gebräuchliche Patent-Schwanzschraube nach Nock-Lizenz ist hier noch nicht vorhanden. Außer einem aufgesetzten silbernen Korn fehlt jede weitere Visiereinrichtung. Das Schloss (Abb. 21) hat eine Hahnsicherung für die Laderast, ein Rollglied an der Batteriefe-der sowie eine halb-wasserdichte Pulverpfanne und ist signiert mit „W-BOND". Die Fischhaut-verschneidung am Griff des schlicht gehaltenen Nussholzschaftes verleiht der Waffe eine gute Handlage. Eine silberne Monogrammplatte auf dem Griffrücken enthält die Initialen „BM". Alle Garniturteile sind aus Eisen, gebläut und sparsam mit trophäenartigem und floralem Dekor gra-viert, wobei der vordere Teil des Abzugbügels als Ananas ausgebildet ist.*
*(Privatsammlung; Foto Verf.)*

Aber auch anderen Londoner Büch-senmachern eilte der Ruf voraus, dass ihre Duellpistolen „in den Händen von Erfahrenen tödlich seien".

So sehr sich die englischen Herstel-ler von Duellpistolen für die Qualität der von ihnen angefertigten Waffen engagierten, so sehr übten sie eine vor-nehme Zurückhaltung bei der künstle-rischen Ausschmückung derselben. Auf den Metallflächen von Schloss und Beschlägen wurden Gravuren nur sehr sparsam ausgeführt. Abgesehen vom dezenten Laufschmuck durch die schon erwähnte Sichtbarmachung der Materialstrukturen bei den „twist und stub-twist barrels" sowie einer kleinen,

auf dem Rücken des Pistolengriffes in das Schaftholz eingelassenen silber-nen Monogrammplatte hatte man be-wusst auf weitere Schmuckelemente verzichtet. Das war eines der Merkma-le für eine englische Duellpistole. Die Hersteller solcher Waffen zeigten da-mit möglicherweise ein Gefühl für das Angemessene.

Nachfolgend wollen wir die Haupt-komponenten einer englischen Stein-schloss-Duellpistole noch etwas detail-lierter betrachten.

**Der Schaft:** Aus Nussbaumholz gefer-tigt und konsequent schlicht gehal-ten, wurde er bis Ende des 18. Jahr-

*Abb. 26: Steinschloss-Duellpistolen im Kasten, England, um 1820. Länge: 39 cm. Gebräunte achtkantige Twist-Läufe im Kal. .52 = 13,2 mm, mit „scratch rifling", also den geheimen Zügen. Ferner sind die Läufe mit einem aufgesetzten eisernen Korn, der Patent-Schwanzschraube mit festem Visier sowie mit Platin ausgefüttertem Zündloch ausgestattet und tragen die Hersteller-signatur „JOHN MANTON & SON DOVER STREET LONDON". Schlösser signiert „JOHN MAN-TON & SON PATENT", mit Hahnsicherung, Rollglied an der Batteriefeder, regensicherer Pulver-pfanne und Hahn in der Form eines spiegelbildlichen „C". Die Nussholz-Halbschäfte haben vor-ne einen Hornabschluss, auf dem Griffrücken eine silberne Monogrammplatte und sind im Griffbereich mit einer Fischhaut verschnitten. Auf den eisernen, gebläuten Garniturteilen finden sich trophäenartige und florale Gravuren, dabei ist der vordere Teil des Abzugbügels als Ananas ausgeführt. (Galerie Fischer Auktionen AG, Luzern)*

hunderts als Vollschaft, d. h. bis an die Laufmündung reichend, ausgeführt. Die ersten Halbschäfte (Abb. 26), die bei etwa der halben Lauflänge ende-ten, tauchten zwar ab ca. 1790 verein-zelt auf, setzten sich aber erst um 1800 voll durch, wohl als modische Erschei-nung, die man von den bereits halb-geschäfteten Gewehren übernommen hatte. Abgesehen von der starken Krümmung des Schaftkolbens (Pisto-

lengriff) wurde dieser – je nach Her-steller – oftmals unterschiedlich aus-geführt. Bis etwa 1795 war er bei vie-len Duellpistolen seitlich mit glatten Flächen etwas abgeflacht oder rund und mit einem groben, nur flach ge-schnittenen rautenförmigen Muster versehen; ebenso gab es die Kombina-tion beider Griffgestaltungen. Das Ziel blieb immer das gleiche: nämlich die Griffigkeit, d. h. das „fest und sicher in

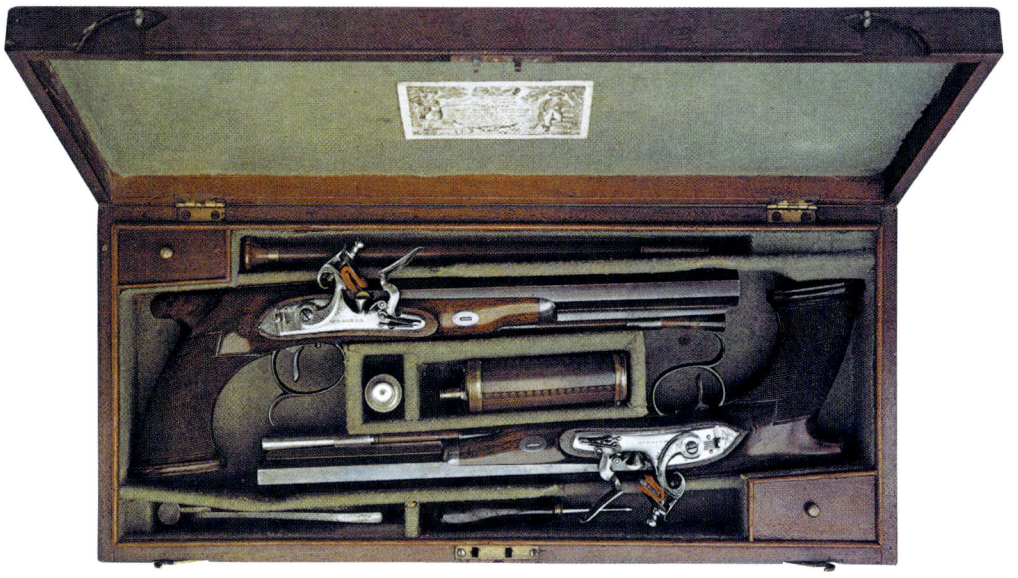

*Abb. 27: Steinschloss-Duellpistolen im Kasten, England, um 1815. Länge: 39 cm. Gebräunte, glatte Achtkantläufe im Kal. .55 = 14 mm, mit aufgesetztem eisernem Korn und Herstellersignatur „W. PARKER HOLBORN LONDON". Die Zündlöcher in den Patent-Schwanzschrauben sind mit Platin ausgefüttert und auf den Basküllen befindet sich ein feststehendes Visier. Schlösser signiert „W. PARKER", mit Hahnsicherung, Rollglied an der Batteriefeder, regensichere Pulverpfanne und Hahn in der Form eines spiegelbildlichen „C". Die Nussholz-Halbschäfte haben vorne eiserne Schaftabschlüsse und sind mit einem Sägegriff ausgeführt, der in einem flachen Kolben ohne Metallkappe endet. Die Waffen haben einen Stecherabzug und einen Fingerhaken am Abzugbügel. Zur weiteren Ausstattung gehören die silberne Monogrammplatte auf dem Griffrücken und die gebläute, leicht gravierte Eisengarnitur – im Stil wie bei Abb. 26 beschrieben.*
*(Galerie Fischer Auktionen AG, Luzern)*

der Hand Liegen" zu verbessern. Ab 1790 begann sich allmählich der runde Pistolengriff mit einer feinen und scharf geschnittenen Fischhaut durchzusetzen, der auch bis in die nachfolgende Ära der Perkussionspistolen erhalten blieb. Der halbkugelförmige Griffabschluss ist entweder leicht beschnitzt oder hat eine sparsam gravierte Eisenkappe.

Um die Handlage dieser Waffen noch weiter zu verbessern, erschien um 1805 der „Sägegriff-Schaft", der eine typisch englische Eigenart blieb

(Abb. 27). Diese Griffart glich dem der damals schon bekannten Fuchsschwanzsäge und hatte somit an der Schaftoberseite einen nach hinten gerichteten Sporn sowie am Kolbenabschluss eine scheibenförmige Platte, deren Durchmesser größer war als der des Griffs. Wegen der guten Handlage und durch den Sporn, der die Waffe an der Oberseite der Hand abstützte, konnte man der Tendenz der Hochschüsse wirkungsvoll begegnen. Trotz diesem offensichtlichen Vorteil und der Anwendung durch mehrere englische Büchsenmacher erreichte diese Schaftform keine so hohe Popularität, um den bisherigen Schaft zu verdrängen. Im Gegenteil: Dieser wurde später noch bei den Perkussionspistolen unverändert verwendet, während der Sägegriff bereits nach 1820 allmählich aus der Mode kam.

**Der Lauf:** Die ersten der aus den englischen Holster- oder Reiterpistolen abgeleiteten Duellpistolen hatten noch runde Läufe oder die sog. spanische Form, d. h. hinten achtkantig und dann bis zur Laufmündung rund. Aber bereits ab 1770 tauchte allmählich der durchgehend achtkantige Lauf auf, der sich bis 1780 bei allen englischen Duellpistolen durchsetzte. Der anfangs noch relativ leichte Lauf wurde ab etwa 1790 bald durch einen bewusst schwereren abgelöst. Ein größeres Laufgewicht verringerte nicht nur den Rückschlag bei der Schussabgabe, sondern ergab obendrein eine beabsichtigte Vorderlastigkeit der Waffe, um dem ungeübten Schützen das Zielen zu erleichtern und ungewollten Hochschüssen entgegenzuwirken. Viele der vollgeschäfteten Duellpistolen hatten, genauso wie die Büchsen, leicht gestauchte Läufe, d. h. sie verjüngten sich leicht nach vorn und wurden im Mündungsbereich wieder etwas dicker. Der Achtkantlauf besaß den Vorteil, dass man seine oberste Lauffläche als schnelle Visierlinie benutzen konnte, denn die englischen Duellpistolen waren zwar alle mit einem Korn, aber nicht alle mit einem Visier ausgestattet. Sofern vorhanden, befand es sich als feststehen-

de Einrichtung entweder auf dem hinteren Laufende oder auf der Basküle.[120] Ab etwa 1800 gehörte das Visier zum Standard. Die mit dem Schaft fest verschraubte Basküle diente zusammen mit je einem Schieber im mittleren und vorderen Laufbereich zur Befestigung des Laufes im Schaft. Der Lauf hatte am hinteren Ende eine die Laufbohrung verschließende Schwanzschraube mit Haken, der in die Basküle eingriff. Diese recht elegante Art der Laufbefestigung im Schaft kam um 1784 überwiegend in Gebrauch, ohne die herkömmliche, bei der der Lauf hinten im Schaft mit einer Schraube befestigt wurde, gänzlich zu verdrängen. Das System mit der Basküle erlaubte es, den Lauf nach dem Schießen rasch und ohne Werkzeug aus dem Schaft herauszunehmen und ihn mit Wasser zu reinigen.

Eine bedeutende Weiterentwicklung hinsichtlich seiner Schussleistung erfuhr der Lauf mit der vom Londoner Büchsenmacher Henry Nock 1787 zum Patent angemeldeten neuartigen Schwanzschraube. Diese haben dann auch andere englische Hersteller von Duellpistolen für ihre Waffen in Lizenz übernommen (Abb. 28). Bei dieser „Patent-Schwanzschraube" lag die Verbesserung in der schnelleren und besseren Verbrennung der Pulverladung, was einen kräftigeren und schnelleren Schuss zur Folge hatte. Bewirkt wurde dies durch die Zündung des Pulvers von hinten, also nicht – wie bislang – von der Seite, und zwar über eine unmittelbar hinter der Hauptkammer befindliche Vorkammer. Diese war zugleich so gestaltet,

Abb. 28: Firmen-Etikett auf der Innenseite des Pistolenkastendeckels mit der gleichzeitigen Illustration eines technischen Vorzugs der Waffe, hier die schneller zünden-
de Patent-Schwanzschraube; oben: von Henry Nock, dem Erfinder;
unten: von William Bond, in Lizenz nachgebaut. (Fotos Verf.)

dass sie den Zündkanal als Verbindung zwischen Pulverpfanne und Pulverladung im Lauf verkürzte. Die Zündfunken brachten jetzt das Pulver schneller und in der Vor- und Hauptkammer nahezu gleichzeitig zur Explosion. Außerdem hatte die Hauptkammer einen kleineren Durchmesser als das Laufkaliber, sodass die Kugel nur bis zur Vorderkante der Kammer hineingetrieben werden konnte. Dadurch wurde das Pulver nicht verdichtet oder zerstampft und vermochte rascher zu zünden bzw. zu explodieren. Vergleichsmessungen zwischen zentraler Zündung von hinten über eine Vorkammer und einer konventionellen seitlichen Zündung zeigten eine spürbare Zeitverzögerung vom Betätigen des Abzugs bis zum Losgehen des Schusses zu ungunsten der seitlichen Zündungsart. Eine fertigungsbedingte Verschlussschraube für die Vorkammer auf der linken Seite der Schwanzschraube gab nach Entfernen derselben eine willkommene Reinigungsöffnung frei.

Um das Zündloch im Lauf vor Korrosion und damit vor ungewollter Vergrößerung zu schützen, wurde es bei guten Waffen bis um 1805 zunächst mit Gold und danach mit dem kostengünstigeren Platin ausgefüttert.

Je nach Hersteller variierte die Länge des Laufes zwischen 8 1/2 und 11 Inches (21,5 – 28 cm), wobei allerdings die überwiegende Anzahl der englischen Duellpistolen mit einer Lauflänge von 9 1/2 – 10 Inches (24 – 25,4 cm) ausgestattet war. Daraus resultierte eine Gesamtlänge der Pistole von etwa 35 – 42 bzw. 38 – 40 cm.

Ebenso herstellerspezifisch zeigte sich der Durchmesser der Laufbohrung von Kaliber .50 bis .60 (12,7 – 15,2 mm). Während in der Zeit von 1770 bis 1800 das Kaliber .55 (14 mm) überwog, tendierte man später eher zu etwas kleineren Geschossdurchmessern. Die hier gemachten Angaben für das Kaliber verstehen sich in einhundertstel Zoll und beziehen sich immer auf den Durchmesser der Laufbohrung.

Eine andere aus dem 17. Jahrhundert stammende und heute noch gelegentlich in England anzutreffende Kaliberangabe für alte Handfeuerwaffen hat die Bezeichnung „Gauge". Sie bezieht sich auf das Verhältnis, wie viele Kugeln mit dem Durchmesser der Laufbohrung aus einem englischen Pfund Blei (453 gr) gegossen werden können.[121] Somit bedeutet z. B. die Kaliberangabe „21 Gauge": 21 Kugeln aus einem englischen Pfund Blei. Eine solche Kugel hat dann, auf metrisches System umgerechnet, einen Durchmesser von 15,4 mm bzw. der Lauf dieses Kaliber. Die in England ebenfalls heute noch manchmal zu beobachtende Bezeichnung für das Laufkaliber, wie z. B. „21-Bore", bedeutet das Gleiche.

Nun ist aber bei den Vorderladerwaffen mit glatten Läufen und gleichzeitiger Verwendung von Schusspflastern das Kaliber des Laufs und das der Kugel nicht identisch. Die Kugel muss etwas kleiner sein und mit einem sie umhüllenden und gefetteten Schusspflaster aus Gewebe oder Leder in den Lauf geschoben werden, damit sie, gut gegen Pulvergase abdichtend, fest im

Lauf sitzt. So uneinheitlich wie die Längen und die Kaliber der Läufe war auch das Verhältnis von Laufkaliber und Kugeldurchmesser, d. h. die Größe des Spaltes, den es mit dem Schusspflaster auszugleichen galt. Hier hatte jeder Büchsenmacher offensichtlich seine eigenen Erfahrungen. Diese gab er an seine Kundschaft weiter, indem er für die von ihm als richtig befundene Kugelgröße sowohl die passende Kugelzange als auch das passende Schusspflaster in der richtigen Dicke mitlieferte.

Es ist interessant, zu sehen, wie unterschiedlich diese Empfehlungen einzelner Hersteller ausfielen. Dazu zwei Beispiele: Bei dem Duellpistolenpaar von William Bond hat der Lauf das gemessene Kaliber .58 (14,8 mm), und die Kaliberangabe auf der dazugehörenden Kugelzange ist mit der Zahl 28 angegeben, was einem Kugeldurchmesser von 13,9 mm entspricht. Der mit einem entsprechenden Schusspflaster auszufüllende Spielraum beträgt in diesem Fall 0,9 mm. Eine andere Duellpistole, die etwa zur gleichen Zeit von Henry Nock hergestellt wurde, hat ein identisches Laufkaliber, aber die dazugehörende Kugelzange trägt die Kaliberangabe 32, und das entspricht einem Kugeldurchmesser von 13,4 mm. Somit beträgt hier der Spielraum sogar 1,4 mm, und das Schusspflaster musste dementsprechend dicker sein.

Im Gegensatz zu Frankreich und einigen anderen europäischen Ländern, in denen gezogene Läufe für Duellpistolen durchaus üblich waren, wurden diese in England aus ethischen Gründen abgelehnt. Dort verwendete man gemäß dem englischen Duellkodex den glatten Lauf. Wie wir erfahren haben, erzielte man damit recht respektable Schussergebnisse. Aber Vorteile ließen sich auch damals schon gut verkaufen. So kamen um 1795 ausgerechnet die in den einschlägigen Kreisen hochangesehenen Londoner Büchsenmacher, die Brüder John und Joseph Manton, als erste auf die subtile Idee, Duellpistolenläufe mit verdeckten, also „geheimen Zügen" herzustellen, die sog. „secret scratch rifling". Diese äußerst feinen Züge konnten als solche mit bloßem Auge nicht ohne weiteres erkannt werden, denn sie sahen eher aus wie Riefen, die bei etwas grober und unsachgemäßer Reinigung des Laufes entstanden sein konnten.[122] Das bessere Schussergebnis gegenüber dem glatten Lauf erreichte man aber nur dann, wenn nach dem Schießen der Lauf gründlich gereinigt wurde, damit die Riefen – wieder freigelegt – beim nächsten Gebrauch ihre volle Funktion übernehmen konnten. Eine andere Art der geheimen Züge praktizierte vorzugsweise Joseph Manton in Form ganz feiner kerbenförmiger Haarzüge, die aber einige Zentimeter vor der Laufmündung endeten und von dort weder sichtbar noch mit dem Finger fühlbar waren, die „secret scored rifling".[123]

Obwohl der Gebrauch solcher Waffen nicht nur gegen die in England geltenden Duellregeln verstieß und zudem als unfair galt, wurde doch eine gewisse Anzahl davon hergestellt. Die Besitzer von Duellpistolen mit geheimen Zügen wollten sich damit einen verdeckten Vorteil verschaffen. Tatsache ist jedenfalls, dass in England einige hochrangige Militärs und Angehörige des Adels Duellpistolen mit geheimen Zügen besaßen.

Auf die verschiedenen Herstellungsverfahren von Läufen für englische Duellpistolen braucht hier nicht mehr eingegangen zu werden, da dieses Thema im Rahmen der damaszierten Läufe schon behandelt wurde.

**Das Schloss:** Die grundsätzliche Funktion des Steinschlosses wurde weiter vorne bereits ausführlich erläutert. Daher soll hier nur noch auf die spezifischen Eigenheiten des englischen Steinschlosses eingegangen werden sowie auf Verbesserungen durch die englischen Meister im letzten Viertel des 18. Jahrhunderts (Abb. 21).

Um das Steinschloss hinsichtlich der Zündung schneller und sicherer zu machen, bedurfte es noch einer Reihe von Maßnahmen. Dazu gehörte zunächst, das Kräfteverhältnis von Schlag- und Batteriefeder sowie die Bewegungsradien von Hahn und Batterie zu optimieren. Das sollte vor allem mit Hilfe des Feuersteins eine ausreichende Anzahl kräftiger Funken in die richtige Richtung sicherstellen. Um die schlossinterne Reibung zu verringern, wurde ab etwa 1775 die Schlagfeder mit der Nuss über ein Kettenglied verbunden. Folglich musste der Schlagfederfuß nicht mehr auf dem Nusssporn gleiten, vielmehr minimierte sich jetzt die Reibung auf eine kurze Drehbewegung der beiden kleinen Zapfen des Kettengliedes. Ein

so ausgeführtes Schloss nannte man auch „Kettenschloss", das man aber nicht bei allen Duellwaffen antraf. Ferner wurden die Schlossteile zur Verringerung der Reibungsverluste gehärtet und poliert.

In den Jahren 1775 – 1780 führte man eine weitere – und ebenfalls die Reibung betreffende – Verbesserung auf der Schlossaußenseite ein, und zwar das Rollglied zwischen dem Fuß der Batterie und der Batteriefeder. Dieses befand sich, mittels eines kleinen Stiftes drehbar gelagert, entweder am Batteriefuß oder aber meistens an der Batteriefeder. Dadurch verringerte sich die Reibung zwischen diesen beiden Schlossteilen deutlich; infolgedessen öffnete sich die Batterie schneller, und die Funken konnten früher auf das Pulver in der Pfanne fallen.

Eine andere Verbesserung, die wasserdichte Pulverpfanne, stammt aus der Zeit um 1785 – 1790. Zwar wurde sie je nach Hersteller unterschiedlich ausgeführt, aber immer so gestaltet, dass das Regenwasser bei geschlossener Pulverpfanne seitlich an dieser sofort abfließen konnte (Abb. 26). Bei der vorhergehenden Pfanne konnte sich Wasser besonders zwischen Batterie und Feuerschirm der Pulverpfanne sammeln und wegen der nie ganz dicht auf der Pfanne aufliegenden Batterie an das Pulver gelangen.

Um die Funktionssicherheit beim Auslösen des Schusses zu erhöhen, hatte man in England bei anspruchsvollen und hochwertigen Feuerwaffen um 1760 die lange zuvor schon bekannte „Laderast-Sperrklinke", auch „Springkeil" oder „Fliege" genannt, wieder eingeführt. Diese Einrichtung sollte verhindern, dass beim Betätigen des Abzugs die Abzugstange in die Laderast der Nuss fällt, den Hahn in dieser Stellung arretiert und am Funkenschlagen hindert. Der Springkeil ist mittels eines kleinen Zapfens beweglich in einer Aussparung der Nuss gelagert und deckt die Laderast ab. Beim Spannen des Hahnes wird der geringfügig über die Peripherie der Nuss hinausstehende Springkeil durch die Abzugstange mitgeschleppt und gibt die Laderast frei. Beim weiteren Spannen des Hahnes in die Feuerstellung springt der Keil wieder vor und deckt die Laderast erneut ab. Die Abzugstange kann nun beim Abfeuern sicher darüber hinweggleiten. Insbesondere bei den mit Stecherabzug ausgerüsteten Waffen blieb der Springkeil unverzichtbar. Hierbei wird die Abzugstange nur ganz kurz angeschlagen und sofort wieder von der Abzugstangenfeder gegen die Nuss gedrückt, sodass sie zwangsläufig in die noch nicht vorbeigelaufene Laderast einrastet. Beim Abzug ohne Stecher hingegen ist der Springkeil nicht zwingend erforderlich, da bei Betätigung des Abzugs durch den Zeigefinger dieser einen Augenblick lang in dieser Auslösestellung verharrt und dabei normalerweise ausreichend Zeit für die vollständige Drehbewegung der Nuss verbleibt. Das ist auch der Grund, weshalb bei den meisten Waffen ohne Stecher auf den Springkeil verzichtet wurde.

Ein seit etwa 1760 typischer Bestandteil englischer Duellpistolen war die Schiebesicherung zum Blockieren der Nuss in der Laderast. Mit einem an der Schlossaußenseite hinter dem Hahn befindlichen kleinen Schieber konnte bei Laderaststellung des Hahnes auf der Schlossinnenseite ein Zapfen in eine entsprechende Aussparung der Nuss geschoben werden. In dieser Stellung der Sicherung konnte kein Schuss versehentlich ausgelöst und der Hahn nicht weiter gespannt werden.

**Der Stecherabzug:** Er wird auch nur als „Stecher" bezeichnet und war in jener Zeit weder eine absolut neue noch eine typisch englische Erfindung. Schon im 17. Jahrhundert wurde er bei den Büchsen für die Jagd und zum Scheibenschießen in mehreren europäischen Ländern eingeführt. Erst in der zweiten Hälfte des 18. Jahrhunderts kam der Stecher in einer konstruktiv abgeänderten Form allmählich auch für Pistolen zur Anwendung. Seit dem Beginn der englischen Duellpistolen-Ära konnte man ihn bei vielen dieser Waffen antreffen, aber keinesfalls bei allen. In England gab es für den Gebrauch des Stecherabzugs bei Duellpistolen keinerlei einschränkende Regeln. Die Aufgabe des Stecherabzugs besteht darin, das mögliche Verreißen der Waffe beim Abdrücken zu vermeiden, denn er löst auf ganz leichten Fingerdruck sofort und weich den Schuss aus. Ein Verreißen der Waffe muss man immer dann besonders befürchten, wenn der normale Abzug etwas schwerer oder härter zu betätigen ist. Das Funktionsprinzip des Stechers beruht darauf, dass der Abzug nur den minimalen Druck einer ganz schwachen Feder zu überwinden hat. Dabei wird ein unter dem Druck einer starken Feder stehendes Zwischenstück freigegeben und schlägt die Abzugstange aus der Spannrast. Um den Stechermechanismus zu spannen, muss bei der Pistole der Abzug zunächst nach vorne gedrückte werden. Ob eine Pistole mit Stecher ausgerüstet ist oder nicht, ist in der Regel auf den ersten Blick an einer vor oder hinter dem Abzug befindlichen kleinen Einstellschraube zu erkennen. Damit kann der Weg des Abzugs bis zum Auslösepunkt nach Belieben des Schützen eingestellt werden. Allerdings gab es auch hier wieder eine speziell englische Eigenart, nämlich die Duellpistole mit Stecher, bei der die Einstellschraube äußerlich nicht sichtbar war.

Es war in jener Zeit durchaus umstritten, ob eine Duellpistole einen Stecher haben sollte oder nicht; sei es aus ethischen Gründen, wie beim gezogenen Lauf, oder weil es wiederholt zu regelwidrigen Zwischenfällen durch vorzeitiges Auslösen des Schusses kam. Ein zu kurz oder weich eingestellter Stecher barg immer das Risiko, dass in einer Duellsituation durch nervöses Hantieren der Schuss zu früh oder unkontrolliert ausgelöst wurde.

**Die Garnitur:** Diese bestand bei den englischen Duellpistolen aus dem Abzugbügel, der Kolbenabschlusskappe, der Vorderschaftabschlusskappe (nur bei den halbgeschäfteten Waffen), zwei Ladestockröhrchen sowie einer Schlossgegenplatte und meist aus einer kleinen silbernen Monogrammplatte auf dem Griffrücken. Der Abzugbügel erhielt mit Aufkommen der schwereren Läufe, also etwa ab 1790, als typisch englische Verbesserung einen nach unten gerichteten und leicht nach vorne gebogenen Sporn, Fingerhaken genannt. Dieser sollte durch Anlegen des Mittelfingers die Handlage der Waffe verbessern und ein sicheres Zielen ermöglichen. Allerdings konnte sich der Fingerhaken nicht bei allen englischen Duellpistolen durchsetzen. Weiterhin war der Abzugbügel noch mit Blüten und Blattwerk etwas graviert und sein vorderer Teil bis etwa 1790 als Eichel und später als Ananas ausgebildet. Die Kolbenabschlussplatte und die Schlossgegenplatte (sofern vorhanden) zeigten in ihren meist sparsamen Gravuren die gleichen Stilelemente. Anstelle der Schlossgegenplatte wurden bald nur mehr zwei schlichte, im Schaftholz eingelassene und angesenkte Unterlegscheiben für die Schlossbefestigungsschrauben angewendet.

Von der silbernen Monogrammplatte abgesehen, bestanden die Garniturteile am häufigsten aus Eisen und wurden – wie die Schlossteile – in der Regel gebläut, auch dann, wenn man für den Lauf das Bräunen bevorzugte. Der vordere Schaftabschluss war mehrheitlich in Horn ausgeführt, oftmals gemeinsam mit dem Kolbenabschluss auch in Silber. Selbstverständlich lag es im Ermessen der jeweiligen Auftraggeber, solche Waffen auch kostbar und prunkvoll ausstatten zu lassen. Einige dieser Duellpistolenpaare mit reichlich verzierten kompletten Silbergarnituren sowie in Silber oder Gold eingelassenen Her-

*Abb. 29: Pistolenkasten, England, um 1790, für das Pistolenpaar in Abb. 25. Abmessungen: 46,5 x 21,5 x 7 cm. Aus Mahagoniholz, abschließbar und zusätzliche Sicherung durch zwei Haken, mit eingelassenem, herausklappbarem Traggriff aus Messing. (Privatsammlung; Foto Verf.)*

stellernamen auf dem Lauf wurden z. B. von den Londoner Büchsenmachern H. W. Mortimer und John Manton angefertigt. Manche der hochwertigen Waffen verfügten noch über eine vergoldete Pulverpfannenmulde als Korrosionsschutz und Schmuck zugleich.

**Das Zubehör:** Mit dem Aufkommen der ersten englischen Duellpistolen wurde es üblich, diese in einem Kasten mit komplettem Zubehör zu liefern. So einen Kasten fertigte man in England normalerweise aus Mahagoni- oder Eichenholz (Abb. 29). Er war abschließbar und hatte an der Vorderseite zwei kleine Haken oder Schiebeverschlüsse als zusätzliche Sicherung ge-

gen eine ungewollte Deckelöffnung. Der äußere Zierrat beschränkte sich auf einem im Deckel eingelassenen und herausklappbaren Messinggriff und manchmal noch vier zusätzliche Messingkappen an den Ecken des Kastendeckels. Innen waren diese Kästen in verschiedene, dem Inhalt entsprechende Fächer unterteilt und vorwiegend mit einem grünen filzähnlichen Stoff ausgekleidet. Zwei dieser Fächer konnten mit je einem kleinen Deckel verschlossen werden. Sie dienten zum Aufbewahren von kleineren Gegenständen, wie Kugeln, Schusspflaster und Ersatzfeuersteine. An der Deckelinnenseite befand sich das sog. „trade label". Dieses aus stärkerem Papier meist kunstvoll gestaltete Firmeneti-

*Abb. 30: Pistolenkasten von Abb. 25 mit ausgebreitetem Zubehör. Von links: Schraubenzieher, buntgehärteter Federspanner, Ölbehälter aus Weißmetall, Kugelzange, Reinigungspinsel, Bleikugeln, Schusspflaster, Ersatzfeuersteine, Kastenschlüssel, Lade-/Reinigungsstock und im Kasten die Pulverflasche aus Kupfer mit Messingoberteil. (Privatsammlung; Foto Verf.)*

kett des jeweiligen Büchsenmachers enthielt seinen Namen, Adresse und manchmal auch zusätzliche Hinweise auf seine besonderen Leistungen bzw. seinen Status (Abb. 28 und 31).

Zum Inhalt eines solchen Pistolenkastens gehörten neben den beiden Pistolen vor allem eine Pulverflasche, eine Kugelzange sowie die passenden Schusspflaster. Ferner noch als Werkzeug und Reinigungsutensilien je ein Lade- und Reinigungsstock, Schraubenzieher, Ölbehälter, Federspanner für die evtl. Demontage der Schlagfeder sowie ein kleiner Reinigungspinsel und eine Reinigungsnadel für das Zündloch (Abb. 30). Gelegentlich enthielt der Kasten obendrein noch ein Locheisen

zum nachträglichen Anfertigen zusätzlich benötigter Schusspflaster.

Die Pulverflasche bestand meistens aus dünnem Kupferblech mit Messinggarnitur und war oftmals zusätzlich mit rotem oder braunem Leder bespannt. In manchen dieser Pulverflaschen befanden sich außerdem zwei kleine Behältnisse. Das eine neben der Pulverausgusstülle konnte vier bis fünf Kugeln aufnehmen, das andere auf dem Boden der Pulverflasche diente zum Aufbewahren kleinerer Utensilien, wie z. B. Feuersteine.

Zum wichtigsten Zubehör zählte die Kugelzange. Man benötigte sie zum Abgießen passender Rundkugeln für die im jeweiligen Kasten befindli-

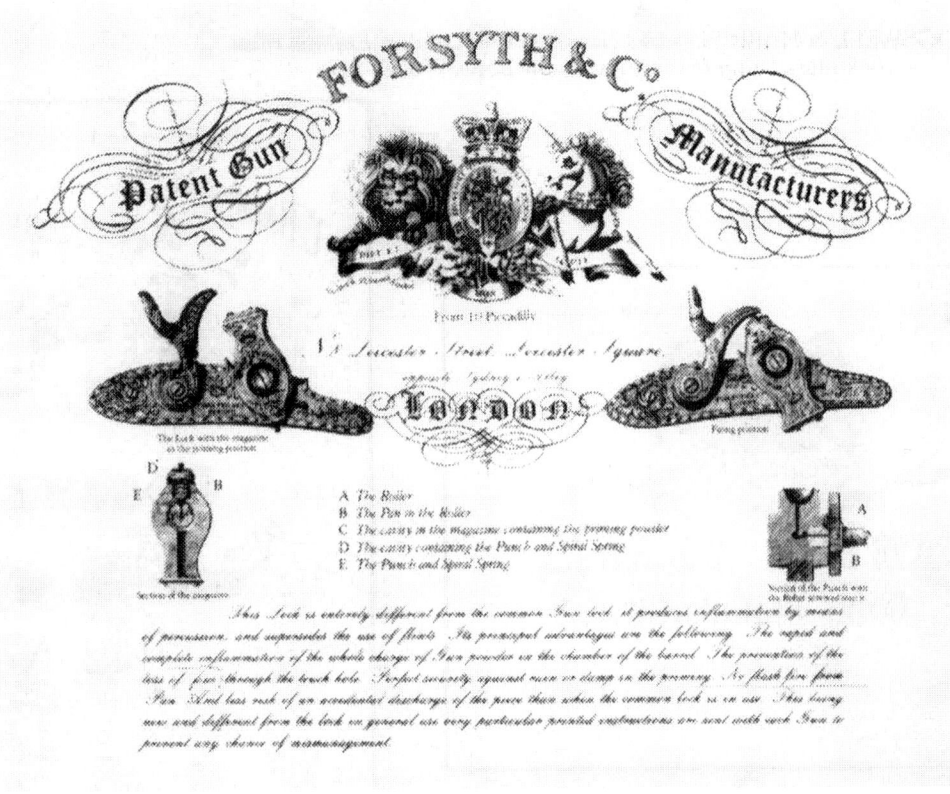

*Abb. 31: Firmen-Etikett von Alexander Forsyth mit illustrierter Darstellung seiner Erfindung, des ersten Perkussionsschlosses mit Knallpulverzündung, auf der Innenseite des Pistolen-kastendeckels. (Foto Verf.)*

chen Pistolen. Auf einem Schenkel der Kugelzange war die Kalibergröße als Zahl eingeschlagen. Diese bezog sich, wie bereits erwähnt, auf die Anzahl Kugeln, die aus einem englischen Pfund Blei gegossen werden konnten. Darüber hinaus besaß die Kugelzange meist einen Butzenabschneider, mit dem man den beim Gießen der Kugel unvermeidlich entstehenden Einguss-zapfen abschneiden konnte.

Der Lade- und Reinigungsstock wurde häufig als Kombinationswerk-zeug ausgeführt, dessen vordere Be-stückung sich über eine Schraubver-

bindung austauschen ließ. Somit konnte er sich wahlweise als Lade-oder Reinigungsstock oder auch als Kugelzieher verwenden lassen. Dieser kam dann zum Einsatz, wenn z. B. eine Kugel versehentlich vor dem Ein-füllen des Pulvers in den Lauf gesto-ßen worden war. Den Kugelzieher drehte man ein wenig in die Kugel hi-nein und zog diese dann samt dem Schusspflaster wieder aus dem Lauf heraus. Als Schusspflaster verwendete man sowohl Barchent[124] als auch fei-nes Leder vom Schaf oder Reh und später Leinenstoff. Das Pflaster hatte einen Durchmesser, der etwa der zweifachen Kalibergröße entsprach. Um der allmählichen Verbleiung des Laufinneren vorzubeugen und Pulverrückstände weich zu halten, sollte das Pflaster gefettet sein. Obwohl jede Duellpistole der Steinschlossära ihren eigenen Ladestock unter dem Lauf im Schaft hatte, wurde für den Ladevorgang doch der stabilere und mit einem Griff ausgestattete Ladestock benutzt. Einer der beiden Ladestöcke im Schaft besaß ein korkenzieherähnliches Werkzeug zum Entfernen von Reinigungsmaterial aus dem Lauf.

Sowohl der Federspanner als auch das Locheisen galten nicht bei allen Büchsenmachern als Standardzubehör und mussten gegebenenfalls gesondert bestellt werden.

Ehrenmänner, die auf ihren Kasten mit Duellpistolen auch auf Reisen nicht verzichten wollten, konnten bei einigen englischen Büchsenmachern, wie John und Joseph Manton oder Durs Egg, einen mit Riemen und Schnallen versehenen Lederüberzug für den Holzkasten beziehen.

Das englische Büchsenmacherhandwerk stand anfänglich unter holländischem und später – durch Zuzug hugenottischer Büchsenmacher aus Frankreich – unter französischem Einfluss. Ab Mitte des 18. Jahrhunderts aber prägten die hochtalentierten englischen Büchsenmacher allmählich ihren eigenen Stil mit zahlreichen waffentechnischen Innovationen, aus denen auch die Duellpistole hervorging. Sie verschafften sich bald einen selbstständigen Status, erlangten weltweit hohes Ansehen, und es kam sogar zu einem umgekehrten „Knowhow-Transfer" zu den kontinentalen Büchsenmachern.

## Die französische Steinschloss-Duellpistole

In Frankreich wurde das Büchsenmacherhandwerk durch das Königshaus bereits zur Zeit Ludwigs XIII. und Ludwigs XIV. gefördert. Dies führte dazu, dass Paris ab Mitte des 17. bis in die zweite Hälfte des 18. Jahrhunderts als Zentrum der Büchsenmacherkunst galt. Dennoch reagierten namhafte französische Büchsenmacher sehr rasch auf die im letzten Drittel des 18. Jahrhunderts aus England bekannt gewordenen technischen Verbesserungen und übernahmen diese für ihre Waffen. Der französische Stil im Waffendesign wurde jedoch beibehalten, hier ging man weiterhin eigene Wege. Allen voran war es besonders Nicolas Noel Boutet, der gegen Ende des 18. Jahrhunderts in Frankreich einen neuen, den sog. „Boutet-Stil", prägte. Dieser, oft als Empirestil bezeichnet, wurde dann vielerorts und sehr bald von zahlreichen Büchsenmachern in und außerhalb Frankreichs, z. T. in abgeschwächter Form, nachgeahmt.

Mit diesem neuen Stil erreichte die französische Büchsenmacherkunst einen erneuten Höhepunkt, der sich bei den Pistolen vor allem durch seine Schaftform und eine oftmals aufwendige kunstvolle Ausschmückung auffällig zeigte. Unter Napoleon wurde die Büchsenmacherkunst weiterhin

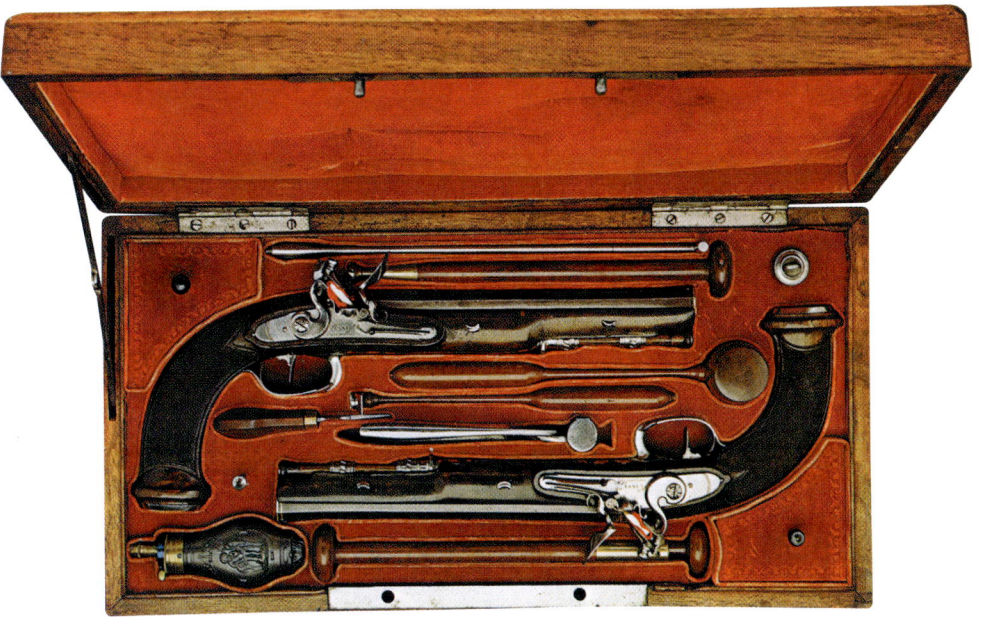

*Abb. 32: Steinschloss-Duellpistolen im Kasten, Frankreich, um 1805. Länge: 35 cm. Gebräunte, leicht gestauchte Achtkantläufe im Kal. .71 = 18 mm, mit 32 Zügen. Die Läufe sind mit einem silbernen Korn und einer tiefgekehlten Visierkerbe ausgeführt, die sich auf der Basküle mit integriertem Visier fortsetzt. Auf der Laufoberseite ist in Goldbuchstaben die Signatur eingelegt „BOUTET DIRECTEUR ARTISTE / MANUFACTURE À VERSAILLES". Darüber hinaus tragen die Läufe den Stempel des französischen Laufherstellers „Le Clerc" sowie als zusätzlichen Schmuck schmale goldtauschierte Bänder an den vorderen und hinteren Laufenden. Die mit „Manufacture à Versailles" signierten Schlösser zeigen den typischen Boutet-Stil mit dem Hahn in Schwanenhalsform und der langen Batteriefeder, die aber kein Rollglied aufweist. Die sparsam beschnitzten Nussholzschäfte, mit der für Boutet in jener Zeit typisch starken Schaftkrümmung, sind im Griffbereich mit Fischhaut versehen. Die Ladestöcke sind aus Nussholz mit Horndoppel. Alle Garniturteile sind aus Eisen, blank, z. T. stark profiliert und im Empire-Stil graviert. Diese Waffen haben keinen Stecherabzug. Der abschließbare Kasten ist aus Eichenholz.*
*(Galerie Fischer Auktionen AG, Luzern)*

gefördert. Nicolas Boutet, neben Le Page einer der bedeutenden Büchsenmacher jener Zeit, ernannte man während der Französischen Revolution 1792 zum Leiter einer Waffenfabrik in Versailles. Neben der Betreuung der Militärwaffenproduktion gehörte es zu seinen Aufgaben, einen qualifizierten Nachwuchs heranzubilden und sein hervorragendes Können

weiter zu geben. Boutet belieferte Napoleon und andere französische Staatsmänner mit Luxuswaffen für den eigenen Bedarf oder als Geschenke für bestimmte Persönlichkeiten oder verdiente Militärs. Aber Boutet und seine Zunftgenossen stellten nicht nur Luxuswaffen her. Mehrheitlich wurden Waffen mit vergleichsweise zurückhaltendem Dekor gefertigt, die für den praktischen Gebrauch bestimmt waren, z. B. zum Duell oder zum Scheibenschießen (Abb. 32). Dennoch wurde in Frankreich nach wie vor die elegante Form bevorzugt, gepaart mit geschmackvollen Details bei der künstlerischen Ausschmückung, auch dann, wenn es darum ging, die persönliche Ehre zu verteidigen. Die Neigung zu mehr Dekor war augenscheinlich, im Gegensatz zu den englischen Duellpistolen. Zwei weitere Unterscheidungsmerkmale zur englischen Duellpistole bestanden in der Form des Schaftes, dessen Griffteil unten mit einem flachen Knauf abschloss, und dem fast immer gezogenen Lauf.

Betrachten wir nun die französische Duellpistole im Detail. Viele technische Funktionen und Ausführungsdetails entsprechen der englischen Duellpistole. Um Wiederholungen zu vermeiden, werden nachfolgend die einzelnen Komponenten nur soweit behandelt, wie sie von der englischen Duellpistole abweichen.

**Der Schaft:** Er wurde die ganze Steinschlossära hindurch als Vollschaft ausgeführt, wobei man dafür Nussbaum- oder gar das noch dekorativere, aber teurere Nussbaumwurzelholz verwendete. Etwas später als in England kam im zweiten Jahrzehnt des 19. Jahrhunderts auch in Frankreich, der Mode folgend, der Halbschaft auf, ohne jedoch den Vollschaft ganz zu verdrängen. Die starke Schaftkrümmung wurde von der englischen Duellpistole übernommen und noch verstärkt. Hingegen besaß der Pistolen-

griff einen Knauf in Form einer wulstartigen Verdickung, die in eine flache oder gewölbte Abschlussplatte bzw. Kappe überging. Diese Knaufform unterstützte durchaus die gute Handlage der Waffe, ähnlich wie beim englischen Sägegriffschaft. Alle diese Waffen hatten von Beginn an eine fein geschnittene Fischhaut im Griffbereich sowie – je nach Hersteller – einen Knauf mit ovalem oder manchmal vorne und hinten etwas abgeflachtem Querschnitt.

Der vordere Teil des Schaftes wurde üblicherweise schlicht gehalten. Sofern Schaftverschneidungen existierten, befanden sie sich auf der Schaftoberseite hinter dem Lauf und im Bereich des Pistolengriffs einschließlich des Knaufs. Mit Aufkommen der Halbschäfte entfiel bei den französischen Waffen der Ladestock an der Waffe.

**Der Lauf:** Im Gegensatz zu den englischen Duellpistolen hatten die französischen von Anfang an einen achtkantigen und – sowohl bei den voll- als auch halbgeschäfteten Waffen – einen leicht gestauchten Lauf. Ferner besaß dieser immer eine Hakenschwanzschraube, sodass die Befestigung des Laufs im Schaft stets mittels Basküle und ein oder zwei Schiebern erfolgte.

Während nicht alle englischen Duellpistolen über ein Visier verfügten, gehörte dieses bei den französischen zum Standard. Es befand sich auf der Basküle, und der tiefste Punkt des Visiers lag bei manchen dieser Waffen in einer tief gekehlten Visierlinie, die

*Abb. 33: Detailansichten der Pistolen in Abb. 34. (Fotos Verf.)*
*a: Steinschloss und gut sichtbare Platinausfütterung des Zündlochs.*
*b: Zweiteilige gravierte Schlossgegenplatte und stark profilierter Abzugbügel. Hinter dem Abzug die Einstellschraube für den Stecher.*
*c: Visierkerbe auf Lauf und Basküle mit integriertem Visier. Feine Schaftschnitzerei um und hinter dem Basküleblatt.*
*d: Aufwändige Gravuren auf dem Abzugbügel und der stark profilierten Ladestockpfeife.*
*e: Gravierte Kolbenkappe.*

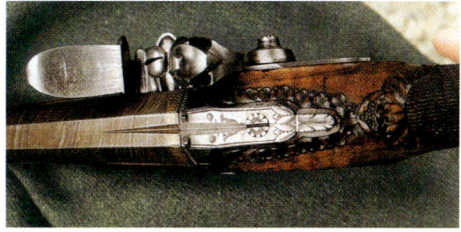

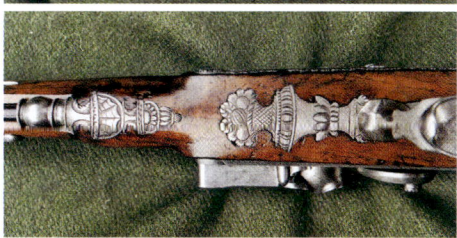

vom hinteren dickeren Laufende nach vorne zwischen einem viertel und der halben Lauflänge auslief. Diese gekehlte Visierlinie setzte sich nach hinten auf der Basküle bis zu deren Befestigungsschraube fort (Abb. 33c).

In Frankreich waren gezogene Läufe für Duellpistolen offiziell erlaubt. Infolgedessen wurden die meisten dieser Waffen mit bis zu weit über fünfzig feinen Haarzügen ausgestattet. Läufe mit nur etwa acht bis zwölf gröberen Zügen oder gar glatte Läufe sind hingegen vergleichsweise wenig anzutreffen. Der Vorteil eines gezogenen Laufes bestand in der grundsätzlich besseren Schussgenauigkeit (verglichen mit dem glatten Lauf). Darüber hinaus zeigte sich der gezogene Lauf weniger anfällig für eine nicht ganz korrekte Menge bei der Pulverladung. Beim glatten Lauf führte das sehr rasch zu Fehlschüssen.

Aber richtig Sinn macht der gezogene Lauf erst dann, wenn er einen gewissen Drall hat, in jener Zeit auch Troll oder Droll genannt. Damit ist die Anzahl spiralförmiger Windungen der Züge gemeint. Sie lag bei diesen

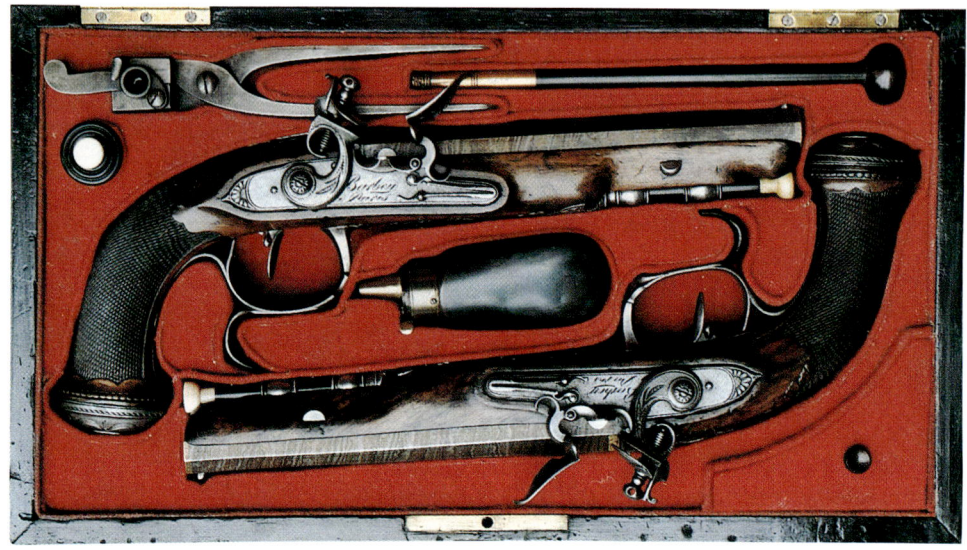

*Abb. 34: Steinschloss-Duellpistolen im Kasten, Frankreich, um 1811 – 1820. Länge: 34 cm. Gebräunte, sich nach vorne verjüngende und an der Mündung leicht gestauchte Achtkantläufe aus einfachem Damast, Kal. .565 = 14,35 mm, mit 56 Haarzügen. Die Läufe haben ein aufgesetztes silbernes Korn sowie eine tiefgekehlte Visierlinie, die sich auf der Basküle fortsetzt und dort noch durch ein Visier ergänzt wird. Ferner sind sie mit Platin ausgefütterten Zündlöchern und je einem goldtauschierten Band an Laufmündung und Pulversack ausgestattet. Ihre Herkunft aus Belgien belegt der Lütticher Beschussstempel „ELG"(mit 5-zackigem Stern). Die Schlösser sind signiert mit „Barbey à Paris" und als Kettenschloss ausgeführt sowie mit einem Springkeil versehen. Sie zeigen äußerlich viele Merkmale der englischen Duellpistolen, wie Rollglied an der Batteriefeder, halb-wasserdichte Pulverpfanne und den Hahn in Form des spiegelbildlichen „C". Eine Hahnsicherung ist nicht vorhanden. Die Nussholzschäfte sind im hinteren Bereich im Empire-Stil beschnitzt und mit einem Fischhautgriff versehen. Aus Walbein gefertigte Ladestöcke haben Dopper aus Elfenbein. Der Abzug ist mit einem Stecher ausgestattet und der Abzugbügel besitzt einen Fingerhaken. Alle Garniturteile sind aus Eisen, blank, z. T. stark profiliert und wie die Schlossteile reichlich mit Empire-Motiven graviert.*
*(Privatsammlung; Foto Verf.)*

Waffen – je nach Art und Anzahl der Züge – zwischen einem viertel bis einem halben Umlauf, bezogen auf die Länge des Laufes.

Durch den Drall wird der Kugel beim Schuss eine Rotation um ihre Flugachse aufgezwungen, womit sich ihre Flugrichtung stabilisiert. Die physikalische Erklärung dafür ist, dass der nicht ganz im Zentrum liegende Schwerpunkt einer in Rotation ver-

setzten Kugel sich kreisförmig und deshalb mit zentrierender Wirkung um die Flugachse der Kugel bewegt. Bei einer nicht rotierenden Kugel würde ein exzentrisch liegender Kugelschwerpunkt während des Fluges, den physikalischen Gesetzen folgend, nach vorne wandern, d. h. die Kugel würde sich unkontrolliert drehen.[125] Das kann dann aber zu einer unerwünschten Abweichung der Flugrichtung führen. Solch ein exzentrischer Schwerpunkt kann entstehen durch ungleichmäßigen Guss (Lufteinschluss), nicht exakte Kugelform in der Kugelzange, unvorsichtig entfernten Eingusszapfen an der Kugel oder leichte Deformierung der Kugel beim Ladevorgang. Letzteres passierte vorwiegend dann, wenn die Kugel zu stramm in den Lauf getrieben werden musste, somit das Verhältnis zwischen Lauf- und Kugelkaliber sowie Schusspflasterdicke nicht sorgfältig aufeinander abgestimmt war.

Beim gezogenen Lauf ist der Spalt zwischen Laufbohrung und Kugel kleiner als beim glatten Lauf, damit das Schusspflaster auch die Züge satt ausfüllt. Dies ist insofern wichtig, weil das Schusspflaster hier gleich zwei Aufgaben zu übernehmen hat: Es muss gegen die Pulvergase abdichten und gleichzeitig den Drall auf die Kugel übertragen. Bei dem in Abb. 34 gezeigten Pistolenpaar mit 56 Haarzügen beträgt das Laufkaliber 14,35 mm (Kal. .565) und der Kugeldurchmesser 13,8 mm. Somit muss mit dem Schusspflaster ein Spielraum von 0,55 mm, zuzüglich der Zugtiefe von 0,25 mm, ausgefüllt werden. Dieser Spielraum konnte sich bei Waffen mit nur acht bis zwölf und damit tieferen Zügen weiter verringern.

Die Ausführung des Laufs hinsichtlich Kalibergröße sowie Anzahl und Drall der Züge zeigte sich bei den einzelnen Herstellern sehr unterschiedlich. Außerdem bezogen etliche französische Büchsenmacher ihre Läufe bei spezialisierten Laufschmieden in Belgien als sog. Laufrohlinge. Diesen wurde dann in der eigenen Werkstatt das äußere Finish verliehen. Die Länge der Läufe und der Waffen sowie das Kaliber entsprachen denen der englischen Pistolen. Auch die korrosionsbeständige Zündlochauskleidung mit einem Edelmetall war bei den meisten dieser Waffen vorhanden.

Der Laufschmuck bestand – je nach den Wünschen der Auftraggeber – aus Goldtauschierungen in Form von Ornamenten und schmalen Bändern sowie dem Namenszug des Waffenherstellers. Allerdings wurde bei den Läufen der Duellpistolen nicht immer dieser gesamte Schmuck ausgeführt, sondern oftmals nur ein Teil davon. Ein weiteres Schmuckelement war die sichtbar gemachte Damaststruktur der bereits beschriebenen gedrehten- und gewundenen Läufe. Das blieb bei manchen Waffen dieser Gattung der einzige Laufschmuck, oft noch in Verbindung mit schmalen goldtauschierten Bändern am vorderen und hinteren Laufende. Insbesondere die Läufe mit sichtbarer Damaststruktur erhielten ein graues oder braunes Oberflächenfinish, während die anderen meistens gebläut oder gebräunt wurden. Da sich nicht jeder für die Damaststruktur begeistern konnte, aber die höhere Qualität der damaszierten Läufe schätzte, wurden auch diese in Frankreich häufig nur gebläut oder gebräunt, ohne die Materialstruktur sichtbar zu machen.

**Das Schloss:** In der Ausführung entsprach das Steinschloss einschließlich der vergoldeten Pulverpfanne bei hochwertigeren Waffen weitgehend dem der englischen Duellpistolen, jedoch mit zwei Ausnahmen. Bei den französischen Waffen befand sich das Rollglied zwischen Batteriefuß und Batteriefeder immer an der Batteriefeder und nicht – wie bei den englischen Waffen – gelegentlich am Batteriefuß. Die andere Ausnahme betraf die beim französischen Schloss nicht vorhandene Schiebesicherung zum Blockieren der Nuss bzw. des Hahnes in der Laderast.

Im ersten Jahrzehnt des 19. Jahrhunderts kamen die ersten französischen Steinschloss-Duellpistolen mit einem Hahn in der Form eines spiegelbildlichen „C" auf (Abb. 33a), anstelle des bislang überall üblichen Hahnes in der „S-Form. Nach Meinung einiger Sachkundiger soll dieser neue Hahn ein Produkt von Nicolas Boutet sein. Andere wiederum bezweifeln das, da bei englischen Duellpistolen und Flinten der Gebrüder Manton diese Hahnform offensichtlich schon einige Jahre früher anzutreffen ist.[126] In der englischen Literatur wird dieser Hahn offiziell als „spurred cock", gelegentlich auch als „French cock" bezeichnet.[127] Tatsache ist jedenfalls, dass diese Hahnform offensichtlich als Modeerscheinung eine gewisse Popularität erlangte und außerhalb Englands und Frankreichs ebenso in Belgien und Deutschland verwendet wurde. Bemerkenswert ist noch, dass dieser Hahn den bisherigen in keinem der Länder völlig verdrängte, sondern nur wahlweise zur Ausführung kam.

**Der Stecherabzug:** In Frankreich waren – wie in England – Abzüge mit Stechereinrichtung bei Duellpistolen er-

laubt. Deshalb wurden die meisten dieser Waffen mit dem französischen Rückstecher ausgerüstet. Dieser funktionierte so, wie bei der englischen Duellpistole beschrieben, hatte aber – im Gegensatz zur englischen Ausführung – immer eine von außen sichtbare kleine Einstellschraube unmittelbar am Abzug (Abb. 33b).

**Die Garnitur:** Der Umfang entsprach der englischen Duellpistole, die Ausführung hingegen wurde insgesamt aufwendiger gestaltet. Die Schlossgegenplatte war zweiteilig und kunstvoller ausgeführt als bei den englischen Waffen. Dies galt ebenso für die beiden meistens stark profilierten Ladestockröhrchen bei den vollgeschäfteten Waffen. Beim Knaufabschluss gab es verschiedene Varianten – von der kunstvoll reliefierten Kappe bis zur ganz schlichten flachen Platte. Der Abzugbügel hatte bei zahlreichen Pistolenpaaren den von England übernommenen Fingerhaken. Da dieser nicht bei allen Waffen anzutreffen war, blieb er offenbar auch hier eine Option des Kunden.

Abgesehen von den ausgesprochenen Luxuswaffen, die oftmals Beschläge aus Silber hatten, waren die Beschläge für die Duellpistolen aus Eisen, blank poliert oder gebläut. Alle Beschläge und äußeren Schlossteile wurden aufwendig im zeitgemäßen Empire-Stil graviert (Abb. 33a – e).

**Das Zubehör:** Die französischen Pistolenkästen waren in der Ausführung luxuriös. Hier lagen jede einzelne Waffe und jedes Zubehörteil in exakt

*Abb. 35: Pistolenkasten, Frankreich, um 1811 – 1820, für das Pistolenpaar in Abb. 34. Abmessungen: 40 x 22 x 7 cm, schwarz lackiert, mit Messingbeschlägen und Monogrammplatte im Kastendeckel, abschließbar. (Privatsammlung; Foto Verf.)*

ausgeformten Vertiefungen, deren oberer Rand einen schmalen umlaufenden Wulst besaß. Diese Kästen fertigte man überwiegend aus Edelhölzern, wie Nussbaum oder Mahagoni. Durch Polieren der äußeren Flächen wurde die dekorative Holzmaserung bewusst hervorgehoben. Andere Pistolenkästen hingegen waren außen schwarz lackiert. Aber alle hatten in der Regel eine aus Messing bestehende und außen im Kastendeckel eingelassene Monogrammplatte sowie Messingkappen an den Ecken des verschließbaren Kastendeckels (Abb. 35).

Die Innenauskleidung bestand entweder aus Samt, wahlweise in den Farben Weinrot, Hellrot, Blau und Dunkelgrün, oder aus einem filzähn-

lichen Stoff, in Rot oder Grün. Außerdem sind einige Pistolenkästen bekannt, bei denen eingefärbtes Wildleder für die Innenauskleidung verwendet wurde. Ein Herstelleretikett auf der Innenseite des Deckels, wie in England immer üblich, war hier nicht bei allen Pistolenkästen vorhanden.

Der Kasten hatte in der Regel mehr Zubehör als die englischen Kästen. Dazu gehörten das etwas umfangreichere Reinigungswerkzeug und der Setzhammer aus Holz, der zum vorsichtigen Eintreiben der gepflasterten Kugel an der Laufmündung diente. Die Kugelzange hatte den Butzenabschneider nicht immer am oberen Teil der Zangenschenkel, sondern meistens direkt am Zangenkopf. Dort war

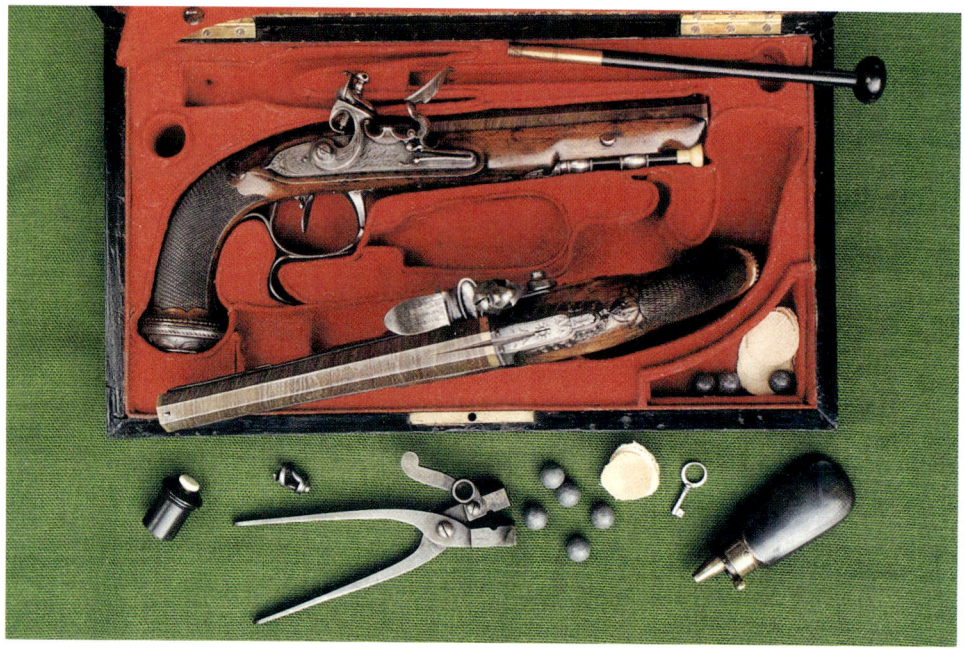

*Abb. 36: Pistolenkasten von Abb. 34 mit ausgebreitetem Zubehör. Von links: Ölbehälter aus Weiß-metall in Ebenholzummantelung und Elfenbein-Schraubverschluss, auf den Ladestock der Pisto-len aufschraubbarer Krätzer für Materialentfernung aus dem Lauf, Kugelzange mit Butzenab-schneider, Bleikugeln, Schusspflaster, Kastenschlüssel, Pulverflasche aus Kupfer mit Messingauf-satz und oben im Kasten ein Lade- und Reinigungsstock aus Ebenholz, unter dessen abschraubbarem Vorderteil sich ein Kugelzieher befindet. (Privatsammlung; Foto Verf.)*

er entweder in Form einer kleinen Kneifzange oder als drehbar gelagerte und mittels kleinen Griffs zu betätigende Schneidplatte mit gleichzeitiger Eingießöffnung ausgebildet (Abb. 36).

Bei den besonders hochwertigen Pistolenkästen wurde nicht selten auch das Zubehör mit kunstvollem Zierrat ausgestattet, der sich geschmackvoll an den der Waffen anpasste.

An den reisenden Ehrenmann hatten die französischen Büchsenmacher selbstverständlich auch gedacht. Für ihn lieferten sie einen speziellen strapazierfähigen, mit schwarzem Leder überzogenen, verschließbaren Pisto-lenkasten in Kofferform. Dieser hatte einen Tragegriff und zwei Verschluss-laschen mit Scharnieren aus Messing (Abb. 37).

Zweifellos haben zahlreiche französi-sche Büchsenmacher in jener Zeit her-vorragende Waffen angefertigt. Wegen des außergewöhnlich eleganten Stils und der qualitativ hochwertigen Verarbeitung war ein französischer Pistolenkasten auch außerhalb Frankreichs in den einschlägigen Krei-sen sehr begehrt. Diese Auffassung hat sich in Sammlerkreisen bis heute erhalten. Die Auktionsergebnisse be-stätigen es immer wieder.

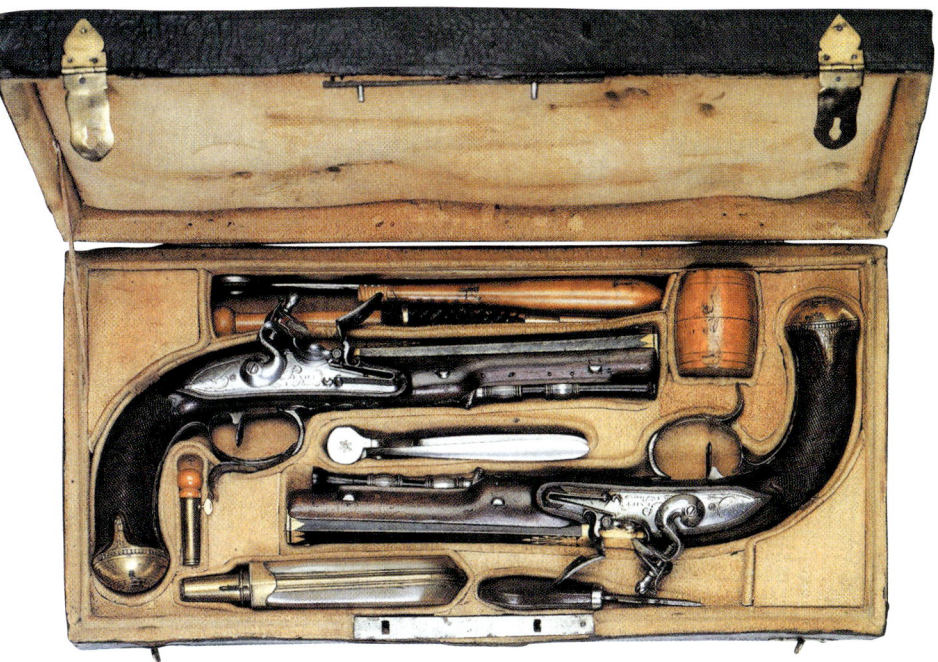

*Abb. 37: Steinschloss-Offizierspistolen im Kasten, Frankreich, um 1790. Länge: 32,5 cm. Die ge-bläuten, leicht gestauchten Achtkantläufe im Kal. .588 = 14,9 mm, mit Haarzügen, sind im Kam-merbereich sowie an der Mündung reichlich mit vergoldeter Gravur versehen. Das Korn ist ebenfalls vergoldet. Auf den gravierten Schlossplatten befindet sich die Signatur „PENIET À PARIS". Die nur leicht beschnitzten, sehr stark gekrümmten Nussholzschäfte haben einen Fischhautgriff, der mit einer halbkugelförmigen gravierten und vergoldeten Knaufkappe endet. Alle anderen Teile der ei-sernen Garnitur sind blank, aber ebenfalls mit den auch an den Läufen anzutreffenden trophäen-artigen, floralen und ornamentalen Motiven graviert. Die Ladestöcke sind aus Walbein mit ange-setztem Horndopper. Zur Aufbewahrung dieses Pistolenpaares dient ein mit schwarzem Leder be-spannter abschließbarer Kasten mit Messinggarnitur und Traghenkel. Zwei Verschlusslaschen aus Messing mit Scharnieren sichern den Deckel, wie bei einem Koffer, zusätzlich. Die Innenauskleidung besteht aus hellem Wildleder. Ein schönes Beispiel dafür, was der Offizier ständig in seinem Gepäck haben musste, um auch für den Ehrenfall gerüstet zu sein. (Auktionshaus Sotheby's AG, Zürich)*

## Steinschloss-Duellpistolen anderer europäischer Länder

Als um 1770 in England die ersten Steinschloss-Duellpistolen im Kasten auftauchten, setzte sich der Trend zu dem neuen Pistolentyp etwas zeitver-zögert über Frankreich allmählich auch auf dem Kontinent durch. Somit kamen die speziellen Duellpistolen außerhalb von England und Frank-reich erst gegen Ende des 18. Jahrhun-derts in Gebrauch. Die Produktions-zahlen der übrigen europäischen Län-der dürften hinter denen von England und Frankreich weit zurückgeblieben sein. Dies wird nicht zuletzt dadurch belegt, dass auf dem einschlägigen Markt überwiegend englische und französische Steinschloss-Duellpisto-len angeboten werden. Erst bei den später aufkommenden Perkussions-Duellpistolen ist eine gewisse Veränderung in den Verhältniszahlen zu Gunsten der übrigen europäischen Länder festzustellen.

Der französische Einfluss blieb auch in jener Zeit so stark, dass die Duellpistole außerhalb Englands und den Mittelmeerländern ein durchaus ähnliches Erscheinungsbild hatte. Die bereits behandelten Duellpistolen sind typische Vertreter dieser Waffengattung, insbesondere weil der französische Stil, einschließlich der aus England eingeflossenen Verbesserungen, von den Büchsenmachern in z. B. Belgien, Deutschland und Österreich übernommen wurde. Deshalb beschränken wir uns im Folgenden nur auf einige allgemeine Bemerkungen und darauf, die abweichenden Besonderheiten hervorzuheben.

Einer der damals noch relativ wenigen deutschen Büchsenmacher, die sich auch mit der Herstellung von Duellpistolen beschäftigten, war die Familie Kuchenreuter aus Regensburg. Die von ihr hergestellten Waffen genossen aufgrund der hervorragenden Qualität internationale Anerkennung. Seit Ende des 17. Jahrhunderts waren die Kuchenreuter im Büchsenmacherhandwerk tätig und standen mit den besten englischen und französischen Kollegen durchaus auf einer Stufe. Am Beispiel der Familie Kuchenreuter, die über mehrere Generationen hinweg ihren eigenen Stil geprägt und gepflegt hatte, zeigt sich deutlich der damals große Einfluss aus Frankreich. Um den Wünschen ihrer Kunden zu entsprechen, musste sie sich gezwun-

genermaßen der „neuen Mode" beugen und zumindest gewisse Stilelemente für ihre Waffen übernehmen.

Genauso verhielten sich die anderen kontinentalen Büchsenmacher, denn schließlich hatte man sich ja seit Ende des Dreißigjährigen Krieges daran gewöhnt, aus Frankreich kommende Modeerscheinungen zu kopieren und sie auf den eigenen Lebensstil zu übertragen.

So zeigt beispielsweise ein Pistolenpaar von Christian Körber aus Ingelfingen zum Ende des 18. Jahrhunderts typische Merkmale der „Boutet-Pistole". Das betrifft nicht nur die Schaftform einschließlich des Knaufabschlusses, sondern ebenso den Abzugbügel, die äußeren Schlossteile (ausgenommen die Pulverpfanne) und den Achtkantlauf. Für ein anderes Pistolenpaar um 1810 von Ernst Eckardt aus Bamberg gilt das Gleiche. Hier ist das Schloss bereits mit einer wasserabweisenden Pulverpfanne und einem Hahn in der Form des spiegelbildlichen „C" ausgeführt. Beide hier zitierten Pistolenpaare haben den Achtkantlauf mit Hakenschwanzschraube und somit die Laufbefestigung im Schaft mittels Basküle und einem oder zwei Schiebern. Außerdem handelt es sich um „gewundene Läufe" mit gebräunter sichtbarer Damaststruktur. Die Garnituren sind in beiden Fällen aus Eisen und blank poliert.

Der weit über Österreichs Grenzen hinaus bekannte Büchsenmacher Contriner aus Wien folgte ab etwa 1800 diesem Trend. Seine Waffen bestachen durch vornehme Schlichtheit bei gleichzeitig technischer Perfektion.

Gegenüber dem „Boutet-Stil" betonte er die Schaftkrümmung noch stärker. Die wasserabweisende Pulverpfanne, das Rollglied an der Batteriefeder sowie Stecherabzug und Achtkantlauf mit Basküle zählten bei seinen hochwertigen Waffen ebenfalls zum Standard. Der Lauf sowie das Schloss und die Eisengarnitur waren gebläut.

Für Belgien galt es beinahe als selbstverständlich, sich den französischen Kollegen in vollem Umfang anzuschließen. Schließlich pflegte man auf dem Sektor „Feuerwaffen" gewisse geschäftliche Verbindungen zu namhaften französischen Büchsenmachern und belieferte diese mit Roh- und Fertigläufen. Auf diesem Weg gelangten auch bald die neuesten Informationen über den Stand der waffentechnischen Mode zu den belgischen Kollegen. Diesen Wissensvorsprung verstanden die tüchtigen Belgier für sich zu nützen und sofort in die Praxis umzusetzen.

Kommen wir nochmals zurück zu den Waffen der Familie Kuchenreuter. Gegen Ende des 18. Jahrhunderts fertigte Josef (II.) Kuchenreuter ein Duellpistolenpaar an. Dieses zeigt zwar am Schaft, d. h. am Griff und Knauf, die französischen Stilelemente, jedoch hat der Schaft am vorderen Ende einen Hornabschluss und der Achtkantlauf keine Hakenschwanzschraube bzw. keine Basküle. Die Laufbefestigung im Schaft erfolgt demgemäß noch in der alten herkömmlichen Art mit einer Schraube und zwei Eisenstiften. Ferner fehlen am Schloss noch wesentliche Merkmale des neuen Trends. So vermisst man an der Batteriefeder die

Gleitrolle. Der Hahn sowie die Schlossplatte haben die gewölbte Form,[128] die in England und Frankreich zu dieser Zeit längst nicht mehr populär war. Auf der Laufoberseite befinden sich der in Silber eingelegte Herstellername sowie die gestempelte und in Gold eingelegte Reitermarke, das Herstellerzeichen der Kuchenreuter. Dieser Laufschmuck war bei allen Kuchenreuter-Waffen Standard. Darüber hinaus sind die hier beschriebenen Waffen (ähnlich den englischen Duellpistolen) auffallend schlicht ausgeführt. Der Griff hat eine feine Fischhaut, und der Knauf ist sparsam beschnitzt. Hingegen entspricht der Pistolenkasten sowohl in der Ausführung als auch im Umfang des Zubehörs bereits den französischen Vorbildern.

Erst gegen Ende der Steinschlosszeit ging z. B. Johann Adam Kuchenreuter etwas mehr auf den sich allerorts verbreitenden neuen Stil ein. Der Abzugbügel hatte zwar keinen Fingerhaken, doch seine Formgebung entsprach der Zeit. Desgleichen waren jetzt Schlossplatte und Hahn nicht mehr gewölbt, sondern flach ausgeführt, und der Hahn hatte jetzt auch hier die Form des spiegelbildlichen „C". Ebenso kamen nun die wasserabweisende Pulverpfanne und die Gleitrolle an der Batteriefeder zur Anwendung. Unverständlich bleibt jedoch, dass bei sonst edelster Ausführung und technischer Perfektion der Lauf noch immer keine Hakenschwanzschraube hatte. Die alte Art der Laufbefestigung im Schaft, mit einer Schraube und zwei Stiften, machte das Herausnehmen des Laufes zu Reinigungszwecken nicht nur erheblich umständlicher, sondern barg auch das Risiko, den Schaft zu beschädigen.

Die Läufe der Kuchenreuter-Pistolen wurden normalerweise gebläut, sodass sich der in Silber eingelegte Namenszug besonders attraktiv hervorhob. Je nach Wunsch des Kunden konnten die Läufe in glatter oder gezogener Ausführung geliefert werden.

Eine typische Eigenart der meisten Kuchenreuter-Waffen ist die schlicht gehaltene Garnitur, die oftmals keinerlei Gravur aufwies, bestenfalls eine unbedeutende Randstichgravur am Knaufbeschlag. Der einzige Schmuck an den Beschlägen bestand darin, dass die ins Schaftholz eingelassenen Partien ornamental gesägte Konturen hatten. Bei dem Material für die Beschlagteile konnte der Kunde zwischen Tombak (messingfarbene, hochwertige Kupfer-Zink-Legierung), Eisen oder Silber wählen, wobei die schlicht polierten Flächen der Beschläge die vornehme Eleganz dieser Waffen unterstrichen. Der Verzicht auf Verzierungen betraf ebenso die äußeren Schlossteile. Schnitzereien am Schaft waren meistens äußerst sparsam ausgeführt. Überwiegend haben die Kuchenreuter ihre Pistolen in dieser betont schlichten Ausführung geliefert – und das nicht nur für Duellzwecke (Abb. 38). Es ist aber belegt, dass sie auch zahlreiche prunkvoll gravierte und goldtauschierte Pistolen mit vergoldeter Tombakgarnitur hergestellt haben.

Auffallend bei den Kuchenreuter-Duellpistolen ist außerdem, dass sie – im Gegensatz zu den meisten anderen europäischen Duellpistolenherstellern – immer einen vorderen Schaftabschluss besaßen. Dieser war in der Regel aus Horn, und nur bei Waffen mit Silbergarnitur bestand er aus dem diesem Material.

Dass Fürst Metternich 1804 bei Kuchenreuter ein Pistolenpaar bestellte, sei nur am Rande erwähnt. Aber dass die Lieferzeit für ein Pistolenpaar in normaler Ausführung bei Kuchenreuter nur zwei Wochen betrug, ist – gemessen an den damaligen Verhältnissen – besonders bemerkenswert. Es unterstreicht deutlich die Leistungsfähigkeit einer solchen Werkstatt, selbst dann, wenn deren Schwerpunkt in der Fertigung von Pistolen lag.[129]

Bei aller Perfektion, die das nicht mehr zu verbessernde Steinschloss durch den Ideenreichtum zahlreicher Büchsenmacher erlangte, blieben dennoch zwei grundsätzliche Nachteile. Der eine war die Stichflamme mit Rauchbildung im Blickfeld des Schützen beim Entzünden des Pulvers auf der Pfanne, bevor – leicht verzögert – der Schuss losging. Der andere betraf die Witterungsabhängigkeit, denn eine wasserdichte Pulverpfanne war eigentlich nur für den ersten Schuss gut. Musste sie für weitere Schüsse nachgefüllt werden, blieb immer das Risiko, dass Pulver und Pfanne bei Regenwetter nass wurden. Wohl konnte dies bei der Jagd mit entsprechendem Unterstand oder beim Duell, wo mehrere Hände für das Abdecken zur Verfügung standen, noch funktionieren, jedoch nicht im militärischen Gefecht.

Aber der menschliche Erfindungsgeist kennt keine Grenzen, und so

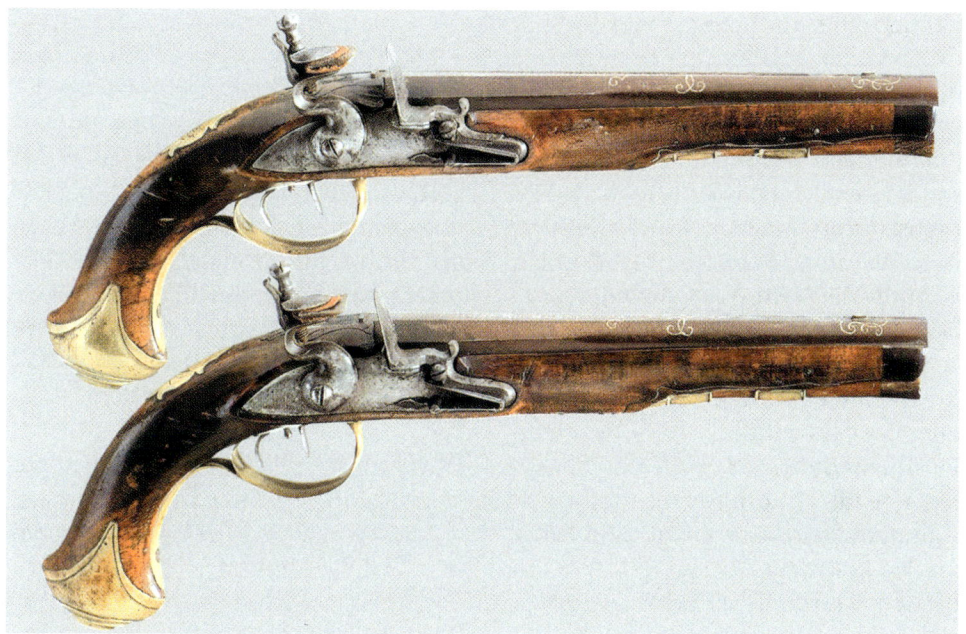

*Abb. 38: Steinschloss-Pistolenpaar, Deutschland, um 1760. Länge: 38 cm. Gebräunte, achtkantige und in rund übergehende Läufe im Kal. .532 = 13,5 mm, mit Haarzügen. Auf den Läufen befindet sich, neben dem silbernen Korn und dem silbertauschierten rankenartigen Dekor, auch die ebenfalls in Silber eingelegte Signatur „Ioh. Iac. Kuchenreuter" und über den Kammern die Ziffern „1" bzw. „2". Die Schwanzschraubenblätter haben ein feststehendes Visier. So schlicht wie die Schlösser sind auch die glatten Messinggarnituren, die keinerlei Gravuren aufweisen, wenn man von der leichten Randverzierung der Kolbenkappe absieht. Mit minimalen Schnitzereien begnügen sich ebenso die Nussholzschäfte mit ihren glatten Griffen, die in einem seitlich abgeflachten Kolben enden und vorne einen Hornabschluss haben. Diese Waffen sind mit einem bei Pistolen selten anzutreffenden sog. deutschen Stecher ausgerüstet, bei dem mit dem hinteren Hebel der Stecher in Funktionsbereitschaft gebracht und mit dem vorderen der Schuss ausgelöst wird. Das hier gezeigte Pistolenpaar, dessen optisch schlichte Ausführung typisch für viele Kuchenreuter-Pistolen ist, repräsentiert bei gleichzeitig hervorragender Funktion und Verarbeitung eine hochwertige Präzisionswaffe jener Zeit, die auch im Duell ihren Einsatz gefunden haben könnte. (Auktionshaus Hermann Historica, München)*

konnte es nur eine Frage der Zeit sein, bis auch diese Probleme zufriedenstellend gelöst wurden. Ein Geistlicher und an Naturwissenschaften sowie der Jagd interessierter Schotte, Alexander Forsyth, erhielt 1807 ein Patent auf eine Erfindung, die wieder einen wichtigen Meilenstein in der Geschichte der Feuerwaffen darstellte. Damit schaffte er zugleich die Grundlagen für alle zukünftigen Entwicklungen auf dem Gebiet der Feuerwaffenzündung bis hin zur modernen Metallpatrone. Es war das System der Perkussionszündung, die auf elegante Art die bisherige Zündung durch Funkenschlag und Pfannenpulver ersetzen sollte.

Im folgenden Kapitel wollen wir die Duellpistole mit diesem neuen Schlosssystem etwas näher betrachten.

# Die Perkussions-Duellpistole

Bevor wir auf diesen Waffentyp länderspezifisch näher eingehen, zunächst noch einige Bemerkungen zu der Erfindung und Einführung sowie zur grundsätzlichen Funktion des Perkussionsprinzips (unabhängig vom Verwendungszweck der Waffe).

Das Wort „Perkussion" stammt vom lateinischen „percussere" und bedeutet soviel wie „schlagen". In diesem Zusammenhang ist aber nicht das Funkenschlagen mit dem Feuerstein gemeint, sondern vielmehr das Schlagen mit einem kleinen Hammer auf ein chemisches Präparat, welches hierdurch zur Explosion gebracht wird. Die dabei entstehende Stichflamme wird über einen kleinen Zündkanal direkt zur Zündung der Treibladung im Lauf geleitet. Damit wäre an sich schon die grundsätzliche Funktion der Perkussionszündung erklärt.

Mit diesem System wurden die noch offenen Wünsche hinsichtlich einer weiteren Verbesserung der Feuerwaffen gleich auf einmal erfüllt. Dazu zählte die zeitliche Verkürzung des Zündvorganges, d. h. eine schnellere und zugleich sicherere sowie vor allem witterungsunabhängige Zündung. Aber was war dann der Grund, dass die generelle Einführung dieser bedeutsamen Erfindung verhältnismäßig zaghaft erfolgte, zunächst im zivilen und erst später auch im militärischen Bereich? Die Hindernisse dafür lagen, wie so oft bei Neuerungen, im Detail.

Die Erfindung Alexander Forsyths war das Ergebnis mehrjähriger Experimente u. a. mit chemischen Stoffen, die man Knallpulver nannte. Das sind Salze, die durch Lösen von bestimmten Metallen (z. B. Silber, Quecksilber) in Säure entstehen. Schon im 17. Jahrhundert war bekannt, dass dieser Stoff bei Schlag mit einem harten Gegenstand explodiert, doch konnte dieses Wissen für Feuerwaffen nicht nutzbar gemacht werden. Man stellte nur fest, dass diese Stoffe als Treibmittel, d. h. als Ersatz des bislang verwendeten Schieß- oder Schwarzpulvers für Feuerwaffen nicht geeignet waren. Auch Versuche diverser Chemiker zum Ende des 18. Jahrhunderts, den Salpeteranteil im Schießpulver gegen Knallpulver auszutauschen, brachten keinen Erfolg. Alexander Forsyth hatte – auf dieser Erkenntnis aufbauend – gleich einen anderen Weg beschritten und sein Knallpulver, bestehend aus Kaliumchlorat und einer Antimonverbindung, nur für die Zündung der Treibladung im Lauf eingesetzt. Der Kern seiner Erfindung, die 1807 zum Patent führte, war somit eine Initialzündung durch ein chemisches Präparat, das in Pulverform und in dosierter kleiner Menge durch Schlag zur Explosion gebracht wurde. Das von ihm konstruierte Schloss hatte einen hammerähnlichen Hahn und eine Vorrichtung zur Aufnahme einer gewissen Vorratsmenge Knallpulver. Diese Vorrichtung diente auch zur Dosierung und Positionierung der für die Zündung erforderlichen Knallpulvermenge (Abb. 31).

Nach Bekanntwerden der neuen Zündungsart gab es sofort vielseitige Bestrebungen, dieses im Prinzip revolutionäre System weiter zu verbessern (Abb. 39). Man hatte erkannt, dass Forsyths Schlosssystem relativ teuer und wartungsintensiv war. Ebenso schien das Hantieren mit dem Knallsatz in Form von losem Pulver noch nicht optimal gelöst. Zwar wurden Waffen mit diesem System in geringer Stückzahl gefertigt, auch außerhalb Englands, z. B. in Frankreich, doch gelang damit kein großer Durchbruch. Während die Steinschlosswaffen vorläufig noch weiterhin den größten Fertigungsanteil behielten, tauchten vielerorts die ersten Konstruktionsvarianten auf. Dabei wurde stets Forsyths Grundprinzip beibehalten, jedoch variierte man jeweils die Art der Knallsatzportionierung. So gab es mit Wachs überzogene kleine Kugeln, Knallperlen, flache Papierzündhütchen einzeln oder als Band sowie austauschbare Schlagkörper mit je einer Zündperle. Diese Vielzahl von Ausführungen zeigt deutlich, dass keine davon so richtig befriedigte. Erst mit der Idee des kleinen becherartigen Zündhütchens aus Kupfer, an dessen Boden der Knallsatz mit einem gleichzeitig gegen Feuchtigkeit schützenden Firnisüberzug angebracht war, erhielt dieses Zündsystem seine Reife und Handlichkeit. Der Knallsatz im Zündhütchen bestand anfangs aus Kaliumchlorat. Nachdem dies aber zu beträchtlicher Korrosion im Lauf führte, wurde später auf ein Knallquecksilberpräparat umgestellt.

Mit dem Kupferzündhütchen beschleunigte sich die Verbreitung des Perkussionssystems, das in dieser Form bis zum Ende der Vorderlader-

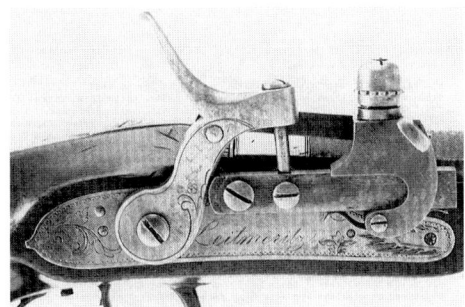

*Abb. 39: Perkussionsschloß mit gleitendem Knallsatzbehälter von Novotny, Böhmen, um 1820. (Auktionshaus Hermann Historica, München)*

ära unverändert erhalten blieb. Das Optimum in der Handhabung war erreicht. Zum Schießen wird das Zündhütchen auf einen Zündkegel gesteckt, in der Fachsprache „Piston" genannt, das auf den seitlich am Laufende hervorstehenden Zündstollen geschraubt ist. Beide haben eine kleine durchgehende Bohrung als Zündkanal, der sich im Lauf bis zum Pulversack fortsetzt. Sobald beim Betätigen des Abzugs der Hahn auf den Boden des Zündhütchens schlägt, explodiert die darin befindliche Zündmasse, und der dabei entstehende kräftige Feuerstrahl zündet über den Zündkanal die Treibladung im Lauf. Der kräftige Feuerstrahl war im Übrigen ein nicht zu unterschätzender Faktor bezüglich Zündsicherheit der Treibladung bzw. zur Verringerung von Schussversagern. Da der Feuerstrahl mit einem gewissen Druck durch den Zündkanal schießt, hat er eine reinigende Wirkung und hält somit den Zündkanal ausreichend sauber. Beim Steinschloss hingegen brennt das Zündpulver auf der Pfanne nur verpuffend ab, sodass bei einem durch Pulverabbrand verschmutzten Zündloch nicht immer sichergestellt ist, dass die Zündflamme die Pulverladung im Lauf erreicht.

Wer letztendlich das Kupferzündhütchen erfunden hat, ist heute nicht genau festzustellen, denn mehrere Männer in England, Frankreich und den USA erhoben Anspruch darauf, als Erfinder anerkannt zu werden. Es verdichten sich allerdings Hinweise darauf, dass es wohl die Engländer gewesen sind, die zuerst mit dem Kupferzündhütchen arbeiteten. So soll der Londoner Büchsenmacher Joseph Manton die ihm zwischen 1816 und 1818 von Oberst Peter Hawker nahe gebrachte Idee in die Tat umgesetzt haben. Andererseits jedoch hatte der ebenfalls sehr bekannte englische Büchsenmacher Joseph Egg sich in seinem Firmenetikett als der Erfinder des „Copper Cap", ausgewiesen, und niemand hatte ihm widersprochen. Diesbezügliche Patenterteilungen in Frankreich und den USA lagen zeitlich jedenfalls nach dem Erscheinen des Kupferzündhütchens in England, das dort um 1820 bereits allgemein bekannt war.[130]

Obwohl nun das System mit dem Zündhütchen eine deutliche Verbesserung gegenüber dem ersten von Alexander Forsyth bedeutete, wurde das Steinschloss noch immer nicht schlagartig verdrängt. Viele dieser in den zwanziger Jahren des 19. Jahrhunderts gefertigten Steinschlosswaffen belegen dies. Darunter befanden sich ebenso Duellpistolen, denn so mancher Duellant bevorzugte damals noch immer die hochentwickelte Steinschlosspistole. Sie misstrauten dem Perkussionssystem, hatte man doch hier und da von Schussversagern aufgrund eines nicht funktionierenden bzw. fehlenden Knallsatzes im Zündhütchen gehört.

Der englische Büchsenmacher John Manton fertigte bis 1825 ausschließlich Steinschloss-Duellpistolen. Das war noch zu einer Zeit, in der viele Kollegen in England, einschließlich seines Bruders Joseph, sowie in anderen europäischen Ländern bereits seit mehr als zehn Jahren Waffen mit einem der damals bekannten Perkussionssysteme herstellten, zwar nicht ausschließlich, aber doch in einer gewissen Stückzahl. Zu ihnen zählten u.a. so namhafte Büchsenmacher wie Le Page in Paris und Contriner in Wien, die auch Duellpistolen mit diesen Systemen anfertigten. Nach 1820 setzte sich das mittlerweile dominierende Kupferzündhütchen verstärkt durch, sodass ab etwa Ende der zwanziger Jahre des 19. Jahrhunderts nur noch Handfeuerwaffen mit diesem Schlosssystem hergestellt wurden.

Aber wohlgemerkt: dies galt vorerst nur für die Waffen in den zivilen Bereichen. Beim Militär folgte man dem Grundsatz: Was für Jagd, Duell und Scheibenschießen, d. h. für gelegentlich ein paar Schuss, als gut befunden wird, muss nicht immer den rauen militärischen Ansprüchen genügen. Folglich wollte man zunächst die militärspezifische Erprobung im großflächigen Einsatz erfolgreich abschließen, wodurch das Perkussionsschloss erst mit einer etwa zehnjährigen Verzögerung beim Militär eingeführt wurde. Zu jenem Zeitpunkt endete dann auch der Übergang für den Gebrauch der zivilen Steinschlosswaffen.

Das Perkussionsschloss ließ sich bedeutend einfacher und billiger herstellen als das Steinschloss. Auf der Schlossaußenseite entfielen die Pulverpfanne, die Batterie und Batteriefeder sowie der verhältnismäßig aufwändige feuersteintragende Hahn, den der einfachere Perkussionshahn ersetzte. Mehr brauchte dieses Schloss auf der Außenseite nicht, denn die Zündvorlage, beim Steinschloss als gefüllte Pulverpfanne, befand sich jetzt als Piston mit aufgestecktem Zündhütchen direkt am Lauf (Abb. 40). Auf der Innenseite des Perkussionsschlosses wurden alle Funktionsteile komplett vom Steinschloss übernommen. Diese Teile hatten sich bewährt, und ihre Aufgabe war die gleiche geblieben, nämlich den Hahn in der Lade- und Spannrast zu halten und beim Abdrücken nach vorne zu schlagen; folglich erübrigt sich hier eine nochmalige Beschreibung der Funktion. Der Perkussionshahn besaß an seinem Ende einen aufwärts gerichteten Sporn mit einer etwas aufgerauten Fläche, um dem Daumen beim Spannen den wichtigen sicheren Halt zu geben. Als Schutz gegen unkontrolliert abspringende Kupferteilchen beim Schießen lag die Schlagfläche des Hahnes in einer Vertiefung, sodass der hochstehende Rand (Hahnmantel genannt) im Moment des Aufschlags das Zündhütchen voll umgab.

Neben den bereits geschilderten Vorzügen verfügte dieses neue Zündsystem über einen sehr willkomme-

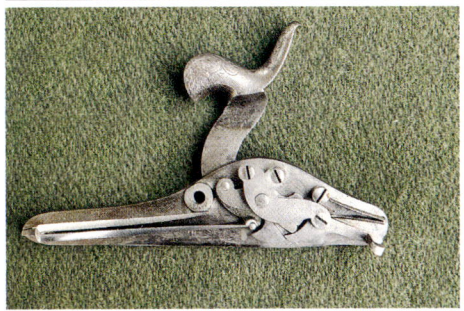

*Abb. 40: Perkussionsschloss der Waffen in Abb. 49. Oben: Außenansicht; Hahn in der Laderast, eine Hahnsicherung ist nicht vorhanden; auf das Piston aufgestecktes Zündhütchen. Unten: Innenansicht des Kettenschlosses. (Fotos Verf.)*

nen Nebeneffekt. Es eignete sich vortrefflich für die Abänderung bestehender Steinschlosswaffen mit verhältnismäßig geringem Kostenaufwand. Infolgedessen ließen viele Besitzer ihre Steinschlosswaffen, qualitativ hochwertige und kostbare, aber auch solche, die man aus anderen Gründen nicht einfach zur Seite legen wollte, von einem Büchsenmacher auf den damals neuesten Stand der Schusswaffentechnik umrüsten. Dass dieses Verhalten von den meisten heutigen Waffensammlern bedauert wird, ist wiederum ein anderes Thema, auf das wir nachher noch kurz eingehen wollen. Von etwa 1820 bis 1840 war demnach die Zeit, in der in verhältnismäßig großem Umfang solche Umrüstungen von Steinschlosswaffen auf das Perkussionssystem erfolgten. In der Fachsprache bezeichnet man diese Waffen als „transformiert", „aptiert" oder in englisch „converted". Wenn dieser Schlossumbau hier überhaupt erwähnt wird, dann deshalb, weil davon in gewissem Umfang auch Duellpistolen betroffen waren.

Die einfachste Art der Aptierung bestand darin, das seitliche Zündloch im Lauf aufzubohren und dort einen zylindrischen oder auch etwas gefälliger geformten Zündstollen einschließlich des Pistons mittels Schraubgewinde einzusetzen. Des Weiteren wechselte man den Hahn, entfernte die Batterie sowie deren Feder, verschloss die verbleibenden Löcher und feilte die Pulverpfanne entsprechend der Zündstollenform aus. Die frei gewordene Fläche an gravierten Schlossplatten wurde im gleichen Stil nachgraviert. Bei einer etwas aufwändigeren Methode in der späteren Aptierungsphase sägte man das hintere Laufende ab und ersetzte es durch eine neue Schwanzschraube. Ihre äußeren Abmessungen entsprachen dem Laufende, der Zündstollen war bereits angeschmiedet. Die Arbeiten am Schloss waren die gleichen.

Heutige Liebhaber und Sammler alter Handfeuerwaffen bedauern sehr, dass viele schöne und wertvolle Steinschlosswaffen aptiert wurden und damit eine Wertminderung erfahren haben. Aus ihrer Sicht ist dies auch grundsätzlich zu verstehen. Immerhin hatte man ein historisch wertvolles Objekt zu einem späteren Zeitpunkt technisch abgeändert. Somit ist es nicht mehr in vollem Umfang ein Dokument seiner ursprünglichen Entstehungszeit. Betrachten wir das Problem aber aus der Sicht der damaligen Zeitgenossen, so ist es verständlich, dass diese sich keine Sorge um einen möglichen Sammlerwert in den kommenden Jahrhunderten machten. Für sie galt es schlicht und einfach, den Gebrauchswert ihrer Waffen durch einen solchen Umbau auf den neuesten technischen Stand zu erhöhen. So gesehen, bleiben die aptierten Waffen dann aber doch ein waffentechnisch historisches Dokument und sind deshalb auch in den meisten Sammlungen anzutreffen. Diese Auffassung vertritt auch Keith R. Dill in einer Publikation über englische Duellpistolen. Er erklärt dort, dass solche Umbauten im 19. Jahrhundert ein durchaus legitimes, anerkanntes Verfahren waren, das den historischen Wert einer Garnitur Duellpistolen nicht beeinträchtigt.[131]

Dass viele passionierte Waffensammler aptierte Waffen durchaus nicht mit Geringschätzung betrachten, bezeugt das oftmals doch recht ansehnliche Preisniveau auf Waffenbörsen und einschlägigen Auktionen. Insbesondere gilt dies für gute Waffen, d. h. mit überdurchschnittlichem Ausführungsstandard zum Zeitpunkt der Herstellung und sorgfältiger, geschmackvoller Aptierung. Darunter versteht man, dass sich das Design des Perkussionshahnes und des Zündstollens sowie eventuelle nachträgliche Gravuren an der betreffenden Waffe orientieren und sich dort harmonisch

*Abb. 41: Perkussions-Pistolenpaar im Kasten, Böhmen, um 1770. Von Steinschloss um 1835 auf Perkussion aptiert. Länge: 35 cm. Glatte, achtkantige, in rund übergehende Läufe mit aufgesetztem vergoldetem Korn und seitlich eingeschraubtem, floral graviertem Pistonsockel, im Kal. .53 = 13,5 mm. Im Pulverkammerbereich vergoldete florale Gravuren und davor die kunstvoll gravierten Bezeichnungen der Waffen mit „1" bzw. „2". Auf den gravierten Schwanzschraubenblättern befinden sich ein feststehendes Visier und eine leichte, vergoldete Gravur. Die aptierten blanken Schlösser tragen die Signatur „Thaddäus Poltz" und sind zusätzlich mit Ranken und Blattwerk graviert. An den aus hellem Nussholz gefertigten Schäften befinden sich reiche Schnitzereien mit Rokoko-Ornamenten, d. h. Rocaillen und Ranken sowie Hornabschlüsse am Vorderschaft. Die Messinggarnituren sind mit aufwändigem Relief im Rokoko-Stil versehen und vergoldet. Das Daumenblech ist zusätzlich mit den Initialen „LD" versehen. Der Kasten mit dem kompletten Zubehör wurde erst anlässlich der Aptierung hinzugefügt.
(Privatsammlung; Foto Verf.)*

Abb. 42: Pistolenkasten, Böhmen, um 1835, für das Pistolenpaar in Abb. 41. Abmessungen: 38 x 27 x 8 cm. Abschließbarer, kofferartiger Eichenholzkasten mit aus Messing bestehendem Traggriff und zwei Sicherungshaken für den Kastendeckel. (Privatsammlung; Foto Verf.)

einfügen. In vorbildlicher Manier ist es erfreulicherweise zahlreichen Büchsenmachern gelungen, solche Arbeiten mit größter Sorgfalt auszuführen und dabei die ästhetische Ausstrahlung der Waffen zu bewahren.

Vor dem Auftreten der speziellen Duellpistolen wurden Steinschlosspistolen normalerweise nicht in einem Kasten geliefert. Viele Besitzer solcher Waffen wollten sich aber auch in der Perkussionsära von ihren guten Stücken aus bestimmten Gründen nicht trennen und diese weiterhin für Duellzwecke gebrauchen. Deshalb ließen sie sich anlässlich einer in Auftrag gegebenen Aptierung obendrein noch die inzwischen üblich gewordene Holzkassette einschließlich des kompletten Zubehörs anfertigen. Ein Beispiel für ein sorgfältig und geschmackvoll aptiertes wertvolles Steinschloss-Pistolenpaar des böhmischen Büchsenmachers Thaddäus Poltz aus Karlsbad zeigen die Abb. 41 und 43. Anlässlich der Aptierung wurde das Pistolenpaar gleichzeitig mit einem Kasten (Abb. 42) und dem kompletten Zubehör ergänzt.

In der ersten Hälfte des 19. Jahrhunderts erreichte das Duellwesen besonders auf dem Kontinent einen neuen Höhepunkt. Die Büchsenmacher konnten der steigenden Nachfrage kaum gerecht werden. Einige von ihnen spezialisierten sich ausschließlich oder überwiegend auf die Herstellung von Duellpistolen; zu ihnen zählten

*Abb. 43: Detailansichten der Pistolen in Abb. 41. (Fotos Verf.)*
*a: Perkussionsschloss; bei der Aptierung harmonisch in die Schlossplatte eingefügter Pistonsockel und stilvolle Ergänzung der vorher bereits schon vorhandenen Gravur, auf der durch die Aptierung freigewordenen Fläche der Schlossplatte und auf dem Hahn.*
*b: Die z. T. vergoldete Gravur auf dem Lauf und Schwanzschraubenblatt mit feststehendem Visier, Rocaillenschnitzerei auf dem Schaft und das vergoldete Daumenblech mit Initialen.*
*c: Abzugbügel und hintere Ladestockpfeife mit üppigem Relief versehen und vergoldet.*
*d: Aufwändig gearbeitete und vergoldete Kolbenkappe.*

u. a. führende Büchsenmacher, wie Gastinne-Renette, Le Page und Devisme in Paris oder die Gebrüder Manton in London. Außerdem richteten sie für das Übungsschießen mit Duellpistolen Schießstände ein, doch davon mehr im letzten Kapitel.

Bis etwa 1835 wurden die Perkussionspistolen in allen Ländern im gleichen Stil weiter gebaut wie ihre Steinschlossvorgänger, insbesondere was den Schaft betrifft. Danach kam es in den verschiedenen europäischen Ländern wieder zu gewissen Veränderungen, hauptsächlich in der Schaftform.

# Die englische Perkussions-Duellpistole

Die hohe Zeit der englischen Duellpistolen ging in der Perkussionsära bald zu Ende. Die um 1830 in England zunehmende Anti-Duellbewegung und die späteren Maßnahmen des Königshauses zeitigten erste Auswirkungen. Bis etwa 1850 kommt dort das Duell aus der Mode. 1851 werden auf der großen Londoner Messe kaum noch Duellpistolen angeboten. Mit dem in England schwindenden Interesse an Duellen ging zugleich der Bedarf an solchen Waffen zurück. Man benutzte sie inzwischen zum verstärkt aufkommenden Scheibenschießen. Neu angefertigte Pistolenpaare wurden schon seit geraumer Zeit dafür konzipiert, d. h. der Lauf hatte ein kleineres Kaliber und war gezogen.

Die englischen Perkussions-Duellpistolen hatten den gleichen guten Ruf wie ihre Vorgänger. Sie waren von ebenso hervorragender Qualität. Gegen Ende ihrer Zeit gab es vier grundsätzliche Stilarten dieser Waffe:

1. Vollschaft mit Ladestock:
aptierte, vor 1800 hergestellte Steinschlosspistole
2. Halbschaft mit Ladestock:
aptierte, nach 1800 hergestellte Steinschlosspistole und neu hergestellte Perkussionspistole
3. Halbschaft ohne Ladestock:
ab 1835, nicht von allen Herstellern gefertigt
4. Schaft nur ab hinterem Laufende mit und ohne Ladestock sowie rückliegendem Schloss:

ab 1836, dieser Stil war in England nicht sehr populär und wurde nur von Forsyth & Co. angefertigt

**Der Schaft:** Anfänglich wurde der Nussholz-Halbschaft aus der Steinschlossperiode bezüglich der Form und schlichten Ausführung unverändert beibehalten, bei einigen Herstellern sogar bis weit in die dreißiger Jahre des 19. Jahrhunderts (Abb. 44). Andere begannen bereits ab 1828 – 1830 allmählich den bislang halbkugelförmigen Kolbenabschluss abzuflachen und bald danach die starke Schaftkrümmung im Griffbereich zu strecken, sodass sich der Winkel zur Laufachse wieder etwas vergrößerte. Bei ansonsten weiterhin schlichtem Schaft hatte sich dann bis 1840 ein beinahe gerader, kaum noch gekrümmter Pistolengriff durchgesetzt, der mit einer feinen Fischhaut verschnitten war und bei den meisten englischen Duellpistolen einen ganz flachen Kolbenabschluss aufwies. Eine wulstartige Verdickung am Knaufabschluss sollte die bessere Handlage der Waffe unterstützten (Abb. 45). Es war vor allem der Büchsenmacher James Purdey, der diesen letzten Stil der englischen Duellpistolen mit prägte und der dann ebenfalls bei den späteren Scheibenpistolen zur Ausführung kam. Viele seiner Pistolen erhielten ein ganz besonderes, der französischen Mode nacheiferndes Schaftfinish, die „Ebonisierung". Hierbei wurde der Schaft schwarz gefärbt, sofern man ihn bei hochwertigen Waf-

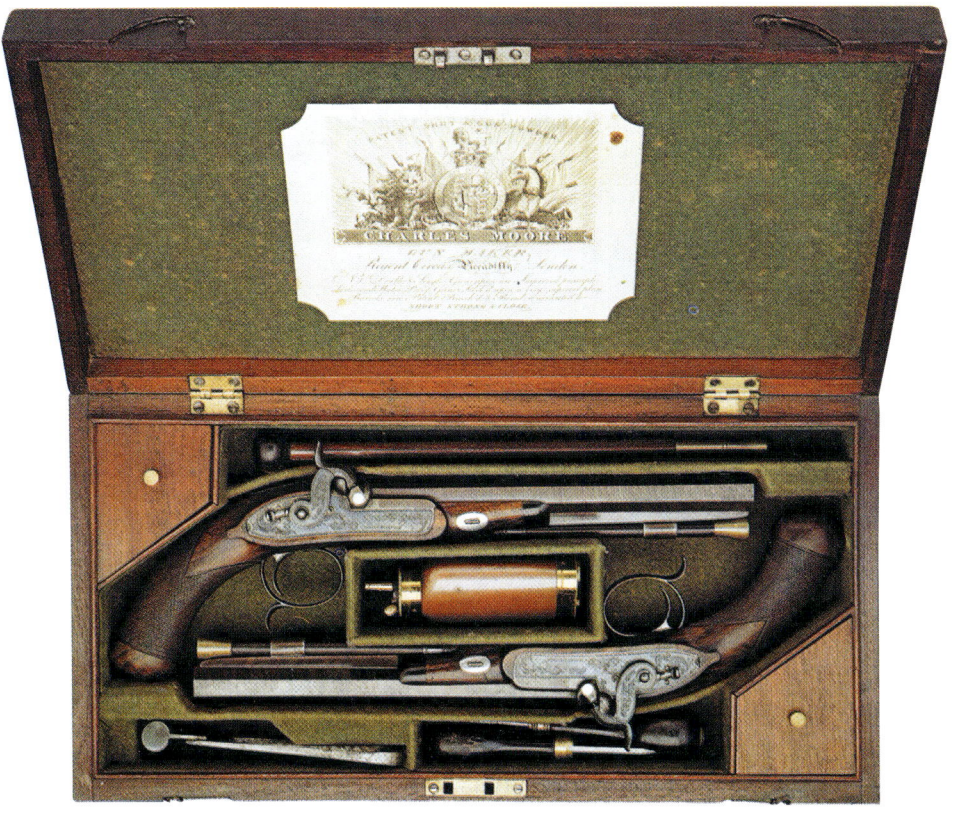

*Abb. 44: Perkussions-Duellpistolen im Kasten, England, um 1830. Länge: 37 cm. Gebräunte, achtkantige, glatte „Twist-Läufe" im Kal. .55 = 14 mm, mit Platin ausgefüttertem Spundloch im Pistonsockel sowie silbernem Korn und feststehendem Visier auf der Basküle. Die bunt gehärteten Schlösser sind signiert mit „CHARLES MOOR LONDON", floral graviert und haben eine Hahnsicherung für die Laderast. Die Nussholzhalbschäfte mit vorderem Hornabschluss sind im Griffbereich nur mäßig gekrümmt, mit Fischhaut versehen und ohne Kolbenkappe ausgeführt. Alle Garniturteile sind aus Eisen, gebläut und mit meist floralen Motiven graviert. Der Kasten ist aus Mahagoniholz gefertigt. (Aus: A Review of Antique Arms, 1976)*

fen nicht von vornherein aus Ebenholz fertigte.

**Der Lauf:** Grundsätzlich entsprach der Lauf in der Ausführung dem der Steinschloss-Duellpistole und war wieder fast ausschließlich als sog. „twist barrel", mit dem schon erwähnten dekorativen Oberflächenmuster, ausgeführt. Nur in wenigen Ausnahmen, vor allem in der späteren Phase, täuschte man diese Damaststruktur durch Ätzen der Laufoberfläche vor. Bis auf die Pistolen von Forsyth & Co. waren alle Läufe mit Hakenschwanzschraube und Basküle ausgestattet. Der seitlich an der Hakenschwanzschraube befindliche Zündstollen oder Pistonsockel hatte bei den englischen Perkussions-Duellpistolen im-

Abb. 45: Perkussions-Duellpistolen im Kasten, England, um 1830. Länge: 39,5 cm. Glatte Acht-kantläufe mit Ätzdamast im Kal. .489 = 12,4 mm, mit einem Korn aus Neusilber und signiert mit „D. EGG 4. PALL MALL LONDON". Auf der Basküle befindet sich ein feststehendes Visier. Die bunt gehärteten und leicht gravierten Schlösser sind signiert mit „D. EGG" und mit einer Hahn-sicherung ausgestattet. Die schlichten Nussholzhalbschäfte mit Fischhautgriff haben einen vor-deren Eisenabschluss sowie eine eiserne Kolbenkappe. Bei den Ladestöcken aus Walbein sind die Dopper in Neusilber ausgeführt. Alle Garniturteile sind blank und mit floralen Motiven graviert. Obwohl von außen nicht erkennbar, sind diese Pistolen mit einem Stecherabzug ausgerüstet. Der verschließbare Kasten ist aus Eichenholz. (Galerie Fischer Auktionen AG, Luzern)

mer ein ganz kleines Spundloch, um eine geringe Menge des beim Schuss entstehenden Gasdruckes hierüber entweichen zu lassen. Diese einfache, aber sehr wirkungsvolle Vorkehrung verringerte den bei Perkussionswaffen größeren Rückstoß. Damit sich das Spundloch durch Korrosion nicht un-erwünscht vergrößerte, befand es sich in einem seitlich im Zündstollen ein-gelassenen Gold- oder Platinstopfen. Ein feststehendes Visier auf dem Lauf oder der Basküle war mittlerweile bei nahezu allen englischen Perkussions-Duellpistolen üblich.

Die Lauflänge entsprach mit 8 1/2 – 10 Inches (21,5 – 25,4 cm) etwa dem Vorgänger und damit auch die Ge-samtlänge der Waffe mit 35 – 40 cm. Hingegen hatte sich das Laufkaliber weiterhin geringfügig auf .45 bis .53 (11,5 – 13,5 mm) verkleinert. Dieser Trend setzte sich bei den späteren Scheibenpistolen fort, mit einem Kaliber von nur mehr .40 bis .44 (10,2 – 11,2 mm). Für das Verhältnis von Laufkaliber und Kugeldurchmesser, d. h. den mittels Schusspflasters auszugleichenden Spalt, gilt hier das Gleiche wie schon bei den Steinschloss-Duellpistolen Erwähnte.

Genauso wie ihre Vorgänger besaßen die Läufe eine glatte Bohrung, aber gelegentlich auch die dort schon erwähnten „secret scratch rifling" oder „secret scored rifling", d. h. die geheimen Züge. Unabhängig vom fragwürdigen Verhalten, solche Pistolen beim Duell einzusetzen, ist es doch ein Faktum, dass auch in der Zeit der Perkussionswaffen weiterhin einige hochrangige Gentlemen, deren Namen man z. T. kennt, davon Gebrauch machten. Ferner ist bekannt, dass Captain Harvey Tuckett am 12. September 1840 anlässlich eines Duells vom Earl of Cardigan mit einer „scratch rifling"-Pistole getötet wurde.[132] Nicht bekannt ist hingegen, ob Captain Tuckett eine gleiche Waffe benutzte und ob sich wegen der Verletzung der Duelletikette in diesem oder in anderen Fällen irgendwelche Konsequenzen ergeben hatten.

In einer Publikation des Metropolitan Museum of Art wird ein Perkussions-Duellpistolenpaar von 1830 des englischen Büchsenmachers Joseph Egg, London, vorgestellt, bei dem der eine Lauf glatt und der andere gezogen ist.[133] Leider ist hier nicht erwähnt, ob es sich um sog. „geheime Züge" handelt. Ein weiteres Duellpistolenpaar ist bekannt, allerdings unsigniert, ebenfalls um 1830 hergestellt, bei dem der eine Lauf ebenfalls glatt ist und der andere Züge aufweist, die von der Mündung aus nicht sichtbar sind. Obendrein ist am gezogenen Lauf außen eine kleine Markierung angebracht, die nur der Eigentümer dieser Waffen deuten konnte.

Ganz regulär hingegen ist ein Duellpistolenpaar von 1840 des Londoner Herstellers James Purdey. In diesem Pistolenkasten befindet sich das Pistolenpaar mit glatten Läufen und ein zusätzliches Paar gezogener Läufe mit jeweils zwölf Zügen, die aber sichtbar bis zur Mündung reichen.[134] Diese Läufe konnten bei Bedarf schnell gewechselt werden, sei es zum immer beliebter werdenden Scheibenschießen oder wenn sich der Gentleman in einem Land duellierte, in dem für ein Duell gezogene Läufe legitim waren. Auch John und Joseph Manton hatten schon zu Beginn der Perkussionsära damit begonnen, für ihre Kunden eine Alternative anzubieten. Wem die für den schnellen, instinktiven und nicht lange gezielten Schuss gedachte Duellpistole mit glattem Lauf zum präzisen Scheibenschießen nicht ausreichte, konnte eine Waffe mit offiziellen und an der Laufmündung sichtbaren „finely scored rifling", also ganz feinen Haarzügen, bekommen.[135]

**Das Schloss:** Die grundsätzliche Funktion und Ausführung des Perkussionsschlosses haben wir bereits kennen gelernt. Unverändert anzutreffen ist hier wieder die bei der englischen Steinschloss-Duellpistole beschriebene Schiebesicherung hinter dem Hahn, um diesen in der Laderast zu blockieren. Bei den Duellpistolen von

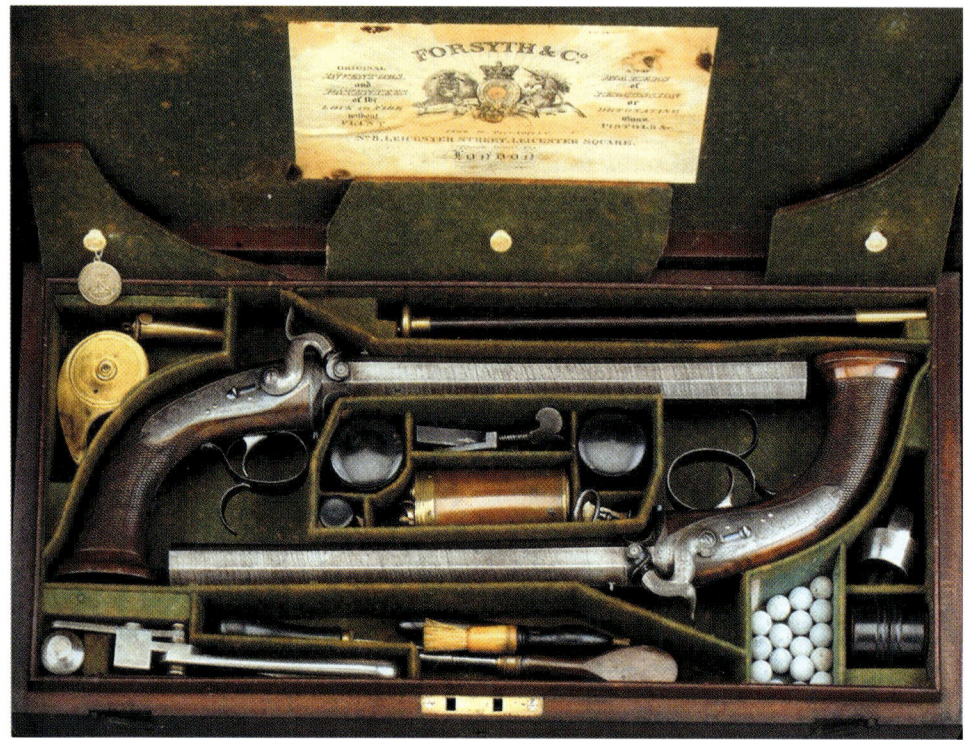

*Abb. 46: Perkussions-Duellpistolen im Kasten, England, um 1837. Länge: 39,5 cm. Gebräunte, glatte, achtkantige „Twist-Läufe" im Kal. .507 = 12,9 mm, mit Platin ausgefüttertem Spundloch im Pistonsockel sowie einem silbernen Korn und einem auf dem Lauf eingeschobenen, feststehenden Visier. Signiert sind die Läufe mit „FORSYTH & Co. LONDON". Die rückliegenden, mit Ranken gravierten Schlösser haben eine gebläuten Schieber für die Hahnsicherung. Auffällig ist hier der kurze Nussholzschaft. Er ist mit Fischhautgriff und auf dem Griffrücken mit einer silbernen, ovalen Monogrammplatte ausgestattet. Der eiserne und mit Ranken gravierte Abzugbügel ist gebläut. Zur Aufbewahrung dieser Waffen dient ein Kasten aus Mahagoniholz. (Foto Auktionshaus Christie's, London)*

John Manton hatte die Schlossplatte ab etwa 1830 noch ein zusätzliches interessantes Detail. Der unmittelbar hinter dem Zündstollen liegende Bereich ist über die obere Kante der Schlossplatte hinaus etwas verlängert und verbreitert, bildet demnach eine Fläche, die sich direkt am oberen Schaftholz abstützt. Damit kann ein Teil des auf das Schloss wirkenden Rückstoßes auf den Schaft übertragen werden und dadurch den übrigen, von der Aussparung für das Schloss bereits geschwächten Schaftteil entlasten.

Die freien Flächen auf der Schlossplatte erhielten durch eine Stichgravur mit meistens floralen Motiven eine leichte Verzierung. Dies galt auch für den Hahn, dessen nach vorne gerichteter Hammerteil häufig einen Delphin darstellte.

Das sog. „rückliegende Schloss" wurde nur von wenigen englischen Herstellern ab etwa 1836 angewandt,

u. a. von Forsyth & Co. (Abb. 46). Hier lag die Hauptschlagfeder für den Hahn nicht mehr vor, sondern hinter der Nuss, womit die Schlossplatte eine andere Form erhielt und leicht geschwungen nach hinten bis in den oberen Griffbereich reichte. Die Schlagfeder wirkt ebenfalls über ein Kettenglied auf die Nuss und ist bei manchen Waffen so in der Schlossplatte gelagert, dass ihr zweiter, dünnerer Schenkel gleichzeitig als Feder für die Abzugstange dient. Diese Schlossvariante konnte sich jedoch in England bei Duellpistolen nicht so recht durchsetzen.

**Der Stecherabzug:** Hier gilt bezüglich Ausführung und Funktion das Gleiche wie bei der englischen Steinschloss-Duellpistole zuvor erwähnt. Obwohl grundsätzlich erlaubt, waren die Stecherabzüge weiterhin nicht bei allen Duellpistolen anzutreffen.

**Die Garnitur:** Verglichen mit der Steinschlosspistole, änderte sich nichts Wesentliches. Die immer noch sparsamen Gravuren wiesen etwas andere Motive auf, und der Kolbenabschluss bestand nur noch aus einer leicht gravierten Platte, sofern er überhaupt vorhanden war. Am Abzugbügel konnte sich der Fingerhaken noch immer nicht voll durchsetzen und war daher an sehr vielen dieser Waffen nicht anzutreffen. Außer der immer vorhandenen kleinen silbernen Monogrammplatte auf dem Griffrücken konnte man Silber auch hier wieder gelegentlich begegnen, als Kolbenkappe und als vorderer Schaftab-

schluss. Dieser bestand ansonsten aber weiter überwiegend aus Horn.

**Das Zubehör:** Grundsätzlich entsprach der Kasten zum Aufbewahren der Pistolen und ihrer Utensilien in der Ausführung sowie im Umfang des Zubehörs dem der Steinschlosspistolen. Lediglich die Ersatzfeuersteine wurden durch eine Zündhütchendose ersetzt, und zum Schraubenzieher gesellte sich noch ein passendes Werkzeug zum Herausschrauben des Pistons.

Als zur Mitte des 19. Jahrhunderts in England das Duell sein Dasein aushauchte, waren bereits neun der zehn allein in London ansässigen hoch angesehenen Duellpistolen-Hersteller aus Altersgründen verstorben. Aber die Kunst, Duellpistolen herzustellen, war nicht auf England allein beschränkt, obwohl dieses Land mehr als andere zu deren Entwicklung beigetragen hatte. Wir wollen jetzt unseren Blick auf das Festland richten, wo ebenfalls hervorragende Leistungen nachweisbar sind. Hier waren es vorrangig Frankreich und Belgien, aber auch Deutschland, die ausgesprochen qualitätsvolle und hochwertige Duellpistolen produzierten. Was die Stückzahlen anbetrifft, so lagen Frankreich und Belgien weit vor allen anderen europäischen Ländern. Darüber hinaus prägten sie, wie schon in den vorangegangenen Epochen, wiederum einen Stil, der zugleich für die übrigen europäischen Länder wegweisend wurde, ausgenommen England.

# Die französische und belgische Perkussions-Duellpistole

Vom Aus des Duells in England ließ sich das übrige Europa nicht beeindrucken. Im Gegenteil: Hier lebte diese Art der Konfliktaustragung bei Ehrenangelegenheiten noch ein halbes Jahrhundert länger, und durch den sich gleichzeitig erweiternden Kreis der satisfaktionsfähigen Männer stieg der Bedarf an Duellgarnituren. Dies galt vor allem für Frankreich, das folglich die quantitative Führungsrolle übernahm. Obwohl sich die Herstellung von zivilen Handfeuerwaffen in Frankreich nicht nur auf Paris und in Belgien auf Lüttich beschränkte, wurden diese beiden Städte doch die Zentren für die Produktion von Duell- bzw. Luxuswaffen.

Auch wenn ein so erfolgreicher und stilbestimmender Name aus der Steinschlossära, wie Boutet, seit 1833 nicht mehr zu den Aktiven zählte, so hatten sich unterdessen mehrere neue namhafte Büchsenmacher etabliert. Vielleicht hatte sogar der eine oder andere von ihnen seine Fähigkeiten noch in der früheren Ausbildungsstätte von Boutet erworben? Einige von ihnen spezialisierten sich ausschließlich auf die Herstellung von Duellpistolen, wie z. B. Gastinne-Renette in Paris. Die erfolgreiche und ruhmhafte französische Büchsenmacher-Tradition der vorausgegangenen Epochen setzte sich somit fort. Die Qualität dieser Waffen und oft auch die überaus luxuriöse Ausführung mit kunstvollen Schaftverschneidungen, Eisenschnitt, Gravuren und Goldtauschierungen genossen weltweite Anerkennung. Infolgedessen wurden zahlreiche Aufträge für ausländische Kunden ausgeführt, und dies nicht zuletzt wegen der noch immer andauernden Orientierung am französischen Stilgefühl. Insbesondere in Frankreich zeigte sich die aus den vorangegangenen Epochen bekannte Neigung zu mehr Luxus an den Waffen auch in der Perkussionsperiode. Das schloss aber nicht aus, dass man bei zahlreichen Waffen die kunstvolle Ausschmückung auf ein Minimum reduzierte, schließlich war es auch eine Frage des Geschmacks und des Preises.

Ob die Herkunft eines Pistolenpaares in Frankreich oder Belgien liegt, kann man in vielen Fällen nicht gleich auf den ersten Blick feststellen. Diese Waffen sind einander sehr ähnlich wie schon zur Steinschlosszeit und aus den gleichen Gründen. So bleiben zur Identifizierung meistens nur die Signatur des Büchsenmachers auf der Schlossplatte der Waffen oder ein Firmenetikett auf der Innenseite des Pistolenkastendeckels – sofern vorhanden. Selbst der Beschussstempel am Lauf gibt hierüber keine verlässliche Auskunft, da nach wie vor einige französische Waffenhersteller die Läufe aus Belgien bezogen.

In der Perkussionsperiode gab es in diesen beiden Ländern sechs verschiedene Stilarten von Duellpistolen. Die Waffenlänge lag jeweils bei 38 bis 41 Zentimetern:

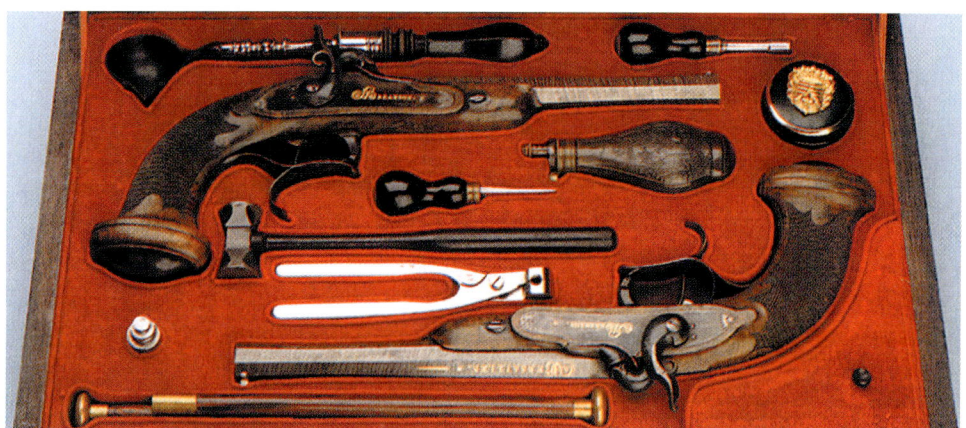

*Abb. 47: Perkussions-Duellpistolen im Kasten, Frankreich, um 1825. Länge: 37 cm. Gebräunte, achtkantige, sich nach vorne verjüngende und an der Mündung leicht gestauchte Läufe mit Damaststruktur (gewundener Lauf) im Kal. .474 = 12,03 mm, mit Haarzügen. Die Läufe haben eine tiefgekehlte Visierlinie, die sich auf der Basküle fortsetzt und dort durch ein festes Visier ergänzt wird. Es handelt sich hier um einen Lauftyp, wie er noch in der Steinschlossära anzutreffen war. Ferner sind die Läufe mit in Gold eingelegten Buchstaben signiert „BREANSON À VERSAILLES", und die Hakenschwanzschrauben tragen auf der Unterseite die eingeschlagene Meistermarke des französischen Laufherstellers Le Clerc. Zusätzlich sind die Pistolen auf den Baskülen mit „1" und „2" bezeichnet. Die schlicht gehaltenen Schlösser sind, bunt gehärtet und in Gold eingelegt, mit „BREANSON" signiert. Ebenfalls schlicht ausgeführt sind die Nussholzhalbschäfte mit Fischhautgriff, der in einer wulstigen Verdickung mit gewölbter Kolbenkappe endet. Auf dem Griffrücken befindet sich jeweils eine silberne Monogrammplatte. Der stark profilierte Abzugbügel sowie die Schlossgegenplatte zeigen nur sparsame Gravierungen. Alle Garniturteile sind wie das Schloss bunt gehärtet. Dieses Pistolenpaar ist mit einem Stecher ausgerüstet. Zur Aufbewahrung dient ein verschließbarer, kofferartiger Nussholzkasten mit Messingbeschlägen und Traggriff. (Auktionshaus Hermann Historica, München)*

1. Vollschaft mit Ladestock:
aptierte Steinschlosspistole
2. Vollschaft mit Ladestock:
neue Perkussionspistole bis ca. 1830
3. Halbschaft ohne Ladestock:
ab ca. 1825 (Abb. 47 und 48)
4. Halbschaft ohne Ladestock mit
rückliegendem Schloss:
ab ca. 1840
5. Lütticher Schaft:
ab ca. 1840 (Abb. 49)
6. Halbschaft ohne Ladestock:
ab ca. 1855, nur von Gastinne-Renette (Abb. 50)

**Der Schaft:** Weiterhin aus Nussbaumholz gefertigt und anfänglich noch als Vollschaft ausgeführt, ähnelte er in der Form dem vorausgegangenen Boutet-Stil. Aber die schon während der ausgehenden Steinschlossepoche zaghaft auftretenden Halbschäfte ohne Ladestock setzten sich bald stärker durch und hatten bis etwa 1830 den Vollschaft verdrängt. Auch der Halbschaft zeigte im Griffbereich noch Ähnlichkeiten zum Boutet-Stil und wurde in dieser Art mit leichten Veränderungen bis zur Mitte des 19. Jahrhunderts so ausgeführt.

Um 1840 gesellte sich noch eine völlig neue Schaftform hinzu, der sog. „Lütticher Schaft". Diese schon damals übliche Bezeichnung resultierte offensichtlich aus der Feststellung, dass in dieser Art geschäftete Pistolen anfangs überwiegend aus belgischen Werkstätten stammten. Es handelte sich hierbei um einen Halbschaft ohne Ladestock mit einem völlig anderen Griff. Dieser war jetzt weniger stark gekrümmt und anstelle der

Fischhaut mit tiefen Auskehlungen (Kannelierung) versehen, die parallel zur Schaftkrümmung in der Knaufabschlussplatte ausliefen. Die bislang wulstartige Verdickung am Knauf war hier nicht mehr vorhanden, dafür wurde der Pistolengriff zum unteren Ende hin etwas breiter. Bei diesem Schafttyp war der Vorderschaft immer mit kunstvollen und tiefgeschnittenen Ranken verziert (Abb. 51 Mitte), und häufig befand sich diese Verzierung auch an den Seiten sowie auf dem Rücken des Pistolengriffs neben der Kannelierung. Der zeitliche Schwerpunkt dieses Schafttyps lag zwischen 1840 und 1860, danach taucht er bei neuen Waffen kaum mehr auf.

Um 1855 kam in Frankreich nochmals eine neue Schaftform auf, der Gastinne-Renette mit seinen zahlreichen Duellpistolen zur Popularität verholfen hatte. Zwar war hier, ähnlich dem „Lütticher Schaft", die Verbreiterung des Pistolengriffes zum unteren Ende hin beibehalten worden, jedoch bekam der ovale Griffquerschnitt jetzt wieder eine Fischhaut. Bei Luxuswaffen jener Zeit war die Fischhaut durch üppige rankenartige Schaftverschneidungen ersetzt. Diese Schaftform verdrängte allmählich die bisherigen Formen, dominierte ab etwa 1865 und existierte dann bis zum Auslaufen der Vorderladerpistolen bzw. blieb sogar noch bei den nachfolgenden ersten Hinterladern eine Zeit lang in Gebrauch.

**Der Lauf:** Der bei der Steinschlosspistole übliche „gestauchte Lauf" verschwand allmählich. Bis etwa 1840

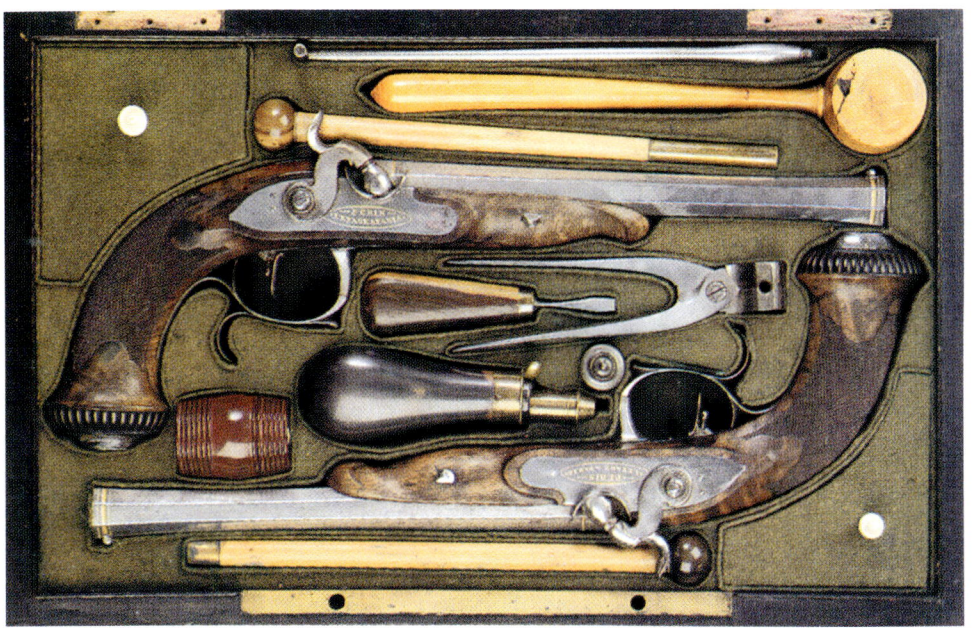

*Abb. 48: Perkussions-Duellpistolen im Kasten, Frankreich, um 1840. Länge: 38 cm. Gebläute, leicht gestauchte Achtkantläufe im Kal. .516 = 13,1mm, mit Haarzügen. Die Läufe haben ein gebläutes eingeschobenes Korn, eine in Gold eingelegte Signatur „PERRIN LE PAGE À PARIS" sowie in Gold tauschierte schmale Zierstreifen im Bereich der Mündung und der Pulverkammer. Ferner sind die Waffen auf der Pulverkammer und der Basküle jeweils mit den in Gold eingelegten Ziffern „1" bzw. „2" bezeichnet. Die schlichten Kettenschlösser sind ebenfalls in Gold mit „PERRIN LE PAGE À PARIS" signiert und wie die gleichfalls ungravierte Garnitur gebläut. Auch die Nussholzhalbschäfte weisen neben dem Fischhautgriff nur geringfügigen Schnitzdekor auf. Diese Pistolen haben einen Stecher. Der verschließbare Kasten ist schwarz lackiert und mit Messingbeschlägen ausgestattet. (Galerie Fischer Auktionen AG, Luzern)*

hatte sich der achtkantige Lauf mit parallelen Flächen durchgesetzt. Die Visiereinrichtung bestand aus dem feststehenden Visier auf der Basküle und dem eingeschobenen Korn in der Nähe der Laufmündung. Zur Laufbefestigung im Schaft dienten somit weiter die bewährte Hakenschwanzschraube und ein Schieber im vorderen Schaftbereich. Im Gegensatz zu den englischen Waffen hatte der an der Hakenschwanzschraube befindliche Zündstollen kein Spundloch.

Der gezogene Lauf der Steinschlossvorgänger wurde beibehalten, allerdings änderte sich die Art und Anzahl der Züge. Während in der Steinschlossära die Läufe mit Haarzügen überwogen und Läufe mit 8 bis 12 Zügen nur gelegentlich anzutreffen waren, zeigte sich jetzt ein umgekehrtes Bild. Die Zahl der Waffen mit Haarzügen ging bald drastisch zurück. Ab etwa 1840 gab es fast ausschließlich nur mehr die Läufe mit 8 bis 12 meist runden Zügen, mit einer Tiefe von 0,3 – 0,4 mm und einem Drall von 1/2 Umlauf, bezogen

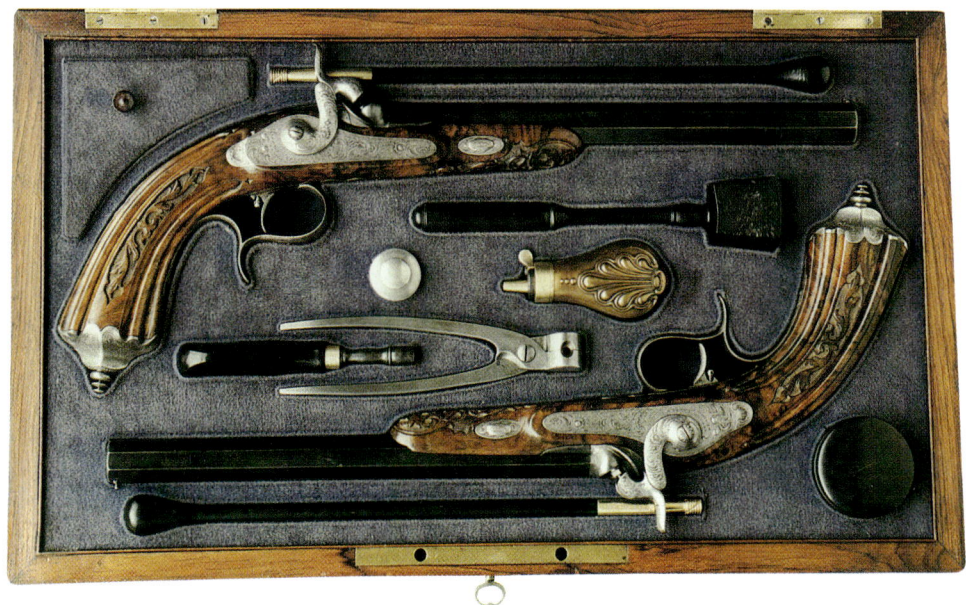

*Abb. 49: Perkussions-Duellpistolen im Kasten, Belgien, um 1858. Länge: 40,5 cm. Gebläute Acht-kantläufe im Kal. .477 =12,13 mm, mit 12 Zügen und eingeschobenem gebläutem Korn. Die Waffen sind auf den floral gravierten Pulverkammern und Baskülen mit feststehendem Visier mit „1" und „2" bezeichnet. Auf den Läufen ist das Qualitätsmerkmal „Acier Fondu" in goldenen Buchstaben eingelegt. Um die Hähne der reich gravierten Kettenschlösser befindet sich die Sig-natur „LE PAGE FRÈRES 12. RUE D' ENGHIEN À PARIS". Die schön gemaserten „Lütticher Schäfte" aus Nusswurzelholz sind neben der Kannelierung des Pistolengriffs an beiden Seiten und auf dem Griffrücken mit tiefgeschnitzten Ranken und Blattwerk verziert. Auch der Vorderschaft ist mit der gleichen Schnitzerei dekoriert. Sämtliche Garniturteile sind aus Eisen, blank und wie das Schloss reich mit Blattwerk, Blüten und Ranken graviert (Detailansichten s. Abb. 51). Le Pa-ge Frères hatten ihre Werkstatt in Liège (Lüttich) und ein Geschäft in Paris.*
*(Privatsammlung; Foto Verf.)*

auf die Länge des Laufes. In der Zeit vor 1840 lag das Kaliber in Verbin-dung mit Haarzügen noch bei ca. 13.5 – 14 mm und verkleinerte sich danach bei unveränderter Lauflänge von ca. 23 – 26 cm jedoch auf ca. 11 – 12,5 mm. Spätere Kaliber unter 11 mm blie-ben, wie in England, den Scheibenpis-tolen vorbehalten. Glatte Läufe ka-men in Frankreich und in Belgien zu jener Zeit nur noch selten vor.

Zum Verhältnis des Laufkalibers zum Kugeldurchmesser sei hier wieder ein Beispiel angeführt. Bei dem in Abb. 49 gezeigten Pistolenpaar (Le Pa-ge) beträgt das Laufkaliber 12,13 mm (Kal. .477 mit 12 Zügen) und der Ku-geldurchmesser 11,8 mm. Daraus er-gibt sich ein mit dem Schusspflaster abzudichtender Spielraum von 0,33 mm, zuzüglich der Zugtiefe von 0,35 mm.

Eine wiederholt bei den französi-schen Duellpistolen anzutreffende Laufform war der sog. „Schweinsrü-cken", besonders bei Waffen von Gas-

*Abb. 50: Perkussions-Duellpistolen im Kasten, Frankreich, um 1860. Länge: 43 cm. Gebläute Achtkantläufe mit eingeschobenem Korn im Kal. .445 = 11,3 mm, mit 12 Zügen. In der Laufmitte befindet sich die Signatur „FIN PAR GASTINNE-RENETTE À PARIS" und auf den Hakenschwanzschrauben die Ziffern „1" bzw. „2". Das feststehende Visier sitzt auf der Basküle. Die Kettenschlösser, Hakenschwanzschrauben und BasKülen sowie die eisernen Garnituren sind mit floralen Ranken graviert und bunt gehärtet. Der Abzugbügel ist gebläut. Für Gastinne-Renette typisch ist die sehr feine Fischhaut an den Pistolengriffen. Außer einer attraktiven Maserung der Nussholzhalbschäfte weisen diese keine sonstigen Verzierungen auf. Dieses Pistolenpaar hat keinen Stecher. Zur Aufbewahrung dient ein Kasten aus Eichenholz.*
*(Auktionshaus Hermann Historica, München)*

*Abb. 51: Detailansichten der Pistolen in Abb. 49. (Fotos Verf.)*
*Oben: Die in Gold eingelegte Qualitätsbezeichnung auf dem Lauf sowie die reich gravierte Schwanzschraube und Basküle.*
*Mitte: Tiefbeschnitzter Vorderschaft und aufwändig gravierter Abzugbügel.*
*Unten: Kunstvoll gestaltete und gravierte Kolbenkappe.*

tinne-Renette. Der in der Regel achtkantige Lauf war so im Schaft gelagert, dass eine der Kanten nach oben zeigte und nicht, wie üblich, eine Fläche. Ursprünglich war vielleicht daran gedacht, diese Kante als Ziellinie zu benützen, aber dann wurde daraus ein Laufschmuck. Bis auf wenige Zentimeter an den beiden Laufenden wurden alle Kanten abgeflacht und die dabei entstandenen neuen versetzten Kanten kanneliert. Die obere Lauffläche zierten zusätzlich noch die goldenen Buchstaben des Herstellernamens. Ein Laufschmuck mit versetzten und kannelierten Kanten war aber nur bei den Pistolen mit dem „Lütticher Schaft" anzutreffen und bei der späteren, von Gastinne-Renette popularisierten Schaftform.

Am Anfang der Perkussionszeit war es noch verbreitet üblich, bei den damaszierten Läufen die Damaststruktur sichtbar zu machen und die obere Lauffläche mit den in goldtauschierten Buchstaben ihres Herstellungsverfahrens „Canon Tordu" oder „Canon à Rubans" zu verzieren. Dem Geschmack der Zeit folgend, verzichtete man nach und nach auf die sichtbare Damaststruktur. Diese Läufe wurden jetzt nur gebräunt oder (später) gebläut, erhielten aber weiterhin den Hinweis auf ihre Qualität mit den goldenen Buchstaben der vorgenannten Bezeichnung ihres Herstellungsverfahrens.

Im Zuge der fortschreitenden Industrialisierung tauchte in der Mitte des 19. Jahrhunderts noch eine weitere Qualitätsbezeichnung auf manchen Läufen auf: „Acier Fondu". Das bedeutete Flussstahl[136], der sich durch große Reinheit und gleichmäßig dichtes Gefüge auszeichnete. Dieses Laufmaterial genoss damals das gleiche Ansehen wie später im 20. Jahrhundert der für die Waffenproduktion verwendete „Krupp-Stahl". Die verschiedenen Laufhersteller stritten darüber, ob gewundene, bandgeschmiedete oder Flussstahlläufe die besseren seinen. Tatsache jedenfalls war, dass ab etwa 1850 bei den französischen und belgischen Duell- und Scheibenpistolen immer häufiger der Flussstahllauf zur Anwendung kam (Abb. 51, oben).

Die Laufmacher aus Lüttich und Umgebung lieferten weiterhin Roh- und Fertigläufe für französische und andere europäische Büchsenmacher. Diese bestellten auch manchmal die Läufe ohne jegliche Kennzeichnung des Herstellers, um dann ihre eigenen Initialen und heimischen Beschussstempel anzubringen. Solche Praktiken wurden besonders bei den berühmten Lütticher Damastläufen gepflegt.

**Das Schloss:** Den grundsätzlichen Aufbau und die Funktion kennen wir schon aus den vorangegangenen Ausführungen, sodass wir auch hier wieder nur auf die spezifischen Besonderheiten einzugehen brauchen.

Bei den vollgeschäfteten Pistolen hatte man die Form der Schlossplatte noch von der vorangegangenen Steinschlosswaffe weitgehend beibehalten. Beim später aufkommenden Halbschaft führte man die vordere Hälfte der Schlossplatte schlanker aus; sie reichte dadurch nicht mehr bis zum Zündstollen herauf. Gleichzeitig entfiel die vordere Schraube für die Befes-

tigung des Schlosses im Schaft. An ihrer Stelle befand sich auf der Innenseite der Schlossplatte ein kleiner Haken und im Schaft ein passendes Gegenstück – das Schloss wurde jetzt nur mehr mit einer Schraube im Schaft befestigt.

Als der „Lütticher Schaft" in Mode kam, verjüngte sich bei vielen Pistolen auch der hintere Teil der Schlossplatte, bei gleichzeitiger geringer Verlängerung, womit das Schloss insgesamt eine noch elegantere Form annahm.

Das rückliegende Schloss trat in Frankreich und Belgien zeitgleich wie in England auf. Es konnte sich auch bei den Duellpistolen in einem nennenswerten Umfang durchsetzen und blieb nicht nur den Scheibenpistolen vorbehalten.

Schlossplatte und Hahn waren meistens mit einer reichhaltigen, aus Rankenmotiven bestehenden Stichgravur verziert. Bei namhaften Büchsenmachern wurde die Schlossplatte zusätzlich noch mit dem Namen und Ort des Herstellers versehen. Diesen Schriftzug gravierte man entweder elegant um den Hahnfuß oder als geschwungenes Schriftband (Abb. 40). Der Hammerteil des Hahnes war zwar graviert, aber nur selten als Tiermotiv ausgebildet, wie in England z. B. der Delphin.

**Der Stecher:** In der Ausführung und Funktion war der französische Rückstecher (wie bei der französischen Steinschloss-Duellpistole schon beschrieben) weiter im Gebrauch, allerdings wiederum nicht bei allen Duellpistolen.

*Abb. 52: Pistolenkasten, Belgien, um 1858, für das Pistolenpaar in Abb. 49. Abmessungen: 47,5 x 27,5 x 8 cm. Abschließbarer, polierter Nussholzkasten mit Messinggarnitur. (Privatsammlung; Foto Verf.)*

**Die Garnitur:** Mit der jeweiligen Änderung der Schaftform veränderte sich zugleich die Form der entsprechenden Beschläge. Besonders auffällig zeigte sich dies beim Knaufabschluss. Er erhielt mit dem Aufkommen des „Lütticher Schafts" eine völlig neue und oftmals aufwändig gestaltete Form (Abb. 51 unten). Eine an die Kannelierung des Pistolengriffes angepasste Platte ging in einen rautenförmigen Kegelstumpf über und endete in einer zipfelförmigen, stark profilierten Schraube. Diese war Bestandteil des Knaufabschlusses und diente zugleich zur Befestigung dessel-

ben am Griff.[137] Bei der späteren Schaftform von Gastinne-Renette mit ovalem Pistolengriff wurde der Knaufabschluss wieder flacher.

Der Fingerhaken war jetzt bei fast allen Duellpistolen aus Frankreich und Belgien anzutreffen. Die Unterlage für die Schlossbefestigungsschraube bestand meistens nur mehr aus einer kleinen rosettenartigen, gravierten Scheibe. Lediglich bei besonders kostbaren Waffen war sie als etwas größere profilierte und gravierte Platte ausgeführt.

Alle Garniturteile bestanden normalerweise aus Eisen und nur bei ex-

*Abb. 53: Pistolenkasten von Abb. 49 mit ausgebreitetem Zubehör. Von links: Kugelzange, Ölbehälter aus Weißmetall, Pulverflasche aus Kupfer mit Messingaufsatz. Bleikugeln, Schusspflaster, Pistondreher, Setzhammer aus Holz, Zündhütchen, Zündhütchendose aus gedunkeltem Holz sowie Lade-/Putzstock mit einem Kugelzieher unter dem abschraubbaren Vorderteil. (Privatsammlung; Foto Verf.)*

trem hochwertigen Präsentationswaffen aus Silber. Messing-Garnituren waren jetzt nicht mehr gebräuchlich. Anders als die englischen Duellpistolen, erhielt die Garnitur keine Bläuung, sondern blieb meistens blank oder wurde in einem Grauton gebeizt. Vor 1840 war es auch üblich, die komplette Garnitur einschließlich der Schlossplatte und des Hahnes in einer sog. „Bunthärtung" auszuführen. Bei diesem speziellen Verfahren werden nur die Oberflächen der betreffenden Teile gehärtet. Diese zeigen dann ein äußerst attraktives marmoriertes Muster in verschiedenen Braun-, Blau- und Grautönen.

Wie schon in der vorangegangenen Steinschlossära, waren in Frankreich und Belgien auch die Perkussions-Duellpistolen grundsätzlich mit mehr Zierrat ausgestattet als jene aus England. Für die schmuckhafte Ausgestaltung reichte die Palette von mäßig über gehoben bis luxuriös, und es war der Auftraggeber, der darüber bestimmte.

**Das Zubehör:** Die abschließbaren Pistolenkästen mit ihrem mehr oder weniger umfangreichen Zubehör bzw.

Werkzeug hatten hinsichtlich der Ausführung den gleichen gehobenen Standard wie der bei den Steinschlosswaffen bereits beschriebene. Für die Innenauskleidung bevorzugte man jetzt eher dunklere Farbtöne, z. B. weinroten, königsblauen oder dunkelgrünen Samt. Auf diesem Untergrund hoben sich die manchmal in goldenen Buchstaben angebrachten Herstellernamen auf der Innenseite des Kastendeckels besonders gut ab. Die Außenseite der vielfach aus Edelhölzern wie Nussbaum und Mahagoni gefertigten Kästen war poliert oder nur geölt; die anderen waren schwarz lackiert. Bei ausgesprochenen Luxusgarnituren bestand der Pistolenkasten sogar aus Ebenholz. Unabhängig vom verwendeten Material für den Kasten war der Deckel immer mit Messingbeschlägen versehen. Dazu gehörten die vier Eckbeschläge, eine Monogramm-platte in der Mitte, auf der Vorderseite die Griffmulde zum Öffnen des Deckels und manchmal noch zusätzliche Verzierungen in Form von umlaufenden schmalen Bändern oder sogar kunstvollen Ornamenten (Abb. 52).

Zum wichtigsten Zubehör zählten die Pulverflasche und vor allem die passende Kugelzange. Letztere wurde gelegentlich von einem anderen, darauf spezialisierten Hersteller bezogen; bei der Pulverflasche war dies immer der Fall. Ferner gehörten dazu noch je ein Lade- und Putzstock, ein Schraubenzieher und das Werkzeug zum Herausschrauben des Pistons sowie eine kleine Holzdose zum Aufbewahren der Zündhütchen. Häufig war dieses Zubehör noch um ein kleines Ölfläschchen und Pulvermaß sowie einen Zündhütchensetzer und diverse kleinere Reinigungswerkzeuge erweitert (Abb. 53).

# Perkussions-Duellpistolen anderer europäischer Länder

Der Höhepunkt des Duellwesens im 19. Jahrhundert erstreckte sich nicht nur über Frankreich und Belgien, sondern ebenso über Deutschland, Österreich, Ungarn, Böhmen und Russland. Umso verständlicher war es, dass sich die etablierten Büchsenmacher in den betreffenden Ländern das lukrative Geschäft mit den Duellpistolen nicht entgehen lassen wollten. Einige von ihnen waren sogar für eine gewisse Zeit bei Zunftgenossen in England oder Frankreich tätig, um ihr diesbezügliches Wissen zu erweitern und dann später in der Heimat den Schwerpunkt auf die Produktion von Duellpistolen zu legen.

Wenn auch in abgeschwächter Form, so war immer noch der modische Einfluss Frankreichs deutlich erkennbar. Daher können wir uns auch hier darauf beschränken, mit einigen allgemeinen Bemerkungen einen Vergleich zu den Waffen aus Frankreich und Belgien anzustellen.

Im Gegensatz zu diesen Ländern hatte man den Vollschaft vereinzelt noch bis etwa 1840 hergestellt. Der Halbschaft ohne Ladestock wurde ab 1830 sehr rasch populär. Bei beiden Schaftformen war der Pistolengriff nur noch ähnlich dem Boutet-Stil ausgeführt, d. h. er war weniger stark abgewinkelt und durch einen meist nur schmalen scheibenförmigen ovalen Knauf mit flacher Knaufkappe abgeschlossen (Abb. 54). Kurz nachdem in Frankreich und Belgien der „Lütticher Schaft" auftaucht, wird dieser einschließlich seiner typischen Schlossplattenform nach 1840 in den anderen europäischen Ländern ebenfalls Mode. Allerdings erfährt er dabei speziell im Griffbereich oftmals gewisse Änderungen. Auf den stark profilierten und gezipfelten Knaufabschluss wurde meistens verzichtet und die Knaufkappe insgesamt flacher ausgeführt. Eine Ausnahme bildete hier Johann Adam Kuchenreuter in Regensburg, der sich bei einigen seiner Pistolenpaare sehr stark am „Lütticher Schaft" orientiert hatte und dabei auch die hohe Knaufkappe mit dem rautenförmigen Kegelstumpf übernahm. Lediglich der kannelierte und mit Ranken beschnitzte Pistolengriff war bei den Kuchenreuter-Waffen etwas stärker abgewinkelt als beim Lütticher Original.

Die kannelierten Läufe waren bei den Büchsenmachern außerhalb Frankreichs und Belgiens nur wenig gebräuchlich. Von S. Goldberger aus Breslau ist ein solches um 1850 gefertigtes Pistolenpaar bekannt. Auch Heinrich Barella aus Berlin hat zu Beginn der zweiten Hälfte des 19. Jahrhunderts ein Pistolenpaar mit außen längsgerillten Rundläufen in einem „Lütticher Schaft" hergestellt. Üblich waren hier somit die normalen Achtkantläufe.

Die in manchen Ländern für Duellzwecke nicht unerwünschten gezogenen Läufe hatten bis etwa 1830 noch

überwiegend Haarzüge. Danach setzten sich, wie in Frankreich und Belgien, die Läufe mit acht bis zwölf Zügen und einem Laufkaliber von 11 bis 12,5 mm durch. Zum Befestigen des Laufs im Schaft verwendete man weiterhin das schon aus der Zeit der Steinschlosspistolen bekannte System der Hakenschwanzschraube mit Basküle sowie einem bzw. – bei vollgeschäfteten Waffen – zwei Schiebern. Eine Ausnahme machte auch hier wieder Kuchenreuter, denn seine um 1830 angefertigten vollgeschäfteten Pistolenpaare hatten noch immer die alte Laufbefestigungsart – eine Schraube und zwei Stifte.

Die Läufe wurden gebräunt oder gebläut; das Gleiche galt auch für die Garniturteile, sofern sie nicht gelegentlich aus Silber waren. Wenn man Damastläufe verwendete, dann immer mit sichtbar gemachter Materialstruktur und meist anschließender Bräunung. Für den Kunden, der zwar den Damastlauf bevorzugte, aber nicht so tief in die Tasche greifen wollte, lieferte man die weiter vorne schon erwähnten Läufe mit Ätzdamast.

Im Gegensatz zu England und Frankreich war das rückliegende Schloss vor allem in Deutschland etwas häufiger in Gebrauch. Von den Herstellern Heinrich Ludwig Rasch aus Braunschweig (Abb. 55) sowie Carl Daniel Tanner und Carl Phillip Crause aus Herzberg sind Duellpistolen mit diesem Schloss bereits aus den vierziger Jahren des 19. Jahrhunderts bekannt.

Eine bemerkenswerte Anzahl von Duellpistolen wurde mit dem französischen Rückstecher versehen, obwohl in einigen Ländern östlich des Rheins der Stecherabzug gemäß den dort geltenden Duellregeln nicht gestattet war. Hierbei handelte es sich keinesfalls um Waffen, die von vornherein als Scheibenpistolen galten.

Wie in Frankreich gehörte der Fingerhaken am Abzugbügel mit dem Aufkommen der halbgeschäfteten Pistolen bald zum Standard. Hingegen war er bei den vollgeschäfteten nur selten anzutreffen.

Bezüglich der schmuckhaften Gestaltung folgte man dem allgemeinen Trend der Zeit und versah die Duellwaffen mit etwas mehr Zierrat. Schaftverschneidungen und Stichgravuren auf den Beschlägen sowie auf Schlossplatte und Hahn wurden jetzt häufiger und etwas reichlicher ausgeführt als in der vorangegangenen Steinschlossepoche. Trotzdem gab es weiterhin noch zahlreiche Büchsenmacher, die darauf bedacht waren, ihren Waffen ein betont schlichtes Aussehen zu geben. Zu diesen zählten in Deutschland die Hersteller Rasch (Abb. 55) und Tanner sowie einige Mitglieder der Familie Kuchenreuter. An zahlreichen von ihnen hergestellten Pistolenpaaren hatte der Schaft außer der Fischhaut am Griff keine weitere nennenswerte Verzierung, und die Gravuren auf den Metallflächen waren auf ein Minimum beschränkt (Abb. 54).

Die aus Nussbaum- oder Eichenholz gefertigten Pistolenkästen entsprachen in der Ausführung und im Umfang des Zubehörs weitgehend den französischen Vorbildern. Aller-

dings war der Kastendeckel in der Regel außen mit weniger Zierrat ausgestattet. Für die Innenauskleidung verwendete man filzähnliche Stoffe oder Samt in den bevorzugten Farbtönen Grün, Braun oder Violett und bei Kuchenreuter häufig auch Ziegelrot.

Selbst wenn sich die Büchsenmacher mehrheitlich an der französischen Mode orientierten oder durch die Wünsche ihrer Kunden dazu gezwungen waren, so verblieb ihnen doch noch genügend Raum für eigene Kreativität. Viele von ihnen haben das bewiesen, indem sie zwar die grundsätzlichen Stilelemente übernahmen, sie dann aber selbstbewusst und meist recht erfolgreich in eine gleichartige Variante umsetzten. Darüber hinaus brauchte auch diese Generation der Büchsenmacher östlich des Rheins den Vergleich mit den französischen Zunftgenossen keineswegs zu scheuen. Eine stattliche Anzahl von ihnen in Deutschland, Österreich oder Böhmen haben ihre fachlichen Qualitäten mit hervorragend ausgeführten Waffen wiederholt bewiesen. Ihre Produkte sind heute in Sammlerkreisen außerordentlich begehrte Objekte.

Gegen Ende des 19. Jahrhunderts lief die Zeit der Vorderlader für Militär-, Jagd- und andere Zivilwaffen aus, weil sie von moderneren Systemen abgelöst wurden. Doch als „klassische Duellpistole" blieb der Vorderlader weiter erhalten. Noch 1930 fordert die *Pauk- und Ehren-Gerichts-Ordnung* des Schweizerischen Waffenrings in ihrem Reglement für das Pistolenduell ausdrücklich: „Die Pistolen müssen gezo-

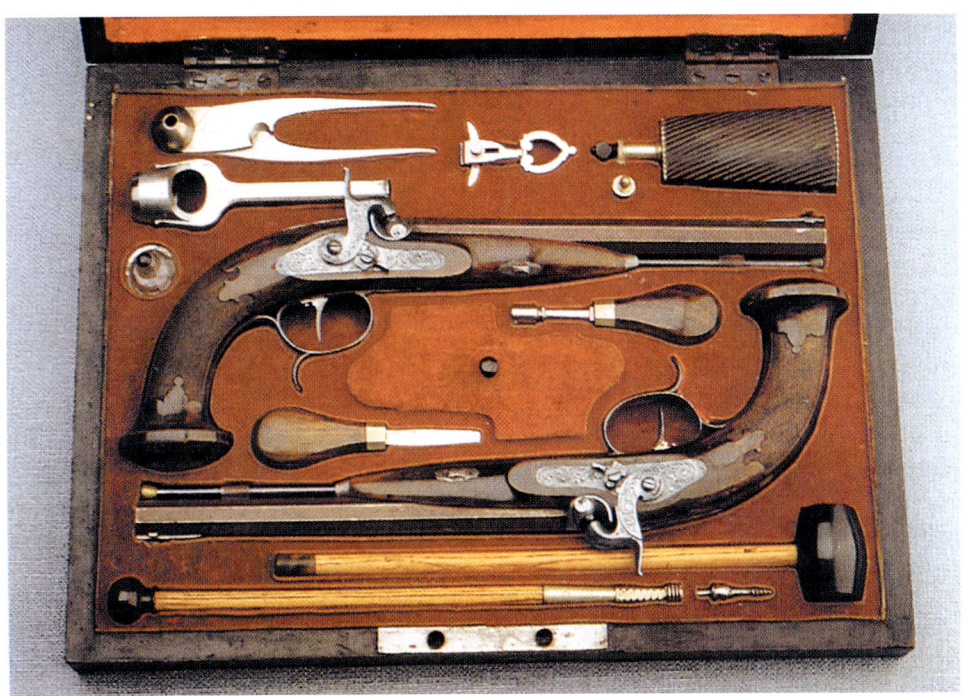

Abb. 54: Perkussions-Pistolenpaar, Deutschland, um 1850. Länge: 40 cm. Gebräunte, gezogene Achtkantläufe mit eingeschobenem gebläutem Korn, im Kal. .49 = 12,5 cm. Weiterhin befinden sich auf der Laufoberseite die in Silber tauschierte Signatur „I. ADAM KUCHENREUTER IN REGENSBURG", die in Silber gestempelte Reitermarke des Büchsenmachers mit den Initialen „IAK" und auf den Schwanzschraubenblättern ein feststehendes Visier sowie die Bezeichnungen der Waffen mit „1" bzw. „2". Die Schlösser besitzen eine Hahnsicherung durch umlegbaren Hebel. An den mit vornehmer Schlichtheit sich auszeichnenden dunklen Nussholzhalbschäften sind nur zur Abgrenzung der Fischhaut am Pistolengriff einige Schnitzereien anzutreffen. Auf dem fischhautfreien Griffrücken ist eine silberne Monogrammplatte und im Kolbenboden eine kleine, leicht gewölbte Eisenplatte eingelassen. Sämtliche Garniturteile sind aus Eisen und wie die Schlösser und Schwanzschrauben mit Rankwerk und anderen floralen Motiven graviert. Dieses Pistolenpaar ist mit Stecherabzug ausgestattet. Der verschließbare Kasten

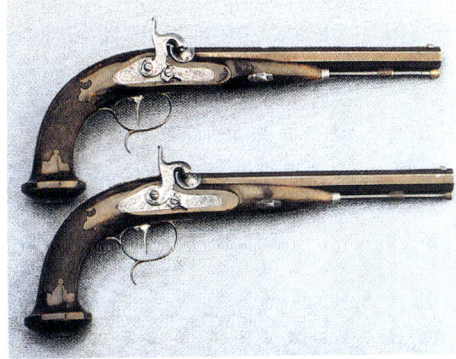

ist aus Nussholz gefertigt. Solche Waffen mit Stecher sollten gemäß dem in Deutschland und Österreich geltenden Duell-Kodex nicht für ein Duell verwendet werden. Dass dies aber doch gelegentlich geschah, ist nachgewiesen. Auf jeden Fall zeigt dieses Beispiel, wie ein deutsches (Duell-)Pistolenpaar zu jener Zeit aussah und zugleich den Unterschied in der Formgebung bzw. im Stil zu den Waffen aus Frankreich, Belgien oder gar England.
(Auktionshaus Hermann Historica, München)

*Abb. 55: Perkussions-Pistolenpaar im Kasten, Deutschland, um 1840. Länge: 38,5 cm. Gezogene Achtkantläufe mit Ätzdamast, Hakenschwanzschraube und eingeschobenem Korn, im Kal. .50 = 12,7 mm. Auf den Baskülen befinden sich ein verstellbares Visier und die Bezeichnung der Waffen mit „1" bzw. „2". Die rückliegenden Kettenschlösser besitzen eine Hahnsicherung durch umlegbaren Hebel und sind signiert mit „H. L. RASCH" (arbeitete in Braunschweig). Außer der Fischhaut im Griffbereich gibt es keinen weiteren Dekor an den hellen Nussholzhalbschäften. Die Garnitur ist aus Eisen und wie das Schloss reichhaltig mit gravierten Rankenmotiven versehen. Auf dem Pistonsockel ist seitlich ein Raubtierkopf graviert (wurde von Rasch auch bei anderen Pistolen so oder ähnlich ausgeführt). Diese Pistolen sind mit einem Stecher ausgestattet und befinden sich in einem Eichenholzkasten mit Messinggarnitur. Eine Hälfte des im Kastendeckel eingelassenen Messingrings kann als Traggriff herausgeklappt werden. Obwohl es sich bei diesem Pistolenpaar nicht gerade um typische Duellwaffen handelt (wegen dem in Deutschland zu jener Zeit normalerweise nicht zulässigen Stecherabzug und verstellbaren Visier), wurden, gemäß einem überlieferten Bericht, diese hier abgebildeten Waffen in einem mit tödlicher Verletzung endenden Duell benutzt. (Galerie Fischer Auktionen AG, Luzern)*

gene Vorderlader sein. Spitzkugeln dürfen nicht verwendet werden."[138]

Bei dem um 1880 von Gastinne-Renette herausgebrachten gezogenen Hinterlader im Kaliber 11,0 mm konnten das Pulver und die Kugel, durch Vorschieben des Laufs mit dem Vorderteil des gleitenden Abzugbügels, von hinten eingeführt werden. So blieben Pulverteile nicht im Lauf hängen. Um 1890 kamen dann noch weitere Einzellader, aber bereits mit Zentralfeuerung, d. h. für Metallpatronen, auf. Sicher sind damals auch mit solchen Waffen gelegentlich Duelle ausgetragen worden. Wegen des immer kleiner werdenden Kalibers waren sie aber für das populär gewordene Scheibenschießen bzw. für das Duellschießen auf dem Schießstand vorgesehen und sollen deshalb hier nicht weiter behandelt werden.

*„Wo kein Mut ist, da ist Furcht.*
*Wenn die Furcht zur vollen Herrschaft kommt,*
*so lähmt sie die Glieder und macht sie zittern;*
*man verliert den Kopf und mit ihm die Schlacht …"*

P. Sebastian von Oer

# Von der Handhabung
# der Duellpistole

## Überprüfung der Waffen vor dem Duell

Gemäß den Duellregeln waren die vorgesehenen Waffen durch die Sekundanten vor dem Zweikampf zu prüfen, ob sie sich hinsichtlich Art und Zustand als geeignet erwiesen und ob sie makellos funktionierten. Dies galt auch dann, wenn beide Kontrahenten ihre eigenen Waffen verwenden durften. Mit diesem wichtigen Vorgang sollte die Chancengleichheit erhöht werden, denn ein Schussversager zählte als abgegebener Schuss, sofern man zuvor nichts anderes vereinbart hatte.

Die Pistolen sollten auf Folgendes geprüft werden:

1. gleiche Länge der Läufe (max. zulässige Abweichung 3 cm);
2. gleiche Art des Laufinneren (glatt oder gezogen);
3. gleiche Visiereinrichtung (entweder nur ein Korn oder Korn und feststehendes Visier);
4. gleiche Abzugsvorrichtung (mit oder ohne Stecher) sowie den Abzugswiderstand;
5. festen Halt in der Laderast;
6. sicheren Halt in der Spannrast;
7. vollständiges Durchschlagen des Hahnes beim Betätigen des Abzugs (er darf nicht in der Laderast hängen bleiben).

Bei Steinschlosspistolen zusätzlich:
8. richtigen und festen Sitz des Feuersteins (er sollte im obersten Drittel der Batterie mit seiner ganze Breite anschlagen und nach dem Schuss auf die Mitte der Pfanne zeigen);
9. ausreichenden Funkenschlag (besonders im unteren Teil der Batterie, da in der Regel nur diese Funken auf die Pfanne fielen; die Batterie und der Feuerstein mussten öl- bzw. fettfrei sein und Letzterer musste eine scharfe Schlagkante aufweisen);
10. Funktion der Batterie (durch den

niederschlagenden Hahn musste sich die Batterie voll öffnen);

11. freies Zündloch im Lauf (entweder das Zündloch unter eine Lichtquelle halten und prüfen, ob Licht im Pulversack sichtbar ist oder in die Laufmündung blasen und feststellen, ob Luft aus dem Zündloch austritt).

Bei Perkussionspistolen zusätzlich zu den Positionen 1 – 7:

8. freier Zündkanal einschließlich des Pistons (in die Laufmündung blasen und prüfen, ob am Piston Luft austritt).

Normalerweise stammten die beiden Waffen aus dem gleichen Pistolenpaar bzw. Pistolenkasten und waren somit zumindest in der Ausführung gleich. Aber diese angestrebte Waffengleichheit konnte dann zu einem gewissen Problem werden, wenn beide Gegner ihre eigenen Pistolen für das Duell be-

nutzen wollten. In einem solchen Fall traten schon gelegentlich Differenzen auf. Es war dann Aufgabe der Sekundanten, eine für beide Seiten einvernehmliche Regelung zu treffen.

Sofern sich die Sekundanten in der Beurteilung der Waffen nicht sicher waren oder gar nicht in der Lage sahen, eine verlässliche Prüfung vorzunehmen, konnten sie einen Büchsenmacher damit beauftragen. Bei dieser Gelegenheit konnten die Waffen im Beisein der Sekundanten auch gleich vom Büchsenmacher geladen werden. Ein solches Vorgehen war durchaus legitim und tat der Autorität eines Sekundanten keinen Abbruch. Auch wenn sie mit dem technischen Umgang der Waffen nicht so vertraut waren, konnten sie dennoch ihre Mandanten ehrenvoll vertreten, wenn sie die Duellregeln kannten und korrekt umsetzten.

## Ladevorgang

Was nützte einem Duellanten die allerbeste Pistole, wenn diese „verladen" war? Darunter verstand man sowohl die völlige Unbrauchbarkeit der Waffe als auch eine mangelhafte, die Schussqualität beeinflussende Ladung. Unbrauchbar war die Waffe, wenn man vergessen hatte, das Pulver in den Lauf zu füllen, bevor die Kugel eingeführt wurde. Eine mangelhafte Ladung war das Ergebnis nachlässiger Vorgangsweise. Duellratgeber jener Zeit hatten immer wieder darauf hingewiesen, dass sich die Qualität der Ladung in der Schusspräzision und somit im Duellausgang widerspiegeln

könne. Daher wurde geraten, beim Ladevorgang äußerst sorgfältig zu hantieren. Dies galt besonders für die Waffen mit glattem Lauf, da sie deutlich empfindlicher auf eine schlechte Ladung reagierten.

Obwohl beim Duell der präzise Schuss von vornherein nicht die eigentliche Absicht war, so blieb es doch eine Frage der Chancengleichheit, den beiden Gegnern gewissenhaft und gleichwertig geladene Pistolen auszuhändigen. Vor allem auf diese Chancengleichheit dürfte wohl Gustav Hergsell in seinem *Duell-Codex* abgezielt haben, denn er fordert dort wörtlich: „Die Waffen sind in Gegenwart aller Zeugen mit der gewissenhaftesten Aufmerksamkeit und Genauigkeit, eine nach der anderen, ohne jede Hast zu laden."[139]

Zu den wesentlichen Faktoren für eine gute Ladung gehörte Folgendes:

• Die richtige Dosierung der Pulvermenge; diese entsprach bei gezogenen Läufen 0,1 und bei glatten Läufen 0,15 Gramm je Millimeter Laufkaliber, d. h. 1,2 bzw. 1,8 Gramm für ein Kaliber von 12 mm. Normalerweise hatte die von den Büchsenmachern im Pistolenkasten mitgelieferte Pulverflasche eine Ausgusstülle, mit der sich die für diese Waffe richtige Pulvermenge dosieren ließ. Oftmals war auch ein separates Pulvermaß für die empfohlene Pulverladung beigefügt, die der Büchsenmacher beim Einschießen der Waffe ermittelte. Bei fehlender Pulverdosiereinrichtung konnte man nötigenfalls die Kugelgießzange als Pulvermaß verwenden. Hierbei wurden für gezogene Läufe eine und für glatte eineinhalb Kugelzangenfüllungen vorgeschlagen. Diese Art der Dosierung betrachtete man allerdings nicht als optimal. Nun musste noch die abgemessene Pulvermenge vollständig in den Lauf gebracht werden. Das war vor allem bei den Waffen mit glatten Läufen wichtig, da sie auf geringere Pulvermengen mit einer größeren Streuung der Schussergebnisse reagierten.

• Der einwandfreie Zustand der Bleikugel; diese durfte keinerlei äußerlichen Verformungen oder Fehlstellen vom Guss aufweisen. Außerdem sollte der Eingussputzen sauber entfernt und nötigenfalls mit einer Feile nachgearbeitet werden.

• Die Größe und Dicke des Schusspflasters; insbesondere die Pflasterdicke bestimmte, wie stramm sich die Kugel in den Lauf einführen ließ. Deshalb war es so zu wählen, dass die Kugel nur mit dem Daumen in die Laufmündung gedrückt und dann mit dem Ladestock mäßig stramm in einem Zug bis auf die Pulverladung hinunter gestoßen werden konnte. Auf diese Weise vermied man eine auf die Schussqualität sich nachteilig auswirkende Verformung der Kugel sowie eine eventuelle Beschädigung des Schusspflasters. Das war auch der Grund, weshalb die in manchen Pistolenkästen als Ladehilfe beiliegende Holzhammer von erfahrenen Schützen meistens nicht verwendet wurde.

• Die Kugel musste auf dem Pulver aufsitzen; andernfalls konnte es wegen des Luftpolsters zwischen Pulver und Kugel zu gefährlichen Laufaufbauchungen kommen, zumindest aber das Schussergebnis negativ beeinträchtigen.

• Das Pulver durfte beim Aufsetzen der Kugel nicht gequetscht werden; die Körnung ermöglichte kleinste Lufteinschlüsse innerhalb der Ladung zur schnelleren Verbrennung.

Das Laden der Waffen musste unter Beachtung der vorgenannten und die Qualität der Ladung bestimmenden Faktoren geschehen.

Beim Laden der Steinschlosspistolen wurde in folgenden Schritten vorgegangen:

1. in die senkrecht, mit der Laufmündung nach oben gehaltene Waffe die abgemessene Pulvermenge vorsichtig in den Lauf schütten;
2. Schusspflaster und Kugel nacheinander auf die Laufmündung legen;
3. Kugel und Pflaster mit dem Daumen bis kurz unter die Mündungskante hineindrücken;
4. Kugel und Pflaster mit dem Ladestock zügig bis auf die Pulverladung schieben;
5. die Kugel auf richtigen Sitz prüfen; dazu ließ man den angehobenen Ladestock auf die Kugel fallen. Sprang dieser etwas zurück, saß die Kugel richtig, d. h. auf dem Pulver.
6. Den Hahn in die Laderast bringen und, falls vorhanden, die Schiebesicherung einlegen;
7. bei waagrecht gehaltener Waffe das Pulver auf die Pfanne schütten;
8. die Batterie schließen.

Bei den Perkussionspistolen galten die vorgenannten Schritte 1 – 6; zusätzlich musste man
7. bei waagrecht gehaltener Waffe das Zündhütchen auf das Piston setzen; für festen Sitz sollte dieses gegebenenfalls seitlich etwas zusammengedrückt werden.

Nach dem Laden legte man die Waffen bis zur Übergabe an die Gegner wieder in den Pistolenkasten.

# Spannen, Anlegen, „Feuer!"

Nun waren die Waffen für den Zweikampf vorbereitet. Nachdem alle Formalitäten auf dem Kampfplatz erledigt worden waren, entnahm der Unparteiische die Pistolen aus dem Kasten und entsicherte sie, sofern die Waffen eine solche Einrichtung besaßen. Dann präsentierte er die beiden Waffen an den Läufen haltend oder im Kasten liegend. Zunächst wählte derjenige, der durch das Los dazu bestimmt worden war.

Die nachfolgenden Hinweise und Empfehlungen aus früheren Duellratgebern galten prinzipiell für alle Duellarten und waren dem jeweiligen Duellablauf entsprechend anzuwenden.

## Das Halten der Pistole vor dem Feuern

Es wurde geraten, die Waffe so hoch wie möglich am Griff zu fassen, aber nicht so, dass bei einer großen, etwas muskulösen Hand dabei die Gefahr bestand, die Ziellinie zu verdecken. Das bemerkte man allerdings erst in dem Augenblick, in dem man auf den Gegner anlegte, und da konnte es in manchen Fällen für eine nachträgliche Korrektur bereits zu spät sein.

Den bei vielen Duellpistolen vorhandenen Fingerhaken am Abzugbügel benützten manche der erfahrenen Pistolenschützen nicht. Sie behaupteten, die Waffe sicherer im Griff zu haben, wenn sich auch der Mittelfinger um den Pistolengriff legt. Der Zeigefinger sollte den Abzug noch nicht berühren. Insbesondere Pistolen mit Stecher hatten ein erhöhtes Risiko der vorzeitigen, ungewollten Schussauslösung. Eine sichere Position für den Abzugfinger war deshalb, wenn er ausgestreckt, seitlich unterhalb der Schlossplatte lag.

## Die Körperstellung vor und während des Feuerns

Den Duellanten wurde empfohlen, die Seitwärtsstellung einzunehmen, um damit dem Gegner ein möglichst schmales Zielprofil zu bieten. Zusätzlich sollte man beim Erwarten des Gegenschusses den Magen einziehen. Obwohl die meisten Duellanten diesen Empfehlungen folgten, gab es diverse Kritiker, die eine solche Schussposition ablehnten. Sie argumentierten damit, dass sie für einen guten und schnellen Schuss eher unbequem sei, weil der Kopf stark gedreht und der die Waffe führende Arm weit nach außen geschwenkt werden musste. Daher bevorzugten sie eine nicht ganz seitliche, bequemere Stellung (Abb. 56), besonders dann, wenn ein guter Pistolenschütze mit einem sicheren, schnellen Schuss die ganze Angelegenheit rasch beenden wollte. Wenn dies gelang, brauchte er auch keine Bedenken hinsichtlich seiner eigenen Sicherheit zu haben. Eine dritte Variante, die Ausfallstellung wie beim Fechten, wurde selten angewendet. Durch das hierbei weit nach vorne gespreizte Bein verringerte sich zwar die Höhe des Zielobjektes, aber der Schütze hatte einen unsicheren Stand, weil ein großer Teil des Körpergewichts auf dem Knie des angewinkelten Beines ruhte.

Für die Seitwärtsstellung wurde außerdem geraten, den Ellenbogen des die Waffe führenden Armes anzuwinkeln (Abb. 57) und den Oberarm an den Oberkörper zu pressen. Damit konnten zwar bei einem zu erwartenden Schuss der Hals sowie teilweise Kopf und Oberkörper etwas gedeckt

*Abb. 56: Die von vielen Duellanten bevorzugte Stellung beim Duell: ausgestreckter Arm und die etwas bequemere, nicht totale Seitwärtsstellung.*
*(Aus: Walter Winans, Die Kunst des Pistolen- und Revolverschießens, 1914)*

werden, aber zum Schießen war diese Haltung nicht sehr komfortabel. Die dabei unbequemere Stellung des Handgelenks machte den Schützen eher unsicher, deshalb wurde von dieser Empfehlung weniger Gebrauch gemacht. Man bevorzugte zum Schießen überwiegend den ausgestreckten oder nur leicht angewinkelten Arm, mit dem zumindest der Hals und ein Teil des Kopfes gedeckt werden konnten. Mit dieser Armhaltung war die Pistole schneller und sicherer auf das Ziel auszurichten.

## Die Zielfixierung

Erfahrene Duellanten suchten an ihrem Gegner bzw. dessen Kleidung bereits vor den Kommandos einen Fixpunkt, auf den sie zielen wollten. Die-

*Abb. 57: Pistolen-Duell im letzten Viertel des 19. Jahrhunderts. Die Waffe wird mit stark angewinkeltem Arm auf das Ziel gerichtet, eine in jener Zeit oft empfohlene Haltung beim Feuern. Oben: zwei Zivilisten; unten: ein Zivilist gegen einen Offizier. (oben: aus VISIR SPECIAL 14/1999; unten: aus North Hogg, The Book of Guns & Gunsmiths, 1977)*

ser sollte sich etwa in der Mitte des Körpers befinden, dazu reichte ein gut sichtbarer Knopf. Offenbar war diese Methode sicherer, als nur auf den Körper zu zielen. Ein weißer Hemdkragen des Gegners schien als Zielpunkt hingegen weniger geeignet, weil er von der Körpersilhouette ablenkte und meistens zu hochliegenden Fehlschüssen führte. Es gab Duellanten, die ihren weißen Hemdkragen ganz bewusst nicht verdeckten, um einen weniger erfahrenen Gegner zu einem Hoch- bzw. Fehlschuss zu verleiten.

Im Pistolenschießen weniger geübte Duellanten verrissen häufig ihren Schuss durch zu heftiges Abdrücken. Um den daraus oftmals resultierenden Hochschüssen entgegenzuwirken, wurde ihnen geraten, auf die Hüfte des Gegners zu zielen, woraus dann noch immer ein Treffer am Oberkörper oder Kopf werden konnte. Andere Fehlschüsse entstanden dadurch, dass man die Pistole während des Feuers verkantet hielt. Daher sollten die Schützen auf ein waagrecht liegendes Visier achten, und sofern keines existierte, galt dies für die obere Fläche des Laufes.

War für das Duell dunkle Kleidung verabredet, dann benützten die Erfahrenen ein helles Korn bei ihrer Pistole, da es sich besser vom Ziel abhob. Allerdings konnten sie dies nur dann realisieren, wenn die eigene Waffe benutzt werden durfte und wenn es die Sekundanten beim Überprüfen der Waffe akzeptierten oder übersahen.

Um sicher zielen zu können, bedarf es eines festen Standplatzes. Der Duellant sollte daher den Boden des ihm zugewiesenen Platzes durch Stampfen mit den Füßen dahingehend prüfen.

## Zeit zum Zielen

Abgesehen vom Zeitlimit für die Schussabgabe bei einigen Duellarten war die Dauer des Zielens grundsätzlich nicht eingeschränkt. Aber dennoch bestand ein ungeschriebenes Gesetz, demzufolge es als ausgesprochen unfair und geschmacklos galt, wenn ein Duellant besonders lange zielte. Die Experten rieten ohnehin: „Wer zuerst feuert, hat einen außerordentlichen Vorteil – wenn er sein Ziel nicht verfehlt." Hinter diesem Rat verbarg sich aber noch etwas anderes. Man wollte damit die Duellanten zu einem schnellen Schuss animieren, um damit das Risiko zu verringern, auf dem Kampfplatz schwer verletzt oder gar getötet zu werden.

Beim „Pistolenduell mit festem Standpunkt und freiem Schuss" blieb den Kontrahenten ohnehin keine Zeit, lange zu zielen. Stand man einem nicht gerade ungeübten Schützen gegenüber, blieb kaum eine andere Wahl, als nach dem Kommando innerhalb von etwa zwei bis drei Sekunden die Waffe zu senken, zu zielen und zu feuern. Wer dazu länger brauchte, lief Gefahr, bereits vor der eigenen Schussabgabe selbst getroffen zu werden. Beim „Pistolenduell auf Kommando" erhoben beide Gegner die Waffen ab dem ersten Klatschen und mussten – je nach der vereinbarten Zeit – entweder vier oder sechs Sekunden nach diesem gleichzeitig schießen. Die französische Variante dieser Duellart zwang zwar die Gegner nicht zum gleichzeitigen Schießen, doch war der Zeitrahmen dafür kürzer gesteckt. Sie mussten, je nach vorheriger Vereinbarung, innerhalb von eineinhalb oder viereinhalb Sekunden ab dem Kommando „Feuer!" die Waffen heben, zielen und schießen.[140] Für weniger schwere Ehrenkränkungen einigte man sich in der Regel auf die kürzeren Zeiten, um genaues Zielen und damit einen vielleicht ernsteren Duellausgang zu verhindern. Andere Duellarten ließen aufgrund ihres Ablaufs etwas mehr Zeit zum Zielen, sofern der Gegner nicht gleichzeitig anlegte.

Ein verletzter Kontrahent, der am Boden lag, aber noch nicht geschossen hatte und dazu noch in der Lage war, durfte sich – am Boden liegend – in eine möglichst bequeme Schussposition bringen. Darüber hinaus billigte man ihm zu, sich erneut zu sammeln und innerhalb des vorgegebenen Zeitlimits erst anzulegen und eventuell etwas länger zu zielen, wenn er glaubte, die Waffe ruhig führen zu können.

## Abzugsbetätigung

Die Ursache für zahlreiche Fehlschüsse war auf falsche Abzugsbetätigung zurückzuführen (Abb. 58). Um die Waffe nicht zu „verreißen", sollte der Abzug mit Gefühl betätigt werden. Das ging nur mit dem vorderen Fingerglied. Demnach durfte man den Zeigefinger nicht zu weit um den Abzug legen. Unter richtigem Abziehen wurde verstanden, den Abzug vorsichtig zurückzudrücken und nicht zu reißen. Die Betonung lag hier auf „drücken", um jede hastige oder plötzliche Abzugsbetätigung zu vermeiden. Der Schütze sollte sich das so vorstellen, als wolle er eine Apfelsine mit dem Druck der ganzen Hand ausdrücken. Dabei war es äußerst wichtig, dass der Druck auf den Abzug sich genau nach hinten richtete und keinesfalls noch zusätzlich seitlich.[141]

Ferner wurde empfohlen, beim Zielen und Abdrücken den Atem anzuhalten und die Muskulatur der Schussschulter anzuspannen. Dabei sollte man darauf achten, dass die Pistole nicht zu fest oder verkrampft gehalten wurde. Dies konnte dazu führen, dass die Hand zitterte, falls nicht die nervöse Anspannung dafür verantwortlich war.

Wenn die Kontrahenten fremde Pistolen benutzen mussten, kannten sie den Abzugswiderstand nicht. Ein rasches Ausprobieren durch Spannen des Hahnes und Abdrücken mit langsamem Wiedersenken des Hahnes war nicht erlaubt. Aber die erfahrenen Pistolenschützen konnten meistens beim Spannen des Hahnes am klickenden Geräusch der einrastenden Abzugstange feststellen, ob der Abzug leicht oder schwer ging. Ein lautes, hartes Geräusch deutete eher auf einen harten Abzug hin, dagegen ließ ein leiseres, weicheres auf das Gegenteil schließen. Es war wichtig, eine Vorstellung vom Abzugswiderstand der Waffe zu haben. Stellte man erst beim Abdrücken einen schwer gehenden Abzug fest, so bedeutete das oftmals eine unerwünschte Verzögerung für die Schussauslösung. Auch wenn es sich nur um Bruchteile einer Sekunde handelte, konnte es den Duellausgang möglicherweise beeinflussen.

Bei den Waffen mit Stecher kam es praktisch nicht zum „Verreißen" der Pistole, weil man den Abzug nur mit dem Finger anzutippen bzw. leicht zu bewegen brauchte. Dies galt auch dann, wenn er für Duellzwecke auf einen etwas längeren Abzugsweg eingestellt war, um unliebsame Zwischenfälle zu vermeiden.

## Nachhalten (nur bei Steinschlosspistolen)

Selbst wenn alle Anweisungen, vom Laden bis zur Abzugsbetätigung, sorgfältig beachtet wurden, so konnte bei Steinschlosspistolen buchstäblich in der letzten Sekunde alles wieder zunichte gemacht werden – nämlich nach dem Abdrücken. Die Ursache lag darin, dass die Kugel nach dem Abdrücken den Lauf erst geringfügig verzögert verließ und dass viele Schützen diesen Faktor nicht beachteten (Abb. 58). Das Zünden des Pulvers auf der Pfanne mit den Funken des Feuersteins, das Abbrennen des Pfannenpulvers und damit das Zünden der Pulverladung im Lauf dauerten zwangsläufig einen – wenn auch nur ganz kurzen – Moment. Die weiter vorne bereits beschriebenen konstruktiven Verbesserungen bezüglich einer rascheren Zündung brachten zwar spürbare Fortschritte, dennoch wurde dem Schützen weiterhin empfohlen, nach dem Abdrücken das Ziel noch einen kurzen Moment im Visier zu behalten. Beim Aufflammen des Pulvers in der Pfanne durfte er nicht zucken oder sich irritieren lassen. Wer diese Ermahnungen missachtete oder im Eifer des Gefechts nicht daran dachte, riskierte einen Fehlschuss.

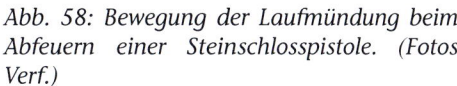

Abb. 58: Bewegung der Laufmündung beim Abfeuern einer Steinschlosspistole. (Fotos Verf.)

a: Position der Laufmündung während des Zielens und zum Beginn des Abdrückens. (In den folgenden Abbildungen ist diese Position mit weißem Ring und Pfeil markiert.)

b: Abgedrückt; das Pulver in der Pfanne flammt auf und beeinträchtigt in diesem Moment die Sicht des Schützen. Die Kugel ist noch nicht aus dem Lauf, aber die Position der Laufmündung hat sich gegenüber Abbildung „a" bereits etwas verändert.

c: Das Pulver in der Pfanne verpufft. Die Kugel ist noch nicht aus dem Lauf, jedoch weicht die Position der Laufmündung jetzt deutlich von der in Abbildung „a" ab.

d: Das Pulver im Lauf ist gezündet; die Kugel verlässt den Lauf. Die Abweichung der Laufmündung zu „a" hat sich weiter vergrößert. Auffällig ist auch: Die Pistole zeigt inzwischen in einem anderen Winkel aufs Ziel. Diese Kugel geht seitlich und zu hoch am Ziel vorbei.

# Weshalb kam es nicht selten zu Schussversagern?

Wie wir erfahren haben, bemühten sich die Büchsenmacher ständig darum, die Zuverlässigkeit ihrer Waffen zu verbessern. Das war ihnen vor allem bei den Duellpistolen auch zufriedenstellend gelungen. Doch diese Waffen besaßen ihre systemspezifischen Eigenheiten, die man für einen zuverlässigen und präzisen Schuss unbedingt zu beachten hatte.

Je nach Qualifikation und Verantwortungsbewusstsein der mit solchen Pistolen umgehenden Personen wurden aber die in den vorangehenden Kapiteln geschilderten Ratschläge und Empfehlungen oftmals nicht konsequent genug befolgt. Es wurde ja bereits erwähnt, dass Sekundanten einen Büchsenmacher beauftragen konnten, die Pistolen zu prüfen und für den Zweikampf vorzubereiten, wenn sie sich unsicher fühlten, dieses selbst mit der nötigen Sorgfalt zu erledigen. Die Praxis zeigte allerdings, dass man nicht immer so handelte oder aus bestimmten Gründen handeln konnte. Somit verblieb häufig ein gewisses Restrisiko, dass ein Schuss aus vielerlei Gründen nicht losging.

## Ursachen für Schussversager bei Steinschlosspistolen:

1. Das Zündloch im Lauf ist durch Pulverrückstände oder Öl- bzw. Fettreste verstopft.
2. Das Pulver für die Geschossladung ist durch Öl- oder Fettreste im Lauf wegen übermäßigen Korrosionsschutzes verunreinigt. Der Lauf wurde vor dem Laden nicht sorgfältig ausgewischt.

3. Der Feuerstein ist nicht richtig eingespannt:
• nicht exakt parallel zur Batteriefläche; somit erzeugt er zu wenig Funken;
• zu lang eingespannt oder der Feuerstein ist zu lang; dadurch ist die Geometrie der Bewegungsradien von Hahn und Batterie empfindlich gestört, und die Funken fallen nicht auf die Pfanne;
• zu kurz eingespannter Feuerstein; das kann dazu führen, dass die Batterie nicht voll öffnet und auch hier die Funken das Pulver auf der Pfanne nicht erreichen.
4. Die Schlagkante des Feuersteins ist stumpf oder mehrfach ausgebrochen; ein durch solchen Verschleiß gekennzeichneter Feuerstein erzeugt nicht mehr die ausreichende Menge Funken mit der nötigen Temperatur.
5. Die Schlagkante des Feuersteins und/oder der Batterie ist fettig; beide sollten selbst mit den Fingern nicht mehr berührt werden.

## Ursachen für Schussversager bei Perkussionspistolen:

1. Der Zündkanal im Lauf und im Piston ist durch Pulverrückstände oder Öl- bzw. Fettreste verstopft.
2. Das Pulver für die Geschossladung ist durch Öl- oder Fettreste im Lauf verunreinigt (wie 2. bei der Steinschlosspistole).
3. Das Zündhütchen versagt; wegen mangelhafter oder gar nicht vorhandener Zündmassenfüllung.
4. Das Zündhütchen ist gar nicht vorhanden; wenn es zu lose auf dem Pis-

ton steckt, kann es nach Übergabe der Waffen an die Kontrahenten verloren gehen, z. B. wenn die Waffen mit nach oben gerichteten Läufen gehalten werden. Hier hat man beim Laden verabsäumt, dem Zündhütchen durch geringfügiges Zusammendrücken einen festeren Halt auf dem Piston zu geben.

Wie wir feststellen können, wären alle diese Ursachen für Schussversager bei aufmerksamem und sorgfältigem Überprüfen und Laden der Waffen durchaus vermeidbar – ausgenommen das Versagen des Zündhütchens. Auffallend ist aber auch, dass bei den Steinschlosswaffen der Feuerstein als besonders kritisches Funktionsteil hervortritt. Das war durchaus bekannt. Sogar Lehrbücher für die Jagd hatten sich mit der Bedeutung und dem Umgang des Feuersteins beschäftigt. Sie

wiesen ausdrücklich darauf hin: „Aber sehr wichtig ist es, zu verstehen, wie sie ausgewählet, angewendet und gebraucht werden müssen …" [142] Infolgedessen war es zur Zeit der Steinschlosswaffen umso verständlicher, wenn empfohlen wurde, sie von einem Büchsenmacher vorbereiten zu lassen. Dieser hatte dann nötigenfalls auch die passenden Ersatzfeuersteine zur Hand.

Wir haben hier gesehen, wie viele Details bezüglich der schussbereiten Waffen zu beachten waren und welche Art der Verantwortung die Sekundanten dabei zu übernehmen hatten. Aber es zählte nun mal zu ihren vorrangigen Aufgaben, für Chancengleichheit zu sorgen, und dazu gehörten auch zwei absolut gleichwertige, zuverlässig funktionierende Waffen.

*„Ein Ehrenmann, der eine Waffe trägt, muß stets bereit sein, sich ihrer zu bedienen, um eine Beleidigung zurückzuweisen, die seine Ehre verletzt, oder um für eine Beleidigung, die er etwa zugefügt hat, Genugtuung zu geben."*[143]

Giacomo Casanova (1725 – 1798)

# Schießtraining für Duellanten

Wer sich normalerweise nicht als Schütze betätigt, kann kaum eine Vorstellung davon haben, wie schwierig es ist, mit einer Pistole schnell und genau zu schießen. Als zusätzlicher Stressfaktor kam beim Duell noch die psychische Belastung dazu, möglichenfalls getötet zu werden, wenn man nicht schnell und gut genug schoss, um den Gegner zumindest kampfunfähig zu verwunden. Deshalb folgten viele satisfaktionsfähige Männer, die nicht im Militär gedient hatten, der Empfehlung in den Duellratgebern, sich im Pistolenschießen zu üben, um für die Austragung eines eventuellen Ehrenkonfliktes besser vorbreitet zu sein.

Schon am Anfang der Perkussionsära begannen zahlreiche Büchsenmacher, die sehr bald beliebt werdenden Schießstände bzw. Schießgalerien einzurichten. Während in England die Brüder John und Joseph Manton in London den Anfang machten, war es in Frankreich Gastinne-Renette in Pa-

ris, der dort 1835 als Erster seine später weit bekannte Schießgalerie eröffnete (Abb. 59). Ihm folgten bis zur Mitte des 19. Jahrhunderts noch weitere berühmte französische Zunftgenossen, darunter auch Le Page, Devisme und Gosset, alle ebenfalls in Paris. In diesen gedeckten Schießgalerien konnte man nicht nur sein Übungsschießen zu jeder Jahreszeit abhalten, sondern sich obendrein im Gebrauch der Duellpistole unterweisen lassen. Außerdem waren sie größtenteils recht komfortabel eingerichtet und boten daher Gelegenheit zu geselligem Beisammensein, sodass sich dort auch ein Teil des gesellschaftlichen Lebens abspielte.

Bei Gastinne-Renette in Paris hatte man zwei Möglichkeiten, sich mit Duellpistolen im Schießen zu üben (Abb. 60):

1. auf einem 16-Meter-Stand auf Scheibe mit freiem Schuss, d. h. ohne Zeitlimit für das Zielen, wobei das

*Abb. 59: Blick in die Schießgalerie bei Gastinne-Renette in Paris Ende des 19. Jahrhunderts. (Aus: Walter Winans, Die Kunst des Pistolen- und Revolverschießens, 1914)*

Schussergebnis an den Ringen abgelesen wurde;

2. auf einem 25-Meter-Stand auf die lebensgroße Silhouette eines seitlich stehenden Mannes unter Duellbedingungen. Dies bedeutete, dass dem Schützen ein Assistent der Schießgalerie zu Verfügung stand, der wie ein Sekundant die Waffe laden musste und dann – je nach der vereinbarten Duellart – die entsprechenden Kommandos gab.

Sobald man durch Training, Geschicklichkeit oder Begabung auf der Scheibe einigermaßen befriedigende Ergebnisse erzielte, wurde auf den 25-Meter-Duellstand gewechselt, um sich mit dem schnellen und gleichzeitig guten Schießen vertrauter zu machen. Bevorzugt wurde hierbei das „Duell auf Kommando" in der französischen Variante, bei der innerhalb der Kommandos „Feuer!" und „drei!" geschos-

sen werden musste. Wie wir wissen, standen dafür nur eineinhalb oder viereinhalb Sekunden zur Verfügung.

Diese Übung ließ sich noch steigern, wenn man unter diesen Duellbedingungen gegen einen Partner schoss. Dabei standen die beiden Schützen nebeneinander, und jeder hatte seine eigene Scheibe (seitlich stehende Silhouette eines Mannes). Es wurde mit eigenen Pistolen geschossen oder mit Leihwaffen der Schießgalerie. Beides machte Sinn, denn es sollten ja nicht nur die eigenen Waffen beherrscht, sondern auch mit fremden Pistolen gute Ergebnisse erreicht werden. Jeder Treffer zählte einen Punkt. Wer zuerst schoss, erhielt einen halben Punkt zusätzlich. Wer vor dem Kommando „Feuer!" die Waffe anlegte oder nach „drei!" feuerte, bekam keinen Punkt, selbst wenn er die Scheibe getroffen hatte.

Der später in Frankreich gegründete „Le Pistolet Club" veranstaltete bei Gastinne-Renette in Paris Wettbewerbe für das „Duell auf Kommando". Dieser Club war sehr exklusiv und daher nur bestimmten gesellschaftlichen Kreisen zugänglich. Zu seinen Mitgliedern zählten die seinerzeit besten Pistolenschützen der Welt, also jene Männer, die blitzschnell und präzise schießen konnten.

Eine andere Möglichkeit, sich direkt im Duellschießen zu trainieren, war der Gebrauch der von einem gewissen Dr. Devilliers erfundenen speziellen Geschosse aus einem wachsähnlichen Material und einer dazu geeigneten Hinterladerpistole. Diese Art der Duellschießübungen kam aber erst zu Beginn des 20. Jahrhunderts auf und war fast nur in Frankreich und z. T. in Belgien anzutreffen. Ein Schießstand wurde dafür nicht benötigt. Man schoss im Freien und sollte nur das Terrain hinter den beiden Schützen gegen Betreten durch andere Personen sichern. Es konnte jede beliebige Duellart gewählt werden, wobei die Distanz aus Sicherheitsgründen 20 Meter betragen sollte. Eine größere Entfernung sollte vermieden werden, weil diese Geschosse dann sehr rasch ihre Treffsicherheit verloren. Sie waren nicht tödlich, aber es bestand die Gefahr von Verletzungen. Deshalb sollten der Körper mit einem schwarzen Umhang und der Kopf durch eine der Fechtmaske mit Sichtfenster ähnelnden Bedeckung geschützt werden. Um eine Verletzung an der die Waffe führenden Hand zu verhindern, hatte die Pistole einen kleinen Schutzschild.

*Abb. 60: Schießstand bei Gastinne-Renette in Paris für Training zum Duellschießen; wahlweise: 25 Meter auf die lebensgroße Silhouette eines seitwärts stehenden Mannes oder 16 Meter auf Scheibe. (Aus: Walter Winans, Die Kunst des Pistolen- und Revolverschießens, 1914)*

Als Treibmittel für diese Geschosse diente allein nur ein Zündhütchen. Das war ein Vorteil. Hingegen war es ein Nachteil, dass die Geschosse temperaturabhängig waren. Im Winter mussten sie gegen Einfrieren und im Sommer gegen zu starke Erwärmung geschützt werden. Bei Letzterem kam es sonst zu mangelhafter Führung in den Laufzügen.

Viel verbreiteter hingegen und in nahezu allen europäischen Ländern gebräuchlich war das Schießen mit den sog. Salonpistolen. Diese gab es bereits zu Beginn der Perkussionsära, und sie waren wegen ihrer einfachen Handhabung sehr beliebt. Ihren Na-

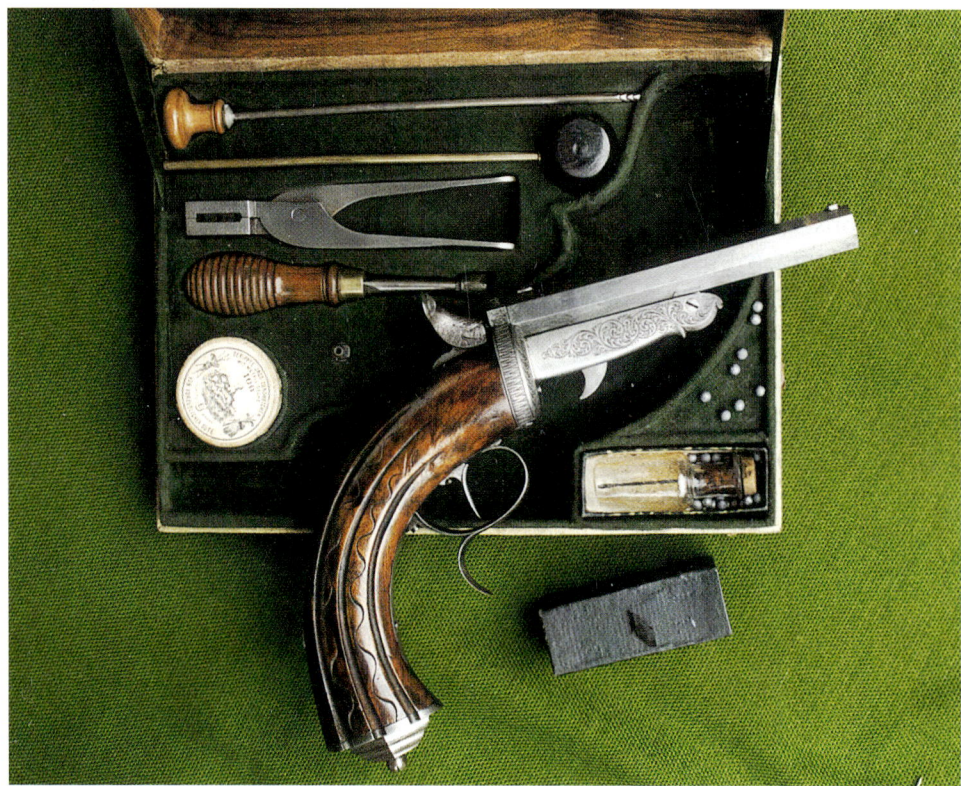

Abb. 61: Salonpistole mit geschlossenem Kipplaufsystem, Deutschland, um 1860. Länge: 25 cm. Gezogener Achtkantlauf im Kal. 4,4 mm, mit Herstellersignatur „I. ADAM KUCHENREUTER IN REGENSBURG", zentralem Piston sowie eingeschobenem Korn und Visier. Der Schlossmechanismus befindet sich im Nussholzschaft, der durch die Kannelierung und die rautenförmig gestufte Kolbenkappe dem Lütticher Schaft ähnelt. Über den Griffrücken verläuft eine Eisenschiene mit eingelegter silberner Monogrammplatte. Der Abzug ist mit einem Stecher ausgerüstet. Sämtliche Metallteile sind blank, jedoch (außer dem Lauf) reichhaltig mit Rankendekor graviert. Der Spanngriff des Hahns ist zur Seite geneigt, damit er die Visierlinie nicht stört. Zum Inhalt des außen mit Nussholzfurnier verkleideten, nicht verschließbaren Kastens gehören: Setzhammer mit Messingstiel, der gleichzeitig als Ladestock dient, Reinigungsstock, Kugelzange zum gleichzeitigen Gießen von 3 Kugeln, Pistondreher, Zündhütchenschachtel, Ersatzpiston und in einer Pappschachtel ein gläsernes Ölfläschchen sowie ein kleiner Vorrat an Bleikugeln. Die Innenauskleidung besteht aus grünem Wildleder.
(Privatsammlung; Foto Verf.)

men erhielt diese Waffengattung, weil sie sich für den Gebrauch in geschlossenen Räumen, wie z. B. in einem Salon[144], eigneten. Dazu zählte neben dem Schießen zum geselligen Zeitvertreib genauso das Übungsschießen der satisfaktionsfähigen Männer.

„Salonfähig" wurde diese Pistolenart wegen der relativ geringen Lärm- und Pulverdampfbelästigung. Die Ladung bestand lediglich aus einer sehr kleinen Bleikugel, die mit einem Zündhütchen abgeschossen wurde. Der beim Abfeuern durch die Explosion des Zündmittels im Zündhütchen erzeugte Gasdruck reichte für eine Schießdistanz von zehn Metern aus, wobei man gute Ergebnisse auf der Scheibe erzielte. Aber auch eine Distanz von 15 Metern und mehr war möglich; dafür verwendete man dann meistens Zündhütchen mit etwas stärkerer Zündmasse, woraus sich ein höherer Gasdruck entwickelte.

Die Popularität dieser Salonpistolen spiegelt sich zugleich darin wider, dass zahlreiche Büchsenmacher, und darunter viele berühmte in mehreren europäischen Ländern, solche Waffen herstellten. Dazu zählten u. a. in Deutschland Kuchenreuter in Regensburg (Abb. 61), Tanner in Hannover, Pfeiffer in Stuttgart sowie Sauer & Sohn in Suhl. In Österreich waren es vor allem Contriner in Wien und Strauß in Graz und in Frankreich Devisme in Paris. Aber auch in Ungarn, Russland, Belgien und der Schweiz wurden solche Waffen hergestellt. Dabei resultierte aus einem beinahe unerschöpflichen Erfindungsgeist dieser Büchsenmacher eine Vielzahl unter-

schiedlicher Ausführungen bzw. Systeme, die wir aber hier im Einzelnen nicht näher behandeln wollen.

Die Mehrzahl dieser Salonpistolen hatte ein Kaliber von 4,0 bis 5,5 mm und bei sehr frühen Exemplaren mit Zündpillen als Treibmittel noch etwas darüber. Der Lauf war entweder glatt oder gezogen, was meistens durch die Bauform bestimmt wurde. Bei den „offenen" Systemen, mit außenliegendem Piston bzw. Zündhütchen, wie bei den normalen Perkussionspistolen konnte ein Teil des Gasdruckes nach hinten entweichen. Deshalb bevorzugte man hier den glatten Lauf, weil dieser der Kugel weniger Widerstand entgegensetzte. Bei „geschlossenen" Systemen mit innenliegendem Zündhütchen wirkte der Gasdruck jedoch fast ausschließlich nach vorne auf die Kugel, sodass bei diesen Waffen größtenteils gezogene Läufe verwendet wurden. Die Züge waren aber nur sehr fein ausgeführt, um den Widerstand für die Kugel zu minimieren.

Eine Visiereinrichtung aus Kimme und Korn gehörte bei allen diesen Pistolen zum Standard.

Mehrheitlich waren die Salonpistolen als Vorderlader ausgeführt. Die Kugel wurde somit von vorne in den Lauf eingeführt und dann mit einem Lade- bzw. Setzstock aus Messing ganz leicht gestaucht. Damit sollte erreicht werden, dass sie nicht wieder herausfiel und gegen die Laufwandung besser abdichtete.

Die Länge dieser stets teilgeschäfteten Waffen lag zwischen 25 und 33 cm, mit einer Vielzahl unterschiedlichster Schaftformen. Hierbei waren viele dieser Salonpistolen mit dem Griff des weiter vorne schon beschriebenen „Lütticher Schafts" ausgeführt oder zumindest mit dessen Stilelementen.

Überwiegend hatten diese Salonpistolen einen Abzugbügel mit Fingerhaken. Ebenso waren viele dieser Waffen mit einem Stecher ausgestattet. Dass solche Pistolen nicht nur gut funktionieren sollten, sondern oftmals auch das Auge erfreuen, wird durch kunstvolle Schaftverschneidungen oder Wurzelholzschäftungen sowie ansehnliche Gravuren auf den Metallflächen bewiesen.

Normalerweise wurden solche Salonpistolen in einem kleinen, mit Filz oder Leder ausgekleideten Kasten geliefert, der auch das notwendige Zubehör enthielt. Dieses bestand allgemein aus einer Kugelzange, fast immer gleich für drei oder mehr Rundkugeln, sowie je einem Lade- und Putzstock aus Metall, da Holz bei diesen kleinen Kalibermaßen nicht mehr geeignet war. Ferner noch je einen Pistonschlüssel und Schraubenzieher, ein Ölfläschchen und je eine kleine Schachtel für Zündhütchen und Bleikugeln. Gelegentlich enthielt der Kasten noch einen kleinen Kugelfang mit automatischer Trefferanzeige (Abb. 62).

Für die Männer der satisfaktionsfähigen Kreise, die abseits geeigneter Schießstände lebten, waren diese Salonpistolen eine gute Alternative, um sich für den „Ernstfall" fit zu halten. Auch wenn diese Waffen im Gewicht und in der Länge etwas leichter und kleiner waren als die regulären Duellpistolen, so vermochte man aber doch mit ihnen jederzeit und ohne große Vorbereitungen oder Umstände insbesondere das „schnell und gut Schießen" zu üben.

Wir sind nun am Ende unseres Streifzuges durch einen Teil der Kulturgeschichte des 18. und 19. Jahrhunderts angelangt. Es ist ein Auszug aus der Geschichte des Zweikampfs und zugleich ein Teil der Geschichte des Ehrgefühls. Dem Leser bleibt es nun selbst überlassen, sich über den Sinn oder Unsinn hinsichtlich des Verhaltens jener Männer ein Urteil zu bilden. Wie in der Einleitung schon darauf hingewiesen, sollte dabei bedacht werden, dass die gesellschaftliche und aus der Geschichte heraus entstandene Bühne für dieses Szenarium von anderen Wertvorstellungen geprägt war als die, welche wir heute für die scheinbar allein erstrebenswerten halten.

Wie sehr sich diese Wertvorstellungen geändert haben, zeigt uns z. B. ein gegebenes Ehrenwort. Früher erwartete man von einer ehrenwerten und hoch angesehenen Person, dass sie ihr gegebenes Ehrenwort nicht brach, auch wenn sie sich damit außerhalb der Gesetze stellte und dafür eine Bestrafung auf sich nehmen musste. Heute hingegen ist man über ein solches Verhalten empört. Diese Kritiker übersehen dabei offensichtlich, dass derjenige, der sein gegebenes Ehrenwort bricht, sich damit selbst entehrt. Aber die Ehre des Menschen ist nun

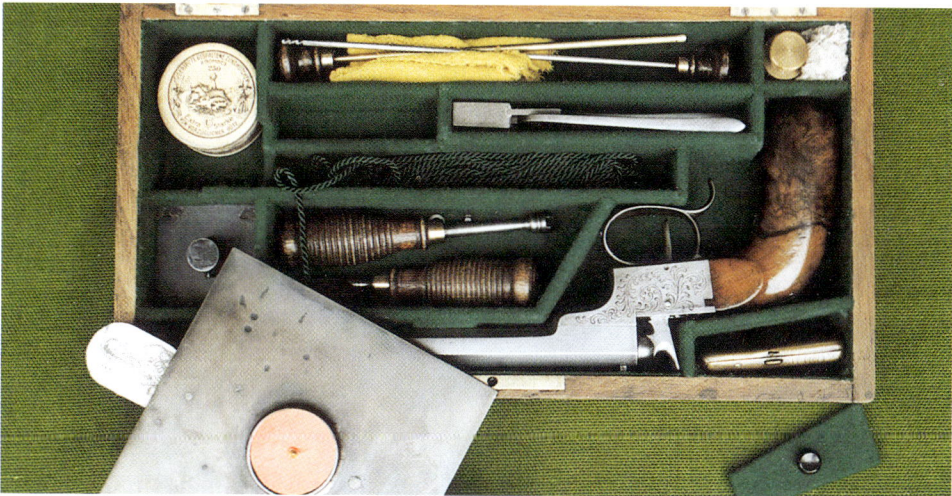

*Abb. 62: Salonpistole mit Kastenschloss, Frankreich, um 1850. Länge 27,5 cm. Glatter Achtkant-lauf im Kal. 5 mm, mit zentralem Piston sowie aufgesetztem Korn und eingeschobenem Visier. Der Schlosskasten und dessen obere Abdeckplatte sind mit Ranken graviert. Die gleichen Motive befinden sich auch auf dem bunt gehärteten Abzugbügel. Der schlichte Pistolengriff ist aus Nussholz gefertigt. Das interessante und durchaus praktische an dieser Garnitur ist der gleich vorhandene Kugelfang, der auf einen Metallsockel im Kasten gesteckt werden kann. Jeder Treffer auf die rote Scheibe (Durchmesser 38 mm) lässt eine Damenfigur emporschnellen, die dann mittels einer dünnen Kordel vom Standort des Schützen wieder in die waagerechte Ruhestellung gebracht werden kann. Zu den weiteren Utensilien gehören: Ladestock mit Messingschaft, Reinigungsstock, Kugelzange zum gleichzeitigen Gießen von 3 Kugeln, Schraubenzieher, Pistondreher, Ölbehälter aus Messing, Zündhütchenschachtel, Ersatzscheiben für den Kugelfang und ein kleiner Messingbehälter für den Bleikugelvorrat. Der aus Eichenholz gefertigte, verschließbare Kasten hat auf dem Deckel eine teilweise eingelassene Messingrosette. Die Innenauskleidung besteht aus grünem filzähnlichem Material. (Privatsammlung; Fotos Verf.)*

einmal Bestandteil seiner Persönlichkeit und zugleich sein unanfechtbares Eigentum, auf das jeder ein uneingeschränktes Anrecht hat. Angesichts dieses kleinen Beispiels zeigt sich, dass uns im Zuge der gesellschaftlichen Veränderungen doch ein Teil unseres Ehrgefühls abhanden gekommen ist und wir uns immer mehr von rationalen Denkweisen leiten lassen.

Es scheint, dass in unserer modernen Welt mit ihrem ständigen Streben nach Gewinnmaximierung, bei der immer mehr Menschen an den Rand der Gesellschaft gedrängt werden, der Begriff des Ehrgefühls auch außerhalb von Politik und Wirtschaft mit der Zeit noch mehr verblassen wird. Selbst wenn die weltlichen und religiösen Begriffe von Ehrgefühl nicht immer übereinstimmen, so gilt doch grundsätzlich, was uns der bereits mehrfach zitierte Pater Sebastian von Oer zu diesem Thema sagt: „Ehrgefühl ist eine natürliche und edle Eigenschaft, denn sie wurzelt im Adel der Menschheit." Dann ergänzt er noch: „Es ist berechtigt. Die Heilige Schrift sagt: ‚Trage Sorge um einen guten Namen, denn er wird dir länger dauern als tausend teure Schätze.'"[145] Nun war dieser letzte Satz gewiss nicht als eine Aufforderung zum Ehrenzweikampf gedacht, aber er ermahnt, der Mensch solle sich ein Ehrgefühl zu Eigen machen, sich seiner Ehrenhaftigkeit bewusst sein und in der Wachsamkeit darüber nicht nachlassen.

# Anhang

## Statistik zu Pistolenduellen[146]

In der Statistik „Deutsche Länder"[147] war bei den Zweikämpfen zumindest eine Zivilperson beteiligt, d. h. die große Zahl der ausschließlichen Offiziersduelle ist dabei nicht erfasst.

Die Statistik „Österreich"[148] ist eine Auswahl von 50 bedeutenden Duellen in der Zeit von 1867 bis 1893 (zwei vor 1700); darunter befinden sich 33 Offiziersduelle, bei den anderen war nur ein Offizier beteiligt. Weitere Beteiligte: Adlige, Akademiker und Studenten.

| Deutsche Länder | Preußen (von 1800 – 1914) | | Baden (von 1850 – 1912) | | Bayern (von 1821 – 1912) | |
|---|---|---|---|---|---|---|
| | Gesamt | % | Gesamt | % | Gesamt | % |
| Anzahl der Duelle | 270 | | 110 | | 83 | |
| davon mit tödlichem Ausgang | 78 | 28,9 | | | 19 | 22,9 |
| | | | | | | |
| Waffenart: | | | | | | |
| - Pistole | 209 | 77,4 | 47 | 42,7 | 25 | 30,1 |
| - andere (Säbel, Degen, Schläger) | 61 | 22,6 | 63 | 57,3 | 58 | 69,9 |
| Verurteilte Teilnehmer | 535 | | 220 | | 151 | |
| Soziale Herkunft: | | | | | | |
| - adlig | 159 | 29,7 | 31 | 14,1 | 27 | 17,9 |
| - bürgerlich | 376 | 70,3 | 189 | 85,9 | 124 | 82,1 |

| Österreich (1867 – 1893) | Gesamt | % |
|---|---|---|
| Anzahl der Duelle | 50 | |
| davon mit tödlichem Ausgang | 14 | 28 |
| Waffenart: | | |
| - Pistole | 14 | 28 |
|   davon tödlich | 9 | 64 |
| - andere (Säbel, Degen) | 36 | 72 |
|   davon tödlich | 5 | 14 |
| Grund für das Duell: | | |
| - Damen | 11 | 22 |
| - Tätlichkeit | 6 | 12 |
| - Wortwechsel | 4 | 8 |
| - Unbedeutende Ursache | 4 | 8 |
| - Beleidigung | 3 | 6 |
| - politische, publizistische oder fachliche Meinungs- verschiedenheit | 13 | 26 |
| - unbekannt | 9 | 18 |

Die Statistik für Österreich-Ungarn enthält Duellzahlen aus der Zeit von 1884 bis 1895, die durch Zeitungsberichte bekannt wurden.[149] Unter den Duellanten befand sich auch je ein Angehöriger aus den bekannten Adelsfamilien Esterházy und Schwarzenberg; beide wurden bei Säbelduellen von ihren Gegnern schwer verwundet.

| Österreich-Ungarn (1884 – 1895) | Gesamt | % |
|---|---|---|
| Anzahl der Duelle | 119* | |
| davon mit tödlichem Ausgang | 16 | 14 |
|       mit unblutigem Ausgang | 14 | 12 |
| Waffenart: | | |
| - Pistole | 35 | 30 |
|   davon tödlich | 13 | 37 |
|       unblutig | 10 | 29 |
| - Säbel | 84 | 70 |
|   davon tödlich | 3 | 4 |
|       unblutig | 4 | 5 |
| Status der Duellanten | | |
| - Offiziersduelle | 16 | 14 |
| - Duelle unter Adligen | 13 | 11 |
| - Duelle unter Bürgerlichen | 54 | 45 |
| - übrige Duelle: jeweils Offizier gegen Adligen oder Bürgerlichen bzw. Adliger gegen Bürgerlichen | 36 | 30 |

* Den größten Anteil an der Gesamtzahl dieser Duelle hatte Pest/Budapest mit etwa 30 %, gefolgt von Wien (14 %) und Pressburg (10 %).

# Verzeichnis bekannter Hersteller von Duellpistolen

Die hier angeführten Büchsenmacher haben auch oder überwiegend Duellpistolen hergestellt. Allerdings erhebt dieses Verzeichnis keinen Anspruch, vollständig zu sein; es erfasst nur die Länder mit dem größten Anteil an der Produktion dieser Waffen. Darüber hinaus wurden aber auch in anderen Ländern solche Waffen angefertigt, und zudem gab es noch zahlreiche weniger bekannte Hersteller, die zweifellos ebenso manches bemerkenswerte Pistolenpaar hergestellt hatten.

Unter dem Namen des jeweiligen Büchsenmachers ist zur zeitlichen Einordnung mit (... - ...) das Geburts- und Todesjahr angegeben, und wo diese nicht bekannt sind, wird nur der Zeitraum ihrer Tätigkeit mit (erw. ... - ...) vermerkt.[150] Die Spalte „Schloss"(-system) gibt auf einen Blick Auskunft, ob S = Steinschloss- oder P = Perkussionspistolen oder beide hergestellt wurden.

## *ENGLAND*

| Name | Ort | Schloss | Bemerkung |
|------|-----|---------|-----------|
| Bond, Philip (erw. 1794 – 1816) | London | S | fertigte auch „twist barrel"-Läufe für andere |
| Bond, William (erw. 1799 – 1836) | London | S + P | ab 1829 Zunftmeister, verwendete auch Läufe seines Bruders Philip |
| Egg, Durs (1748 – 1831) | London | S + P | gebürtiger Schweizer, seit 1770 in London, Inhaber mehrerer Patente; arbeitete einige Jahre bei Henry Nock |
| Egg, Henry (erw. 1850 – 1869) | London | P | Sohn von Durs Egg, übernahm die Nachfolge seines Vaters |
| Egg, Jean Joseph (1775 – 1837) | London | S + P | Neffe von Durs Egg, vermutlich Erfinder des Kupferzündhütchens |
| Forsyth, Alexander J. (1768 – 1843) | London | P | Konstrukteur des ersten Perkussionsschlosses |
| Manton, John (1752 – 1834) | London | S + P | Inhaber mehrerer Patente; arbeitete für König Georg III. und Georg IV. Bruder von Joseph Manton |

| Name | Ort | Schloss | Bemerkung |
|------|-----|---------|-----------|
| Manton, Joseph (1766 – 1835) | London | S + P | Bruder von John Manton; Inhaber mehrerer Patente |
| Moore, William (1780 – 1847) | London | S + P | arbeitete ab 1836 für König William IV. |
| Mortimer, Harvey W. (1753 – 1819) | London | S | ab 1789 „Gunmaker of His Majesty" |
| Nock, Henry (1741 – 1804) | London | S | Inhaber mehrerer Patente, darunter auch das von 1787 für die Hakenschwanzschraube mit Vorkammer; ab 1789 königl. Hofbüchsenmacher |
| Purdey, James (1784 – 1863) | London | S + P | arbeitete 4 Jahre bei Joseph Manton |
| Twigg, John (1732 – 1790) | London | S | beim ihm arbeiteten einige Jahre Durs Egg und John Manton |
| Wogdon, Robert (1734 – 1813) | London | S | einer der bedeutendsten Büchsenmacher Londons; Spezialist für Duellpistolen, war an der Entwicklung dieses Pistolentyps maßgeblich beteiligt |

# FRANKREICH

| Name | Ort | Schloss | Bemerkung |
|---|---|---|---|
| Barbey, Claude (erw. 1780 – 1815) | Paris | S | |
| Blanchard (erw. 1840 – 1850) | Maubeuge | P | |
| Boutet, Nicolas Noel (1761 – 1833) | Versailles ab 1818 Paris | S + P | Spezialist für Luxuswaffen; Büchsenmacher des Königs, signierte ab 1788 mit „Boutet Arquebusier du Roy à Versailles" |
| Claudin, Ferdinand (erw. 1835 – 1890) | Paris | P | |
| Devisme, F. P. (erw. 1834 – 1859) | Paris | P | erhielt 1839 und 1841 auf der Industrieausstellung die Silbermedaille |
| Gastinne-Renette (erw. 1839 – heute) | Paris | P | erhielt 1839 und 1844 auf der Industrieausstellung die Silbermedaille; wird unter Napoleon III. „Arquebusier du roi d'Espagne" und „Arquebusier de l'Empereur"; eigener Schießstand und Schießschule |
| Gauvin, Alfred (1801 – 1889) | Paris | P | erhielt 1844 die Silbermedaille und 1849 als erster Büchsenmacher eine Goldmedaille auf der Industrieausstellung |
| Gobert (erw. 1845 – 1855) | Lyon | P | |
| Gosset, Luis Marin (erw. 1822 – 1840) | Paris | P | unterhielt einen eigenen Schießstand |
| Le Clerc, Jean (erw. 1807 – 1810) | Paris | S | Lauf- und Büchsenmacher; lieferte seine Läufe auch an andere Zunftgenossen; arbeitete vorher bei Boutet |

| Name | Ort | Schloss | Bemerkung |
|---|---|---|---|
| Le Page, Henry (1792 – 1854) | Paris | S + P | auch Jean Andre Prosper genannt, Sohn des Jean Le Page; „Arquebusier du Roy" für Louis XVIII., Charles X. und Louis Philippe; arbeitete auch für die Herzöge von Orléans; unterhielt einen eigenen Schießstand |
| Le Page, Jean (1746 – 1834) | Paris | S + P | Vater von Henry, ab 1783 Hofbüchsenmacher; arbeitete für die Herzöge von Orléans; bedeutendstes Glied der Le Page-Familie |
| Perrin-Le Page, Louis (erw. 1823 – 1865) | Paris | P | Schwiegersohn des Jean Le Page; Inhaber mehrerer Patente; unterhielt einen eigenen Schießstand |
| Renette, Albert (erw. 1809 – 1834) | Paris | S + P | Schwiegervater von Louis Julien Gastinne, der sein Mitarbeiter war, und nach Heirat der Tochter von Renette 1839 dessen Geschäft übernahm; ab da die neue Bezeichnung „Gastinne-Renette"; Renette hatte den Titel „Arquebusier du roy"; erhielt 1827 und 1834 die Silbermedaille auf der Industrieausstellung |

## *BELGIEN*

| Name | Ort | Schloss | Bemerkung |
|---|---|---|---|
| Berleur, Guillaume (erw. 1780 – 1830) | Liège | S + P | Bruder des Michel Berleur; arbeitete um 1800 in der Manufacture de Versailles unter Nicolas Boutet |
| Berleur, Michel (erw. 1780 – 1810) | Liège | S | Bruder von Guillaume Berleur |
| Francotte, Auguste (erw. 1810 – 1866) | Liège | S + P | |
| Le Page Frères (erw. 1857 – 1868) | Liège | P | Teilhaber: die Brüder Alphonse und Charles Le Page; Fabrik in Liège und Geschäft in Paris; nicht verwandt mit der Familie Le Page in Paris |
| Plomdeur, Jaques J. (erw. 1830 – 1847) | Liège | P | Inhaber mehrerer Patente; führte eine Zweigstelle in Paris |
| Ronge, J. B. (erw. 1812 – 1832) | Liège | S + P | |
| Ronge Fils, J. B. (erw. 1832 – 1929) | Liège | P | Nachfolger von J. B. Ronge |

# DEUTSCHLAND

| Name | Ort | Schloss | Bemerkung |
|------|-----|---------|-----------|
| Baader, Franz Xaver (1801 – 1864) | München | P | ab 1837 Hofbüchsenmacher |
| Barella, Heinrich (1819 – 1893) | Berlin und Magdeburg | P | ab 1860 königlich preußischer Hofbüchsenmacher; ab 1871 kaiserlich-königlicher Büchsenmacher |
| Bössel, Lorenz (erw. um 1850) | Suhl | P | |
| Crause, Carl Philipp (1778 – 1857) | Herzberg | S + P | ab 1805 Hofbüchsenmacher |
| von der Fecht, Christian Ludwig (1769 – 1827) | Berlin | S | Büchsenmacherfamilie über mehrere Generationen |
| Jaeger, Friedrich (erw. 1846 – 1887) | Wiesbaden | P | |
| Jung & Sohn, F. (erw. um 1840) | Suhl | P | |
| Kuchenreuter, Johann Adam (1794 – 1869) | Regensburg | S + P | Sohn des Johann Andreas (II.), Hofbüchsenmacher der Fürsten von Thurn und Taxis; ab1853 königlich bayerischer Hofbüchsenmacher |
| Kuchenreuter, Johann Andreas (II.) (1758 – 1808) | Regensburg | S | Vater von Johann Adam und Bruder des Johann Christoph (II.); Neffe des Johann Jacob; Hofbüchsenmacher der Fürsten von Thurn und Taxis |
| Kuchenreuter, Johann Christoph (II.) (1755 – 1818) | Regensburg | S | Bruder des Johann Andreas (II.); Hofbüchsenmacher der Fürsten von Thurn und Taxis |

| Name | Ort | Schloss | Bemerkung |
|------|-----|---------|-----------|
| Kuchenreuter, Johann Jacob (1709 – 1783) | Regensburg | S | Sohn des Büchsenmachers Johann Christoph Kuchenreuter (* ca. 1670); Onkel des Johann Andreas (II.); seit 1757 Hofbüchsenmacher der Fürsten von Thurn und Taxis |

(Die hier angeführten Namen der Kuchenreuter repräsentieren nur einen kleinen Teil der über mehrere Generationen im Büchsenmacherhandwerk tätigen Familienmitglieder.)

| Name | Ort | Schloss | Bemerkung |
|------|-----|---------|-----------|
| Pistor, Georg (erw. 1830 – 1855) | Schmalkalden | P | arbeitete mit seinem Bruder Wilhelm zusammen und signiert ab 1834 „G. & W. P." |
| Rasch, Heinrich Ludwig (1818 – 1884) | Braunschweig | P | Büchsenmacherfamilie über mehrere Generationen |
| Rasch, Martin Heinrich (1743 – 1821) | Braunschweig | S | Büchsenmacherfamilie über mehrere Generationen |
| Schilling, Valentin Christoph (erw. 1849 – 1900) | Suhl | P | |
| Tanner, Carl Daniel (1791 – 1858) | Herzberg und Hannover | P | arbeitete anfänglich bei Carl Philipp Crause; produzierte für den Hof und wurde später Hofrüstmeister |

## ÖSTERREICH

| Name | Ort | Schloss | Bemerkung |
|------|-----|---------|-----------|
| Contriner, Franz (erw. 1811 – 1878) | Wien | S + P | Bruder von Joseph Contriner? |
| Contriner, Johann (erw. 1816 – 1827) | Wien | S + P | Vater von Joseph Contriner |
| Contriner, Joseph (erw. 1798 – 1848) | Wien | S + P | Sohn von Johann Contriner; ab 1817 Zunftmeister |
| Ebert, Johann (erw. 1840 – 1860) | Wien | P | |
| Novotny, Matthias (erw. 1825 – 1856) | Leitmeritz / Wien | P | übersiedelte 1838 von Leitmeritz (Böhmen) nach Wien |
| Perger, Joseph (erw. 1846 – 1852) | Graz | P | |
| Strixner, Johann B. (erw. 1825 – 1837) | Wien | P | |

## *BÖHMEN*

| Name | Ort | Schloss | Bemerkung |
|------|-----|---------|-----------|
| Lebeda, Anton V. (1797 – 1857) | Prag | P | arbeitete kurze Zeit in Deutschland, später in Wien bei Contriner; seit 1852 Hofbüchsenmacher |
| Mach, Matthias (1814 – 1881) | Prag | P | |
| Maschek, J. (erw. 1842 – 1855) | Gabel | P | |
| Morávek, Ferdinand (1754 – 1833) | Jenikau/ Krumau (Ceský Krumlow) | S + P | 1781 – 1791 in Jenikau für den Fürsten Auersperg tätig;[151] ab 1792 in Krumau Hofbüchsenmacher des Fürsten Joseph Schwarzenberg |
| Novotny, Matthias (erw. 1825 – 1856) | Leitmeritz | P | ging 1838 nach Wien |
| Poltz, Frantz (erw. 1785 – 1830) | Karlsbad | S + P | 1785 – 1790 Lehre in Wien; seit 1822 Zunftmeister |
| Poltz, Thaddäus (erw. 1763 – 1788) | Karlsbad | S | 1763 – 1768 Lehre in Wien |

## *USA*

| Name | Ort | Schloss | Bemerkung |
|------|-----|---------|-----------|
| North, Simeon (1765 – 1852) | Middletown | S + P | |
| Robertson, William (erw. 1790 – 1859) | Philadelphia | S + P | |

# Muster für die Abfassung von Duell-Protokollen

Quelle: Hergsell, Gustav: Duell-Codex. Wien – Pest – Leipzig ²1897

## Muster für die Abfassung von Protokollen

### I. Schriftliche Vereinbarung der Secundanten

(Ort) ................................. am ...................

In Folge entstandener Differenzen zwischen den Herren:

1. ...................... )

und                                              Vor- und Zuname, sowie Charakter

2. ...................... )

treten die Unterzeichneten als deren Secundanten und Bevollmächtigten, und zwar
für Herrn ..........................

1. ...................... )     Vor- und Zuname, sowie Charakter

...................... )

sowie für Herrn ...............

2. ...................... )     Vor- und Zuname, sowie Charakter

...................... )

zur gemeinsamen Feststellung und Klärung der Angelegenheit am heutigen Tage
um .... Uhr ..... Minuten ..... mittags zusammen, und bringen folgende auf die schwe-
bende Ehrensache bezüglichen Daten, sowie die darüber gefassten Beschlüsse und Vereinbarungen zu Protokoll.

1. Die Feststellung des Thatbestandes und der hierdurch erfolgten Beleidigung. (So genau
   als möglich anzuführen.)
2. Feststellung, wer als Beleidigter anzusehen, oder wem die Rechte des Beleidigten zuge-
   sprochen werden.
   a) Nach sorgfältiger Prüfung des ad 1 geschilderten Thatbestandes erscheint zwei-
      fellos Herr ............... als der Beleidigte;
      oder:
   b) Da nach dem vorliegenden Sachverhalte beide Herren sich für beleidigt erklä-
      ren und thatsächlich von den Gefertigten keinem der beiden Gegner die Rechte
      des Beleidigten zugesprochen werden können, so wird die Entscheidung dem Lo-
      se anheimgestellt.
      (Siehe: Rechte des Beleidigten und deren Zuerkennung, Art. 6.)
      Durch das Los fiel dem Herrn .............. die Stellung des Beleidigten zu;
      oder:
   c) Da nach sorgfältiger Prüfung der Angelegenheit, sowie der angegebenen Erklä-

252

rungen seitens der Secundanten jenes Herrn, von dem Genugthuung verlangt wird, in den gefallenen Aeusserungen oder Benehmen etc. kein wie immer gearteter beleidigender Sinn gefunden werden kann, demnach keine Beleidigung vorliegt, so entfällt auch jede Veranlassung zur weiteren Verfolgung dieser Angelegenheit. Dieselbe ist hiermit beigelegt;

oder:

d) Nach sorgfältiger Prüfung der persönlichen Verhältnisse erscheint die Satisfactionsfähigkeit des Herrn . . . . . . . . . . . . . . zweifelhaft und wird die Angelegenheit einem Ehrenrathe vorgelegt;

oder:

e) Da die Satisfactionsfähigkeit des Herrn . . . . . . . . . . . . . . . . durch folgende Tatsachen . . . . . . . . . . . . . . . . . . . . . . . . . . . . . . abgesprochen wird, so entfällt für den Gegner Herrn . . . . . . . . . . . . . . die Notwendigkeit, diese Angelegenheit in ritterlicher Art und Weise auszutragen;

eventuell:

f) Nachdem die Secundanten über . . . . . . . . . . . . . . . . . . . . . . . . . . eine Einigung nicht erzielen konnten, so unterwerfen sie sich einem Schiedsgericht. Als Schiedsrichter wurde Herr . . . . . . . . . . . . . . gewählt.

3. Feststellung der Art und des (ersten, zweiten oder dritten) Grades der Beleidigung.
4. Eventuelle Beilegung des Duelles.

A. Bei Beleidigung ersten Grades (einfache Beleidigung).
I. Wenn die Initiative hierzu von Seite des Beleidigten erfolgt:

a) Nachdem die Secundanten des Beleidigten die Erklärung abgegeben haben, dass ihr Client bereit ist, die Angelegenheit auf friedlichem Wege beizulegen, wenn der Beleidiger seine beleidigenden Aeusserungen etc. . . . . . . zurückzieht und diese Entschuldigung in nachstehender Form (siehe: Beilegung des Duelles) . . . . . . . . . . . . . . . . . . . . . . . . . . . . . erfolgt, nachdem endlich die Zeugen des Beleidigers sich mit dieser Form der Entschuldigung einverstanden erklären, so erscheint die Angelegenheit als für beide Theile ehrenhaft beigelegt;

oder:

b) die Secundanten des Beleidigers erklären sich mit dieser Form der abzugebenden Entschuldigung nicht einverstanden;

oder:

c) nachdem die Secundanten des Beleidigers erklärt haben, bezüglich der zu erfolgenden Entschuldigung sich bei ihrem Clienten Instructionen einholen zu müssen, so wird die Sitzung um . . . . . . Uhr . . . . . . Minuten . . . . . mittags unterbrochen.

Wiedereröffnung der Sitzung um . . . . (erfolgt die Erklärung der Secundanten);

oder:

d) die Secundanten des Beleidigers geben die Erklärung ab, dass sie sich auf eine Entschuldigung oder Zurücknahme der Beleidigung nicht einlassen können.

253

II. Wenn die Initiative der Beilegung des Duelles von Seiten des Beleidigers ausgeht:

    a) Nachdem die Secundanten des Beleidigers die Erklärung abgegeben haben, dass ihr Client bereit ist, durch Zurücknahme der erfolgten beleidigenden Aeusserungen etc. die Angelegenheit auf friedlichem Wege beizulegen, und diese Entschuldigung in nachstehender Form . . . . . . . . . . . . . . . . . . . . . . . . . . . . . . . . . zum Ausdruck zu bringen, nachdem sich weiters die Secundanten des Beleidigten mit dieser Form der Entschuldigung einverstanden erklären, so erscheint diese Angelegenheit als für beide Theile ehrenhaft beigelegt;

    oder:

    b) die Secundanten des Beleidigten erklären sich mit dieser Form der Entschuldigung nicht einverstanden;

    oder:

    c) die Secundanten erklären, diesbezüglich neue Instructionen einholen zu müssen. Unterbrechung der Sitzung um . . . Uhr . . . . Minuten . . . . mittags. Wiederaufnahme der Sitzung um. . . . (erfolgt die Erklärung der Secundanten);

    oder:

    d) nachdem von Seiten des Beleidigten die Entschuldigung des Beleidigers nicht angenommen wurde und derselbe auf Austragung des Duelles beharrt, so verliert er die ihm zugesprochenen Rechte des Beleidigten, um die nunmehr gelost wird. (Siehe: Beilegung des Duells.) Diese Rechte fielen durch das Los dem Herrn . . . . . . . . . . . . . . zu.

B.  Beilegung eines Duelles nach einer Beschimpfung.

Nachdem durch die erfolgte Entschuldigung die Beleidigung für vollkommen gesühnt erachtet wird und die Secundanten des Beleidigten erklären, dass sie in einem ähnlichen Falle die abgegebene Erklärung als Genugthuung angenommen hätten, so entfällt jede weitere Intervention in dieser Angelegenheit und erscheint dieselbe als für beide Theile ehrenhaft beigelegt. (Siehe: Beilegung des Duelles.)

Wenn das Duell nicht beigelegt wird, dann hat Punkt 4 zu lauten:

Nachdem die Bemühungen der Secundanten, die Angelegenheit auf friedlichem Wege zu applaniren, erfolglos geblieben sind,

oder:

Da bei Art der Beleidigung eine Beilegung der Angelegenheit auf friedlichem Wege ausgeschlossen erscheint, so werden für den bevorstehenden Kampf folgende Bedingungen gemeinsam festgestellt.

5. Die vereinbarten Bedingungen:

    a) Der Zweikampf findet morgen um . . . . . Uhr . . . . Minuten . . . . mittags statt. (Siehe: Kampf.)

    b) Die Parteien treffen sich (genaue Angabe des Platzes oder Ortes).

    c) Als Leiter des Duelles wird der Secundant Herr . . . . . . . . . . . . . .

oder:

wurde durch das Los bestimmt.

d) Aerzte werden beigestellt durch . . . . . . . . . . . . . . . . . . . . .

oder:

es verpflichten sich beide Parteien, einen Arzt mitzubringen.

e) Als Waffen für den bevorstehenden Zweikampf wurden gewählt (Säbel, Degen, Pistolen).

f) Die näheren Bestimmungen (so genau als möglich anzuführen).

bei Säbel: mit oder ohne Stoss,

bei Pistolen: welche Art des Pistolenduelles, die Distanz, wie oftmaliger Kugelwechsel etc.

Für die Herbeischaffung der Waffen sorgen die Secundanten Herren . . . . . . . . . . . . . . . .

oder:

es verpflichten sich beide Theile, geeignete Waffen herbeizuschaffen.

Bei allen Duellarten ist festzustellen, ob das Duell bei der ersten Verwundung als beendet anzusehen ist oder bis zur Kampfesunfähigkeit eines der beiden Gegner fortgesetzt wird. Die Wahl der Waffen sowie die näheren Bestimmungen erfolgen mit Wahrung der Rechte des Beleidigten.

6. Wurde die Annahme des Duelles aus einem oder dem anderen Grunde verweigert oder muss durch das Verhalten des Geforderten die Ablehnung des Duelles angenommen werden oder treten sonst andere Ursachen ein, durch die das Duell nicht stattfinden kann, so ist dies möglichst genau im Protokolle anzuführen.

Die im vorstehenden Protokolle angeführten Punkte werden nochmals vorgelesen und allseitig genehmigt.

(Folgen die Unterschriften.)

1. . . . . . . . . . . . . . . . . .)
2. . . . . . . . . . . . . . . . . .)    als Secundanten des Beleidigten

1. . . . . . . . . . . . . . . . . .)
2. . . . . . . . . . . . . . . . . .)    als Secundanten des Beleidigers

## II. Protokoll über den stattgefundenen Zweikampf

(Ort) . . . . . . . . . . . . . . . . am . . . . . . . . . . .

In Gegenwart der unterzeichneten Secundanten fand heute um . . . . . . Uhr . . . . . .
Minuten . . . . . . mittags in . . . . . . . . . . . . . . . . . . . . . . . (Ortsangabe) zwischen den Herren
1. . . . . . . . . . . . . . . . . . . . . )
und                                        ) Vor- und Zuname, Charakter
2. . . . . . . . . . . . . . . . . . . . . )
ein Zweikampf mit . . . . . . . . . . (Waffenart) nach den vorher vereinbarten und von beiden Parteien genehmigten Bedingungen statt, nachdem auch die am Kampfplatze erfolgten Versöhnungsversuche resultatlos geblieben sind.
Die Leitung des Duelles übernahm nach der getroffenen Vereinbarung Herr . . . . . . . . . .
Der Verlauf des Duelles war wie folgt: . . . . . . . . . . . . . . . . . . . . . . . . . . . . . (Der Verlauf ist,
wenn keine besonderen Vorfallheiten zu berichten sind, ganz kurz anzuführen. Letztere
jedoch möglichst genau, besonders wenn Unregelmässigkeiten, Übergriffe oder Verletzungen der Duellgesetze stattgefunden haben, wodurch entweder der Verlust der Satisfactionsfähigkeit eines der beiden Gegner verbunden ist oder die Gerichte in Anspruch genommen werden sollten etc.)

War der Verlauf nach den Duellgesetzen ein normaler, dann hat der Schluss zu lauten:
    Hiermit erscheint die Ehrensache der beiden oben bezeichneten Herren in ritterlicher
    oder officiersmässiger Weise ausgetragen.

Vorstehendes Protokoll wurde nochmals vorgelesen und allseitig genehmigt.
(Folgen die Unterschriften.)

1. . . . . . . . . . . . . . . . . . . . . )
2. . . . . . . . . . . . . . . . . . . . . )    als Secundanten des Beleidigten.

1. . . . . . . . . . . . . . . . . . . . . )
2. . . . . . . . . . . . . . . . . . . . . )    als Secundanten des Beleidigers.

# Zeittafel

| | |
|---|---|
| **Mittelalter** | Zweikämpfe im Rahmen von Fehde und gerichtlichem Zweikampf (Gottesgericht) und im 12. Jh. Beginn des ritterlichen Turniers. |
| **1220** | Erstes deutsches Rechtsbuch erscheint, der *Sachsenspiegel*, mit Regeln für den gerichtlichen Zweikampf. |
| **2. Hälfte 14. Jh.** | Erste Handfeuerwaffen in mehreren europäischen Ländern nachweisbar. |
| **15. Jh.** | Entwicklung des Luntenschlosses zur Zündung für Handfeuerwaffen; |
| | Abschaffung des gerichtlichen Zweikampfs. |
| **1495** | Kaiser Maximilian I. schafft die Fehde ab. |
| **16. Jh.** | Der Zweikampf um die persönliche Ehre, das Duell, etabliert sich. |
| **Anfang 16. Jh.** | Erfindung des Radschlosses (erste mechanische Feuerwaffenzündung). |
| **Mitte 16. Jh.** | Die Radschlosspistole wird bei der Reiterei eingeführt. |
| **1582** | Erstes Duellverbot im deutschsprachigen Raum (*Pfalzgräfliche Ordnung*). |
| **Ende 16. Jh.** | Beginn der Pistolenduelle zu Pferd mit der Radschlosspistole; Erfindung des Schnappschlosses (Vorgänger des Steinschlosses). |
| **1. Viertel 17. Jh.** | Weiterentwicklung des Schnappschlosses zum Steinschloss. |
| **1614** | Erstes englisches Strafgesetz gegen Duelle. |
| **17. Jh.** | Ende des ritterlichen Turniers. |
| **2. Hälfte 17. Jh.** | Die Steinschlosspistole des Barock löst die Radschlosspistole der Reiterei ab; Beginn der Pistolenduelle zu Fuß; erste einfache Duellbräuche. |
| **1682** | Duellverbot in Österreich durch Kaiser Leopold I., mit Strafen für Duellanten und Sekundanten. |
| **Anfang 18. Jh.** | Das Duell verbreitet sich in Russland; Zar Peter der Große straft bereits die Herausforderung mit dem Galgen, das gilt auch für Sekundanten. |
| **1713** | Preußisches Duellverbot für Offiziere durch Friedrich Wilhelm I. |
| **1730 – 1780** | Die Zeit der Steinschlosspistole des Spätbarock bzw. Rokoko. |

| | |
|---|---|
| **1749** | Friedrich II. (der Große) mildert deutlich die von seinem Vater Friedrich Wilhelm I. 1713 festgesetzten Strafen gegen duellierende Offiziere. |
| **2. Hälfte 18. Jh.** | Die Regensburger Büchsenmacher-Dynastie Kuchenreuter zählt ab jetzt zu den besten ihrer Zunft; Einrichtung erster Ehrengerichte; in Nordamerika etabliert sich das Duell als Zweikampf um die persönliche Ehre. |
| **1757** | Friedrich II. betont wiederholt und bei verschiedenen Gelegenheiten die Bedeutsamkeit von Ehre und Ehrgefühl. |
| **1766** | Giacomo Casanova duelliert sich in Warschau auf Pistolen. |
| **um 1770** | In England kommen die ersten klassischen Duellpistolen auf. |
| **1773** | England: Die ersten Duellpistolen im Kasten mit Zubehör. |
| **1775 – 1780** | Englische Verbesserung am Steinschloss durch das Rollglied zwischen Batterie und Batteriefeder. |
| **4. Viertel 18. Jh.** | Die Pistole wird die bei Duellen am häufigsten verwendete Waffe; zunehmende gesellschaftliche Kritik am Duell. |
| **1777** | Erste Duellregeln aus Irland, der *Code duello*. |
| **um 1780** | Der achtkantige Lauf setzt sich jetzt bei allen Duellpistolen durch. |
| **1784** | Laufbefestigung im Schaft mittels Hakenschwanzschraube und Basküle. |
| **1785 – 1790** | Englische Verbesserung am Steinschloss durch wasserdichte Pulverpfanne. |
| **1787** | Henry Nock erfindet die „Patent-Schwanzschraube" (schnellere Zündung). |
| **1788** | Nicolas Noel Boutet beginnt seine Karriere als Hersteller von Luxuswaffen für den französischen Hof und andere. |
| **1790** | Der Lauf der englischen Duellpistole wird schwerer, das Kaliber etwas kleiner, und der Abzugbügel erhält einen Fingerhaken. |
| **ab 1795** | Die Brüder Manton bieten auch Duellpistolen mit geheimen Zügen an. |
| **Ende 18. Jh.** | Der Kreis satisfaktionsfähiger Männer beginnt sich durch Zutritt des gehobenen und gebildeten Bürgertums (z. B. Akademiker, Bankiers, große Kaufleute und Unternehmer) zu erweitern. |
| **ab 1800** | Englische Duellpistolen werden nur noch mit Halbschaft ausgeführt. |

| | |
|---|---|
| **Anfang 19. Jh.** | Das Studenten-Duell, die „Mensur", wird eingeführt. |
| **1807** | Erfindung des Perkussionsschlosses durch Alexander Forsyth (Zündung mit chemischem Präparat in Pulverform). |
| **1816 – 1818** | Erfindung des Kupfer-Zündhütchens für das Perkussionsschloss; ab jetzt beschleunigt sich die Verbreitung des Perkussionssystems. |
| **um 1820** | Beginn der Aptierung von zivilen Steinschlosswaffen auf das Perkussionssystem; Steinschlosswaffen werden weiterhin noch hergestellt. |
| **um 1825** | Der Halbschaft wird jetzt auch außerhalb von England üblich. |
| **1827** | Johann Wolfgang von Goethe spricht sich für das Duell aus. |
| **1829** | Der Herzog von Wellington duelliert sich auf Pistolen. |
| **um 1830** | Das Perkussionssystem setzt sich im zivilen Bereich endgültig durch; in England formiert sich die erste europäische Anti-Duellbewegung. |
| **um 1835** | Alexandre Dumas père duelliert sich auf Pistolen. |
| **1835** | Gastinne-Renette eröffnet in Paris einen Schießstand mit der Möglichkeit, sich im Duellschießen zu üben. |
| **1837** | Alexander Puschkin duelliert sich auf Pistolen und wird tödlich verletzt. |
| **um 1840** | Die Läufe erhalten anstelle vieler Haarzüge meist nur mehr 8 – 12 Rundzüge; die Form des Pistolengriffs ändert sich; erste Salonpistolen (auch für Duellübung geeignet); der „Lütticher-Schaft" kommt in Frankreich und Belgien auf, nach breiter Anwendung verschwindet er nach 1860 wieder. |
| **1837 – 1844** | England verstärkt erfolgreich die Maßnahmen gegen das Duell. |
| **1841** | Heinrich Heine duelliert sich auf Pistolen. |
| **2. Viertel 19. Jh.** | Die unterschiedlichen Strafen für Duellanten aus dem Adels- und dem höheren Bürgerstand werden abgeschafft. |
| **um 1850** | In England geht die Duell-Ära zu Ende. |
| **ab Mitte 19. Jh.** | Die politischen und rechtlichen Privilegien des Adels schwinden allmählich zu Gunsten des Bürgertums; zum Kreis der satisfaktionsfähigen Männer gesellt sich nun auch das mittlere Bürgertum (z. B. Handwerksmeister, kleinere Beamten etc.); Differenzierung zwischen persönlicher und beruflicher Ehrenkränkung; zu den damaszierten Läufen gesellt sich ein neuer Qualitätsstahl: der Flussstahl, |

in Frankreich und Belgien werden diese Läufe mit „Acier Fondu" bezeichnet.

**1852** Otto von Bismarck duelliert sich auf Pistolen.

**um 1860** In Frankreich kommt eine neue Schaftform für Duellpistolen von Gastinne-Renette auf.

**1864** Ferdinand Lassalle duelliert sich auf Pistolen und wird tödlich verletzt.

**nach 1865** In Nordamerika kommt das Duell wieder aus der Mode.

**Ende 19. Jh.** Die soziale Oberschicht beginnt sich vom Duell zu distanzieren.

**um 1900** Unter Kaiser Wilhelm II. besteht für Offiziere noch Duellzwang; in Offizierskreisen beginnt man die Duellfrage jedoch bereits zu diskutieren.

**nach 1918** Beschleunigter Niedergang des Duells, vor allem in Deutschland; geringe Aktivitäten noch in konservativen Kreisen und unter Hitlers Offizieren.

**1945** Das „Aus" für das Duell in ganz Europa.[152]

# Anmerkungen

1 Damit ist der Anlass zum Duell, also die Beleidigung, gemeint. Man brauchte somit keinen Besiegten, sondern entweder eine schriftliche Ehrenerklärung oder ein Einander-Gegenüberstellen im Duell, was der Beleidigte als völlige Ehrerweisung betrachtete. Hierbei war es gleichgültig, ob die Schüsse fehlten oder er selbst verwundet wurde.

2 Knaurs Lexikon, Berlin 1939, S. 395.

3 Vgl. U. Frevert, Ehrenmänner, 1991, S. 21.

4 Vgl. H. Döbler, Kultur- und Sittengeschichte der Welt, 1973, S. 147 – 149.

5 Vgl. E. Friedell, Kulturgeschichte der Neuzeit, [28-32]1954, Bd. 1, S. 119 u. 120.

6 H. Reiner, Die Ehre, 1956, S. 61 f., zitiert nach H. Mader, Duellwesen, 1983, S. 27.

7 Vgl. U. Frevert, Ehrenmänner, 1991, S. 23.

8 Vgl. J. Lugs, Das Buch vom Schießen, 1968, S. 146.

9 Vgl. U. Frevert, Ehrenmänner, 1991, S. 203.

10 Zitiert nach E. Eis, Duell, 1971, S. 93. – Mit diesen Worten äußerte sich der Kriegsminister Albrecht Graf von Roon 1865 in der Duellsache Otto von Bismarck / Rudolf von Virchow, als diese im preußischen Abgeordnetenhaus heftig diskutiert wurde (siehe auch S. 115).

11 H. Döbler, Kultur- und Sittengeschichte der Welt, 1973, S. 193.

12 Zitiert aus: J. M. Werle (Hg.), Klassiker der philosophischen Lebenskunst, 2000, S. 198.

13 Zitiert nach: A. von Müller, Schauspiele der Gewalt, in: U. Schultz, Das Duell, 1996, S. 26.

14 Beide Zitate Friedrichs des Großen aus: Briefe, in: G. B. Volz, Ausgewählte Werke Friedrichs des Großen, 2. Teil, 2. Halbband, 1918, S. 297 u. 300.

15 U. Frevert, Ehrenmänner, 1991, S. 219.

16 P. S. von Oer, Unsere Tugenden, [6]1912, S. 56 u. 57.

17 I. Frenzel, Fehlschüsse unter Freunden, in: U. Schultz, Das Duell, 1996, S. 160.

18 P. S. von Oer, Unsere Tugenden, [6]1912, S. 57 – 59.

19 Zitiert aus: Briefe, in: G. B. Volz, Ausgewählte Werke Friedrichs des Großen, 2. Teil, 2. Halbband, 1918, S. 291.

20 Vgl. U. Frevert, Ehrenmänner, 1991, S. 13 u. 198.

21 Das Wort „Podstoli" ist polnisch und bedeutet Kammerherr (Beamter im persönlichen Dienst des Fürsten oder Königs).

22 G. Casanova, in: Das Duell oder Der Versuch über das Leben des Venezianers G. C., hg. von H. Scheible, 1988, S. 31 u. 32.

23 G. Casanova, Die Erinnerungen des Giacomo Casanova, übertragen von H. Conrad, 1911, Bd. 6, S. 61.

24 A. Kohut, Das Buch berühmter Duelle, 1888, S. 90.

25 G. Casanova, Die Erinnerungen des Giacomo Casanova, übertragen von H. Conrad, 1911, Bd. 6, S. 39.

26 G. Casanova, in: Das Duell oder Der Versuch über das Leben des Venezianers G. C., hg. von H. Scheible 1988, S. 28 u. 29.

27 U. Frevert, Ehrenmänner, 1991, S. 190.

28 Vgl. E. Friedell, Kulturgeschichte der Neuzeit, [28-32]1954, Bd. 3, S. 432 u. 433.

29 U. Frevert, Ehrenmänner, 1991, S. 99.

30 Aristoteles, hg. von E. R. Lehmann-Leander, o. J., S. 161 – 163.

31 Zitiert in: A. Kohut, Das Buch berühmter Duelle, 1888, S. 28.

32 Dialog über die Moral, in: G. B. Volz, Die Werke Friedrichs des Großen, 1913, Bd. 8, S. 273.

33 Mit diesen Worten bezog Leo von Caprivi als Chef der Admiralität in seinem Erlass Stellung zum Duellzwang für das Offizierkorps der Marine. Quelle: Bundesarchiv-Militärarchiv (BA-MA) Freiburg; zitiert nach: U. Frevert, Ehrenmänner, 1991, S. 114 u. 293 (Anm. 72). Caprivi wurde zwei Jahre später Reichskanzler (Bismarcks Nachfolger).

34 Vgl. U. Frevert, Ehrenmänner, 1991, S. 111 u. 112.

35 Vgl. H. Mader, Duellwesen, 1983, S. 84.

36 Vgl. U. Frevert, Ehrenmänner, 1991, S. 116.

37 G. Casanova, Die Erinnerungen des Giacomo Casanova, übertragen von H. Conrad, 1911, Bd. 6, S. 56 u. 57.

38 G. Hergsell, Duell-Codex, [2]1897, S. 92.

39 P. S. von Oer, Unsere Tugenden, [6]1912, S. 14 u. 17.

40 G. Hergsell, Duell-Codex, [2]1897, S. 52.

41 U. Frevert, Ehrenmänner, 1991, S. 289 (Anm. 32).

42 G. Hergsell, Duell-Codex, [2]1897, S. 58.

43 L. Assing, Briefwechsel und Tagebücher des Fürsten Hermann von Pückler-Muskau, 1971, zitiert in: H. Ohff, Fürst Pückler-Muskaus letztes Duell, in: U. Schultz (Hg), Das Duell, 1996, S. 232.

44 A. Wiesinger, Übersicht über bekannt gewordene Duellfälle, in: H. Mader, Duellwesen 1983, S. 162.

45 Zitiert aus: Das politische Testament von 1752, in: G. B. Volz, Ausgewählte Werke Friedrichs des Großen, 2. Teil, 1. Halbband, 1918, S. 59 u. 70.

46 Antichambre (frz.) = Vorzimmer.

47 C. Jany, Geschichte der Königlich Preußischen Armee bis zum Jahre 1807, 1928, Bd. 2, S. 228, zitiert nach: U. Frevert, Ehrenmänner, 1991, S. 279 (Anm. 48).

48 M. Hein, Friedrich der Große, 1916, S. 416.

49 Vgl. J. Richter, Die Briefe Friedrichs des Großen an seinen vormaligen Kammerdiener Fredersdorf, 1926, S. 301.

50 G. Casanova, in: Das Duell oder Der Versuch über das Leben des Venezianers G. C., hg. von H. Scheible, 1988, S. 30.

51 Codex Austriacus, 1777, Bd. V, S. 658 – 661.

52 JosStGB 1787, I. Teil, §§ 105 – 111, vgl. A. Buschmann, Textbuch zur Strafrechtsgeschichte der Neuzeit, 1998.

53 StGB 1803, I. Teil, §§ 140 – 146.

54 Vgl. H. Mader, Duellwesen 1983, S. 117 u. 118.

55 Vgl. U. Frevert, Ehrenmänner, 1991, S. 80.

56 A. Kohut, Das Buch berühmter Duelle, 1888, S. 104.

57 Ebenda, S. 27.

58 Zitiert aus: Denkwürdigkeiten vom Hubertusburger bis zum Teschener Frieden, in: G. B. Volz, Ausgewählte Werke Friedrichs des Großen, 1. Teil, 2. Halbband, 1918, S. 229.

59 Das Tridentinische Konzil (Tridentinum) = Konzil zu Trient (1545 – 1563), aus der dringenden Reformbedürftigkeit der katholischen Kirche und zur Behebung der schweren Missstände auf Drängen Kaiser Karls V. von Papst Paul III. einberufen.

60 Vgl. U. Frevert, Ehrenmänner, 1991, S. 37 – 44 u. 52 – 54, 56, 57, 59 – 61.

61 Das galt aber nicht uneingeschränkt für alle Bürgerlichen, sondern betraf damals nur das gehobene, gebildete Bürgertum.

62 Zitiert aus: J. M. Werle, Klassiker der philosophischen Lebenskunst, 2000, S. 271.

63 Zitiert aus: R. Grumach (Hg.), Kanzler Friedrich von Müller, Unterhaltungen mit Goethe, [2]1982, S. 162.

64 An diese Äußerung Bismarcks aus den vierziger Jahren des 19. Jahrhunderts erinnerte sich Adolf von Thadden, mit dem Bismarck gesellschaftlich verkehrte; zitiert nach: F. Bedürftig, Taschenlexikon Bismarck, 1998, S. 72.

65 A. Kohut, Das Buch berühmter Duelle, 1888, S. 6.

66 Dialog über die Moral, in: G. B. Volz, Die Werke Friedrichs des Großen, 1913, Bd. 8, S. 273.

67 H. Picker, Hitlers Tischgespräche im Führerhauptquartier 1941 – 1942, [2]1965, S. 160, zitiert nach U. Frevert, Ehrenmänner, 1991, S. 261 u. 262.

68 P. Urban, Ein Baron mehr oder weniger ..., in U. Schultz (Hg.), Das Duell, 1996, S. 338.

69 Ministerialen = unfreie Dienstmannen / Beamte bei Hof, die auch zum Kriegsdienst herangezogen wurden.

70 Kämmerer = Vorsteher einer Kämmerei, wie z. B. Finanzverwaltung, Schatz- oder Kunstkammer an Fürstenhöfen.

71 Truchsess = „der übers Gefolge Gesetzte", an den deutschen Höfen im Mittelalter Vorsteher der Hofhaltung; später zählte dieses Hofamt zu den sog. Erzämtern, die von Fürsten verwaltet wurden. Vgl. H. Döbler, Kultur- und Sittengeschichte der Welt, 1973, S. 62.

72 meritiert = verdient.

73 Zitiert aus: G. Piltz (Hg.), Friedrich II., Wonach Er sich zu richten hat, [2]1988, S. 45.

74 Vgl. Friedrich Freiherr von der Trenck, Die Denkwürdigkeiten des Freiherrn Friedrich von der Trenck, hg. von E. M. Lorebach, 1929, 1. Bd., S. 114 – 117.

75 G. Hergsell, Duell-Codex, [2]1897, S. 5 u. 7.

76 In der Schweiz waren – besonders im studentischen Bereich – auch die sog. „Sprungschritte" verbreitet. Die übliche Distanz betrug 15 Sprungschritte zu je 1,6 m (= 24 m).

77 Paukcomment der schweiz. Studentenverbindung Helvetia, 1917, S. 25 u. 26.

78 G. Hergsell, Duell-Codex, [2]1897, S. 103.

79 Sacktuch (österr./südd.) = Taschentuch.

80  G. Hergsell, Duell-Codex, [2]1897, S. 197.

81  Ebenda, S. 198.

82  K. R. Dill, London Gunmakers and the English Duelling pistol 1770 – 1830, 1995, S. 3.

83  Die hochgestellte Anmerkungsziffer hinter dem Namen des Duellgegners der nachfolgenden Duellbeschreibungen verweist jeweils auf die entsprechende Literatur, in der das Duell beschrieben ist und woraus zum Teil zitiert wurde oder noch weiteres nachzulesen ist.

84  H. v. Bismarck (Hg.), Fürst Bismarcks Briefe an seine Braut und Gattin, [6]1919, S. 295 – 297 (Brief vom 4. April 1852 an seine Schwiegermutter).

85  Vgl. U. Frevert, Ehrenmänner, 1991, S. 318 u. 319 (Anm. 44).

86  Vgl. A. Kohut, Das Buch berühmter Duelle, 1888, S. 69 – 78, und E. Eis, Duell, 1971, S. 207 – 210.

87  Vgl. A. Kohut, Das Buch berühmter Duelle, 1888, S. 196 – 200.

88  Ebenda, S. 105 – 126, und E. Eis, Duell, 1971, S. 135 – 147, sowie B. Müller-Ullrich, Der Volkstribun im Liebeswahn, in: U. Schultz (Hg.), Das Duell, 1996, S. 301 – 315.

89  Rackowicz gehörte während seiner Berliner Zeit der studentischen Verbindung Corps Neoborussia Berlin an.

90  Vgl. E. Eis, Duell, 1971, S. 18 – 29, und O. Filip, „... oder war es Mord?", in: U. Schultz (Hg.), Das Duell, 1996, S. 203 – 206, sowie A. Kohut, Das Buch berühmter Duelle, 1888, S. 239 – 241.

91  Vgl. G. Casanova, in: Das Duell oder Der Versuch über das Leben des Venezianers G. C., hg. von H. Scheible, 1988, S. 17 – 66, und G. Casanova, Die Erinnerungen des Giacomo Casanova, übertragen von H. Conrad, 1911, Bd. 6, S. 35 – 59.

92  Starostei = Krongut, d. h. der Krone (dem Landesherrn) gehörendes Gut.

93  Vgl. G. Casanova, Die Erinnerungen des Giacomo Casanova, übertragen von H. Conrad, 1911, Bd. 4, S. 404 – 408 u. 411, 412.

94  Vgl. J. Lugs, Das Buch vom Schießen, 1968, S. 151 – 153.

95  Vgl. A. Kohut, Das Buch berühmter Duelle, 1888, S. 149 – 153.

96  Ebenda, S. 204 – 209.

97  Vgl. E. Eis, Duell, 1971, S. 85 u. 86.

98  Winchelsea konnte gar nicht anders handeln. Das Duell war bis dahin absolut geheim gehalten worden. Hätte er jedoch auf Wellington geschossen und ihn dabei schwer verletzt oder gar getötet, wäre es zu einem Skandal ersten Ranges gekommen. Ein Premierminister im Duell! Die Folgen für sich konnte Winchelsea im Voraus erahnen, und so zog er es vor, sich von rationalen Überlegungen leiten zu lassen.

99  Vgl. H. Ohff, Fürst Pückler-Muskaus letztes Duell, in: U. Schultz (Hg.), Das Duell, 1996, S. 227 – 232.

100  Vgl. H. Winter, Politik und Ehrenkodex: Alexander Hamiltons Tod, in: U. Schultz (Hg.), Das Duell, 1996, S. 125 – 135.

101  Vgl. J. Lugs, Das Buch vom Schießen, 1968, S. 156 – 157.

102  Vgl. E. Eis, Duell, 1971, S. 32 – 35.

103  Vgl. H. Mader, Duellwesen, 1983, S. 156; Bolgár war der Verfasser und Herausgeber von *Regeln des Duells* mit insgesamt neun Auflagen.

104  Vgl. J. Schön, Geschichte der Handfeuerwaffen, 1858, S. IV.

105  Vgl. Haus der deutschen Technik e.V. (Hg.), Das Feuerwerkbuch von 1420, Neudruck des Erstdruckes aus dem Jahre 1529, 1941, S. 97.

106  Vgl. A. Hoff, Feuerwaffen II, 1969, S. 166.

107  Die Feuervergoldung wurde bis etwa 1800 angewendet; sie zählte zu der schönsten Art der Vergoldung. Hierbei hatte man auf das zu vergoldende Teil eine Mischung aus Gold und Quecksilber (Amalgam) aufgetragen; durch Erhitzen verdampfte das Quecksilber. Dieses sehr gesundheitsschädliche Verfahren wurde dann durch die Erfindung der galvanischen Vergoldung sehr rasch verdrängt.

108  Der Codex Atlanticus ist eine Sammlung von Konstruktionsskizzen und Handzeichnungen von Leonardo da Vinci.

109  W. Glage, Das Kunsthandwerk der Büchsenmacher im Land Braunschweig, 1983, S. 12.

110  E. Heer, Ein Meilenstein für die Waffenkunde, in: W. Glage, Das Kunsthandwerk der Büchsenmacher im Land Braunschweig, 1983, S. 11.

111  Vgl. A. Hoff, Feuerwaffen I, 1969, S. 246.

112  Veröffentlichungen des Landeszeughauses Graz, Das Steiermärkische Landeszeughaus in Graz, [2]1978, S. 68.

113  Eisenschnitt = das Herausarbeiten von Halb- oder Vollfiguren und anderen Verzierungen aus massivem Eisenmaterial; die Eisenschneider waren sehr begehrte Spezialisten.

114 Goldtauschierung = Bei der einfachsten Art werden auf eine kreuzweise angelegte Aufrauung der zu vergoldenden Fläche dünne Goldplättchen aufgeschlagen. Dauerhafter bzw. haltbarer ist die Methode, bei der mittels einen Grabstichels flache schwalbenschwanzförmige Vertiefungen aus dem zu vergoldenden Teil herausgearbeitet und dann Goldplättchen oder Golddrähte dort eingehämmert werden.

115 Vgl. J. F. Hayward, Die Kunst der alten Büchsenmacher, 1969, Bd. 2, S. 223 u. 224.

116 Fangeisen = ein etwa zwei Meter langer Jagdspieß, auch Schweinsfeder genannt, wurde bei der Saujagd eingesetzt.

117 J. M. Bechstein (Hg.), Vollständiges Handbuch der Jagdwissenschaft, 1806, S. 693.

118 Vgl. K. R. Dill, London Gunmakers and the English duelling pistol 1770 – 1830, 1995, S. 5 u. 7.

119 Vgl. J. A. Atkinson, The British duelling pistol, 1978, S. 54.

120 Basküle = hinterstes Teil eines Systems zur Laufbefestigung im Schaft (Lauf mit Hakenschwanzschraube); möglicherweise eine französische Erfindung, die bereits in der 1. Hälfte des 18. Jahrhunderts vereinzelt Anwendung fand.

121 Vgl. J. Gargela – Z. Faktor, Zeichen auf Handfeuerwaffen, 1985, S. 29.

122 Vgl. J. A. Atkinson, The British duelling pistol, 1978, S. 69.

123 Ebenda, S. 76.

124 Barchent = Baumwollflanell.

125 Vgl. A. Hoff, Feuerwaffen II, 1969, S. 64.

126 Vgl. A. Hoff, Feuerwaffen I, 1969, S. 358 u. 359.

127 Vgl. J. A. Atkinson, The British duelling pistol, 1978, S. 75.

128 Vereinzelt waren aber schon zuvor von anderen Mitgliedern der Familie Kuchenreuter flache Schlossplatten und Hähne ausgeführt worden.

129 Vgl. D. Götschmann, Die Kuchenreuter und ihre Zunftgenossen, [2]1995, S. 105, 107.

130 Vgl. A. Hoff, Feuerwaffen I, 1969, S. 384 u. 385.

131 Vgl. K. R. Dill, London Gunmakers and the English duelling pistol 1770 – 1830, 1995, S. 30.

132 Vgl. J. A. Atkinson, The British duelling pistol, 1978, S. 103.

133 Vgl. Katalog des Metropolitan Museum of Art, Early Firearms, 1971, S. 88 u. 89, Objektnummer 83.

134 Vgl. J. A. Atkinson, The British duelling pistol, 1978, S. 107.

135 Ebenda, S. 70.

136 Flussstahl = im flüssigen Zustand erzeugte Stahlart (Gussstahl) hoher Qualität.

137 Arne Hoff spricht hier von einer gezipfelten Kolbenkappe, s. A. Hoff, Feuerwaffen II, 1969, S. 186.

138 Schweizerischer Waffenring (SWR), Pauk- und Ehren-Gerichts-Ordnung, 1930, S. 26, § 115.

139 Zitiert nach: G. Hergsell, Duell-Codex, [2]1897, S. 155, Art. 14.

140 Bei der schweizerischen Variante des „Pistolenduells auf Kommando" blieben den Gegnern dafür, je nach Vereinbarung, zwei bzw. drei Sekunden.

141 Vgl. W. Winans, Die Kunst des Pistolen- und Revolverschießens, [3]1914, S. 62; Walter Winans zählte zu Beginn des 20. Jahrhunderts zu den weit bekannten Meisterschützen.

142 J. M. Bechstein (Hg.), Vollständiges Handbuch der Jagdwissenschaft, 1806, S. 718.

143 G. Casanova, Die Erinnerungen des Giacomo Casanova, übertragen von H. Conrad, 1911, Bd. 4, S. 406. Diese Worte schrieb Casanova in seinen Memoiren anlässlich des weiter vorne beschriebenen Duells zwischen den Offizieren d'Aché und Schmitt, bei dem er als Sekundant beteiligt war. Casanova hatte nur deshalb de Pyène so rasch zugesagt, dass er Schmitt für ein Duell gewinnen werde, weil er ihn für einen Ehrenmann mit zeitgemäßem Verhaltensmuster hielt.

144 Salon = so bezeichnete man zu jener Zeit große Gesellschafts- oder Empfangsräume.

145 P. S. von Oer, Unsere Tugenden, [6]1912, S. 57.

146 Die Statistik enthält nur aktenkundige Duelle, d. h. jene, die ein gerichtliches Nachspiel hatten. Aufgrund der hohen Dunkelziffer lagen die tatsächlichen Duellzahlen bedeutend über dem hier genannten (s. auch Kapitel: Strafverfolgung der am Duell Beteiligten, S. 48f).

147 Auszugsweise zitiert nach: Ute Frevert, Ehrenmänner, 1991, S. 270.

148 Auszugsweise zitiert nach: Hubert Mader, Duellwesen, 1983, S. 162; diese Zahlenangaben basieren auf einer Übersicht bekannt gewordener Duellfälle bis 1893, erstellt von Albert Wiesinger.

149 Vgl. Hans Kufahl und Josef Schmid-Kowarzik, Duellbuch. Geschichte des Zweikampfes, 1896, S. 127 – 130.

150 Daten entnommen aus: Eugène Heer, Der Neue Stockel, 1978, Bd. 1 u. 2.

151 Ein späteres Mitglied dieser Adelsfamilie wird 1876 bei einem Pistolenduell tödlich verletzt (s. auch Kapitel: Pistolenduelle berühmter Persönlichkeiten und andere, S. 143).

152 Bekannt wurden noch je ein Pistolenduell 1959 in Argentinien, 1970 in Dänemark, 1971 in Uruguay und 1975 eine Forderung in Argentinien (Senator gegen Sozialminister).

# Literatur- und Quellenverzeichnis

Aristoteles: Untersuchung über die Charaktertugend, in: Lehmann-Leander, E. R. (Hg.), Aristoteles, Analytiker der Wirklichkeit. Wiesbaden o. J., S. 161 – 163

Assing, L.: Briefwechsel und Tagebücher des Fürsten Hermann von Pückler-Muskau. Berlin 1874 – 1876. Neuauflage Berlin 1971

Atkinson, J. A.: The British duelling pistol. Hg. vom Museum Restoration Service, Bloomfield 1978, und Arms & Armour Press, London 1978

Bechstein, J. M. (Hg.): Vollständiges Handbuch der Jagdwissenschaft (Des ersten Theils dritter Band). Nürnberg – Altdorf 1806

Bedürftig, F.: Taschenlexikon Bismarck. München 1998

Bismarck, H. v. (Hg.): Fürst Bismarcks Briefe an seine Braut und Gattin. Stuttgart – Berlin [6]1919

Buschmann, A.: Textbuch zur Strafrechtsgeschichte der Neuzeit. Die klassischen Gesetze. München 1998

Casanova, G.: Die Erinnerungen des Giacomo Casanova, vollständig übertragen von H. Conrad, Bd. 4 u. 6. Leipzig 1911

Casanova, G.: Das Duell oder Der Versuch über das Leben des Venezianers G. C., hg. von H. Scheible. München 1988

Codex Austriacus, Bd. V. Wien 1777; darin Patent Maria Theresias vom 12. 6. 1752 : „Duelliren und Ausfordern verboten", S. 658 – 661. (Quelle: Institut für Österreichische und Europäische Rechtsgeschichte, Wien)

Dieners, P.: Das Duell und die Sonderrolle des Militärs. Berlin 1991

Dill, K. R.: London Gunmakers and the English duelling pistol 1770 – 1830 (Historical Arms Series No. 34). Hg. vom Museum Restoration Service, Alexandria / USA und Bloomfield / Kanada 1995

Döbler, H.: Kultur- und Sittengeschichte der Welt. München 1973

Eis, E.: Duell, Geschichte und Geschichten des Zweikampfs. München – Wien – Basel 1971

Filip, O.: „... oder war es Mord?", in: Schultz, U. (Hg.), Das Duell. Frankfurt a. M., Leipzig 1996, S. 203 – 206

Frenzel, I.: Fehlschüsse unter Freunden, in: Schultz, U. (Hg.), Das Duell. Frankfurt a. M. – Leipzig 1996, S. 160

Frevert, U.: Ehrenmänner, Das Duell in der bürgerlichen Gesellschaft. München 1991

Friedell, E.: Kulturgeschichte der Neuzeit, Bd. 3. München [28-32]1954

Gargela, J. – Faktor, Z.: Zeichen auf Handfeuerwaffen. Prag 1985

Glage, W.: Das Kunsthandwerk der Büchsenmacher im Land Braunschweig (Veröffentlichungen des Braunschweigischen Landesmuseums, 36). Braunschweig

Götschmann, D.: Die Kuchenreuter und ihre Zunftgenossen. Regensburg [2]1995

Grumach, R. (Hg.): Kanzler Friedrich von Müller, Unterhaltungen mit Goethe. München [2]1982

Haus der deutschen Technik e. V. (Hg.): Das Feuerwerkbuch von 1420. Neudruck des Erstdruckes aus dem Jahre 1529, mit Übertragung ins Hochdeutsche und Erläuterungen von Wilhelm Hassenstein. München 1941

Hayward, J. F.: Die Kunst der alten Büchsenmacher 1660 – 1830, Bd. 2. Hamburg – Berlin 1969

Heer, E.: Der Neue Stockel. Internationales Lexikon der Büchsenmacher, Feuerwaffenfabrikanten und Armbrustmacher von 1400 – 1900, Bd. 1 u. 2. Hg.: Journal-Verlag, Schwäbisch Hall 1978

Heer, E.: Ein Meilenstein für die Waffengeschichte, in: Glage, W., Das Kunsthandwerk im Land Braunschweig. Braunschweig 1983, S. 11

Hein, M.: Friedrich der Große. Ein Bild seines Lebens und Schaffens. Berlin 1916

Hergsell, G.: Duell-Codex. Wien – Pest – Leipzig [2]1897

Hoff, A.: Feuerwaffen I u. II. Braunschweig 1969

Jany, C.: Geschichte der Königlich Preußischen Armee bis zum Jahre 1807, Bd. 2. Berlin 1928

Josephinisches Strafgesetzbuch (JosStGB), I. Teil §§ 105 – 111. Wien 1787 (wirklicher Titel: Das allgemeine Gesetz über Verbrechen und deren Bestrafung), in: Buschmann, A., Textbuch zur Strafgeschichte der Neuzeit. Die klassischen Gesetze. München 1998.

Knaur, Th. Nachf.: Fehde, in Knaurs Lexikon. Berlin 1939

Kohut, A.: Das Buch berühmter Duelle. Berlin 1888

Kufahl, H. – Schmied-Kowarzik, J.: Geschichte des Zweikampfes. Leipzig 1896

Lehmann-Leander, E. R.: Aristoteles, Analytiker der Wirklichkeit. Wiesbaden o. J.

Lugs, J.: Das Buch vom Schießen. Prag 1968

Mader, H.: Duellwesen und altösterreichisches Offiziersethos (Studien zur Militärgeschichte, Militärwissenschaft und Konfliktforschung, Bd. 31). Osnabrück 1983

Metropolitan Museum of Art: Early Firearms of Great Britain and Ireland. o. O. 1971, Katalog

Müller, A. v.: Schauspiele der Gewalt, in: Schultz, U. (Hg.), Das Duell. Frankfurt a. M. – Leipzig 1996, S. 26

Oer, P. S. v.: Unsere Tugenden. Freiburg i. Brg. [6]1912

Ohff, H.: Fürst Pückler-Muskaus letztes Duell, in: Schultz, U. (Hg.), Das Duell. Frankfurt a. M. – Leipzig 1996, S. 227 – 232

Paukcomment der schweiz. Studentenverbindung Helvetia. Bern 1917

Picker, H.: Hitlers Tischgespräche im Führerhauptquartier 1941 – 1942. Stuttgart [2]1965

Piltz, G. (Hg.): Friedrich II., Wonach Er sich zu richten hat. Berlin [2]1988

Reiner, H.: Die Ehre, kritische Sichtung einer abendländischen Lebens- und Sittlichkeitsform. Darmstadt 1956

Richter, J. (Hg.): Die Briefe Friedrich des Großen an seinen vormaligen Kammerdiener Fredersdorf. Berlin-Grunewald 1926

Richter, M.: Auf die Mensur! Zürich [3]1978

Schön, J.: Geschichte der Handfeuerwaffen. Dresden 1858 (Nachdruck Ernst Weber Verlag, Satteldorf 1968)

Schultz, U. (Hg.): Das Duell. Frankfurt a. M. – Leipzig 1996

Schweizerischer Waffenring (SWR): Pauk- und Ehren-Gerichts-Ordnung. Olten 1930

Strafgesetzbuch (StGB, Österreich) I. Teil §§ 140 – 146. o. O. 1803 (Quelle: Institut für Österreichische und Europäische Rechtsgeschichte der Universität Wien)

Trenck, Friedrich Freiherr v. d.: Die Denkwürdigkeiten des Freiherrn Friedrich von der Trenck mit der Geschichte des kaiserlichen Pandurenoberst Franz Freiherr von der Trenck. Hgg. von E. M. Lorebach, 1. Bd., Berlin 1929

Urban, P.: Ein Baron mehr oder weniger ..., in: Schultz, U. (Hg.), Das Duell. Frankfurt a. M. – Leipzig 1996

Veröffentlichung des Landeszeughauses Graz: Das Steiermärkische Landeszeughaus in Graz. Eine Übersicht über seine Geschichte und seine Waffen. Graz [2]1978

Volz, G. B.: Die Werke Friedrichs des Großen, Bd. 8. Berlin 1913

Volz, G. B.: Ausgewählte Werke Friedrichs des Großen, 1. Teil, 2. Halbband. Berlin 1918

Volz, G. B.: Ausgewählte Werke Friedrichs des Großen, 2. Teil, 1. Halbband. Berlin 1918

Volz, G. B.: Ausgewählte Werke Friedrichs des Großen, 2. Teil, 2. Halbband. Berlin 1918

Werle, J. M. (Hg.): Klassiker der philosophischen Lebenskunst. o. O. 2000

Wiesinger, A.: Das Duell vor dem Richterstuhle der Religion, der Moral, des Rechtes und der Geschichte. Graz 1895

Winans, W.: Die Kunst des Pistolen- und Revolverschießens. Hgg. von: Goldberg, Dr. M., Berlin [3]1914

Winter, H.: Politik und Ehrenkodex: Alexander Hamiltons Tod, in: Schultz, U. (Hg.), Das Duell. Frankfurt a. M. – Leipzig 1996

# Der Autor:

DIPL.-ING. HEINZ MARZULLA, geb. 1935, in leitender Position in der Industrie tätig, ist passionierter Sammler historischer Feuerwaffen mit dem Spezialgebiet „Duellpistolen" und verfaßte etliche Abhandlungen zum Thema „Feuerwaffen" in zahlreichen Fachzeitschriften.

# Namen- und Sachregister

Die *kursiv* gedruckten Seitenverweise beziehen sich auf Texte der Abbildungen.